股东知情权与公司利益的博弈

赵继明 / 著

法律出版社 LAW PRESS·CHINA
北京

图书在版编目（CIP）数据

股东知情权与公司利益的博弈 / 赵继明著. -- 北京：法律出版社, 2022
ISBN 978 -7 -5197 -5517 -1

Ⅰ. ①股… Ⅱ. ①赵… Ⅲ. ①股份有限公司－股东－权利－研究－中国 Ⅳ. ①D922.290.4

中国版本图书馆 CIP 数据核字(2021)第 246983 号

股东知情权与公司利益的博弈
GUDONG ZHIQINGQUAN YU GONGSI LIYI DE BOYI

赵继明 著

策划编辑 邢艳萍
责任编辑 邢艳萍
装帧设计 贾丹丹

出版发行 法律出版社
编辑统筹 法律应用出版分社
责任校对 朱海波
责任印制 刘晓伟
经　　销 新华书店

开本 710 毫米×1000 毫米　1/16
印张 21.25　　**字数** 380 千
版本 2022 年 1 月第 1 版
印次 2022 年 1 月第 1 次印刷
印刷 北京金康利印刷有限公司

地址：北京市丰台区莲花池西里 7 号(100073)
网址：www.lawpress.com.cn
投稿邮箱：info@lawpress.com.cn
举报盗版邮箱：jbwq@lawpress.com.cn
销售电话：010－83938349
客服电话：010－83938350
咨询电话：010－63939796

书号：ISBN 978－7－5197－5517－1
定价：79.00 元

前　言

孙子曰："知彼知己，百战不殆；不知彼而知己，一胜一负；不知彼，不知己，每战必殆。"这一论断清晰阐明了知晓信息的重要性，只有全面掌握敌我双方的信息，才能在战争中立于不败之地。这一道理同样适用于投资领域。股东投资公司，其目的虽然各不相同，但有一点是相同的——获取收益。为了保证其投资收益，股东必须了解公司的经营状况，不过并非所有股东均有能力、有机会参与公司的经营管理，不参与公司经营管理的股东想了解公司经营状况依赖于其获取公司信息的数量和质量。只有充分获取公司相关信息，股东才能更好地实现其投资公司的目的。

实践中，不参与公司经营管理的股东与公司之间围绕获取公司信息形成的知情权纠纷，在某种意义上无异于一场"情报战"。股东和公司皆以知情权为利器展开攻防，股东以知情权实现遇阻为由主张行使权利，公司则以知情权行使不合法为由予以拒绝。

知情权是一项基础性的权利。公司的经营状况关乎股东投资目的的实现。缺乏公司相关信息，股东就无法有效行使其资产收益、参与重大决策、选择管理者等权利。由于有限责任公司的人合性和封闭性，不参与公司经营管理的股东获取公司信息的难度远大于股份有限公司不参与经营管理的股东，其"用脚投票"的难度也远远大于股份有限公司不参与经营管理的股东。因此，绝大多数的股东知情权纠纷发生在有限责任公司的股东与公司之间。虽然股东以获取公司信息为由主张知情权，但其目的往往并不在于获取公司信息本身，而在于进一步采取法律措施（如请求公司分配利润、请求公司追究管理层法律责任等）。从某种意义上说，股东行使知情权是其对公司控股股东、管理层的质疑甚至否定。这就不难理解公司控股股东、管理层为何对股东行使知情权持谨慎甚至敌对的态度。

为了妥善解决股东知情权纠纷，为股东和公司依法行权提供参考，本书一方面系统梳理了我国公司立法之知情权法律制度，另一方面则深入剖析了股东知情权纠纷的经典案例。

我国已经形成了知情权法律体系。《公司法》第1条表述中包含了保护股东权利的立法目的，具体到股东知情权而言，其立法目的就是保护股东依法获得公司信息。《公司法》第6条、第33条、第41条、第90条、第97条、第102条、第116条、第150条、第165条组成了涵盖查询权、查阅权、质询权和披露义务的股东知情权规范体系。《公司法司法解释四》第7条至第12条对股东查阅权进行规范，补充完善了《公司法》第33条和第97条。在《公司法司法解释四》发布前，部分省、市高级人民法院就审理公司纠纷出台了审判业务文件，对股东知情权纠纷予以指导。在不与法律及《公司法司法解释四》相冲突的前提下，原则上应认可这些审判业务文件的效力。《证券法》第五章“信息披露”第78条至第86条构建了由发行披露、持续披露和披露监管组成的信息披露制度体系。中国证监会作为证券市场的监督机构，制定了一系列公众公司信息披露的规范性文件，其中《上市公司信息披露管理办法》和《非上市公众公司信息披露管理办法》在公众公司信息披露中居于重要地位，二者细化了《证券法》中的公众公司信息披露制度，对上市公司和挂牌公司的信息披露义务作出了具体的规定。同时，上海证券交易所、深圳证券交易所、北京证券交易所、全国中小企业股份转让系统有限责任公司制定的业务规则属于自治规则，对于经国务院部门备案或审批的自治规则，应当承认其具有非正式法律渊源的地位。除了证券交易场所自治规则外，还必须关注作为自治规则的公司章程。无论是省、市高级人民法院出台的审判指南还是《公司法司法解释四》，事实上均认可公司章程规范股东知情权的做法，只是划定了公司章程的边界而已。

我国司法实践中已经积累了大量的股东知情权纠纷案例。在法律制度相对完备的今天，加强案例研究，以解释论审视既往裁判，具有重要意义。其目的不仅在于对个案争议焦点的再解读和其他类似争议解决的启示甚至指引，还在于更好地理解法律规范之立法目的，促进法律制度的完善，推动法学理论的发展。

笔者结合自己的实践经验，将股东知情权纠纷争议的焦点问题分为六个方面：股东知情权行使的身份条件、股东知情权之诉的前置程序、股东知情权行使之正当目的、股东知情权的查阅范围、股东知情权的行使方式、股东知情权纠纷法律适用，即本书第五章至第十章。继而细化每一方面的焦点问题，精心挑选了19个典型案例,其中就包括最高人民法院发布的公报案例。这些案例的裁判水平高,解决的问题具有一定的代表性,在此向这些案例的裁判者表示深深的敬意。笔者着重围绕每一个案件的法律规范适用进行深入细致的分析,力求阐明法官裁判背后的法理。需要说明的是,这些案例往往涉及多个争议焦点,为了突出某个争议焦点,笔者以该争议焦点作为案例分析标题和归类依据;为了方便对案件的把握,同一案件的其他争议焦点笔者也一并分析。

“君子之志于道也,不成章不达。”本书也是笔者多年公司法律实务经验的总结,基础理论、体系结构虽不够全面系统,但注重理论研究和实务问题的有机结合,凸显《公司法》的价值性和实用性。感谢在本书写作过程中,为笔者提供支持的所有人。感谢法律出版社邢艳萍编辑为本书出版付出的艰辛努力。由于笔者研究尚不够精深,文中错误之处在所难免,对于不足和错讹之处,欢迎读者诸君批评指正。

缩　略　语

全　　称	简　　称
《中华人民共和国宪法》	《宪法》
《中华人民共和国民法典》	《民法典》
《中华人民共和国公司法》	《公司法》
《中华人民共和国证券法》	《证券法》
《中华人民共和国企业破产法》	《破产法》
《中华人民共和国民法总则》(已废止)	《民法总则》
《中华人民共和国民法通则》(已废止)	《民法通则》
《中华人民共和国合同法》(已废止)	《合同法》
《中华人民共和国民事诉讼法》	《民事诉讼法》
《中华人民共和国会计法》	《会计法》
《中华人民共和国涉外民事关系法律适用法》	《涉外民事关系法律适用法》
《中华人民共和国外商投资法》	《外商投资法》
《中华人民共和国中外合作经营企业法》	《中外合作经营企业法》
《中华人民共和国教育法》	《教育法》
《中华人民共和国民办教育促进法》	《民办教育促进法》
《最高人民法院关于适用〈中华人民共和国民事诉讼法〉的解释》,2014 年 12 月 18 日	《民事诉讼法司法解释》
《最高人民法院关于适用〈中华人民共和国涉外民事关系法律适用法〉若干问题的解释(一)》,2020 年 12 月 29 日	《涉外民事关系法律适用法司法解释一》

续表

全　称	简　称
《最高人民法院关于适用〈中华人民共和国公司法〉若干问题的规定(二)》,2020 年 12 月 29 日	《公司法司法解释二》
《最高人民法院关于适用〈中华人民共和国公司法〉若干问题的规定(三)》,2020 年 12 月 29 日	《公司法司法解释三》
《最高人民法院关于适用〈中华人民共和国公司法〉若干问题的规定(四)》,2020 年 12 月 29 日	《公司法司法解释四》
《全国法院民商事审判工作会议纪要》,2019 年 11 月 14 日	《九民纪要》
《江苏省高级人民法院关于审理适用公司法案件若干问题的意见(试行)》,2003 年 6 月 3 日	《江苏高院公司纠纷审判指南》①
《上海市高级人民法院关于审理涉及公司诉讼案件若干问题的处理意见(二)》,2003 年 12 月 18 日	《上海高院公司纠纷审判指南》
《北京市高级人民法院关于审理公司纠纷案件若干问题的指导意见(试行)》,2004 年 2 月 9 日	《北京高院公司纠纷审判指南 2004》
《山东省高级人民法院关于审理公司纠纷案件若干问题的意见(试行)》,2006 年 12 月 26 日	《山东高院公司纠纷审判指南》
《江西省高级人民法院关于审理公司纠纷案件若干问题的指导意见》,2007 年 12 月 6 日	《江西高院公司纠纷审判指南》
《北京市高级人民法院关于审理公司纠纷案件若干问题的指导意见》,2008 年 4 月 21 日	《北京高院公司纠纷审判指南 2008》
《北京市高级人民法院关于北京市第四中级人民法院案件管辖的规定(2018 年修订)》,2018 年 2 月 5 日	《北京市四中院案件管辖规定》

① 2020 年 12 月 1 日发布的《最高人民法院关于规范高级人民法院制定审判业务文件编发参考性案例工作的通知》(法〔2020〕311 号)第 4 条第 1 款规定:“高级人民法院制定审判业务文件可以采用‘纪要’‘审判指南’等形式,不得使用‘规定’‘解释’‘决定’‘批复’或‘指导意见’等司法解释或司法解释性质文件的名称,不得采用司法解释的体例。”第 6 条规定:“高级人民法院的审判业务庭,以及中级、基层人民法院不得制定审判业务文件,编发的案例不得称为指导性案例或参考性案例。”第 12 条规定:“对本通知下发前的审判业务文件、参考性案例,高级人民法院应当及时进行清理,需继续作为审判业务文件、参考性案例的,于本通知下发后三个月内报送最高人民法院备案。”本书选取了省、市高级人民法院发布的审理公司纠纷的审判业务文件作为我国公司法律制度予以分析。为了方便引用并符合上述文件精神,统一将省、市高级人民法院发布的审理公司纠纷的业务文件称为审判指南,对于非高级人民法院发布的相关业务文件则予以舍弃,特此说明。

目录 Contents

第一章　股东知情权的权利结构

一、股东知情权的价值

（一）股东知情权的概念

就词语结构而言，"股东知情权"是由"股东"和"知情权"两个词组成的偏正词组，"股东"修饰、限制"知情权"。而股东作为公司股权的"东家"，其意欲知晓的对象当然是公司信息。因此，股东知情权就是股东知晓公司消息从而了解公司状况的权利。详言之，股东通过获取公司章程、公司财务会计报告等相关资料，从而了解公司经营状况、财务状况以及其他与股东或者公司利益密切相关的状况。作为立法概念，"股东知情权"这个表述并未出现在我国公司法条文之中，而多见于相关司法文件之中。例如，2000 年发布的《民事案件案由规定（试行）》将"股东知情权纠纷"作为第三级案由，之后发布的《民事案件案由规定》均保留了"股东知情权纠纷"案由；而 2017 年发布的《公司法司法解释四》则旨在解决"股东知情权"等案件的法律适用。作为学理概念，股东知情权为公司法法理所接纳，对其特征，学界亦基本形成一致认识。

一是集合性。所谓集合性，是指股东知情权并非一项单一的股东权利，而是一组相关股东权利的抽象概括。至于股东知情权到底包括多少相关股东权利，学者的观点并不一致，不过其中最为大家耳熟能详的就是股东查阅权。这就不难理解为何公司法中没有出现股东知情权这一概念，却存在较为详细的股东知情权规范。我们可以从股东知情权规范出发，分析股东知情权的类型，从而深入了解股东知情权。值得注意的是，囿于集合性，股东不能以"股东知情权"的名义（以"股东知情权"为请求权基础）主张权利，而只能以股东知情权包含的相关具体权利（如股东查阅权）的名义主张权利。当然，只要符合法定或者约定条件，股东可以同时主张股东知情权包含的所有相关具体权利。

二是固有性。按照股东权利性质的不同,股东权利可以分为固有权和非固有权。固有权,又称“法定股东权”或者“不可剥夺权”,是指公司法赋予的,不得以公司章程或者股东会决议等予以剥夺或者限制的股东权利。非固有权,又称“非法定股东权”或者“可剥夺权”,是指可由公司章程或者股东会决议等予以剥夺或者限制的股东权利。区分固有权和非固有权的意义在于,明晰哪些股东权利可以依公司章程或者股东会决议予以限制,哪些股东权利不可以依公司章程或者股东会决议予以限制,从而指导股东依法制定公司章程和形成有效的股东会决议等文件。凡限制股东固有权的行为皆为非法,股东有权主张其权利,并采取相应的补救措施。股东知情权属于固有权,不得以公司章程、股东会决议乃至公司其他文件的形式予以限制或者剥夺。实践中,公司章程规定股东查阅权具体行使规则的情形较为常见。如果该等规定仅仅属于程序性规范,并未形成对股东知情权的实质性限制或者剥夺,则可以认可其效力。对此,不少省、市高级人民法院颁布的公司纠纷审判指南均作出了明确规定。《江苏高院公司纠纷审判指南》第 68 条规定:“公司章程或股东之间关于股东不得查阅公司文件的约定无效。”《山东高院公司纠纷审判指南》第 65 条规定:“公司章程关于股东不得查阅公司文件的规定无效。”《江西高院公司纠纷审判指南》第 54 条规定:“公司章程关于股东不得查阅公司文件的规定无效。”此后颁布的《公司法司法解释四》第 9 条也明确规定:“公司章程、股东之间的协议等实质性剥夺股东依据公司法第三十三条、第九十七条规定查阅或者复制公司文件材料的权利,公司以此为由拒绝股东查阅或者复制的,人民法院不予支持。”

三是单独性。按照股东权利行使方式的不同,股东权利可分为单独股东权和少数股东权。单独股东权是指不问出资比例的多少,可以由股东一人单独行使的股东权利。少数股东权是指出资额达到一定比例的股东才可以行使的股东权利。股东知情权属于单独股东权,无论持股比例多少,只要具有股东身份,均可以单独行使。由于我国实行公司注册资本认缴制,只要投资者认缴而非实缴出资即可取得股东身份,从而获得知情权。

(二)股东知情权的价值

有关股东知情权的立法目的,我们可以从相关法律条文窥见。《民法典》作为权利法,第 1 条开宗明义将“保护民事主体的合法权益”作为首要目的。《公司法》第 1 条亦明确将“保护公司、股东和债权人的合法权益”作为重要目的。既然股东知情权以权利形态存在于立法之中，当然应当遵循立法目的，以保障股东获取公司信息。分析其法理基础，有助于更好地理解其立法目的和价值。

现代公司基本实现了所有权和经营权的分离，股东在相当程度上脱离了公司的管理，而由职业经理人负责公司的经营管理。为了防范经营管理权的滥用，各国公司法设置了相应的监督机制。通常，英美法系国家设立独立董事，而大陆法系国家设立监事。这样一来，在现代公司中就形成了独特的治理结构，股东拥有重大决策、选举管理者的权利，但可能不直接参与公司经营管理；董事会和经理层（统称管理层）专门负责公司的经营管理；独立董事或者监事履行专门的监督职责。

虽然存在专门的监督机制，股东依然可能由于管理层的违法行为或者经营不善而遭受损失，为此公司法赋予股东权利，知情权就是其中非常重要的权利。借助知情权，股东可以了解公司的经营状况。只有了解了公司状况，股东才能作出合理判断以决定是否采取进一步行动。从这种意义上说，股东知情权源于现代公司的两权分离，同时股东知情权的产生也解决了两权分离引发的部分股东不参与经营管理而带来的信息不对称问题，发挥着监督作用。因此，股东知情权是不参与经营管理的股东对管理层和控股股东的制约机制，“包含着对公司进行检查监督的权利”（right of inspection）。[①]

不参与经营管理的股东，获取公司信息通常不够充分，更容易受到管理层和控股股东的漠视或者限制，进一步削弱其在公司治理结构中的地位。委托—代理理论充分说明了公司管理层的机会主义，控股股东对小股东的掠夺也是一个普遍性的问题。为了应对管理层和控股股东对不参与经营管理的股东的压制，各国公司法律规范虽然不尽相同，但总体制度设计基本类似。一是赋予权利，即赋予股东较为充分的权利，包括知情权、选择管理者的权利、剩余索取权和诉讼权利等，其中知情权是股东行使其他权利的基础，舍此则其他股东权益无法保障。二是设定义务，即要求管理层承担信义义务。[②] 近年来，各国公司立法普遍设定控股股东信义义务，我国公司法也不例外。根据《公司法》第20条和第21条的规定，控股股东在行使其权利时，除考虑自己利益外，还应认真考虑其他股东和公司的利益，不得滥用股东权利损害公司、其他股东、公司债权人的利益，不得利用关联交易损害公司的

① 施天涛：《公司法论》（第4版），法律出版社2018年版，第264页。

② 参见吴高臣：《目标公司小股东的法律保护——以要约收购为背景》，中国海关出版社2003年版，第17～24页。

利益。

股东知情权在不同类型公司中的价值并不完全相同。一般而言,在有限责任公司中,股东知情权更具价值。人合性是有限责任公司的本质特征,有限责任公司诸多制度均体现了人合性之维系。一是股东人数的限制性,因为一旦股东人数过多,相互间的信任将难以保持。二是资本的封闭性,有限责任公司资本筹集、股权转让均受到较多限制,与之相联系的信息公开程度较低,从而有助于保护公司的商业秘密。三是所有权和经营权分离程度低,股东基本参与经营管理,所有者和经营者的一致性需要赋予有限责任公司治理更多的自治空间,可以借助股东协议和公司章程等设置与股份有限公司明显不同的股东权利义务、公司治理规范。① 当然我们在强调人合性优势的同时,也不能忽视其弊端。与股份有限公司相比,有限责任公司治理结构相对简洁,公司机构相对简单,管理程序呈现非规范化特点。"在封闭公司中,控制股东通常以非规范化方式管理该公司,绝大多数的公司事务都以非正式的方式解决而不考虑'法律的体面'(statutory nicety)"。② 这容易导致公司丧失独立性,与控股股东或者管理层人格混同,沦为控股股东或者管理层损害公司债权人和小股东的"工具",这或许是有限责任公司人格否认案例较多的深层次原因。因此,有限责任公司应当充分考虑资合性因素,建立完善的内部经营管理规范,防止人格混同。除了被排挤在管理层之外,小股东获得投资回报的权利也往往被忽视,小股东"用脚投票"退出公司的想法也难以实现。由于缺乏股权转让市场,小股东被长期锁定在公司,股东之间的利益冲突也就在所难免,特别是控股股东压制小股东时往往会产生较为激烈的对抗。小股东主张权利的前提就是了解公司状况,这或许是股东知情权纠纷多发生于有限责任公司之中的原因之一。

学者股东知情权纠纷实证研究的192个案件样本显示,被告为有限责任公司的案件有187件,占97.4%;被告为股份有限公司的案件有2件,占1%;被告为股份合作制企业的案件有3件,占1.6%。③ 实践中发生于股份有限公司的股东知情权纠纷极少的原因一方面源于其资合性。资合性作为股份有限公司的本质特征,首先表现在资本的开放性,股份有限公司可以向社会公众公开资本筹集、股权在证券

① 参见吴高臣:《人合性视角下有限责任公司权力配置研究》,载《烟台大学学报》(哲学社会科学版)2020年第6期,第31~40页。

② 施天涛:《公司法论》(第4版),法律出版社2018年版,第304页。

③ 参见李建伟:《股东知情权诉讼研究》,载《中国法学》2013年第2期,第86页。

市场自由转让,与之相联系的信息公开程度较高。可以说,股权自由转让在相当程度上解决了困扰有限责任公司的股东锁定问题,信息公开程度高在相当程度上解决了股东了解公司状况的问题。股权自由转让意味着股东除了积极争取权利外,可以"用脚表决"。因为持股比例过低,作为经济人的小股东以自身效用最大化为目标,这里"效用"显然主要指向投资回报,而不是公司控制权。因为小股东是消极的投资者,而且由于其利益具有流动性,他与公司只具有一种松散和暂时的关系,他的利益像债权人的利益一样,是一种金融利益而不是一种管理利益。① 在追求自身利益最大化的驱动下,小股东缺乏关心公司经营的积极性。如果小股东在公司的重大事宜上认真行使投票权利,则需要付出相当的成本去获得必要的信息并对这些信息进行加工进而作出决策。作出科学的判断而付出的成本要大于因投票而获得的利益,因此理智的小股东会对积极行使投票权持"理性的冷漠",反而对"用脚投票"保持高度的热情。这可以说是股份有限公司股东知情权纠纷极少的经济原因。另一方面,股份有限公司特别是上市公司和非上市公众公司的信息披露依赖法律的强制性规定,包括《证券法》第五章"信息披露"、中国证监会的相关规定、证券交易所的相关自律规范等。换言之,以相对充足的制度供给,保证股东能够获得相对充分的公司信息,从而解决了不参与公司经营的股东的信息获取问题,至少在形式上较好地解决了信息不对称问题。这可以说是股份有限公司股东知情权纠纷极少的制度原因。信息披露是公司义务的制度设计,对股东而言可谓"权利"。从这种意义上说,股东知情权制度对于股份有限公司股东意义重大,只是表面上给人并非股东知情权的错觉而已。

囿于本质的差异,有限责任公司和股份有限公司的法律制度供给存在明显不同。从股东知情权运行的实践角度观察,有限责任公司股东更依赖自身主动主张知情权,股份有限公司股东更依赖被动接收公司提供的信息。从这种意义上说,有限责任公司股东知情权研究的重点是权利行使规则和诉讼制度的完善,而股份有限公司股东知情权研究的重点是进一步推动信息披露制度的完善。

---

① ［美］参见理查德·A.波斯纳:《法律的经济分析》(下),蒋兆康译,中国大百科全书出版社 1997 年版,第 535 页。

二、股东知情权的权利结构

股东知情权存在我国现行法律制度之中，因而必须研究股东知情权的制度体系；股东知情权亦有其自身内在逻辑联系，因此必须研究股东知情权的权利结构。权利结构支撑制度体系，制度体系蕴含权利结构。站在股东知情权目的和价值分析的基础之上，才能更好地探究其制度体系和权利结构，这也是法教义学研究股东知情权的基本出发点。

（一）股东知情权的制度体系

实定法上的股东知情权在立法目的的指引下形成了较为完善的制度体系。

1. 法律和行政法规层次

如前所述，《民法典》和《公司法》第 1 条表述中均包含了保护股东权利的立法目的，《证券法》第 1 条亦强调“保护投资者的合法权益”。具体到股东知情权而言，其立法目的就是保护股东依法获得公司信息。

《公司法》第 6 条、第 33 条、第 41 条、第 90 条、第 97 条、第 102 条、第 116 条、第 150 条、第 165 条组成了涵盖查询权、查阅权、质询权和披露义务的股东知情权规范体系。该法第 6 条第 3 款赋予公众以查阅公司信息的权利，我们姑且称之为查询权，“公众可以向公司登记机关申请查询公司登记事项，公司登记机关应当提供查询服务”。据此，股东可以向市场监督管理机构查询公司登记事项。《企业信息公示暂行条例》扩展了股东查询范围，除了登记事项，还可以查询其他事项，对包括股东在内的公众知情权的保护更为有利。根据信息来源，查询信息可以分为两部分：一是市场监督管理部门履职过程中形成的企业相关信息和市场监督管理部门以外其他政府部门履职过程中形成的企业相关信息；二是企业年度报告和企业即时信息。①

① 《企业信息公示暂行条例》第 6 条规定：“工商行政管理部门应当通过企业信用信息公示系统，公示其在履行职责过程中产生的下列企业信息：（一）注册登记、备案信息；（二）动产抵押登记信息；（三）股权出质登记信息；（四）行政处罚信息；（五）其他依法应当公示的信息。前款规定的企业信息应当自产生之日起 20 个工作日内予以公示。”第 7 条规定：“工商行政管理部门以外的其他政府部门（以下简称其他政府部门）应当公示其在履行职责过程中产生的下列企业信息：（一）行政许可准予、变更、延续信息；（二）行政处罚信息；（三）其他依法应当公示的信息。其他政府部门可以通过企业信用信息公示系统，也可以通过其他系统公示前款规定的企业信息。工商行政管理部门和其他政府部门应当按照国家社会信用信息平台建设的总体要求，实现企业信息的互联共享。”第 8 条规定：“企业应当于每年 1 月 1 日至

具体而言,股东可以登录国家企业信用信息公示系统(http://www. gsxt. gov. cn/)查询公司相关信息,包括基础信息、行政许可信息、行政处罚信息、列入经营异常名录信息、列入严重违法失信企业名单(黑名单)信息等,其中企业年度报告对股东了解公司信息意义重大。根据《企业信息公示暂行条例》第 9 条第 2 款的规定,企业自主选择"企业从业人数、资产总额、负债总额、对外提供保证担保、所有者权益合计、营业总收入、主营业务收入、利润总额、净利润、纳税总额信息"的公开事宜,事实上多数企业选择不公示企业该等信息。虽然经企业同意,该等信息可以查询,但对于股东而言并非易事,将来建议修改第 9 条第 2 款,增加但书条款,"但股东查询的除外"。换言之,股东查询企业信用信息时,企业年度报告所有内容应对股东公开。虽然股东可以行使查询权以获得公司相关信息,但此种关系中另一方当事人为公司登记机关,属于公法关系,原则上不应纳入股东知情权这一私法制度的范畴。

《公司法》第 33 条和第 97 条划定了股东查阅权的客体范围。第 33 条规范有限责任公司股东的查阅权,"股东有权查阅、复制公司章程、股东会会议记录、董事会会议决议、监事会会议决议和财务会计报告。股东可以要求查阅公司会计账簿。股东要求查阅公司会计账簿的,应当向公司提出书面请求,说明目的。公司有合理根据认为股东查阅会计账簿有不正当目的,可能损害公司合法利益的,可以拒绝提供查阅,并应当自股东提出书面请求之日起十五日内书面答复股东并说明理由。公司拒绝提供查阅的,股东可以请求人民法院要求公司提供查阅"。《公司法》第 97

---

6 月 30 日,通过企业信用信息公示系统向工商行政管理部门报送上一年度年度报告,并向社会公示。当年设立登记的企业,自下一年起报送并公示年度报告。"第 9 条规定:"企业年度报告内容包括:(一)企业通信地址、邮政编码、联系电话、电子邮箱等信息;(二)企业开业、歇业、清算等存续状态信息;(三)企业投资设立企业、购买股权信息;(四)企业为有限责任公司或者股份有限公司的,其股东或者发起人认缴和实缴的出资额、出资时间、出资方式等信息;(五)有限责任公司股东股权转让等股权变更信息;(六)企业网站以及从事网络经营的网店的名称、网址等信息;(七)企业从业人数、资产总额、负债总额、对外提供保证担保、所有者权益合计、营业总收入、主营业务收入、利润总额、净利润、纳税总额信息。前款第一项至第六项规定的信息应当向社会公示,第七项规定的信息由企业选择是否向社会公示。经企业同意,公民、法人或者其他组织可以查询企业选择不公示的信息。"第 10 条规定:"企业应当自下列信息形成之日起 20 个工作日内通过企业信用信息公示系统向社会公示:(一)有限责任公司股东或者股份有限公司发起人认缴和实缴的出资额、出资时间、出资方式等信息;(二)有限责任公司股东股权转让等股权变更信息;(三)行政许可取得、变更、延续信息;(四)知识产权出质登记信息;(五)受到行政处罚的信息;(六)其他依法应当公示的信息。工商行政管理部门发现企业未依照前款规定履行公示义务的,应当责令其限期履行。"

条规范股份有限公司股东的查阅权和质询权,“股东有权查阅公司章程、股东名册、公司债券存根、股东大会会议记录、董事会会议决议、监事会会议决议、财务会计报告,对公司的经营提出建议或者质询”。

除了《公司法》第 97 条涉及股份有限公司股东质询权外,《公司法》第 150 条第 1 款就所有类型公司股东的质询权作出了原则性规定,“股东会或者股东大会要求董事、监事、高级管理人员列席会议的,董事、监事、高级管理人员应当列席并接受股东的质询”。

股东享有知情权,与之相对应,公司需承担通知、公告、说明、送交、披露或者置备供查阅等义务,我们统称为信息披露义务。《公司法》第 41 条、第 90 条、第 102 条、第 116 条和第 165 条规范公司的披露事宜,只是针对披露内容和披露对象的不同采取了不同的披露形式。其中,第 41 条、第 90 条和第 102 条规范股东会的通知与公告,公司只有依法发出股东会的通知和/或公告,股东才能知晓何时何地召开股东会,才会了解该次股东会的审议事项,才能决定是否参加股东会。第 41 条规范有限责任公司股东会会议通知事宜:“召开股东会会议,应当于会议召开十五日前通知全体股东;但是,公司章程另有规定或者全体股东另有约定的除外。股东会应当对所议事项的决定作成会议记录,出席会议的股东应当在会议记录上签名。”第 90 条规范股份有限公司创立大会会议通知事宜:“发起人应当在创立大会召开十五日前将会议日期通知各认股人或者予以公告。创立大会应有代表股份总数过半数的发起人、认股人出席,方可举行。”第 102 条规范股份有限公司股东大会会议通知:“召开股东大会会议,应当将会议召开的时间、地点和审议的事项于会议召开二十日前通知各股东;临时股东大会应当于会议召开十五日前通知各股东;发行无记名股票的,应当于会议召开三十日前公告会议召开的时间、地点和审议事项。单独或者合计持有公司百分之三以上股份的股东,可以在股东大会召开十日前提出临时提案并书面提交董事会;董事会应当在收到提案后二日内通知其他股东,并将该临时提案提交股东大会审议。临时提案的内容应当属于股东大会职权范围,并有明确议题和具体决议事项。”《公司法》给予了有限责任公司股东会会议通知更多自治空间,但也可能造成“管理程序呈现非规范化的特点”,不利于股东获得充分的信息;与之不同,《公司法》严格规范股份有限公司股东大会会议通知事宜,虽然公司自治空间减小,但有利于股东获得会议的充分信息。《公司法》第 116 条规范股份有限公司董事、监事、高级管理人员报酬披露义务:“公司应当定期向股东披露董事、监事、高级管理人员从公司获得报酬的情况。”《公司法》第165条规范公司财务报告的披露义务:“有限责任公司应当依照公司章程规定的期限将财务会计报告送交各股东。股份有限公司的财务会计报告应当在召开股东大会年会的二十日前置备于本公司,供股东查阅;公开发行股票的股份有限公司必须公告其财务会计报告。”

《证券法》第五章“信息披露”第78条至第86条构建了由发行披露、持续披露和披露监管组成的信息披露制度体系。除此之外,该法第87条至第88条还规定了证券公司的说明义务以充分保护投资者,但该规范调整投资者与证券公司的关系,虽系知情权范畴,但与股东知情权无关,故这里不加分析。

2. 司法解释及其他司法文件层次

《公司法司法解释四》第7条至第12条对股东查阅权进行规范,补充完善了《公司法》第33条和第97条。该司法解释第7条对行使查阅权的股东身份提出了明确要求,“股东依据公司法第三十三条、第九十七条或者公司章程的规定,起诉请求查阅或者复制公司特定文件材料的,人民法院应当依法予以受理。公司有证据证明前款规定的原告在起诉时不具有公司股东资格的,人民法院应当驳回起诉,但原告有初步证据证明在持股期间其合法权益受到损害,请求依法查阅或者复制其持股期间的公司特定文件材料的除外”。第8条列举了股东行使查阅权之“不正当目的”的具体情形,“有限责任公司有证据证明股东存在下列情形之一的,人民法院应当认定股东有公司法第三十三条第二款规定的‘不正当目的’:(一)股东自营或者为他人经营与公司主营业务有实质性竞争关系业务的,但公司章程另有规定或者全体股东另有约定的除外;(二)股东为了向他人通报有关信息查阅公司会计账簿,可能损害公司合法利益的;(三)股东在向公司提出查阅请求之日前的三年内,曾通过查阅公司会计账簿,向他人通报有关信息损害公司合法利益的;(四)股东有不正当目的的其他情形”。第9条就公司章程规范股东查阅权的边界予以明确,“公司章程、股东之间的协议等实质性剥夺股东依据公司法第三十三条、第九十七条规定查阅或者复制公司文件材料的权利,公司以此为由拒绝股东查阅或者复制的,人民法院不予支持”。第10条就查阅权行使的时间、地点、对象和辅助查阅人进行规范,“人民法院审理股东请求查阅或者复制公司特定文件材料的案件,对原告诉讼请求予以支持的,应当在判决中明确查阅或者复制公司特定文件材料的时间、地点和特定文件材料的名录。股东依据人民法院生效判决查阅公司文件材料的,在该股东在场的情况下,可以由会计师、律师等依法或者依据执业行为规范负有保密义务的中介机构执业人员辅助进行”。第11条规定了股东及其辅助查阅人的保密义务,“股东行使知情权后泄露公司商业秘密导致公司合法利益受到损害,公司请求该股东赔偿相关损失的,人民法院应当予以支持。根据本规定第十条辅助股东查阅公司文件材料的会计师、律师等泄露公司商业秘密导致公司合法利益受到损害,公司请求其赔偿相关损失的,人民法院应当予以支持”。第12条强化了公司管理层置备公司文件的义务,“公司董事、高级管理人员等未依法履行职责,导致公司未依法制作或者保存公司法第三十三条、第九十七条规定的公司文件材料,给股东造成损失,股东依法请求负有相应责任的公司董事、高级管理人员承担民事赔偿责任的,人民法院应当予以支持”。

在《公司法司法解释四》发布前,部分省、市高级人民法院就审理公司纠纷出台了审判业务文件,对股东知情权纠纷予以指导。当然,应当按照《最高人民法院关于规范高级人民法院制定审判业务文件编发参考性案例工作的通知》(法〔2020〕311号)的要求进行清理、备案。这些审判业务文件在不与《公司法司法解释四》相冲突的前提下,原则上应认可其效力。关于账簿查阅范围,我国《公司法》和《公司法司法解释四》并未予以明确。从保护股东充分知悉公司信息的角度出发,部分省、市高级人民法院指出,账簿查阅的范围包括会计凭证。《江苏高院公司纠纷审判指南》第66条第2款规定:“有限责任公司股东除有权查阅前款规定所列材料外,还可以查阅董事会决议、公司账簿及相关原始凭证。但股东出于损害公司利益的不正当目的的除外。”《山东高院公司纠纷审判指南》第63条第2款规定:“有限责任公司股东起诉要求查阅公司会计账簿的,应具备以下条件,否则人民法院不予受理:(1)股东向公司提出书面查阅请求,公司拒绝提供查阅或在收到书面请求之日起十五日内未作答复;(2)有明确具体的查阅事项。股东有权查阅的会计账簿包括记账凭证和原始凭证。”《江西高院公司纠纷审判指南》第53条规定:“有限责任公司股东起诉要求查询公司会计账簿的,应具备以下条件,否则人民法院不予受理:(1)股东向公司提出书面查询要求,公司拒绝提供查询或在收到书面请求之日起十五日内未作答复;(2)有明确具体的查询事项。股东有权查询的会计账簿包括会计报表、记账凭证、原始凭证、审计报告、评估报告等。”

3. 部门规章及其他规范性文件层次

中国证监会作为证券市场的监督机构,制定了一系列公众公司信息披露的规范性文件。其中《上市公司信息披露管理办法》和《非上市公众公司信息披露管理办法》在公众公司信息披露中居重要地位，二者细化了《证券法》中的公众公司信息披露制度，对上市公司和挂牌公司的信息披露义务作出了具体的规定。鉴于公众公司信息披露规则较为复杂，容后文详述。《上市公司章程指引》（2019 年修订）① 就股东质询权作出了相对具体的规定。该指引第 32 条第 3 项规定，股东享有"对公司的经营进行监督，提出建议或者质询"的权利。第 70 条规定："董事、监事、高级管理人员在股东大会上就股东的质询和建议作出解释和说明。"第 72 条第 2 款第 5 项要求股东大会会议记录记载"股东的质询意见或建议以及相应的答复或说明"。虽然该等规范较《公司法》具体，但仅就股东在股东大会上行使质询权作出了相对具体的规定，并没有解决质询权似乎只能在股东大会行使的窘境。

4. 自治规则层次

上海证券交易所和深圳证券交易所是实行自律管理的会员制法人，全国中小企业股份转让系统有限责任公司是我国第一家公司制运营的证券交易场所，北京证券交易所是我国第一家公司制证券交易所，四家证券交易场所制定的业务规则属于自治规则。对于自治规则是否为商法渊源，学界存在不同认识。但对于经过国务院部门备案或审批的自治规范，应当承认其具有商法非正式渊源的地位。② 四家证券交易场所制定了与信息披露有关的业务规则，要求公司承担信息披露义务，事实上赋予了包括股东在内的投资者接收信息的权利。与信息披露紧密相关的交易所自治规则包括《上海证券交易所股票上市规则》（上证发〔2020〕100 号）、《上海证券交易所科创板股票上市规则》（上证发〔2020〕101 号）、《深圳证券交易所创业板股票上市规则（2020 年 12 月修订）》（深证上〔2020〕1292 号）、《深圳证券交易所股票上市规则（2020 年修订）》（深证上〔2020〕1294 号）、《全国中小企业股份转让系统挂牌公司信息披露规则》（股转系统公告〔2020〕2 号），《北京证券交易所股票上市规则（试行）》（北证公告〔2021〕13 号）。鉴于该等自治规则中公司信息披露规则的规定较为细致，容后文详述。

除了证券交易场所自治规则外，还必须关注作为自治规则的公司章程。如前所述，无论是省、市高级人民法院的审判指南还是《公司法司法解释四》，事实上均认可公司章程规范股东知情权的做法，只是划定了公司章程的边界而已。

---

① 《上市公司章程指引》，载中国证券监督管理委员会官网 http://www.csrc.gov.cn/pub/zjhpublic/zjh/201904/t20190417_354454.htm。

② 参见《商法学》编写组：《商法学》，高等教育出版社 2019 年版，第 27 页。

(二)股东知情权的权利结构

股东知情权作为集合性的权利,实定法上的股东知情权制度体系事实上也构筑了股东知情权的权利结构。权利结构是权利的成分及其组合方式(或称联结方式)。在成分既定的情况下,组合方式的变动或者选择是结构研究的基本问题;在成分未定的情况下,成分及其组合方式二者的变动或选择都是结构研究的基本问题。[①] 因此,必须在实定法股东知情权制度的基础上,解读知情权具体包括哪些权利,应该包括哪些权利,这些权利之间的相互关系如何?我们分析股东知情权旨在解决股东获取公司信息问题,因而属于公司内部关系。如果仅就公司内部关系而言,股东权利是由公司、股东及董事等高级管理人员等结成的权利义务关系网。若以某一股东作为圆点,将形成股东与公司、董事和其他股东之间的权利义务结构,公司、董事和控股股东等都承担了保护股东权利的义务,从而表达了股东权利的内涵。股东权利是法律关系的内容,唯有置于特定的法律关系中,才能准确表达股东权利的全部内涵。[②]

1. 股东知情权的基本权利结构

从实定法分析,我国股东知情权的具体构成包括查询权、查阅权、质询权和公司信息披露义务。如果从权利角度观察公司信息披露义务,不妨将其称为股东信息接收权。由于信息接收权缺乏积极权能,触发公司履行信息披露义务的不是股东请求,而是法律的强制性规定,因而股东信息接收权的内容实质上就是"股东消极地获取信息的利益","股东获取信息的利益"比"股东的信息接收权"的提法更严谨。[③] 问题在于,法律保护的利益范围比法律保护的权利范围要大。换言之,"股东获取信息的利益"通常涵盖了股东知情权的全部权益范围,而且该提法也容易引起法律并未赋予股东知情权的误读。加之当事人之间的权利义务原本就是相对应的,因此本书采纳"股东信息接收权"这一概念。

查询权、查阅权、质询权和信息接收权的关系如何?

学界研究主要集中于查阅权和信息接收权之间的关系。股权知情权的层次递进结构理论认为,法律视野中的股东知情权分为三个层次:第一层次,给公司附加

① 参见陈醇:《权利结构理论:以商法为例》,法律出版社 2013 年版,第 2 页。

② 参见叶林:《股东权利及其实现机制》,载《扬州大学学报》(人文社会科学版)2013 年第 5 期,第 17 页。

③ 参见李建伟:《股东知情权研究:理论体系与裁判经验》,法律出版社 2018 年版,第 8 ~9 页。

积极作为的私法义务，即由公司主动依照法律和章程规定向股东呈递或公开公司的经营信息。第二层次，给股东创设积极的私法权利，给公司附加消极的私法义务，即赋予股东依法请求查阅公司有关信息的权利。第三层次，给股东创设积极的公法权利，给公司附加消极的公法义务。当股东无法凭借第一层次或第二层次的知情权获得公司经营的真实信息，或者说第一层次或第二层次的知情权行使失败时，股东有权通过司法救济手段获得保护，借助公权强迫公司披露相关信息。[①] 这一层次递进结构理论主要针对的是我国《公司法》所规范的股东知情权，股东知情权本质上为私权，所以法律首先承认股东享有知情权。股东知情权的实现一方面依赖公司的信息披露义务，另一方面需要凭借股东自身向公司主张权利。无论是公司拒不履行或者不适当履行披露义务还是拒绝股东查阅公司信息，股东均可提起知情权之诉。虽然层次递进结构理论较好地解读了股东查阅权和信息接收权之间的关系，但忽略了质询权。

学者比照《宪法》关于公民信息主张权和信息接收权划分的理论，将股东知情权划分为积极知情权和消极知情权。积极知情权是指股东积极主动地获取公司特定信息的权利，如查阅权、质询权；消极知情权是股东依赖于公司的通知、告知与披露获得无差异化信息的权利，主要指信息接收权。[②] 该划分借鉴了宪法理论，这一研究视角也是近年来该学者所倡导的，其所翻译的《公司宪治论》也为学界所热捧，我们姑且将该知情权划分的理论称为知情权宪治理论。如果说层次递进结构理论更侧重于权利的实现，则宪治理论更加侧重权利本身的结构分析。鉴于本书从法教义学出发分析实定法之股东知情权的权利结构，故采纳知情权宪治理论，将知情权分为积极知情权和消极知情权。

除了私法意义上的股东知情权外，《公司法》第 6 条第 3 款关于查阅权的规定，事实上确认了公法意义上的股东知情权。股东可依该条款的规定向公司登记机关主张查询公司相关信息。从股东获取公司信息的主动性考察，股东知情权之查询权属于积极知情权。查询权法律关系的一方当事人是包括股东在内的公众，另一方为公司登记机关，二者并非平等主体。《企业信息公示暂行条例》第 2 条规定："本条例所称企业信息，是指在工商行政管理部门登记的企业从事生产经营活动过程中形成的信息，以及政府部门在履行职责过程中产生的能够反映企业状况的信

① 参见蒋大兴：《超越股东知情权诉讼的司法困境》，载《法学》2005 年第 2 期，第 118 ~ 123 页。

② 参见李建伟：《股东知情权研究：理论体系与裁判经验》，法律出版社 2018 年版，第 7 ~ 8 页。

息。”据此,股东通过公司登记机关查询的企业信息属于政府(公共)信息,可以依法自由使用。股东行使查询权属于“依申请公开”。① 公司登记机关拒绝查询的,股东可以申请行政复议或者提起行政诉讼。

综上所述,从法律关系的当事人出发,股东知情权可以分为公法意义上的股东知情权和私法意义上的股东知情权。公法意义上的股东知情权,在我国《公司法》上体现为查询权,宜纳入政府信息公开制度范畴予以考量,而本书侧重私法上的权利探讨,故后文不再分析。而私法意义上的股东知情权则是学界通常讨论之股东知情权。从股东获取公司信息的主动性出发,私法意义上的股东知情权可以分为积极知情权和消极知情权,前者包括查阅权、质询权,后者则为信息接收权(见图1－1)。据此,如果股东意欲就公司情况进行基本了解,可以被动性地等待公司依法通知、公告、送交或者披露相关信息,也可以通过行使查询权实现;如果股东意欲获得公司特定信息,可以通过行使查阅权、质询权实现。如果股东行使知情权遇到非法阻碍,可以寻求公力救济。可以说,不同类型的股东知情权相互配合,共同发挥着保障股东获得公司信息的作用。

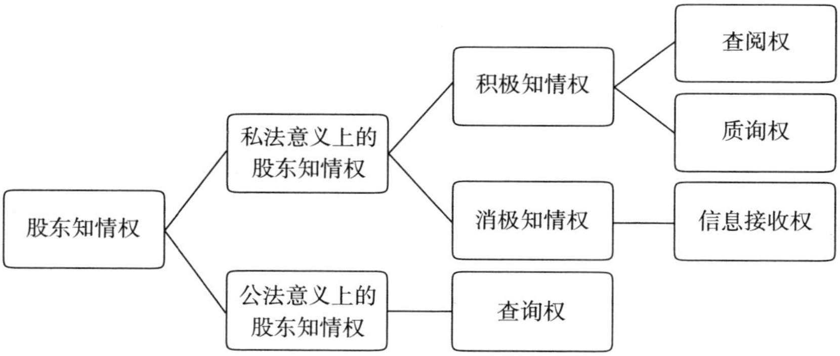

图1－1　股东知情权的权利结构

必须注意的是,积极知情权除了查阅权、质询权之外,还有检查人选任请求权。我国公司法上尚无检查人选任请求权制度。一般而言,公司检查人选任制度是指公司在发生法定的特殊事由情形下,临时指定无利害关系的专业人士调查特定公

① 《政府信息公开条例》第27条规定:“除行政机关主动公开的政府信息外,公民、法人或者其他组织可以向地方各级人民政府、对外以自己名义履行行政管理职能的县级以上人民政府部门(含本条例第十条第二款规定的派出机构、内设机构)申请获取相关政府信息。”

司事务的制度。大陆法系奉行私法选任检查人与司法选任检查人并存模式，英美法系实行行政选任检查人模式。实践表明，检查人选任制度不仅是实现公司股东知情权的重要制度安排，也是公司外部监督的重要手段。从股东知情权的权利结构出发，我国宜选择性地借鉴大陆法系的检查人选任制度。①

2. 不同类型公司股东知情权的权利结构

知悉股东知情权的基本权利结构之后，我们了解了股东知情权的权利构成和具体权利之间的相互关系。这一分析当然适用于所有类型公司的股东。由于不同类型公司的本质差异，各种具体权利在股东知情权中的地位和作用并不相同，因而不同类型公司股东知情权的权利结构并不相同。

就有限责任公司而言，股东享有查询权、查阅权、质询权和信息接收权。由于人合性是有限责任公司的本质特征，因而其信息公开程度相对较低，实定法关于信息接收权的规定也印证了这一点。同时，实定法关于查询权和质询权的规定也相对粗陋，而查阅权的规定则相对具体。《公司法》第 33 条明确了股东可以查询的公司信息的范围和条件，《公司法司法解释四》关于股东知情权的相关规范旨在明确股东查阅权的行使条件和客体范围。因而股东意欲获得公司信息，只能更多地依赖查阅权，而司法实践中股东知情权纠纷多为查阅权之争也证明了这一点。因而，查阅权在有限责任公司股东知情权的权利结构中处于核心地位。从这种意义上说，有限责任公司股东获得公司信息更依赖积极知情权。我们在修订《公司法》的过程中，应当注重进一步完善积极知情权，除了查阅权之外，应当充实质询权并增强其可操作性，检查人选任制度也应当适时引入。

就股份有限公司而言，股东也享有查询权、查阅权、质询权和信息接收权。由于资合性是股份有限公司的本质特征，因而其信息公开程度相对较高。除了《公司法》信息披露的相关规定外，《证券法》、中国证监会的部门规章等规范性文件、证券交易场所自治规则等均设置了上市公司和非上市公众公司详细的信息披露规则，可以为股东乃至公众提供较为全面的公司信息。一方面，证券监管部门和证券交易场所持续不断地修改完善公众公司的信息披露规则，其可操作性不断增强，公司及管理层可以选择披露的空间越来越小；另一方面，证券监管部门和证券交易场所持续不断地加强行政监管和自律管理，公众公司及其管理层因违法违规信息披露

① 参见李建伟、茅院生：《制度建构：两大法系公司检查人选任制度及其借鉴》，载《法商研究》2009 年第 4 期，第 145 ~ 152 页。

受到处罚的案例并不少见。因而，信息接收权在股份有限公司股东知情权的结构中处于核心地位。由于信息披露相对充分，股东行使积极知情权的必要性大大降低。实践中虽有股份有限公司股东提起知情权之诉的案件，但极为少见，若再限定于公众公司则几乎接近于无。这并不是说积极知情权不重要，只是其在权利结构中的地位相对较弱而已。在查询权、查阅权和质询权三项权利中，质询权的行使相对更具有现实意义。特别是在股东大会的场合，管理层对股东质询的现场解答相比书面答复更有助于股东获得充分的公司信息，因而质询权的完善也是公司立法必须考虑的问题。

第二章　股东查阅权

股东查阅权滥觞于美国，[①]指股东对公司会计账簿、会计文书等相关会计原始凭证和文书、记录进行查阅的权利。股东对公司重大事务拥有表决权，如果不能取得有关公司的充足信息，他们就无法有效行使其表决权，参与或者监督公司经营管理更无从谈起。因此，现代各国公司法均无一例外地赋予股东查阅权，股东有权查阅公司的重要文件，公司管理层也有义务将公司的重要文件报送股东。

我国《公司法》对股东查阅权也作出了相应的规定：其第 33 条对有限责任公司股东查阅权的内容和行使作出了较为具体的规定；其第 97 条对股份有限公司股东查阅权的内容作出了规定，不过由于未规定股东有权查阅会计账簿，因此股份有限公司股东的查阅范围较之有限责任公司股东更小。赋予股东充分的查阅权，置公司管理层于股东的充分监督之下，无疑有助于减少管理层的自利行为，甚至消除我国上市公司肆无忌惮地编造虚假财务资料欺骗广大投资者的现象。与世界上公司立法较为先进的国家和地区相比，我国《公司法》关于股东查阅权的规定显得十分粗陋：不仅股东查阅权的内容过于狭窄，而且股东查阅权的行使规则也过于概括。为此，本书将全面探讨查阅权制度，包括查阅权的主体、行使查阅权的条件、查阅权的客体及查阅权的限制等。

一、查阅权的主体

(一) 查阅权主体的立法例

考察查阅权首先面对的就是主体问题：查阅权能够使股东获得公司的必要信

① 参见刘俊海：《股份有限公司股东权的保护》(修订本)，法律出版社 2004 年版，第 366 页。

息，那么是否任何股东都可以行使该权利呢？换言之，查阅权究竟为少数股东权还是单独股东权呢？在这个问题上，存在两种立法例：

一是少数股东权模式，即持股达到一定比例的股东方可行使查阅权。1969 年《美国示范商业公司法》第 52 条规定，只有持股 6 个月以上或者持股比例达到 5% 的股东才可以行使查阅权。1997 年法案①通过之前，《纽约州商业公司法》第624 条也存在类似规定。《日本商法》（2001 年修订）第 293 条之 6 规定，持有公司 3% 以上股份的股东才可以行使查阅权。2005 年颁布的《日本公司法》第 433 条维持了上述持股比例的要求。

二是单独股东权模式，即任何股东均可单独行使查阅权。20 世纪 90 年代以来，美国某些州在修改公司法时就放松甚至取消了持股比例的要求，例如，《纽约州商业公司法》经过 1997 年法案的修订，其第 624 条删除了股东行使查阅权关于持股时间和比例的要求，任何股东均可以要求查阅公司账簿记录；《特拉华州普通公司法》第 220 条规定，任何股东都可以要求查阅公司账簿记录。我国台湾地区“公司法”（2018 年修正）第 48 条规定：“不执行业务之股东，得随时向执行业务之股东质询公司营业情形，查阅财产文件、账簿、表册。”我国《公司法》第 33 条和第 97 条均未对股东持股比例提出要求，因此我国的查阅权立法应当纳入单独股东权模式。

一般而言，单独股东权模式优于少数股东权模式，后者容易不适当地剥夺中小股东的查阅权。但我们必须考虑到查阅权制度是一把“双刃剑”，在保障股东知情权的同时，也可能不适当地损害公司利益。鉴于此，应当从不同类型公司的实际出发重构我国的查阅权制度。对于有限责任公司，应当坚持单独股东权的立法模式。有限责任公司具有较强的人合因素，股东之间的信任和监督对公司的经营管理至关重要。赋予每一位股东查阅权，有助于形成股东之间的信息对称，从而增进股东之间的信任；反过来，信息的流动性和透明化，有助于股东对公司管理层的监督；此外，有限责任公司股东人数较少，行使查阅权不至于给公司的经营管理带来很大的不便。对于股份有限公司，应当区分不同情形而采取不同的立法模式：对于某些信息，任何股东均可单独行使查阅权；对于其他信息，只有单独或者合并持股达到一定比例的股东才可以行使查阅权。从某种意义上说，《特拉华州普通公司法》采取的就是这种立法模式，虽然该法并未直接作出这样的区分，但我们可以从该法的

① 该法案于 1998 年 2 月 22 日生效。

相关规定中推出这一结论。该法第220条就股东查阅权的行使提出了正当目的的要求。[①] 对正当目的的证明，按照股东查阅账簿记录种类的不同，第220条采取了分类处理的办法：股东要求查阅股东名册以外的账簿记录，必须证明以下三点：(1)该股东的确是公司股东；(2)该股东已经按照第220条的要求的格式和方式提出了查阅要求；(3)该股东的查阅出于正当目的。股东仅要求查阅股东名册，证明了前两点之后，举证责任就转移到了公司，公司有义务证明股东的查阅目的不正当。这就意味着任何股东都有权查阅股东名册，但对公司的其他账簿记录，股东查阅的前提之一就是证明目的正当，而法院对正当目的进行审查的标准之一就是股东的持股数量和持股比例。虽然该标准在考察股东正当目的方面不具有决定作用，但如果没有其他因素支持股东正当目的时，持股数量和持股比例就成为正当目的的判断标准。[②] 笔者认为，《特拉华州普通公司法》根据账簿记录对公司影响程度的不同，对股东查阅权事实上采取了不同的立法模式。考虑到我国上市公司目前的混乱状况，赋予股东查阅账簿等记录的权利十分必要；而股份有限公司股东人数众多，允许任何股东查阅公司账簿，难免影响公司的正常经营。建议适当修改我国股份有限公司的查阅权制度：在现行《公司法》第97条增加一款，持股比例达到1%的股东，还可以查阅前款规定以外的账簿记录。[③]

(二)我国实定法上的查阅权主体条件要求

我国《公司法》第33条和第97条均指出，股东才可以行使查阅权。《公司法司法解释四》第7条则进一步明确了股东身份的重要性，丧失股东身份，原则上不得行使查阅权，“股东依据公司法第三十三条、第九十七条或者公司章程的规定，起诉请求查阅或者复制公司特定文件材料的，人民法院应当依法予以受理。公司有证据证明前款规定的原告在起诉时不具有公司股东资格的，人民法院应当驳回起诉，但原告有初步证据证明在持股期间其合法权益受到损害，请求依法查阅或者复制其持股期间的公司特定文件材料的除外”。该条款的适用需要注意两点：

一是股东知情权纠纷的原告应当证明其股东身份，不同类型公司的股东身份

---

① Stephen A. Radin, *The New Stage of Corporate Governance Litigation: Section 220 Demands*, 26 Cardozo L. Rev, p. 1610(2005).

② Saito v. McKesson HBOC, Inc., 2002 Del. Ch. LEXIS 125, at 49, 2002 WL 31657622, at 13.

③ 有学者认为，股份有限公司股东行使查阅权一概应当受到持股比例的限制。参见刘玉杰：《论股东的账簿查阅权》，载《会计研究》2004年第3期，第47页。笔者认为不妥，对于股份有限公司而言，某些信息应当依法公开，因而任何股东都有权查阅，一概加以持股比例的要求反而不适当地限制了股东的知情权。

证明存在差异。

《公司法》第25条规定:“有限责任公司章程应当载明下列事项:(一)公司名称和住所;(二)公司经营范围;(三)公司注册资本;(四)股东的姓名或者名称;(五)股东的出资方式、出资额和出资时间;(六)公司的机构及其产生办法、职权、议事规则;(七)公司法定代表人;(八)股东会会议认为需要规定的其他事项。股东应当在公司章程上签名、盖章。”第31条规定:“有限责任公司成立后,应当向股东签发出资证明书。出资证明书应当载明下列事项:(一)公司名称;(二)公司成立日期;(三)公司注册资本;(四)股东的姓名或者名称、缴纳的出资额和出资日期;(五)出资证明书的编号和核发日期。出资证明书由公司盖章。”第32条规定:“有限责任公司应当置备股东名册,记载下列事项:(一)股东的姓名或者名称及住所;(二)股东的出资额;(三)出资证明书编号。记载于股东名册的股东,可以依股东名册主张行使股东权利。公司应当将股东的姓名或者名称向公司登记机关登记;登记事项发生变更的,应当办理变更登记。未经登记或者变更登记的,不得对抗第三人。”据此,有限责任公司股东可以提供公司章程、股东名册、出资证明书、公司登记机关之股东登记证明自己的股东身份。对于没有出现在公司章程、股东名册、出资证明书和公司登记机关之股东登记的股东,可以提供其他资料证明其股东身份。实践中有限责任公司隐名出资的情况较多,对此《公司法司法解释三》第24条第3款规定:“实际出资人未经公司其他股东半数以上同意,请求公司变更股东、签发出资证明书、记载于股东名册、记载于公司章程并办理公司登记机关登记的,人民法院不予支持。”据此,隐名股东意欲显名成为股东,必须取得公司其他股东半数以上的同意。针对隐名投资的复杂情形,《九民纪要》进一步完善了隐名股东显名条件,第28条【实际出资人显名的条件】规定:“实际出资人能够提供证据证明有限责任公司过半数的其他股东知道其实际出资的事实,且对其实际行使股东权利未曾提出异议的,对实际出资人提出的登记为公司股东的请求,人民法院依法予以支持。公司以实际出资人的请求不符合公司法司法解释(三)第24条的规定为由抗辩的,人民法院不予支持。”质言之,隐名股东不得以股东身份行使查阅权。

股份有限责任公司的股东身份证明与有限责任公司有所不同。根据《公司法》第81条和第92条的规定,股份有限公司公司章程仅记载发起人情况,公司登记也仅登记发起人情况,故公司章程和公司登记不能作为股份有限公司股东身份的证明。《公司法》第125条第2款规定:“公司的股份采取股票的形式。股票是公司签发的证明股东所持股份的凭证。”第130条规定：“公司发行记名股票的，应当置备股东名册，记载下列事项：(一)股东的姓名或者名称及住所；(二)各股东所持股份数；(三)各股东所持股票的编号；(四)各股东取得股份的日期。发行无记名股票的，公司应当记载其股票数量、编号及发行日期。”据此，股份有限公司的股东可以提供股票、股东名册证明自己的股东身份。上市公司和挂牌公司均发行电子形式股票，由证券登记结算机构办理登记结算业务。根据《证券法》第147条的规定，股东可以通过证券登记结算机构查询，获得持股证明以证明自己的股东身份。

二是股东查阅权主体条件之例外——符合条件的原股东。如前所述，非股东不得行使股东查阅权。作为例外，原股东有初步证据证明在持股期间其合法权益受到损害，可以请求依法查阅或者复制其持股期间的公司特定文件材料。因为救济层面的知情权已超越了股权作为私权的性质，而是一种受公法保护的诉权，是直接针对国家司法机关而为的请求。除非有法律的明确限制，此种公法意义上的诉权已演绎为一种不以特定身份为前提的“客观性权利”，即该类知情权的有无主要取决于当事人的法益是否因某种行为而受到损害，是否符合《民事诉讼法》关于起诉的条件，与股东资格本身并无必然的逻辑关系。因此，诉权层面的知情权不随股权转让而终止，该种层面的知情权能否获得实体保护，取决于对有关损害的诉求是否超出诉讼时效。① 作为原股东行使查阅权，除了提供曾经具有股东身份的证明外，还需提供证据初步证明其持股期间的合法权益受到损害。

二、行使查阅权的条件：正当目的

股东享有查阅权，如何正当行使是我们必须关注的问题。现代公司立法规定查阅权的行使条件，目的就在于平衡股东和公司之间的利益。除了遵循正当程序外，各国立法还提出了正当目的的要求。而由于正当目的系主观要件，如何界定就十分棘手。

(一)立法模式

围绕股东查阅权之正当目的，主要存在两种立法模式：

1. 区分模式

该立法模式区分股东意欲获取的信息的敏感性，获取日常信息无正当目的的要

① 参见蒋大兴：《超越股东知情权诉讼的司法困境》，载《法学》2005年第2期，第121页。

求;获取敏感信息则有正当目的的要求。《美国示范商业公司法》即采取了该立法模式。该法第16.2(a)条规定,任何一个股东只要提前5天提交书面申请,均有权在公司主要办事机构查阅日常信息,这些信息包括公司章程、章程细则、创设不同类别股票及其相对应权利义务的董事会决议、最近3年的股东会会议记录以及所有未经会议而由股东采取行动的记录、最近3年与股东的书面信函、现任高级管理人员的姓名和商业住址、最近1年提交州务卿的年度报告。股东获取上述信息的权利是绝对的,只要股东履行了事先通知义务公司就必须提供,公司无权过问股东此举的目的。究其原因,这些信息直接与公司股东利益紧密相关。当然其中某些信息还置备于政府机关,事实上任何人均可以通过政府机关查阅,不过公司不能以此为由拒绝股东查阅。至于其他信息的获得,《美国示范商业公司法》提出了正当目的的要求。该法第16.2(b)条规定,在满足第16.2(c)条的前提下,股东可以查阅以下三类资料:(1)不在上述日常信息范围内的下列文件摘要:董事会会议记录、董事会专门委员会代替董事会并代表公司采取行动的记录、股东会会议记录以及未经会议而由股东或者董事会采取行动的记录;(2)公司账簿;(3)股东档案。《美国示范商业公司法》第16.2(c)条规定,股东查阅第16.2(b)条规定的信息,必须满足下列条件:(1)其为正当目的出于善意而提出查阅请求;(2)其详细描述其目的和所要查阅的资料;(3)其所要查阅的资料与其目的直接相关。由此可见,正当目的是查阅非日常信息的核心要件。然而《美国示范商业公司法》并未明确界定何为"正当目的",而是留给司法实践。评估股份价值、与其他股东沟通或者判断是否存在非正常交易,通常被认为属于"正当目的"。① 一言以蔽之,通常股东能够自由获得日常信息,如股东名册;但是一旦涉及公司特有信息,如公司账簿,立法就对股东获得这些信息的目的表示了公开的怀疑。②

日本公司法也采取了这种模式。与《美国示范商业公司法》不同的是,《日本公司法》以列举的方式明确规定了何为不正当目的。《日本公司法》第442条规定,股

① 2005 *Model Business Corporations Act*, ABA (Aug. 08, 2007), http://www.abanet.org/buslaw/committees/CL270000pub/nosearch/mbca/assembled/20051201000001.pdf.

② Fred S. McChesney, *Thirteenth Annual Corporation Law Symposium: Contemporary Issues In The Law Of Business Organizations: "Proper Purpose", Fiduciary Duties, And Shareholder-Raider Access To Corporate Information*, Summer, 2000, 68 U. Cin. L. Rev., p. 1200.

份公司[①]股东可在营业时间内随时要求查阅会计报表。该法第433条第1款规定，符合持股要求的股东可以在股份公司营业时间内随时提出查阅会计账簿的请求，不过必须明确提出请求的理由，该条第2款规定："有前款请求时，股份公司除可认定符合以下某项的情形外，不得拒绝：一、提起该请求的股东（以下本款中称'请求人'）以关于其权利的确保或行使的调查以外的目的提起请求时；二、请求人以妨碍该股份公司业务的完成，损害股东的共同利益为目的提起请求时；三、请求人经营与该股份公司的业务实质上处于竞争关系的某事业或从事该事业时；四、请求人为向第三人通报以会计账簿或与此相关的资料的阅览或复印得知的事实获得利益提起请求时；五、请求人在过去二年内，曾将以会计账簿或与此相关的资料的阅览或复印得知的事实获得利益提起请求时。"[②]《日本公司法》之所以要求正当目的，是为了防止股东对账簿查阅权的滥用危及公司营业秘密以及妨碍公司业务执行。为了调查董事的不正行为、为了调查业务执行适当与否、为了调查合并或减资有无必要性、为了调查有无必要提起代表诉讼、为了解明财务会计的疑问点等，属于合法目的。正当目的的合理界定需要长期积累判例。[③]

我国公司立法也采取了这种模式。《美国示范商业公司法》在股东查阅权问题上不因闭锁公司和公众公司而有所不同，我国《公司法》则与之不同，区分了有限责任公司和股份有限公司，赋予其股东不同的查阅权。我国《公司法》第33条规定了有限责任公司股东的查阅权："股东有权查阅、复制公司章程、股东会会议记录、董事会会议决议、监事会会议决议和财务会计报告。股东可以要求查阅公司会计账簿。股东要求查阅公司会计账簿的，应当向公司提出书面请求，说明目的。公司有合理根据认为股东查阅会计账簿有不正当目的，可能损害公司合法利益的，可以拒绝提供查阅，并应当自股东提出书面请求之日起十五日内书面答复股东并说明理由。公司拒绝提供查阅的，股东可以请求人民法院要求公司提供查阅。"第97条规定了股份有限公司股东的查阅权："股东有权查阅公司章程、股东名册、公司债券存根、股东大会会议记录、董事会会议决议、监事会会议决议、财务会计报告，对公司的经营提出建议或者质询。"虽然《公司法》区分了有限责任公司和股份有限公司，

---

① 必须注意的是，2005年6月29日颁布的《日本公司法》中的股份公司与我国《公司法》中的股份公司含义不同。《日本公司法》实现了股份公司和有限责任公司的一体化，不再保留有限责任公司的形式，不过以资本公开性为标准在股份公司内部区别规制。

② 王保树主编：《最新日本公司法》，于敏、杨东译，法律出版社2006年版，第246～247页。

③ 参见[日]末永敏和：《现代日本公司法》，季洪玉译，人民法院出版社2000年版，第197～198页。

分别赋予各自股东不同的查阅权,但就总体而言,股东查阅某些公司资料不需要任何理由,而查阅会计账簿则需要说明正当目的。与《美国示范商业公司法》相比,我国股东查阅权的客体范围很窄,敏感信息只能查阅会计账簿。

2. 同一模式

该立法模式不区分股东意欲获取的信息的敏感性,均提出正当目的的要求。《特拉华州普通公司法》即是该种立法例。其第220(c)条规定:"……股东要求查阅股东名册以外的账簿记录,必须证明以下三点:(1)该股东的确是公司股东;(2)该股东已经按照第220条的要求的格式和方式提出了查阅要求;(3)该股东的查阅出于正当目的。股东仅要求查阅股东名册,证明了前两点之后,举证责任就转移到了公司,公司有义务证明股东的查阅目的不正当……"但对于何谓"正当目的",第220(b)条将之解释为"与一个人作为股东的利益合理关联的目的"。必须注意的是,特拉华州判例法在很大程度上弥补了该条规定的不足,其不少判例已经给出了正当目的的若干情形,如与证券交易委员会调查令内容一致的调查管理不善的要求被视为目的正当。① 这些判例倾向于认定有两种典型正当目的:一是评估投资价值;二是与其他股东交流沟通。②《韩国商法》也采取了这种模式。③

3. 不同立法模式的比较

表面看来,两种不同的立法模式之间存在较大差异。其实不然,同一模式下股东名册的查阅要求其实很低,接近于无正当目的的要求;除股东名册之外的其他信息查阅,则要求股东证明其正当目的。因而同一模式虽然未依据信息的敏感度决定是否设定正当目的的要求,但其却依据信息的敏感度配置了正当目的的举证责任,达到了与区分模式异曲同工的效果。从这种意义上说,区分模式和同一模式并无实质上的优劣之分。值得注意的是,在区分模式内部依据立法是否列举了不正当目的的情形可以分为两种立法模式:概括式和列举式,前者如《美国示范商业公司法》,后者如《日本公司法》。显然,后者确立的正当目的标准较为具体明确,便于股东行使查阅权和法院审查。

---

① See Carapico v. Philadelphia Stock Exchange, Inc., 791 A.2d 787 (Del. Ch. 2000).

② Fred S. McChesney, *Thirteenth Annual Corporation Law Symposium: Contemporary Issues In The Law Of Business Organizations: "Proper Purpose", Fiduciary Duties, And Shareholder-Raider Access To Corporate Information*, Summer, 2000, 68 U. Cin. L. Rev., pp. 1203 – 1204.

③ 参见《韩国商法》第466条。

4. 我国实定法上之正当目的之立法模式与判断规则

我国《公司法》在这一问题上采取了概括式立法模式。2014 年颁布的《公司法司法解释四》补充完善了《公司法》关于正当目的的规则，明确了不正当目的的若干情形，提升了公司法的可操作性。该司法解释第 8 条规定："有限责任公司有证据证明股东存在下列情形之一的，人民法院应当认定股东有公司法第三十三条第二款规定的'不正当目的'：(一)股东自营或者为他人经营与公司主营业务有实质性竞争关系业务的，但公司章程另有规定或者全体股东另有约定的除外；(二)股东为了向他人通报有关信息查阅公司会计账簿，可能损害公司合法利益的；(三)股东在向公司提出查阅请求之日前的三年内，曾通过查阅公司会计账簿，向他人通报有关信息损害公司合法利益的；(四)股东有不正当目的的其他情形。"由此可见，该条款对《公司法》第 33 条之"不正当目的"进行了限缩，即"可能损害公司合法利益"。由于股东尚未知悉意欲获得的公司信息，所以损害后果只是一种可能性，但必须是较大的可能性。这种较大的可能性，必须借助合理证据进行认定。

(1)股东自营或者为他人经营与公司主营业务有实质性竞争关系业务的情形，但公司章程另有规定或者全体股东另有约定的除外

该情形适用中需要把握"主营业务"和"实质性竞争关系"。所谓主营业务，是指公司日常开展的主要经营活动。主营业务的认定应当综合考虑多个因素。一是经营范围。一般而言，公司章程和营业执照载明了公司的经营范围，公司的主营业务应当在其经营范围之内。二是营业收入。所谓营业收入，是指公司在销售商品和提供劳务及让渡资产使用权等日常活动中所形成的经济利益的总流入，包括主营业务收入和其他业务收入。营业收入反映了公司实际开展主营业务的情况。不少公司主营业务收入低于其他业务收入，此时应当分析主营业务收入低的原因，进而确定公司宣称的主营业务是否应认定为主营业务。三是利润。公司主营业务对公司利润的贡献率也是一个应当考虑的因素。

所谓实质性竞争关系，是指在特定区域内股东业务与公司主营业务相同或者类似。在同一特定区域开展经营活动的股东与公司，其公司章程和营业执照载明的经营范围相同或者类似，仅仅是实质性竞争关系的初步证据。在市场细分的今天，即使主营业务相同，其具体经营内容和客户群体也可能存在差异化。我国证券领域关于同业竞争关系的判定对实质性竞争关系的认定具有重要参考价值。一般而言，同业竞争的认定，不仅局限于从经营范围上作出判断，还应遵循"实质重于形

式”的原则,从业务性质、客户对象、产品或者服务的可替代性、市场差别等方面进行判断。

需要注意的是,这并不意味着股东与公司之间存在竞业禁止关系。董事承担竞业禁止义务是因为其对公司事务享有裁量性的控制权,普通股东并不享有这种裁量性的控制权,所以普通股东并不承担竞业禁止义务。股东可以自营或者为他人经营与公司主营业务有实质性竞争关系的业务,但其查阅权会受到限制,以免损害公司利益。但这一限制可以为公司章程规定或者全体股东约定所打破,换言之,如果公司章程规定或者全体股东约定股东可以自营或者为他人经营与公司主营业务有实质性竞争关系的业务,则股东的查阅权不受限制。

(2)股东为了向他人通报有关信息查阅公司会计账簿,可能损害公司合法利益的情形

该情形通常被称为经济间谍行为。经济间谍行为之所以被认定为股东行使查阅权的目的不正当,是因为股东应当为了自己和公司利益而行使查阅权,这是查阅权的共益权属性决定的。对该情形的把握需要注意两点:一是“他人”的认定。对此,该规定并未进一步解释。笔者认为,从查阅权的共益权属性出发,这里的“他人”应该限定为公司以外的第三人。依据团体法的基本理论,公司内外有别,①内部人原则上可以共享公司信息,外部人原则上无权获得公司信息。详言之,在股东行使查阅权是为了向其他股东通报公司信息的情况下,如股东和其他股东均无《公司法司法解释四》第 8 条所列之第 1 项、第 3 项、第 4 项的情形,则不应当认定目的不正当。二是行使查阅权与公司合法利益可能受损之间的因果关系。该情形下公司合法利益受损具有或然性,并不要求证明公司合法利益必然受损。对此需要结合案件具体情形综合相关因素进行考量,其中“他人”身份具有重要参考价值。如果该“他人”系公司的竞争者或者潜在竞争者,则宜认定公司完成了损害可能性的证明责任。

(3)股东在向公司提出查阅请求之日前的 3 年内,曾通过查阅公司会计账簿,向他人通报有关信息损害公司合法利益的情形

该情形系经济间谍前科。鉴于股东过去 3 年内曾存在向他人通报有关信息损害公司合法利益的行为,法律直接推定其查阅目的不正当。该情形属于不正当目

① 参见吴高臣:《有限责任公司法论》(第 2 版),中国民主法制出版社 2019 年版,第 17 ~ 25 页。

的的法律推定，股东原则上无法通过举证推翻该项推定。除非股东举证证明公司或者管理层存在重大违法行为，否则只要公司举证证明股东过去3年存在不诚信之查阅行为，则法院应当承认公司拒绝股东查阅的合法性。当下我国正在大力推动信用社会建设，该项法律推定可以视为失信惩戒。

(4)股东有不正当目的的其他情形

该项规定属于兜底条款。前三种情形只是列举，实践中不正当目的还存在其他情形。其他不正当目的的情形如何认定呢？前三种情形事实上提供了基本标准——损害或者可能损害公司合法利益。行使查阅权，往往是股东采取其他行动的前提和基础。实践中股东多以了解公司经营状况为由主张查阅权，但事实上的目的可能千差万别。股东行使查阅权的目的，在法律上只能通过其客观行为予以推断其正当与否。如果股东行使查阅权并不损害或者不可能损害公司利益，则难谓目的不正当，原则上应当允许查阅。

(二)正当目的的举证责任

就正当目的而言，举证责任的分配是另一个值得关注的问题。股东行使查阅权，公司加以拒绝，即妨碍了股东查阅权的实现，构成了对股东查阅权的侵害。从这种意义上说，股东查阅权纠纷属于侵权纠纷。一般侵权行为的构成要件为：第一，有损害事实；第二，行为违法；第三，违法行为与损害后果之间有因果关系；第四，行为人有主观故意。具体到侵害股东查阅权纠纷，其构成要件为：第一，股东无法行使查阅权；第二，公司无正当理由拒绝股东行使查阅权；第三，公司无正当理由拒绝股东行使查阅权和股东无法行使查阅权之间有因果关系；第四，公司故意拒绝股东行使查阅权。结合股东查阅权纠纷的实际情况，股东和公司之间争议的焦点在于公司拒绝股东行使查阅权是否具有正当理由。只要股东证明了其查阅目的正当即证明了公司拒绝理由不正当，同样，只要公司证明了股东查阅目的不正当即证明了其拒绝理由正当。但究竟是股东还是公司承担举证责任对查阅权的行使影响巨大，各国立法亦作出了不同的选择。

按照“谁主张，谁举证”的基本原则，举证责任应当由主张查阅权的股东承担。《特拉华州普通公司法》也采取这一立场。股东依据该法第220条查阅账簿记录有义务以优势证据证明其查阅目的的正当性，只有目的正当，股东才有权查阅其希望得到的账簿记录。这一义务不是非实质性的。法院并不当然将股东陈述的目的作为其真实目的，法院可以仔细审查股东陈述的目的以发现股东是否意图规避目的正当性的要求。仅仅出于好奇或者瞎猜是不足以满足正当性要求的。[①] 当然,如果股东仅要求查阅股东名册,则公司应承担不正当目的之证明责任。《美国示范商业公司法》虽未明确要求股东承担举证责任,却要求股东"详细描述"(describes with reasonable particularity)其查阅目的。表面看来与《特拉华州普通公司法》存在明显差异,但从采纳《美国示范商业公司法》各州的司法实践来看,"详细描述"只是"证明"(establishes)的另一种说法而已。而《日本公司法》第433条第2款规定,董事会在"认定"股东存在不正当目的的情形下应拒绝股东行使查阅权的要求。显然,这里的"认定"需要事实加以证明,而且最终要接受司法审查,因而这其实是要求董事会就股东目的之不正当承担举证责任,延续了《日本商法》第293条之7的做法。那么,只要股东明确其行使查阅权的理由,法律即推定其目的正当,除非董事会有证据表明股东查阅目的不正当。两相比较,日本立法更有利于保护股东的知情权。

那么,我国立法作出了何种选择呢?我国《公司法》第33条虽未明确规定关于正当目的的举证责任承担,但仔细推敲可以发现其实立法已经对举证责任作出了规定。该条要求股东行使查阅权时应"说明目的","公司有合理根据认为股东查阅会计账簿有不正当目的,可能损害公司合法利益的,可以拒绝提供查阅,并应当自股东提出书面请求之日起十五日内书面答复股东并说明理由"。进一步而言,说明目的正当是股东行使查阅权应当承担的义务,以合理的根据说明目的不正当是公司拒绝提供查阅应当承担的义务。显然,"说明"和"以合理的根据说明"是两个不同的标准。在同一个法条中,法律对双方当事人履行义务提出了不同的标准,这其实就是实体法对举证责任的分配规则。在股东查阅权纠纷中,只要股东说明其目的,即应当推定股东行使查阅权的目的正当,除非公司有相反的证据。从这种意义上说,股东查阅权纠纷采取了举证责任倒置。只要股东证明其依法提出行使查阅权的请求,那么公司需要就股东查阅目的不正当承担举证责任。《北京高院公司纠纷审判指南2008》第18条指出:"有限责任公司的股东就查阅公司会计账簿提起诉讼的,应当说明查阅会计账簿的具体目的、所查阅的内容与该目的具有何种直接关系。被告公司认为原告股东有不正当目的拒绝查阅的,应承担相

---

① Stephen A. Radin, *The New Stage of Corporate Governance Litigation*: *Section* 220 *Demands*, 26 Cardozo L. Rev. p. 1610(2005).

应的举证责任。”[①]一旦公司无法完成其举证责任，则法院应当判决股东胜诉。公司法关于股东查阅权纠纷举证责任倒置的规定符合我国股东权益保护不力的现状，有利于保护股东尤其是中小股东的知情权。

（三）正当目的与非正当目的并存时查阅权的行使

正当目的的举证责任分配解决了正当目的的证明问题，但现实表明问题似乎并不这么简单。因为股东行使查阅权的目的有时并非单一，可能既存在正当目的又存在不正当目的。对此，应当如何处理呢？最为简洁的答案就是，只要发现股东存在不正当目的就应当拒绝其行使查阅权，理由也冠冕堂皇：否则可能损害公司利益。这样做会不会矫枉过正呢？美国特拉华州的做法或者能够提供有益的启示。

美国特拉华州法院认为，一旦股东证明目的的正当性，其依据《特拉华州普通公司法》第 220 条获得的法律救济不会因为其存在其他不正当目的而被驳回。然而，既有正当目的又有不正当目的的股东查阅账簿记录将被限制在可以达到其表明的正当目的的必要范围内。[②] 而且针对依据第 220 条提起的诉讼，公司不能通过某些方法寻求回避提供账簿记录的义务，如对管理不善诉讼提出有事实依据的怀疑，或者采取“白璧无瑕防御”即通过诉讼试图证明讼争的管理不善行为完全合理合法。[③] 显然，美国特拉华州的做法有利于充分保护股东的知情权。

目前，我国股东知情权纠纷日益增多。这一方面表明公司侵害股东特别是中小股东知情权的情形较为普遍，另一方面也说明股东的权利意识逐渐觉醒。司法机关应当顺应历史潮流，加强对股东查阅权的保护，从而推动公司治理结构的不断完善。为此，我们应当借鉴美国特拉华州的上述做法。尊重股东查阅目的多样性的现实，要求公司分别辨别其正当性。只要股东行使查阅权的目的之一是正当的，公司即应允许股东查阅。当然，正当目的在保证股东能够实际行使查阅权的同时，已经为股东查阅划定了客体范围，只能查阅对股东达到其正当目的所必需的信息。

---

① 值得注意的是，《北京高院公司纠纷审判指南 2008》第 18 条确立了股东说明其目的正当的标准：具体目的以及目的与查阅内容的关系。据此，股东不能简单地以了解公司状况为由要求查阅公司账簿，而应说明其意欲了解公司某一方面的经营、财务、管理等信息，查阅某一交易或者某一期间的特定账簿。学者指出，从股东的角度来讲，说明具体的查阅目的，可使查阅目的覆盖全部的查阅对象，易于获得裁决支持。参见李建伟：《股东查阅会计账簿的“不正当目的”抗辩研究——〈公司法〉第 33 条第 2 款的法教义学分析》，载《当代法学》2021 年第 1 期，第 94 ~ 105 页。

② Saito v. McKesson HBOC, Inc., 806 A.2d (Del. 2002) at 116.

③ Stephen A. Radin, *The New Stage of Corporate Governance Litigation: Section 220 Demands*, 26 Cardozo L. Rev. p.1612(2005).

当然,我国某些公司完全可能采取类似美国某些公司一样的做法来回避提供查阅的义务,这其实都是徒劳的。公司拒绝股东行使查阅权的合法抗辩就是查阅目的不正当。只要公司无法证明股东的目的不正当,法院就应当判决股东胜诉,纵然公司的经营、决策过程完全合理合法,公司也应当尊重股东的查阅要求。

三、查阅权的客体

股东出于正当目的可以查阅公司的账簿记录,但是否可以查阅公司的任何账簿记录而不受任何限制呢?对此,股东查阅权客体的范围是我们必须解决的问题。

(一)查阅权客体范围的一般规定

查阅权客体的范围在很大程度上决定了股东知情权价值的实现。我国《公司法》对此采取了单纯列举式规定,即将股东有权查阅的账簿记录种类全部列明。根据《公司法》第33条和第97条的规定,有限责任公司股东可以查阅的公司账簿记录包括公司章程、股东会会议记录、董事会会议决议、监事会会议决议、财务会计报告和会计账簿;股份有限公司股东可以查阅的公司账簿记录包括公司章程、股东名册、公司债券存根、股东大会会议记录、董事会会议决议、监事会会议决议和财务会计报告。而美国各州公司立法并未采取单纯列举式而是采取"列举+概括规定"的方式,即在列举股东可以查阅的账簿记录种类同时,概括规定股东有查阅账簿记录的权利。如《特拉华州普通公司法》第220条规定,股东有权复制或者摘录公司的股东分类账、股东名册、其他账簿记录以及公司已经获得或者能够获得子公司的相关账簿记录。美国法院审判实践表明,股东查阅权的范围十分广泛,包括股东名册、董事会会议记录、财务记录、销售分类账、发票、合同、信件、销售策划和经营计划。①

与美国相关立法相比,我国立法似乎传递着这样一个信息,除此之外的账簿记录股东均无权查阅。但司法实践表明,股东能否查阅除此之外的账簿记录不无疑问。在南京南连光华液化气有限公司与詹德威股东知情权纠纷案中,詹德威作为股东要求查阅公司全部财务账册及库管账册,南京南连光华液化气有限公司则辩称《公司法》第32条②赋予股东查阅的权利仅限于财务报告而非账册。该案一审法

① Hanno F. Kaiser, *Debt Investments In Competitors Under The Federal Antitrust Laws*, 9 Fordham J. Corp. & Fin. L. p.609(2004).

② 此处的《公司法》第32条系指《公司法》(1999年修正)第32条,该条文规定了有限责任公司的股东查阅权,即股东有权查阅股东会会议记录和公司财务会计报告。

院和二审法院均认为：股东的知情权系一完整的、持续性权利，股东知情权的范围包括有权查阅公司股东会会议记录、董事会决议、公司财务会计报告、公司账簿、注册会计师对财务报告出具的审验报告及监事会的检查报告等，不限于公司财务会计报告。[①] 其他法院在类似纠纷中也采取了类似立场。[②] 最高人民法院公报案例之李淑君、吴湘、孙杰、王国兴与江苏佳德置业发展有限公司股东知情权纠纷案中，法院认为，不查阅原始凭证，中小股东可能无法准确了解公司真正的经营状况。根据会计准则，相关契约等有关资料也是编制记账凭证的依据，应当作为原始凭证的附件入账备查。[③] 在《公司法》明确赋予有限责任公司股东会计账簿查阅的权利之前，人民法院即倾向对股东查阅权的客体范围作扩张解释。关于股东能否查阅除了《公司法》第33条和第97条规定之外的其他账簿记录如董事会会议记录，就保护股东知情权的角度而言，应当承认股东的该等权利。然而《公司法》的列举式规定使保护股东的该等权利存在疑问。尽管如此，各地法院总结审判经验相继出台了指导性文件，倾向于扩大股东查阅权客体的范围。《江苏高院公司纠纷审判指南》第66条第2款规定："有限责任公司股东除有权查阅前款规定所列材料外，还可以查阅董事会决议、公司账簿及相关原始凭证。但股东出于损害公司利益的不正当目的的除外。"《山东高院公司纠纷审判指南》第63条第2款规定："股东有权查阅的会计账簿包括记账凭证和原始凭证。"《江西高院公司纠纷审判指南》第53条第2款规定："股东有权查询的会计账簿包括会计报表、记账凭证、原始凭证、审计报告、评估报告等。"《北京高院公司纠纷审判指南2008》第19条规定："有限责任公司股东有权查阅的公司会计账簿包括记账凭证和原始凭证。"最高人民法院在(2012)民申字第635号案中指出，"虽然《中华人民共和国公司法》没有明确规定股东可以查阅会计凭证，然而基于利益平衡以及确保信息真实的考虑，知情权范围不宜限定在一个不可伸缩的区域，尤其对于人合性较高的有限责任公司，严格限定知情权范围

---

① 南京南连光华液化气有限公司与詹德威股东知情权纠纷案，江苏省高级人民法院(2003)苏民三终字第029号民事判决书。如无特别说明，本书中的裁判文书均来源于中国裁判文书网(https://wenshu.court.gov.cn/)，在此表示感谢。

② 浙江省德清县人民法院认为，股东的知情权包括财务报告查阅权、账簿查阅权等。参见许宝忠与德清县凯悦电子有限公司股东知情权纠纷案，浙江省德清县人民法院(2002)德民初字第352号民事判决书。

③ 参见《李淑君、吴湘、孙杰、王国兴与江苏佳德置业发展有限公司股东知情权纠纷案》，载《中华人民共和国最高人民法院公报》2011年第8期，第42~48页。

并不利于实现知情权制度设置的目的”。[①] 而北京市第二中级人民法院在(2020)京02民终3566号案中则认为,“《公司法》第三十三条规定了股东法定知情权范围,系股东最低程度的知情权,并未包含会计凭证。同时应当看到,权利的救济,不仅仅依靠《公司法》上的股东知情权救济,还可以通过《公司法》上其他权利保护及其他民事法律和公法渠道进行,故在无《公司法》明文规定,且无章程规定的情形下,股东无权查阅会计凭证”。进而就前述《北京高院公司纠纷审判指南2008》第19条的适用作出阐述:“《公司法规定(四)》属于司法解释,层级效力高于《指导意见》(《北京高院公司纠纷审判指南2008》。——笔者注),且颁布时间晚于《指导意见》,该司法解释聚焦股东知情权,已关注到查阅会计凭证问题,但最终未对此作出规定,表明在一般情形下,没有充分的依据和理由不允许股东查阅会计凭证。另,本案情形下股东能否查阅会计凭证的生效判决观点并不一致。基于上述理由,本院认为《指导意见》及有关生效判决观点不适用本案。”[②]本案中的裁判观点值得进一步研究。

总体而言,我国司法实践中倾向于扩大股东查阅权客体的范围,但在立法层面还未予明确,应当在平衡股东利益与公司利益的基础上,合理扩展股东查阅公司资料的范围至会计凭证等相关公司信息。

(二)查阅权客体范围的限制

股东享有查阅权,可以查阅法律和公司章程允许查阅的公司资料,但并非没有任何限制,知情权的行使必须平衡股东与公司之间的利益。在股东具体行使查阅权时,应当明确该次查阅的客体范围。

1. 查阅权客体范围的一般限制

一般而言,正当目的在保证股东能够实际行使查阅权的同时,已经为股东查阅划定了客体范围。特拉华州最高法院认为,依据《特拉华州普通公司法》第220条的账簿查阅权必须为其目的所限制并准确划定范围,只能查阅对股东达到其正当目的所必需的账簿。[③] 这就意味着股东查阅的范围是具体的,目的不同,查阅的范

---

① 香港捷成有限公司与天津北方食品有限公司股东知情权纠纷案,最高人民法院(2012)民申字第635号民事裁定书。

② 卢建江与北京中联华融投资管理有限公司股东知情权纠纷案,北京市第二中级人民法院(2020)京02民终3566号民事判决书。

③ Stephen A. Radin, *The New Stage of Corporate Governance Litigation*: *Section* 220 *Demands*, 26 Cardozo L. Rev. p.1617(2005).

围就不同,甚至目的相同,因为提出的时间不同,查阅的范围也可能不同。当然,股东可以基于不同的正当目的查阅公司不同的账簿和记录,并且这种权利行使不受次数限制。上述立法表明,美国股东查阅权客体制度的立法已经相当成熟,一方面赋予股东较为充分的查阅权,几乎可以查阅公司的任何账簿记录;另一方面对股东每次行使查阅权依据其目的不同进行合理限制,从而较好地实现了股东利益和公司利益的平衡。

虽然我国司法实践中也承认查阅权可以多次行使,①但公司法并未明确规定具体行使查阅权时的查阅范围。从实践来看,不少上市公司赋予其股东较为充分的查阅权,只要股东证明其身份,即有权在支付合理的费用后获得公司章程、本人持股资料、股东大会会议记录、中期报告和年度报告、公司股本总额、股本结构。② 现行《公司法》不过是以立法的形式确认了股东查阅权的范围而已。从《公司法》第33条和第97条的规定来看,只要是公司股东,就有权获得《公司法》列明的公司账簿以外的公司资料,查阅公司账簿则受到正当目的的限制。但我国《公司法》并未就正当目的与查阅权范围的关系作出明确规定。根据《江西高院公司纠纷审判指南》第52条和第53条的规定,提起知情权之诉,"股东应当说明查询的正当理由,包括查阅的原因和目的",并且"有明确具体的查询事项"。③ 该规定暗含着查阅目的与查询事项之间的关联,而《北京高院公司纠纷审判指南2008》第18条则明确要求阐明具体目的与查阅内容的关系:"有限责任公司的股东就查阅公司会计账簿提起诉讼的,应当说明查阅会计账簿的具体目的、所查阅的内容与该目的具有何种直

---

① 南京南连光华液化气有限公司与詹德威股东知情权纠纷案,江苏省高级人民法院(2003)苏民三终字第029号民事判决书。

② 1997年12月16日发布的《上市公司章程指引》(证监〔1997〕16号)第35条第6项对此作出了明确规定,此后上市公司均照此规定修改公司章程。2006年3月16日发布的修订后《上市公司章程指引》(证监公司字〔2006〕38号)第32条第5项规定:股东有权"查阅本章程、股东名册、公司债券存根、股东大会会议记录、董事会会议决议、监事会会议决议、财务会计报告"。

③ 《江西高院公司纠纷审判指南》第52条规定:"股东要求公司提供《公司法》第三十四条第一款、第九十八条(此处为2005年《公司法》之相关条文,现行《公司法》第三十三条第一款、第九十七条。——笔者注)规定之文件材料供其查阅或复制,公司予以拒绝的,股东可以请求人民法院要求公司提供查询或复制,股东应当说明查询的正当理由,包括查阅的原因和目的,否则人民法院不予支持。公司仅以股东有不正当目的为由进行抗辩的,人民法院不予支持。"第53条规定:"有限责任公司股东起诉要求查询公司会计账簿的,应具备以下条件,否则人民法院不予受理:(1)股东向公司提出书面查询要求,公司拒绝提供查询或在收到书面请求之日起十五日内未作答复;(2)有明确具体的查询事项。股东有权查询的会计账簿包括会计报表、记账凭证、原始凭证、审计报告、评估报告等。"

接关系。被告公司认为原告股东有不正当目的拒绝查阅的,应承担相应的举证责任。”个案中股东查阅公司资料的范围,应当结合股东行使查阅权的具体目的予以判断。实践中以核实会计账簿的真实性为由要求查阅,法院认为其理由不充分,还需要提供证据进一步说明,则反映了股东利益与公司利益的平衡。“从《公司法》第三十三条关于查阅财务会计报告和会计账簿的规定来看,就财务会计报告,股东既可以查阅,也可以复制,无须说明任何理由,但就会计账簿,股东仅可查阅,不可复制,且需要提出书面请求,并说明理由。可见,股东要求知晓相关文件材料秘密性越强,对其限制理应越多。会计凭证属于比会计账簿级别更高的商业机密,故对股东查阅会计凭证的限制应高于《公司法》关于查阅会计账簿的规定。股东要求查阅会计凭证,应陈述更充分的理由及提供有效证据,证明确有必要查阅会计凭证,否则其合法权益将受损或具有受损的极大可能性。但在本案中,卢建江提出查阅会计凭证的理由仅为核实会计账簿的真实性,该理由并无特殊性,故本院不予支持”。[①]

总之,股东查阅权客体范围应当受到合理限制。即使公司立法允许股东查阅公司的任何资料,股东亦应接受合理限制:无查阅目的要求之公司资料的查阅应当以合理的方式行使,不应干扰公司经营;其他公司资料的查阅应当以股东具体目的为考量标准,合理确定查阅范围,再辅之以合理的时间和地点,不应为满足股东知情权的需求而不适当地增加公司负担,否则会损害或者可能损害公司的合法利益。

2. 查阅权客体范围的特殊限制

一旦股东证明其正当目的,即有权查阅公司的相关账簿记录,除了正当目的之外,是否还受到其他因素限制?美国法院的审判实践表明,律师客户关系原则、工作成果原则和自我剖析特权可能进一步影响股东的查阅范围。

公司拥有的账簿记录,不仅仅是公司自身形成的资料,也包括公司从律师等中介机构获得的资料。股东查阅权的范围是否及于律师为公司提供的法律资料,譬如法律意见书。美国特拉华州法院的判例表明,账簿记录是否提供受到律师客户关系特权原则的影响。考察该资料是否受到该原则的保护,法院考量以下五个因素:(1)股东的持股数量和持股比例;(2)股东的主张是否似是而非;(3)信息获得的必要性和无法从其他渠道获得;(4)股东是否确定其要求获取的信息而不是仅仅抱着投机的心态去“钓”信息;(5)律师客户交流的信息是否为与诉讼本身有关的建

① 卢建江与北京中联华融投资管理有限公司股东知情权纠纷案,北京市第二中级人民法院(2020)京02民终3566号民事判决书。

议。如果说律师客户关系特权原则保护的是律师就特定事务（并非针对行使查阅权之股东）为客户准备的资料，那么工作成果原则旨在保护律师为即将到来的诉讼整理准备的资料。如果一方当事人表明其确实需要该资料而不能获得，且不通过异常艰辛的努力就无法获得与该资料相当的资料，他就可以获得该资料。法院指出，原告以正当理由打破律师客户关系特权原则，也能以相同的理由表明其对工作成果原则保护的资料确实需要。①

目前国内律师在为客户提供法律意见时，往往仿效英美法系国家律师的做法，在法律意见的最后附上律师声明，该声明的格式通常为："本法律意见仅用于贵公司处理××事务之用，不作他用。"该声明事实上限制了客户对律师法律意见的使用范围，但能否提供给围绕相关问题主张查阅权的股东，不无疑问。一方面，就律师和客户的相互关系而言，由于两者之间系委托合同关系，基于彼此信任进行充分交流，那么客户就应当信守其与律师之间关于法律意见等使用的约定，不将法律意见等向第三人提供。另一方面，股东以正当之目的就公司某项事务主张查阅权，公司向其提供全面的相关资料，有助于实现股东知情权并减少股东诉讼的发生。两利相较取其重，两害相较取其轻。在目前国内股东知情权保护较为薄弱的情势下，应当加强对股东查阅权的保护。因此，除非律师等中介机构在向客户提供资料时明确表明该等资料不得为公司以外的第三人所知晓，否则股东有权查阅该资料。但是律师为应对客户之股东提起的查阅权诉讼而准备的资料，客户之股东无权查阅，一旦查阅权诉讼发生，则客户之股东可以通过证据交换获得律师准备资料之一部分。

此外，针对特定事项，公司管理层往往会形成一些总结等类似资料。股东能否要求查阅这些资料呢？这涉及自我剖析特权，该特权保护秘密的、非单纯事实描述性质的、协商性资料，包括通过内部调查、总结和审计形成的建议或者观点。承认自我剖析原则的美国法院认为，以下四个因素将决定是否适用该原则：(1)讼争信息来源于自我剖析；(2)该信息形成之时即处于保密状态并且一直处于保密状态；(3)公众对保持该类信息的自由流动具有强烈兴趣；(4)一旦该信息被披露，将会导致该信息自由流动的减少。② 当然是否采纳自我剖析特权原则也是一个两难选择。

① Stephen A. Radin, *The New Stage of Corporate Governance Litigation: Section* 220 *Demands*, 26 Cardozo L. Rev. p.1635 – 1636(2005).

② Grimes v. DSC Communications Corp., 724 A.2d 561, 568 (Del. Ch. 1998).

一方面如果立法不采纳该原则，则会扩大股东查阅权的范围，有利于监督公司管理层忠实、勤勉地履行义务；但另一方面将使公司管理层面临过多的法律风险，为了回避或者降低这些风险，公司决策将可能大打折扣，管理层也可能不会诚实地自我评价。这或许就是美国各州在自我剖析特权立法方面存在不同的原因，作为“公司天堂”的特拉华州就没有采纳该原则。那么，我国是否应当采纳该原则呢？从目前我国股东权益保护不力的现状出发，我国不应当采纳自我剖析特权原则。

四、查阅权的限制：保密

股东查阅权立法始终要平衡公司和股东之间的利益，那么法律在赋予股东查阅权的同时，也应当课股东以必要之义务，防止股东滥用查阅权而危及公司利益。查阅权保护的是股东的知情权，股东获得相关信息后，如何合理利用该信息则成为查阅权立法当中应当考虑的重要问题之一。我国《公司法司法解释四》要求股东在行使查阅权时承担保密义务，辅助查阅人同样承担保密义务，违反该项义务应该承担赔偿责任。

（一）保密义务

在 1982 年 CM & M Group, Inc. v. Carroll 一案中，美国特拉华州最高法院认为，与保护股东权利相对应，法院有义务保护公司的合法权益，进而衡平法院有权采取它认为合理的措施限制股东查阅权以阻止该权利的滥用从而保护公司的合法权益。根据这一原则，特拉华州最高法院在该案中认为股东首先承认存在合理的保密契约才能依法行使查阅权。① 自此，在股东查阅权案件中，法院经常要求股东承担保密义务。保密义务阻止股东分享各自查阅获得的信息，从而减少了其他股东提起潜在诉讼的可能性。在 Freund v. Lucent Technologies, Inc. 一案中，一位股东依据《特拉华州普通公司法》第 220 条提起查阅权诉讼，另一位股东未经主张诉前查阅要求即独立提起代表诉讼，法院认为后者不得分享前者获得的信息，进而对前者施加保密义务。② 保护商业秘密和个人隐私已成为现代社会人类的共识。股东借助查阅权获得的信息除了公司必须依法公开之外，要么涉及公司以及利害关系人商业秘密，要么涉及股东、公司管理者以及利害关系人的隐私。如果允许股东

---

① CM & M Group, Inc. v. Carroll, 453 A.2d 788 (Del. 1982).

② Freund v. Lucent Technologies, Inc., No. 18893, 2003 Del. Ch. LEXIS 3, 2003 WL 139766 (Del. Ch. Jan. 9, 2003).

获得公司信息后随意披露，难免损害他人利益。因此课行使查阅权之股东以保密义务，能够防止股东获得信息的不适当扩散。在 Khanna v. Covad Communications Group, Inc. 一案中，法院支持了股东的查阅请求，但鉴于该股东对公司或其高级管理人员和董事可能提起与股东利益无关的纯粹个人利益的诉讼，法院要求该股东事先承诺不将其依据《特拉华州普通公司法》第 220 条之查阅权获得的信息用于主张纯粹个人利益的诉讼，除非该等信息来源于其他诉讼。[①] 由此可见，股东行使查阅权获得的信息原则上只能由该股东用于行使查阅权时表明的目的，而不是可以用于任何合法场合。此种做法对防止股东滥用查阅权至关重要。

依据我国现行《公司法》的规定和司法实践，就有限责任公司而言，除了会计账簿之外的其他信息多数可以通过公开渠道获得，当然有限责任公司的部分股东会会议记录、董事会会议决议、监事会会议决议也不必到相关主管机关登记或者备案，因而会计账簿和那些未曾登记或者备案的股东会会议记录、董事会会议决议、监事会会议决议应当纳入保密的范围。就股份有限公司而言，又分为两种情况：非上市公司应当适用前述关于有限责任公司股东保密义务之要求；上市公司由于股东查阅的资料均已公开，故无保密义务之必要。保护股东查阅权和公司商业秘密是一枚硬币的两面，忽视任何一方面都不利于公司的健康发展。为此《公司法司法解释四》第 11 条明确要求行使知情权之股东及其辅助人承担保密义务，“股东行使知情权后泄露公司商业秘密导致公司合法利益受到损害，公司请求该股东赔偿相关损失的，人民法院应当予以支持。根据本规定第十条辅助股东查阅公司文件材料的会计师、律师等泄露公司商业秘密导致公司合法利益受到损害，公司请求其赔偿相关损失的，人民法院应当予以支持”。据此，股东及其辅助人行使知情权时应承担保密义务，违反该保密义务从而侵害公司商业秘密的，应当承担损害赔偿责任。据此，需要关注两点：

1. 股东及其辅助人承担保密义务

股东及其辅助人行使知情权获取公司信息，容易获悉公司商业秘密。对此，股东及其辅助人应当承担保密义务。《民法典》第 123 条对保护商业秘密作出了原则规定，“民事主体依法享有知识产权。知识产权是权利人依法就下列客体享有的专有的权利：(一)作品；(二)发明、实用新型、外观设计；(三)商标；(四)地理标志；(五)商业秘密；(六)集成电路布图设计；(七)植物新品种；(八)法律规定的其他客

---

① Khanna v. Covad Communications Group, Inc., No. 20481 - NC, 2004 Del. Ch. LEXIS 11, 2004 WL 187274 (Del. Ch. Jan. 23, 2004).

体”。而《反不正当竞争法》第 9 条则通过课知悉他人商业秘密的经营者以保密义务保护商业秘密:“经营者不得实施下列侵犯商业秘密的行为:(一)以盗窃、贿赂、欺诈、胁迫或者其他不正当手段获取权利人的商业秘密;(二)披露、使用或者允许他人使用以前项手段获取的权利人的商业秘密;(三)违反保密义务或者违反权利人有关保守商业秘密的要求,披露、使用或者允许他人使用其所掌握的商业秘密;(四)教唆、引诱、帮助他人违反保密义务或者违反权利人有关保守商业秘密的要求,获取、披露、使用或者允许他人使用权利人的商业秘密。经营者以外的其他自然人、法人和非法人组织实施前款所列违法行为的,视为侵犯商业秘密……”一般而言,股东承担保密义务源于行使知情权的行为,而辅助人承担保密义务则源于其特定行业规范。《律师法》第 38 条规定:“律师应当保守在执业活动中知悉的国家秘密、商业秘密,不得泄露当事人的隐私。律师对在执业活动中知悉的委托人和其他人不愿泄露的有关情况和信息,应当予以保密。但是,委托人或者其他人准备或者正在实施危害国家安全、公共安全以及严重危害他人人身安全的犯罪事实和信息除外。”《注册会计师法》第 19 条规定:“注册会计师对在执行业务中知悉的商业秘密,负有保密义务。”律师、注册会计师在辅助股东行使知情权过程中必须保守其知悉的商业秘密。

2. 股东及其辅助人泄露商业秘密的法律责任

股东及其辅助人泄露商业秘密给公司造成损失的,应当承担赔偿责任。值得注意的是,《公司法司法解释四》并未明确规定股东及其辅助人是否承担连带责任。关于该问题,需要依据《民法典》侵权责任编的相关规定进行判断。如果股东及其辅助人无共同故意或者过失,则应就泄露商业秘密造成的损害独立承担赔偿责任;如果股东及其辅助人存在共同故意或者过失,则应就泄露商业秘密造成的损害承担连带赔偿责任。除了侵权责任之外,股东及其辅助人还可能需要承担其他民事责任、行政责任乃至刑事责任。

值得注意的是,股东及其辅助人负有保密义务,即使其泄露公司商业秘密并未给公司造成损失,亦应承担民事责任。《公司法司法解释四》第 8 条第 3 项将“股东在向公司提出查阅请求之日前的三年内,曾通过查阅公司会计账簿,向他人通报有关信息损害公司合法利益的”作为行使知情权“不正当目的”的情形之一,事实上也是一种民事责任。辅助人违反与股东的保密约定,当然也应承担违约责任。

(二)保密义务的排除

既然法律要求行使查阅权之股东承担保密义务的目的在于保护公司利益,那么法律能否以同样的理由免除股东的保密义务？美国特拉华州法院认为，法律认可在某些情形下股东有权利用其依据《特拉华州普通公司法》第220条查阅权获得的信息，该利用将导致信息的公开。最明显的情形就是法律鼓励股东将第220条作为对可能存在的管理不善或者浪费进行诉前调查的手头工具。诉前调查理由充足，股东就可以利用保密令所保护的信息提起诉讼，并且很多案件在诉讼过程中，该信息变得可以公开获得。在紧急情况（如正在进行的公司竞选）下，由于时间紧迫股东无法提起诉讼，进而按照通常的程序处理保密问题。在这些有限的情况下，法院将根据股东的清晰陈述而接受其去除依据第220条获得信息的保密义务的特殊请求。股东要求去除保密义务的举证责任重大，要求其证明保密信息的披露是为了防止代理权争夺战中可能发生的虚假披露或者误导性陈述，或者与之相当的其他非常有说服力的情形。一旦该举证义务被满足，尽管法院将会进行斟酌，但通常因保护公司利益而保密的义务将被排除。① 美国公司立法要求行使查阅权的股东承担保密义务，又在特定情况下免除其保密义务，其目的无非是实现股东利益和公司利益的平衡。我国股东查阅权立法也应当更加全面地平衡股东和公司的利益，除了设定股东及其辅助人保密义务外，亦应明确保密义务的排除。其实，《律师法》第38条的规定就包含着保密义务的排除，我们不妨借鉴《律师法》的规定，进一步完善股东保密义务体系。

总之，大股东和公司管理层对小股东的“掠夺”是一个普遍性的话题，特别是在公司所有权集中程度较高的国家，“掠夺”相当常见。如何有效防范“掠夺”？学者已经给出了明确的答案：“作为现代社会和产业弊病的矫正政策公开制度的确值得推崇，阳光是最好的防腐剂，电灯是最有效的警察。”②股东查阅权虽然不是信息披露制度，但它同样能够达到股东知悉公司事务的目的，与信息披露制度相辅相成，成为股东行使监督权的基础。可以说，股东查阅权关系公司治理结构，关系公司制度本身，我们应当借鉴其他国家的立法和司法经验，从而不断完善我国的股东查阅权制度。

---

① Disney v. Walt Disney Co., 857 A.2d 444 (Del. Ch. 2004) (appeal pending).

② Louis D. Brandeis, *Other People's Money and How Bankers Use It*, Edited with an introduction and notes by Richard M. Abrams, Harper & Row (New York), 1967, p. 67.

第三章　股东质询权

一、质询权的性质

(一)股东质询权之实定法规范

我国《公司法》对股东质询权的规定较为简单,司法解释也未对此作出进一步的指导。具体而言,《公司法》有两个条文涉及质询权。其第 97 条从股份有限公司股东权利的角度肯定了股东质询权,“股东有权查阅公司章程、股东名册、公司债券存根、股东大会会议记录、董事会会议决议、监事会会议决议、财务会计报告,对公司的经营提出建议或者质询”。其第 150 条第 1 款从被质询人义务的角度就所有类型公司股东的质询权作出了原则性规定,“股东会或者股东大会要求董事、监事、高级管理人员列席会议的,董事、监事、高级管理人员应当列席并接受股东的质询”。通过上述分析可以看出,股东质询权包括股东提出询问的权利和被质询人接受质询的义务。至于质询事项,仅提出“公司的经营”这一概括性限定。而质询权行使的具体规则付诸阙如。简言之,《公司法》关于股东质询权的规定相对粗陋,只能从股东质询权的性质出发,方能对权利主体、权利内容、行使规则和法律救济等问题作出相对合理的解答。

(二)股东质询权的法律性质

国内学者关于股东质询权的法律性质莫衷一是,主要存在以下几种观点:

1. 出席权说

出席权说认为,股东质询权本质上是股东出席股东会议的权利。从质询权和股东会会议的关系考量,股东质询权虽然在功能上具有获取公司信息的效果,但其实质并非一般意义上的股东知情权,而是股东的一项股东大会参与权。[①] “就出席

---

① 参见张凝:《股东大会会议体制下的股东质询权——日本董事等说明义务制度的理论借鉴》,载《北方法学》2011 年第 5 期,第 66 ~71 页。

权的实质内容而言,包括了提案权、动议权、讨论权、询问权及表决权。”①我国《公司法》第150条第1款是否采纳了出席权说呢?从权利义务相一致的基本原理出发,股东质询权是不是只能在股东会会议期间行使?笔者认为并非如此,《公司法》第150条第1款规范的是董事、监事和高级管理人员在股东会会议上接受质询的义务,并没有规定董事、监事和高级管理人员在其他场合不接受质询;从股东视角观察,该条款只是明确了股东会会议期间之股东质询权的行使,但并不意味着股东在股东会会议之外不得行使。如果《公司法》采纳出席权说,该法第97条应会对股东质询权的一般规定予以明确,但该条款对股东质询权的行使场合并无限定。

2. 表决权说

表决权说认为,股东质询权本质上属于表决权。质询权源于表决权,“为了合理行使表决权,股东需要得到有关公司业务的具体的信息,因此有必要在股东大会上要求董事、监事对一定事项进行说明”。② 股东质询权就是股东参加股东会会议的程序性保障,主要解决的是股东参加股东会会议的信息获取问题。③ 出席权说对此提出批评,股东质询权源自股东出席股东大会的权利,每一位出席股东大会的股东都应享有质询权,而无论其有无表决权,也无论其持股数量与期限。④ 虽然出席权说保障了出席股东会会议的无表决权股东亦可行使质询权,较之表决权说更为优越。不过,表决权说与出席权说具有共同的缺陷:只有出席股东会会议的股东才可以行使质询权。

3. 监督权说

监督权说认为,股东质询权本质上属于监督权。就语义而言,“质询”既有“询问”之意,也有“质问”之意。“询问”是仅以获得信息为目的的提问,而“质问”则有对公司经营的怀疑、不满与指责之意。立法者将其称为“质询权”,而不是“询问权”,足以证明质询权不仅仅指知情意义上的询问,还有监督意义上的质问。因此,应将质询权定位为充分知情基础上的股东监督权。⑤ 其实,监督权说也承认,股东

---

① 钱玉林:《论股东质询权》,载《比较法研究》2005年第1期,第64页。

② [韩]李哲松:《韩国公司法》,吴日焕译,中国政法大学出版社2000年版,第381~382页。

③ 参见蒋学跃:《股东质询权刍议》,载《河北法学》2009年第2期,第146~150页。

④ 参见潘霞:《关于股东质询权性质的思考》,载《商洛学院学报》2006年第3期,第72~75页、第94页。

⑤ 参见潘霞:《关于股东质询权性质的思考》,载《商洛学院学报》2006年第3期,第72~75页、第94页。

质询权既有知情权又有监督权的内涵。

4. 知情权说

知情权说认为,股东质询权本质上属于知情权。股东质询权旨在保障参加股东会会议的股东获得有关会议议题的充分信息,因此股东质询权的法律基础为知情权。① 虽然股东质询权以出席权为前提,为股东行使表决权所必需,但又不以表决权行使为限。②

笔者认为股东质询权之知情权说可资赞同。除了上述学者阐述之法理基础外,尚有实定法之依据。从立法结构角度观察,股东质询权制度并未规定于《公司法》之股东会会议之相关章节,第 97 条规定于第四章第一节"股份有限公司设立",第 150 条规定于第六章"公司董事、监事、高级管理人员的资格和义务",并未置于有限责任公司和股份有限公司组织机构的相关章节。从体系解释角度观察,第 97 条和第 150 条均属于知情权规范。《公司法》第 97 条属于知情权规范,学界并无异议;第 150 条则需要进一步分析。第 150 条第 1 款规定了董事、监事、高级管理人员接受股东质询的说明义务,而第 2 款则规定监事的知情权,"董事、高级管理人员应当如实向监事会或者不设监事会的有限责任公司的监事提供有关情况和资料,不得妨碍监事会或者监事行使职权"。就法理而言,《公司法》第 150 条第 1 款和第 2 款的规范事项应当属于同一类型。既然第 150 条第 2 款属于知情权规范,则第 1 款亦属于知情权规范。

综上所述,笔者认为股东质询权本质上为知情权,是股东向公司管理层就特定事项提出询问并要求管理层予以说明的权利。

二、质询权行使规则

(一)质询权主体

股东质询权属于相对权,权利主体只能向特定的义务主体主张权利。为此,需要明确股东质询权的权利主体和义务主体。

---

① 参见伍坚:《论股东的质询权》,载《证券市场导报》2002 年第 1 期,第 63 ~ 66 页。

② 参见李建伟:《论上市公司的质询权及其行使》,载《证券市场导报》2006 年第 3 期,第 24 ~ 29 页。

1. 权利主体

股东质询权，顾名思义，系股东的质询权。这是否意味着只要拥有股东身份就可以行使质询权呢？答案显然是肯定的。如前所述，股东质询权属于知情权，而知情权为股东的固有权，因而股东质询权属于固有权，不得以公司章程、股东会决议等形式予以实质性剥夺。因此，不同类别的股东，无论其投资公司的直接目的为何，均享有质询权。例如，《中国工商银行股份有限公司章程》（2017 年修订）①（以下简称《工行章程》）第 55 条规定："本行普通股股东享有下列权利……（三）对本行的业务经营活动进行监督管理，提出建议或者质询……"第 301 条规定："本行优先股股东享有以下权利……（五）享有对本行业务经营活动提出建议或质询的权利……"那么，股东质询权是否受到持股比例和持股时间的限制呢？我国《公司法》并无该等限制，《工行章程》第 55 条和第 301 条亦未对持股比例和持股时间加以规定。因此，股东质询权属于单独股东权，只要拥有股东身份，无论持股比例多少和持股时间长短，均享有质询权。质言之，凡是公司股东就享有质询权。

然而司法实践给我们提出了一个问题：股东真的拥有质询权吗？严格按照《公司法》第 150 条第 1 款的规定，股东（大）会才有权要求董事、监事、高级管理人员列席并接受质询。如果股东会未要求管理层列席，则股东自然无法质询。如此一来，股东质询权也就成为一纸具文。在其鲁与中信国安盟固利电源技术有限公司公司决议撤销纠纷案中，原告其鲁诉称，在涉案股东会会议期间，其有依法行使质询的权利，就相关方案内容要求中信国安盟固利电源技术有限公司予以解答，中信国安盟固利电源技术有限公司未予以明确答复。被告中信国安盟固利电源技术有限公司辩称，其并未接到股东会要求董事、监事、高级管理人员列席的要求。一审法院认为，"根据《中华人民共和国公司法》第一百五十条第一款'股东会或者股东大会要求董事、监事、高级管理人员列席会议的，董事、监事、高级管理人员应当列席并接受股东的质询'之规定，有权要求公司董事、监事、高级管理人员列席股东会并接受质询的主体是股东（大）会，其鲁作为股东并无此权利"。② 或许正是由于这一原

---

① 《中国工商银行股份有限公司章程》，载 http://www.sse.com.cn/disclosure/listedinfo/announcement/c/2017-10-11/601398_20171011_2.pdf，2021/3/4。

② 其鲁与中信国安盟固利电源技术有限公司公司决议撤销纠纷案，北京市昌平区人民法院（2018）京 0114 民初 131 号民事判决书。

因,实践中发生了股东和董事会围绕股东质询权的提案之争。股东以股东大会提案的形式,要求或者建议股东大会要求董事、监事、高级管理人员出席股东大会并接受质询;董事会以该提案并非股东大会职权为由不予提交股东会审议。① 股东(大)会作为会议体,召集人和主持人通常决定了股东会的议题和议程。根据《公司法》第40条和第101条的规定,股东(大)会的召集人和主持人按照顺位分别为董事会(执行董事)、监事会(监事)、代表十分之一以上表决权的股东。② 通常股东(大)会由董事会召集和主持,一旦股东质疑公司管理层,其要求管理层列席股东会的意愿就难以实现了。因此,为了充分保障股东的质询权,建议修改《公司法》第150条第1款,删除前半句"股东会或者股东大会要求董事、监事、高级管理人员列席会议的"之规定,直接规定"董事、监事、高级管理人员应当列席股东会或者股东大会并接受股东的质询"。

2. 义务主体

根据《公司法》第150条第1款的规定,董事、监事和高级管理人员是股东质询权的义务主体。因此股东得向公司管理层行使质询权,但不得向公司行使质询权。实践中,不少知情权纠纷案件中股东因向公司主张质询权而败诉。在叶惠娟与深圳市电达实业股份有限公司股东知情权纠纷案中,二审法院认为,"质询属于公司内部事务,股东质询的对象是公司内部的董事、监事、高级管理人员而非公司,公司没有书面答复股东质询的法定义务"。③ 在兴迅集团有限公司与福建连城兰花股份有限公司股东知情权纠纷案中,二审法院认为,"质询属于公司内部事务,股东质询的对象是公司内部的董事、监事、高级管理人员,而非公司。故兴迅集团公司第4

---

① 参见致生联发信息技术股份有限公司与北京鼎驰融达投资管理有限公司公司决议纠纷案,北京市第三中级人民法院(2019)京03民终11637号民事判决书。

② 《公司法》第40条规定:"有限责任公司设立董事会的,股东会会议由董事会召集,董事长主持;董事长不能履行职务或者不履行职务的,由副董事长主持;副董事长不能履行职务或者不履行职务的,由半数以上董事共同推举一名董事主持。有限责任公司不设董事会的,股东会会议由执行董事召集和主持。董事会或者执行董事不能履行或者不履行召集股东会会议职责的,由监事会或者不设监事会的公司的监事召集和主持;监事会或者监事不召集和主持的,代表十分之一以上表决权的股东可以自行召集和主持。"第101条规定:"股东大会会议由董事会召集,董事长主持;董事长不能履行职务或者不履行职务的,由副董事长主持;副董事长不能履行职务或者不履行职务的,由半数以上董事共同推举一名董事主持。董事会不能履行或者不履行召集股东大会会议职责的,监事会应当及时召集和主持;监事会不召集和主持的,连续九十日以上单独或者合计持有公司百分之十以上股份的股东可以自行召集和主持。"

③ 叶惠娟与深圳市电达实业股份有限公司股东知情权纠纷案,广东省深圳市中级人民法院(2019)粤03民终1843号民事判决书。

项、第5项请求中要求连城兰花股份公司就相关事项进行说明的质询，无法律依据，不予支持”。[①] 然而亦有法院依据《公司法》第97条和涉诉公司章程的规定，判决公司书面答复股东的质询。[②]

笔者认为，从《公司法》第97条考量，股东质询权的主体应为公司。因为第97条前半句为“股东有权查阅公司章程、股东名册、公司债券存根、股东大会会议记录、董事会会议决议、监事会会议决议、财务会计报告”，后半句为股东有权“对公司的经营提出建议或者质询”。既然第97条规定的都是股东知情权，行文方式也相同，义务主体当然也应相同。至于《公司法》第150条第1款则仅表明在股东会会议期间，董事、监事和高级管理人员应当接受股东的质询。也许有人会对公司成为被质询人提出质疑，因为域外立法从未将公司列为被质询人。其实，各个国家和地区的公司立法均从本地的公司实践出发确立相关制度。我国《公司法》第150条第1款将股东会会议期间的被质询人界定为董事、监事和高级管理人员也系首创。[③] 从方便股东行使知情权角度，应当将公司列为被质询人，至于说明义务当然由相关董事、监事和高级管理人员承担，而且将公司列为被质询人也实现了知情权义务主体的统一。

（二）质询权内容

1. 股东之询问权利

（1）质询事项

从平衡股东和公司利益的角度考量，对股东可以质询的事项宜作出必要的限制。我国《公司法》第97条规定“对公司的经营提出建议或者质询”，将质询事项限定于“公司的经营”，第150条第1款也没有明确质询事项的范围或者判断标准。《上市公司章程指引》第32条规定股东有权“对公司的经营进行监督，提出建议或者质询”。如前所述，《工行章程》将股东质询事项定位于“业务经营活动”。何为“公司经营”，其含义并不明确，外延也不清晰。

域外立法经验可以为我们明晰股东质询事项提供必要的参考。《德国股份法》第131条第1款规定：“只要所询问的是实际判断议题所必需的，经要求，应给予每

① 兴迅集团有限公司与福建连城兰花股份有限公司股东知情权纠纷案，福建省龙岩市中级人民法院（2020）闽08民终156号民事判决书。

② 陈顾梅与深圳昂兴供应链股份有限公司股东知情权纠纷案，广东省深圳市南山区人民法院（2016）粤0305民初3117号民事判决书。

③ 参见李建伟：《股东知情权研究：理论体系与裁判经验》，法律出版社2018年版，第86～87页。

一位股东在股东大会上向董事会询问公司业务的权力。答询义务也扩展到公司同它的关联企业的法律与业务关系。”该条款将质询事项限定于对股东大会议题作出实际判断的范围之内。对于这一限定,学界认识并不一致。① 从质询权的立法目的观察,股东的质询应与股东大会的目的事项有关。《日本公司法》也采取了这一立场,该法第 314 条规定:“董事、会计参与、监事及执行官,在股东大会上股东要求对特定事项进行说明的情形下,必须对该事项进行必要的说明。但该事项与股东大会目的事项无关的情形,因进行该说明明显损害股东的共同利益的情形及其他法务省令规定的有正当理由的情形不在此限。”②德国与日本公司立法关于质询事项范围的规定可资借鉴。

必须注意的是,无论是《德国股份法》还是《日本公司法》,规范的都是股东大会上行使质询权的情形。我国司法实践对股东质询权的界定亦是如此,我国《公司法》第 97 条和第 150 条赋予了股东质询权,“即出席股东会的股东为行使其股东权,而请求董事、监事、高级管理人员就与股东会会议议题和议案中的有关问题进行解释说明的权利”。③ 笔者对其关于股东在股东会上行使质询权的范围限定于“与股东会会议议题和议案中的有关问题”表示赞同,对其股东质询权的主体界定为“出席股东会的股东”表示疑义。理由如下:股东质询权属于股东知情权,质询事项范围原则上应与查阅范围相一致。为了平衡股东与公司之间的利益,应将知情权视野中的“公司经营”限定于《公司法》第 33 条和第 97 条关于查阅范围的确定,股东质询权当然也应当受到其规制。换言之,对公司经营作出目的限缩,股东询问与《公司法》第 33 条和第 97 条置备文件和会计账簿相关的问题,属于“公司的经营”问题,超出该范围则股东不得行使质询权,谨防股东滥用质询权而损害公司利益,除非公司章程对股东知情权范围作出了比《公司法》更为宽泛的规定。股东会的职权决定了股东会会议议题,《公司法》第 150 条规定公司董事、监事、高级管理人员的说明义务,显然与股东会会议议题有关,而该议题必然涉及公司经营之中的重大事项,并未超出公司经营的范畴,只是股东对公司经营之重大事项拥有更为充分的知情权。与此同时,法律并不禁止股东在股东会会议之外行使质询权。只要

① 参见钱玉林:《股东质询权与董事会的说明义务》,载《法学杂志》2002 年第 4 期,第 47 ~48 页。

② 王保树主编:《最新日本公司法》,于敏、杨东译,法律出版社 2006 年版,第 197 页。

③ 张会民与商丘市恒嘉置业有限公司股东知情权纠纷案,河南省商丘市梁园区人民法院(2019)豫 1402 民初 8275 号民事判决书。

股东将其质询事项限定于我国《公司法》第 33 条和第 97 条确定的查阅范围之内，即使在股东会会议之外行使质询权，公司董事、监事和高级管理人员亦应根据其自身职责而予以答复。

（2）质询方式

我国《公司法》对股东质询权的行使方式并无专门规定，因此股东可以口头或者书面形式进行质询。实践中，股东以口头形式行使质询权的方式最为常见，以质询函等书面形式行使质询权也较为常见。除了传统书面形式外，数据电文形式也应予以认可，在此可以参照《民法典》关于合同形式的规定。《民法典》第 469 条第 3 款规定："以电子数据交换、电子邮件等方式能够有形地表现所载内容，并可以随时调取查用的数据电文，视为书面形式。"现在信息技术极为发达，公司通常建有自己的邮箱、官网、公众号等，股东以电子邮件等方式与公司交流较为普遍，股东能否借助该形式行使质询权？笔者认为，从方便股东行使权利和加强对公司管理层监督的角度，应当认可股东以该种方式行使质询权。目前部分公司以视频会议的方式召开股东会，查验股东身份具有可靠的技术保障，因此视频会议期间股东可以在线质询。

（3）质询场合与时间

从大陆法系国家和地区的立法和司法裁判观察，通常将股东行使质询权的场合限制在股东会会议，时间限定在股东会会议召开期间。[①]《德国股份法》第 131 条、《日本公司法》第 314 条、我国《公司法》第 150 条均就股东会会议期间质询权的行使作出了规定。那么，股东能否在股东会会议之外行使质询权呢？笔者认为，股东可以在股东会会议之外行使质询权。理由如下：一是从体系解释角度入手，《公司法》第 97 条对股东质询权作出了一般性规定，或者说原则性规定；而《公司法》第 150 条第 1 款仅就股东会会议期间质询权的具体行使进行规范。就规范股东质询权而言，两者系原则与规范的关系。我们无法从逻辑上得出这样一个推论：股东只能在股东会会议上行使质询权。二是从公司治理现状分析，我国公司治理水平正处于提升阶段，管理层违反信义义务的情况时有发生，股东权利尚未得到充分保障，尚需要借助股东质询权促进公司治理结构的完善。如前所述，为了防止股东滥用质询权，可以根据股东质询场合和时间限定质询事项：股东在股东会会议行使质

---

① 由于董事会中心主义的盛行和发达的股权转让市场，英美法系国家缺乏股东质询权制度。参见蒋学跃：《股东质询权刍议》，载《河北法学》2009 年第 2 期，第 146～150 页。

询权,质询事项应当是"与股东会会议议题相关的问题和议案中的有关问题";股东在股东会会议外行使质询权,质询事项应限定于《公司法》第33条和第97条确定的查阅范围之内。

2. 被质询人之说明义务

(1)说明义务

公司接受质询,董事、监事和高级管理人员应当就质询事项作出说明,我国《公司法》并未就被质询人的说明标准作出明确规定,但该法第150条第1款系从作为被质询人的管理层的义务角度进行规范,这就为确立被质询人说明义务的履行标准提供了指引。作为被质询人的董事、监事和高级管理人员承担着信义义务,《公司法》确立了信义义务体系。该法第147条系管理层信义义务的一般规定,第148条和第150条系管理层信义义务的具体规定,第149条、第151条和第152条系管理层违反信义义务的法律责任。既然《公司法》第150条仅对管理层说明义务作出了概括规定,从立法体系出发,应当依照《公司法》第147条确立说明义务的履行标准。《公司法》第147条规定:"董事、监事、高级管理人员应当遵守法律、行政法规和公司章程,对公司负有忠实义务和勤勉义务。董事、监事、高级管理人员不得利用职权收受贿赂或者其他非法收入,不得侵占公司的财产。"管理层的说明义务属于积极义务,因此应当纳入勤勉义务予以考量。何谓勤勉义务?管理层应当谨慎、认真、勤勉地行使公司所赋予的权利,达到"善良管理人"的标准,即在类似情况下像处理自己事务一样处理公司事务;或者说尽到普通人在同样情况下处理同样事务所应尽到的注意义务。这就为管理层履行说明义务确立了一个一般性标准。管理层应按照普通人的认识水平和理解能力回答股东的质询,不应过多使用专业术语,以保证股东获得质询事项的充分信息。

(2)说明义务的豁免

所谓说明义务的豁免,是指在特定情形下被质询人可以拒绝回答股东的质询而不构成违法说明义务的制度。除了通过质询获得信息外,股东还可以通过其他途径获悉,如果股东已经获取相关信息,则无质询之必要。股东质询事项涉及公司经营管理,被质询人履行说明义务,存在损害公司利益或者他人利益的可能性,因此需要平衡股东利益与公司利益、他人利益。为此,应当确立说明义务豁免制度。德国和日本商事立法均有关于被质询人说明义务豁免的规定。一般而言,说明义务豁免主要包括以下情形:

第一，损害公司利益的事项。董事、监事和高级管理人员对公司负有勤勉义务和忠实义务。对质询事项的说明义务可以纳入董事、监事和高级管理人员的勤勉义务，董事、监事和高级管理人员在履行说明义务的同时，还承担着不损害公司利益的忠实义务。因此，当对质询事项解释说明会损害公司利益时，董事、监事和高级管理人员可以拒绝回复。

第二，损害其他民事主体合法权益的事项。当事人行使权利不得损害其他民事主体的合法权益，同理，当事人履行义务也不得损害其他民事主体的合法权益。面对股东的质询，董事、监事和高级管理人员在进行答复时，不仅要满足质询股东了解公司信息的需求，也要维护其他民事主体的合法权益。因此，当股东质询事项可能损害其他民事主体的合法权益时，董事、监事和高级管理人员可以拒绝对该事项进行解释和说明。

第三，股东已经获悉的事项。股东质询权属于知情权，旨在保护股东获取必要的公司信息。如果公司已经就股东质询事项提供了充分的信息，股东的知情权已然实现，那么股东对已获得充分信息的事项提出质询，从平衡股东与公司利益的角度，董事、监事和高级管理人员可以拒绝对质询事项进行说明。特别是在股东会会议期间，如果允许股东就其已获得充分信息的事项进行质询，无疑会降低股东会会议的决策效率和决策质量。

另有学者提出，需要另作调查的事项，董事、监事和高级管理人员可以拒绝回答。因为即便在召开股东会会议之前，董事、监事和高级管理人员已经做了充分的准备，其也不可能充分掌握公司的所有信息并且详尽负责地解释和说明。为了避免董事、监事和高级管理人员对质询事项敷衍了事，同时本着互相谅解、互相信任的原则，应当给予被质询人一定时间对质询事项进行详尽调查后再作出解释和说明。[①] 笔者认为，被质询人对需要调研的事项无权拒绝回答，而是暂时无法回应，待调查后作出解释说明。这其实只是给予了被质询人以合理的准备时间，因此需要另做调研方能回复的事项不属于说明义务豁免的情形。

值得注意的是，当出现说明义务豁免情形时，质询人有权拒绝回答，但应当就

---

① 参见王博：《我国公司法上的股东质询权研究》，首都经济贸易大学2018年硕士学位论文，第22～23页。

拒绝回答作出合理说明。[①] 质言之,被质询人承担着说明义务豁免缘由之说明义务,说明其因何种原因和理由拒绝回答质询事项。

三、质询权救济

权利被侵害,当事人当然会寻求法律救济。问题在于我国《公司法》并未对被质询人拒绝履行或者不适当履行说明义务的法律救济作出明确规定。对此,域外立法提供了可资借鉴的经验。根据《德国股份法》第 132 条的规定,如果董事会拒绝回答股东质询,无论其拒绝理由是否合法,股东均有权在股东会会议后两周内向法院提起给付之诉。《日本公司法》第 831 条第 1 款第 1 项规定,"股东大会等的召集程序或决议方法违反法令或章程,或者明显不公正时,股东等可在股东大会等决议之日起三个月内,以诉讼请求撤销该决议"。[②] 日本学者前田庸认为,既然法律明确规定了说明义务,违反说明义务本身就属于决议方法对法令的违反,可认为该决议具备了可撤销事由。[③] 域外经验显示,股东可以通过两条路径获得司法救济:一是知情权救济制度,即通过提起知情权之诉,要求被质询人履行说明义务;二是公司决议撤销制度,即被质询人拒绝履行说明义务构成程序瑕疵,可通过提起公司决议撤销之诉间接实现质询权。

从我国司法实践观察,质询权被侵害,股东既有提起知情权给付之诉者(如前述叶惠娟与深圳市电达实业股份有限公司股东知情权纠纷案、兴迅集团有限公司与福建连城兰花股份有限公司股东知情权纠纷案),又有提起公司决议撤销之诉者(如前述其鲁与中信国安盟固利电源技术有限公司公司决议撤销纠纷案、致生联发信息技术股份有限公司与北京鼎驰融达投资管理有限公司公司决议纠纷案)。那么,我国股东是否可以选择知情权救济制度或者公司决议撤销制度保障自己的质询权呢?

对于知情权救济制度,当无异议,毕竟我国《公司法》赋予了股东质询权,当然应当给予救济。实践中股东因质询权行使遇阻而提起知情权之诉的案例并不少见,但多因为将公司列为被告而败诉,因为法院依据《公司法》第 150 条第 1 款认定

---

① 参见[韩]李哲松:《韩国公司法》,吴日焕译,中国政法大学出版社 2000 年版,第 382 页;[日]前田庸:《公司法入门》(第 12 版),王作全译,北京大学出版社 2012 年版,第 284 页。

② 王保树主编:《最新日本公司法》,于敏、杨东译,法律出版社 2006 年版,第 449 ~ 450 页。

③ 参见[日]前田庸:《公司法入门》(第 12 版),王作全译,北京大学出版社 2012 年版,第 284 页。

质询人应为董事、监事和高级管理人员而非公司；但亦有法院支持股东对公司的质询，法院的裁判依据则是《公司法》第97条。在陈顾梅与深圳昂兴供应链股份有限公司股东知情权纠纷案中，法院认为，“原告为了解公司的经营状况，要求被告书面答复其对被告自2015年1月起至今经营异常（财务数据出入巨大），以及2014年、2015年拒不分配利润的质询，符合被告公司章程以及法律规定，本院予以支持……判决如下……四、被告深圳昂兴供应链股份有限公司于本判决生效之日起十五日内书面答复原告陈顾梅对被告自2015年1月起至今经营异常（财务数据出入巨大）的质询；五、被告深圳昂兴供应链股份有限公司于本判决生效之日起十五日内书面答复原告陈顾梅对被告2014年、2015年拒不分配利润的质询……”[①]在笔者有限的查阅范围内，这是为数不多的股东主张质询权胜诉的案例。深入分析可以发现，本案裁判的精妙之处在于法院确认股东可以行使质询权的依据为《公司法》第97条和被告公司章程。如前所述，从法律解释出发，依据《公司法》第97条，股东质询权的义务主体为公司，此处不再赘述。而被告公司章程关于股东质询权又是如何规定的呢？被告公司章程规定：公司股东享有对公司的经营行为进行监督，提出建议或者质询，依照法律、公司章程的规定获得有关信息的权利。[②] 其实，被告公司章程并未就股东质询权设计更为细致的制度安排，不过从其行文依然可以得出一个合理的推论：股东质询权的义务主体为公司。

借助公司决议撤销制度间接给予股东质询权以救济，则不无疑问。首先，意欲通过公司决议撤销制度，股东必须参加股东会并行使质询权，而且公司决议成立生效。这意味着，即使股东可以通过公司决议撤销制度救济质询权，其仅仅能对股东会会议期间行使质询权予以救济，股东会会议之外行使质询权的法律救济依然需要借助知情权给付之诉。其次，需考量被质询人拒绝履行说明义务是否构成股东会会议程序瑕疵。《公司法》第22条第2款规定：“股东会或者股东大会、董事会的会议召集程序、表决方式违反法律、行政法规或者公司章程，或者决议内容违反公司章程的，股东可以自决议作出之日起六十日内，请求人民法院撤销。”据此，程序瑕疵包括召集程序瑕疵和表决方式瑕疵。不过从司法实践观察，召开瑕疵亦属于

---

① 陈顾梅与深圳昂兴供应链股份有限公司股东知情权纠纷案，广东省深圳市南山区人民法院（2016）粤0305民初3117号民事判决书。

② 陈顾梅与深圳昂兴供应链股份有限公司股东知情权纠纷案，广东省深圳市南山区人民法院（2016）粤0305民初3117号民事判决书。

程序瑕疵。股东在股东会会议上行使质询权应与议题相关,其行使时间显然应当在议案审议过程中,这一阶段属于会议召开阶段。因此,被质询人拒绝履行说明义务构成股东会会议召开瑕疵,但这也并不意味着相关公司决议一定会被撤销。《公司法司法解释四》第4条确立了裁量驳回制度,"股东请求撤销股东会或者股东大会、董事会决议,符合民法典第八十五条、公司法第二十二条第二款规定的,人民法院应当予以支持,但会议召集程序或者表决方式仅有轻微瑕疵,且对决议未产生实质影响的,人民法院不予支持"。至于被质询人拒绝履行说明义务是否对决议产生实质性影响,则需要结合案件具体情况综合判断。需要注意的是,判断瑕疵是否轻微又或是否具有实质影响,必须尊重程序性规则在公司意思形成中的意义,避免结果导向的效力判断。① 为此,当此修改《公司法》之际,建议修改第22条第2款,将召开程序瑕疵列入其中,为股东质询权的公司决议撤销制度救济提供制度支持。

① 参见南玉梅:《公司瑕疵决议诉讼中裁量驳回规则的构建与适用》,载《法学评论》2018年第6期,第181～182页。

第四章　公司披露义务

一、公司信息披露义务概述

(一)公司信息披露义务的制度体系

股东享有知情权,与之相对应公司则承担通知、公告、说明、送交、披露或者置备供查阅等义务,我们统称为信息披露义务。我国《公司法》规范的公司类型为有限责任公司和股份有限公司。根据股东人数是否达到200人以及股票是否能够公开发行和转让,股份有限公司分为公众公司和非公众公司。根据股票上市交易场所的不同,公众公司进一步分为上市公司和非上市公众公司,前者股票在证券交易所上市交易,后者股票在场外交易。所有公司均根据《公司法》履行信息披露义务;除此之外,公众公司还根据《公司法》、《证券法》、其他法律法规以及交易场所信息披露规则履行信息披露义务。《公司法》第41条、第90条、第102条、第116条和第165条规范公司的披露事宜,只是针对披露内容和披露对象的不同采取了不同的披露形式。其中,第41条、第90条和第102条规范股东会的通知与公告,第116条规范股份有限公司董事、监事、高级管理人员报酬披露义务,第165条规范公司财务报告的披露义务。公众公司的信息披露义务,主要由《证券法》、《上市公司信息披露管理办法》、《非上市公众公司信息披露管理办法》、交易场所信息披露规则等规范予以调整。其中,《证券法》第五章"信息披露"第78条至第86条构建了由发行披露、持续披露和披露监管组成的信息披露制度体系。除此之外,该法第87条至第88条还课证券公司以说明义务以充分保护投资者,该规范调整投资者与证券公司的关系,虽系知情权范畴,但与股东知情权无关。由此可见,公司信息披露义务主要在于规范公众公司。公众公司依据《公司法》、《证券法》、《上市公司信息披露管理办法》、《非上市公众公司信息披露管理办法》以及交易场所规则等履行信息披露义务。分析解读现行的上市公司和非上市公众公司信息披露制度，可以更好地保障股东知情权。

（二）公司信息披露的基本要求

《公司法》并未对公司信息披露提出明确要求，《证券法》对此则提出了具体要求。《证券法》第78条规定："发行人及法律、行政法规和国务院证券监督管理机构规定的其他信息披露义务人，应当及时依法履行信息披露义务。信息披露义务人披露的信息，应当真实、准确、完整，简明清晰，通俗易懂，不得有虚假记载、误导性陈述或者重大遗漏。证券同时在境内境外公开发行、交易的，其信息披露义务人在境外披露的信息，应当在境内同时披露。"该条款确立了公众公司信息披露的基本要求：真实、准确、完整、及时、公平。其中，真实、准确、完整是对信息内容的要求；及时是对信息披露时限的要求；公平是对信息披露对象的要求。《上市公司信息披露管理办法》第3条进一步明确了公平披露的具体要求："信息披露义务人应当及时依法履行信息披露义务，披露的信息应当真实、准确、完整，简明清晰、通俗易懂，不得有虚假记载、误导性陈述或者重大遗漏。信息披露义务人披露的信息应当同时向所有投资者披露，不得提前向任何单位和个人泄露。但是，法律、行政法规另有规定的除外。在内幕信息依法披露前，内幕信息的知情人和非法获取内幕信息的人不得公开或者泄露该信息，不得利用该信息进行内幕交易。任何单位和个人不得非法要求信息披露义务人提供依法需要披露但尚未披露的信息。证券及其衍生品种同时在境内境外公开发行、交易的，其信息披露义务人在境外市场披露的信息，应当同时在境内市场披露。"《非上市公众公司信息披露管理办法》第3条亦与《证券法》第78条保持一致，"挂牌公司披露的信息，应当真实、准确、完整，简明清晰，通俗易懂，不得有虚假记载、误导性陈述或重大遗漏。在境外市场发行股票及其他证券品种并上市的挂牌公司在境外市场披露的信息，应当同时在全国股转系统披露"。

1. 真实性

真实性是指公司及其他信息披露义务人披露的信息应当以客观事实或者具有事实基础的判断和意见为依据，如实反映客观情况，不得有虚假记载和不实陈述。披露预测性信息及其他涉及公司未来经营和财务状况等信息，应当合理、谨慎、客观。真实性是信息披露制度最根本、最重要的要求，旨在保障包括股东在内的投资者获得可资信赖的公司信息，因此，真实性体现了信息披露制度的初衷。

2. 准确性

准确性是指公司及其他信息披露义务人披露的信息应当使用明确、贴切的语言和简明清晰、通俗易懂的文字，不得含有任何宣传、广告、恭维或者夸大等性质的词句，不得有误导性陈述。一般而言，准确性应当从两方面把握：一是避免存在歧义，即披露的信息不得存在多种合理的理解；二是简明清晰、通俗易懂，即信息披露义务人应当以非专业的一般投资者的理解能力为标准简单明了，清楚明白地披露信息，避免过度使用专业术语、技术用语。2019 年《证券法》修订时，对第 63 条进行修改，变更为第 78 条，增加了"简明清晰，通俗易懂"的信息披露要求。其实在此次《证券法》修订之前，理论界和实务界在阐明准确性要求时均认为包含简明清晰、通俗易懂之意，此次修订则进一步明确了该要求。此外，信息披露义务人应保证正式信息和非正式信息之间的一致性。信息披露义务人应当关注媒体关于本公司的报道，以及本公司证券及其衍生品种的交易情况，及时向有关方面了解真实情况，在规定期限内如实回复证券交易所的问询，依法合规披露相关信息。

3. 完整性

完整性是指公司及其他信息披露义务人披露的信息应当内容完整，文件齐备，格式符合规定要求，不得有所侧重、故意隐瞒或者存在重大遗漏。但是公司拟披露的信息涉及国家秘密、商业秘密或者其他情形，披露该信息可能导致其违反国家有关保密的法律法规或损害公司利益的，公司可以向交易场所申请豁免披露。①

4. 及时性

及时性是指公司及其他信息披露义务人应当在规定的期限内尽可能迅速地披露其应当公开的信息。各国立法和交易场所规则均对上市公司定期报告和临时报告的披露时限作出了明确规定，信息披露不应超过规定时限。这一方面有利于包括公司股东在内的投资者获取公司最新资讯，另一方面也有利于减少内幕交易和信息泄露的可能性。2019 年《证券法》修订时，对第 63 条进行修改，变更为第 78 条，增加了关于及时披露的基本要求。《证券法》第 79 条、第 80 条、第 81 条对定期报告和临时报告的披露时限作出了明确规定。该法第 79 条规定："上市公司、公司债券上市交易的公司、股票在国务院批准的其他全国性证券交易场所交易的公司，

① 参见《上海证券交易所股票上市规则》(2020 年 12 月修订)第 2.19 条、《深圳证券交易所股票上市规则》(2020 年修订)第 2.21 条、《北京证券交易所股票上市规则(试行)》第 5.2.11 条，《全国中小企业股份转让系统挂牌公司信息披露规则》第 10 条。

应当按照国务院证券监督管理机构和证券交易场所规定的内容和格式编制定期报告，并按照以下规定报送和公告：（一）在每一会计年度结束之日起四个月内，报送并公告年度报告，其中的年度财务会计报告应当经符合本法规定的会计师事务所审计；（二）在每一会计年度的上半年结束之日起二个月内，报送并公告中期报告。”第80条第1款规定：“发生可能对上市公司、股票在国务院批准的其他全国性证券交易场所交易的公司的股票交易价格产生较大影响的重大事件，投资者尚未得知时，公司应当立即将有关该重大事件的情况向国务院证券监督管理机构和证券交易场所报送临时报告，并予公告，说明事件的起因、目前的状态和可能产生的法律后果。”第81条第1款规定：“发生可能对上市交易公司债券的交易价格产生较大影响的重大事件，投资者尚未得知时，公司应当立即将有关该重大事件的情况向国务院证券监督管理机构和证券交易场所报送临时报告，并予公告，说明事件的起因、目前的状态和可能产生的法律后果。”

5.公平性

公平性是指公司及其他信息披露义务人应当同时向所有投资者公开披露重大信息，确保所有投资者可以平等地获取同一信息，不得私下提前向特定对象单独披露、透露或者泄露。2019年《证券法》修订时，对第63条进行修改，变更为第78条，增加了关于公平披露的基本要求。《上市公司信息披露管理办法》则对公平披露规定得更加细致，该办法第3条规定：“……信息披露义务人披露的信息应当同时向所有投资者披露，不得提前向任何单位和个人泄露。但是，法律、行政法规另有规定的除外。在内幕信息依法披露前，内幕信息的知情人和非法获取内幕信息的人不得公开或者泄露该信息，不得利用该信息进行内幕交易。任何单位和个人不得非法要求信息披露义务人提供依法需要披露但尚未披露的信息。证券及其衍生品种同时在境内境外公开发行、交易的，其信息披露义务人在境外市场披露的信息，应当同时在境内市场披露。”

（三）自愿披露与公开承诺

针对实践中信息披露存在的问题，2019年修订的《证券法》在完善法定信息披露制度的同时，还规范了信息披露义务人的自愿披露行为，确立了发行人及其控股股东、实际控制人、董事、监事、高级管理人员公开承诺的信息披露制度。该法第84条规定：“除依法需要披露的信息之外，信息披露义务人可以自愿披露与投资者作出价值判断和投资决策有关的信息，但不得与依法披露的信息相冲突，不得误导投资者。发行人及其控股股东、实际控制人、董事、监事、高级管理人员等作出公开承诺的，应当披露。不履行承诺给投资者造成损失的，应当依法承担赔偿责任。"《上市公司信息披露管理办法》第5条对上市公司自愿披露行为提出了更为具体的要求，即遵循法定信息披露的基本要求，"除依法需要披露的信息之外，信息披露义务人可以自愿披露与投资者作出价值判断和投资决策有关的信息，但不得与依法披露的信息相冲突，不得误导投资者。信息披露义务人自愿披露的信息应当真实、准确、完整。自愿性信息披露应当遵守公平原则，保持信息披露的持续性和一致性，不得进行选择性披露。信息披露义务人不得利用自愿披露的信息不当影响公司证券及其衍生品种交易价格，不得利用自愿性信息披露从事市场操纵等违法违规行为"。《非上市公众公司信息披露管理办法》第9条对非上市公众公司自愿披露行为提出了更为具体的要求，"除依法或者按照本办法及有关自律规则需要披露的信息外，挂牌公司可以自愿披露与投资者作出价值判断和投资决策有关的信息，但不得与依法或者按照本办法及有关自律规则披露的信息相冲突，不得误导投资者。挂牌公司应当保持信息披露的持续性和一致性，避免选择性披露，不得利用自愿披露信息不当影响公司股票及其他证券品种交易价格。自愿披露具有一定预测性质信息的，应当明确预测的依据，并提示可能出现的不确定性和风险"。

二、上市公司信息披露义务

自改革开放以来，我国股票市场的发展大致上可以划分为四个阶段：场外交易阶段、取消场外交易阶段、单一交易场所阶段、多层次证券市场阶段。[①] 场内市场是多层次证券市场的主要组成部分，场外市场是多层次证券市场的重要组成部分。我国场内市场就是指上海证券交易所市场和深圳证券交易所市场。上市公司信息披露制度是场内市场的基石。随着证券市场的发展，信息披露制度亦不断完善。

（一）上市公司信息披露制度概述

上市公司的信息披露，应当遵循《公司法》《证券法》《上市公司信息披露管理办法》等法律法规、部门规章和证券交易所上市规则等自治规则。信息披露制度包括发行披露和持续披露，贯穿于证券发行、上市交易的全过程，集中体现了公开、公平、公正原则。

① 参见范健、王建文：《证券法》（第3版），法律出版社2020年版，第26～34页。

就股东而言，只有信息披露义务人依法合规披露信息，股东才能更好地了解上市公司经营状况，进而监督公司管理层。出于股东知情权考虑，笔者在此仅简要阐明持续披露制度，后文关于非上市公众公司信息披露制度的阐明亦主要集中于持续披露制度。所谓持续披露，是指证券上市交易的公司及其他信息披露义务人依法合规地公开对投资者投资决策具有重大影响的信息。因此，笔者着重分析信息披露的义务主体和客体。

(二)持续披露的义务主体

《证券法》第78条第1款规定："发行人及法律、行政法规和国务院证券监督管理机构规定的其他信息披露义务人，应当及时依法履行信息披露义务。"据此，上市公司是持续披露的义务主体。除此之外，《证券法》还对其他信息披露义务人作出了明确规定。《证券法》第82条规定："发行人的董事、高级管理人员应当对证券发行文件和定期报告签署书面确认意见。发行人的监事会应当对董事会编制的证券发行文件和定期报告进行审核并提出书面审核意见。监事应当签署书面确认意见。发行人的董事、监事和高级管理人员应当保证发行人及时、公平地披露信息，所披露的信息真实、准确、完整。董事、监事和高级管理人员无法保证证券发行文件和定期报告内容的真实性、准确性、完整性或者有异议的，应当在书面确认意见中发表意见并陈述理由，发行人应当披露。发行人不予披露的，董事、监事和高级管理人员可以直接申请披露。"第84条规定："除依法需要披露的信息之外，信息披露义务人可以自愿披露与投资者作出价值判断和投资决策有关的信息，但不得与依法披露的信息相冲突，不得误导投资者。发行人及其控股股东、实际控制人、董事、监事、高级管理人员等作出公开承诺的，应当披露。不履行承诺给投资者造成损失的，应当依法承担赔偿责任。"由此可见，上市公司的董事、监事、高级管理人员和符合条件的控股股东与实际控制人亦属于信息披露义务人。为了督促信息披露义务人落实信息披露义务，《证券法》第85条规定了信息披露义务人的民事责任，"信息披露义务人未按照规定披露信息，或者公告的证券发行文件、定期报告、临时报告及其他信息披露资料存在虚假记载、误导性陈述或者重大遗漏，致使投资者在证券交易中遭受损失的，信息披露义务人应当承担赔偿责任；发行人的控股股东、实际控制人、董事、监事、高级管理人员和其他直接责任人员以及保荐人、承销的证券公司及其直接责任人员，应当与发行人承担连带赔偿责任，但是能够证明自己没有过错的除外"。

(三)持续披露的客体

1. 定期报告

定期报告是指上市公司在法定时间内制作并公开的符合规范要求的公司文件。《证券法》第79条就年度报告和中期报告作出了原则规定,“上市公司、公司债券上市交易的公司、股票在国务院批准的其他全国性证券交易场所交易的公司,应当按照国务院证券监督管理机构和证券交易场所规定的内容和格式编制定期报告,并按照以下规定报送和公告:(一)在每一会计年度结束之日起四个月内,报送并公告年度报告,其中的年度财务会计报告应当经符合本法规定的会计师事务所审计;(二)在每一会计年度的上半年结束之日起二个月内,报送并公告中期报告”。

(1)年度报告

年度报告是指上市公司在每个会计年度结束之日起4个月内制作并公开的反映本年度公司状况的符合规范要求的公司文件。《上市公司信息披露管理办法》第14条就年度报告的内容作出了规定,“年度报告应当记载以下内容:(一)公司基本情况;(二)主要会计数据和财务指标;(三)公司股票、债券发行及变动情况,报告期末股票、债券总额、股东总数,公司前十大股东持股情况;(四)持股百分之五以上股东、控股股东及实际控制人情况;(五)董事、监事、高级管理人员的任职情况、持股变动情况、年度报酬情况;(六)董事会报告;(七)管理层讨论与分析;(八)报告期内重大事件及对公司的影响;(九)财务会计报告和审计报告全文;(十)中国证监会规定的其他事项”。《公开发行证券的公司信息披露内容与格式准则第2号——年度报告的内容与格式(2021年修订)》则对年度报告的内容与格式作出了详细规定。

(2)中期报告

中期报告是指上市公司在每个会计年度的上半年结束之日起2个月内制作并公开的反映半年度公司状况的符合规范要求的公司文件。《上市公司信息披露管理办法》第15条就中期报告的内容作出了规定,“中期报告应当记载以下内容:(一)公司基本情况;(二)主要会计数据和财务指标;(三)公司股票、债券发行及变动情况、股东总数、公司前十大股东持股情况,控股股东及实际控制人发生变化的情况;(四)管理层讨论与分析;(五)报告期内重大诉讼、仲裁等重大事件及对公司的影响;(六)财务会计报告;(七)中国证监会规定的其他事项”。《公开发行证券的公司信息披露内容与格式准则第3号——半年度报告的内容与格式(2021年修订)》则对中期报告的内容与格式作出了详细规定。

此外,上市公司往往需要披露季度报告。所谓季度报告,是指上市公司在每个会计年度的前3个月、9个月结束后制作并公开的反映本季度公司状况的符合规范要求的公司文件。就实质而言,季度报告属于定期报告。不过根据《证券法》第79条的规定,定期报告包括年度报告和中期报告。因此,《上市公司信息披露管理办法》也不规定季度报告内容。季度报告的披露要求可由证券交易所在其业务规则中明确,保障对投资者的保护力度不降低。

2. 临时报告

临时报告是指上市公司就发生的可能对公司股票交易价格产生较大影响而投资者尚未得知的重大事件制作并公开的符合规范要求的公司文件。《证券法》第80条就临时报告的要求、重大事件、信息披露义务人作出了详细规定,“发生可能对上市公司、股票在国务院批准的其他全国性证券交易场所交易的公司的股票交易价格产生较大影响的重大事件,投资者尚未得知时,公司应当立即将有关该重大事件的情况向国务院证券监督管理机构和证券交易场所报送临时报告,并予公告,说明事件的起因、目前的状态和可能产生的法律后果。前款所称重大事件包括:(一)公司的经营方针和经营范围的重大变化;(二)公司的重大投资行为,公司在一年内购买、出售重大资产超过公司资产总额百分之三十,或者公司营业用主要资产的抵押、质押、出售或者报废一次超过该资产的百分之三十;(三)公司订立重要合同、提供重大担保或者从事关联交易,可能对公司的资产、负债、权益和经营成果产生重要影响;(四)公司发生重大债务和未能清偿到期重大债务的违约情况;(五)公司发生重大亏损或者重大损失;(六)公司生产经营的外部条件发生的重大变化;(七)公司的董事、三分之一以上监事或者经理发生变动,董事长或者经理无法履行职责;(八)持有公司百分之五以上股份的股东或者实际控制人持有股份或者控制公司的情况发生较大变化,公司的实际控制人及其控制的其他企业从事与公司相同或者相似业务的情况发生较大变化;(九)公司分配股利、增资的计划,公司股权结构的重要变化,公司减资、合并、分立、解散及申请破产的决定,或者依法进入破产程序、被责令关闭;(十)涉及公司的重大诉讼、仲裁,股东大会、董事会决议被依法撤销或者宣告无效;(十一)公司涉嫌犯罪被依法立案调查,公司的控股股东、实际控制人、董事、监事、高级管理人员涉嫌犯罪被依法采取强制措施;(十二)国务院证券监督管理机构规定的其他事项。公司的控股股东或者实际控制人对重大事件的发生、进展产生较大影响的,应当及时将其知悉的有关情况书面告知公司,并配合公司履行信息披露义务”。

三、非上市公众公司信息披露义务

如前所述,场外市场是我国多层次证券市场的重要组成部分。场外市场的发展与非上市公众公司发展紧密相连。非上市公众公司的信息披露是场外市场监管的核心,场外市场与非上市公众公司的发展都以完善的信息披露制度为前提。① 目前,最重要的场外市场就是全国中小企业股份转让系统(National Equities Exchange and Quotations,NEEQ),俗称新三板,全国中小企业股份转让系统有限责任公司为其运营管理机构。鉴于新三板的影响力,笔者以挂牌公司(股票在全国中小企业股份转让系统挂牌公开转让的非上市公众公司②)为例分析非上市公众公司③及其内部人之信息披露义务。

(一)非上市公众公司信息披露制度概述

挂牌公司的信息披露,应当遵循《公司法》《证券法》《非上市公众公司监督管理办法》《非上市公众公司信息披露管理办法》等法律法规、部门规章和《全国中小企业股份转让系统挂牌公司信息披露规则》等自治规则。鉴于前文已经就上市公司持续披露进行了阐述,其规则原则上亦适用于挂牌公司,在此仅分析与上市公司持续披露规则不同之处,或者说挂牌公司特有的信息披露制度。

(二)持续披露的义务主体

与上市公司持续披露的信息披露义务人相比,挂牌公司持续披露的信息披露义务人还包括主办券商。《全国中小企业股份转让系统挂牌公司信息披露规则》就主办券商的信息披露义务作出了详细规定。该规则第 4 条规定:"主办券商、会计师事务所、律师事务所、其他证券服务机构及其从业人员根据本规则和全国股转系统其他业务规则的规定,对所出具文件的真实性、准确性、完整性负责。"第 8 条规定:"挂牌公司编制信息披露文件,并将信息披露文件及备查文件送达主办券商。拟披露信息经主办券商事前审查后,由主办券商上传至规定信息披露平台,全国股

---

① 参见李建伟:《股东知情权研究:理论体系与裁判经验》,法律出版社 2018 年版,第 91 页。

② 参见《非上市公众公司信息披露管理办法》第 2 条,《全国中小企业股份转让系统挂牌公司信息披露规则》第 2 条。

③ 《非上市公众公司监督管理办法》第 2 条规定:"本办法所称非上市公众公司(以下简称公众公司)是指有下列情形之一且其股票未在证券交易所上市交易的股份有限公司:(一)股票向特定对象发行或者转让导致股东累计超过 200 人;(二)股票公开转让。"

转公司另有规定的除外。挂牌公司应当与主办券商约定预留合理的审查时间。”第9条规定:“主办券商应当指导和督促挂牌公司规范履行信息披露义务,发现拟披露或已披露信息存在任何错误、遗漏或者误导的,或者发现存在应当披露而未披露事项的,主办券商应当要求挂牌公司进行更正或补充。挂牌公司拒不更正或补充的,主办券商应当在两个交易日内发布风险揭示公告并向全国股转公司报告。挂牌公司如需更正、补充信息披露文件的,应当履行相应程序。”

(三)持续披露的客体

1. 定期报告

挂牌公司应当依法合规公开年度报告、中期报告和/或季度报告。

(1)年度报告

《非上市公众公司信息披露管理办法》第14条规定:“挂牌公司年度报告应当记载以下内容:(一)公司基本情况;(二)主要会计数据和财务指标;(三)管理层讨论与分析;(四)公司股票、债券发行及变动情况,报告期末股票、债券总额、股东总数,公司前十大股东持股情况;(五)控股股东及实际控制人情况;(六)董事、监事、高级管理人员、核心员工任职及持股情况;(七)报告期内发生的重大事件及对公司的影响;(八)公司募集资金使用情况(如有);(九)利润分配情况;(十)公司治理及内部控制情况;(十一)财务会计报告和审计报告全文;(十二)中国证监会规定的其他事项。”

(2)中期报告

《非上市公众公司信息披露管理办法》第15条规定:“挂牌公司中期报告应当记载以下内容:(一)公司基本情况;(二)主要会计数据和财务指标;(三)公司股票、债券发行及变动情况,报告期末股东总数,公司前十大股东持股情况;(四)控股股东及实际控制人发生变化的情况;(五)报告期内重大诉讼、仲裁等重大事件及对公司的影响;(六)公司募集资金使用情况(如有);(七)财务会计报告;(八)中国证监会规定的其他事项。”

(3)季度报告

《非上市公众公司信息披露管理办法》第16条规定:“挂牌公司季度报告应当记载以下内容:(一)公司基本情况;(二)主要会计数据和财务指标;(三)中国证监会规定的其他事项。”

2. 临时报告

《非上市公众公司信息披露管理办法》第25条就临时报告的要求、重大事件、信息披露义务人作出了详细规定，“发生可能对挂牌公司股票及其他证券品种交易价格产生较大影响，或者对投资者作出投资决策有较大影响的重大事件，投资者尚未得知时，挂牌公司应当立即将有关该重大事件的情况向中国证监会和全国股转公司报送临时报告，并予公告，说明事件的起因、目前的状态和可能产生的影响。前款所称重大事件包括：（一）公司的经营方针和经营范围的重大变化；（二）公司的重大投资行为，公司在一年内购买、出售重大资产超过公司资产总额百分之三十，或者公司营业用主要资产的抵押、质押、出售或者报废一次超过该资产的百分之三十；（三）公司订立重要合同，提供重大担保或者从事关联交易，可能对公司的资产、负债、权益和经营成果产生重要影响；（四）公司发生重大债务和未能清偿到期重大债务的违约情况；（五）公司发生重大亏损或者重大损失；（六）公司生产经营的外部条件发生的重大变化；（七）公司的董事、三分之一以上监事或者经理发生变动，董事长或者经理无法履行职责；（八）持有公司百分之五以上股份的股东或者实际控制人，其持有股份或者控制公司的情况发生较大变化，公司的实际控制人及其控制的其他企业从事与公司相同或者相似业务的情况发生较大变化；（九）公司分配股利、增资的计划，公司股权结构的重要变化，公司减资、合并、分立、解散及申请破产的决定，或者依法进入破产程序、被责令关闭；（十）涉及公司的重大诉讼、仲裁，股东大会、董事会决议被依法撤销或者宣告无效；（十一）公司涉嫌违法违规被有权机关调查，或者受到刑事处罚、重大行政处罚；公司控股股东、实际控制人、董事、监事、高级管理人员涉嫌违法违纪被有权机关调查、采取留置措施或强制措施，或者受到刑事处罚、重大行政处罚；（十二）获得大额政府补贴等可能对公司资产、负债、权益或者经营成果产生重大影响的额外收益；（十三）公司董事会就拟在其他证券交易场所上市、股权激励方案、股份回购方案作出决议；（十四）公司主要资产被查封、扣押、冻结；（十五）公司丧失重要生产资质、许可、特许经营权，或者主要业务陷入停顿；（十六）法院裁决禁止控股股东转让其所持股份；任一股东所持公司百分之五以上股份被质押、冻结、司法拍卖、托管、设定信托或者被依法限制表决权；（十七）变更会计政策、会计估计（法律、行政法规或者国家统一会计制度要求的除外）；（十八）因前期已披露的信息存在差错、未按规定披露或者虚假记载，被有关机关责令改正或者经董事会决定进行更正；（十九）中国证监会规定的其他事项。挂牌公司的控股股东或者实际控制人对重大事件的发生、进展产生较大影响的，应当及时将其知悉的有关情况书面告知挂牌公司，并配合挂牌公司履行信息披露义务”。

(四)差异化的信息披露制度

《非上市公众公司信息披露管理办法》第4条规定:“根据挂牌公司发展阶段、公众化程度以及风险状况等因素,充分考虑投资者需求,以全国股转系统精选层、创新层、基础层分层为基础,实施挂牌公司差异化的信息披露制度。”挂牌公司差异化信息披露制度主要体现在定期报告、审计要求、临时报告三个方面。

1. 定期报告差异化

(1)报告种类差异化

根据《非上市公众公司信息披露管理办法》第11条的规定,精选层挂牌公司应当披露年度报告、中期报告和季度报告。创新层、基础层挂牌公司应当披露年度报告和中期报告。

(2)报告内容差异化

《非上市公众公司信息披露管理办法》第17条规定:“除本办法第十四条规定的事项外,精选层挂牌公司还应当在年度报告中结合所属行业特点充分披露行业经营信息以及可能对公司核心竞争力、经营活动和未来发展产生重大不利影响的风险因素。精选层挂牌公司尚未盈利的,应当在年度报告中充分披露尚未盈利的原因,以及对公司生产经营的影响。”根据《全国中小企业股份转让系统挂牌公司信息披露规则》第12条第3款的规定,精选层、创新层挂牌公司应当按照中国证监会、全国股转系统行业信息披露有关规定的要求在年度报告中披露相应信息。

(3)业绩快报差异化

根据《非上市公众公司信息披露管理办法》第21条、第22条和《全国中小企业股份转让系统挂牌公司信息披露规则》第16条的规定,挂牌公司披露业绩快报有两种情形:一是挂牌公司定期报告披露前出现业绩泄露,或者出现业绩传闻且公司股票及其他证券品种交易出现异常波动的情形;二是精选层挂牌公司出现预计不能在会计年度结束之日起两个月内披露年度报告的情形。

(4)业绩预告差异化

根据《非上市公众公司信息披露管理办法》第22条和《全国中小企业股份转让系统挂牌公司信息披露规则》第16条的规定,精选层挂牌公司在年度报告披露前,预计经营业绩发生亏损、扭亏为盈或者发生大幅变动的重大变化的,应当及时进行业绩预告;预计半年度和季度净利润发生重大变化的,可以进行业绩预告。业绩预告应当披露年度净利润的预计值以及重大变化的原因(见表4-1)。

表4－1 挂牌公司定期报告差异化

	精选层挂牌公司	创新层挂牌公司	基础层挂牌公司
年度报告	√(特定行业、尚未盈利)	√(特定行业)	√
中期报告	√	√	√
季度报告	√		
业绩快报	√(两种情形)	√(一种情形)	√(一种情形)
业绩预告	√		

2. 审计要求差异化

审计要求的差异化实质上属于定期报告差异化，不过鉴于审计要求的特殊性，笔者将其单独予以阐述。挂牌公司年度报告中的财务会计报告均应当经符合《证券法》要求的会计师事务所审计，但审计要求有所不同。

(1)执行关键事项审计准则差异化

根据《全国中小企业股份转让系统挂牌公司信息披露规则》第15条的规定，精选层、创新层挂牌公司审计应当执行财政部关于关键审计事项准则的相关规定。

(2)审计会计师定期轮换差异化

根据《非上市公众公司信息披露管理办法》第13条和《全国中小企业股份转让系统挂牌公司信息披露规则》第15条的规定，精选层挂牌公司审计业务签字注册会计师应当参照执行中国证监会关于证券期货审计业务注册会计师定期轮换的相关规定。《关于证券期货审计业务签字注册会计师定期轮换的规定》第3条规定，签字注册会计师连续为某一相关机构提供审计服务，不得超过5年。

(3)特定情形审计要求差异化

根据《全国中小企业股份转让系统挂牌公司信息披露规则》第15条的规定，精选层挂牌公司拟实施送股或者以资本公积转增股本的，所依据的中期报告或者季度报告的财务报告应当经符合《证券法》规定的会计师事务所审计(见表4－2)。

表4－2 挂牌公司审计要求差异化

	精选层挂牌公司	创新层挂牌公司	基础层挂牌公司
执行关键事项审计准则	√	√	
审计会计师定期轮换	√		
特定情形审计要求	√		

3.临时报告差异化

（1）行业特有重大事件差异化

根据《全国中小企业股份转让系统挂牌公司信息披露规则》第25条第2款的规定，精选层、创新层挂牌公司应当按照中国证监会、全国股份转让系统行业信息披露有关规定的要求，及时披露行业特有重大事件。

（2）交易事项差异化

《全国中小企业股份转让系统挂牌公司信息披露规则》分别就精选层、创新层、基础层挂牌公司的重大交易事项作出了详细规定。该规则第36条规定："精选层挂牌公司发生的交易（除提供担保外）达到下列标准之一的，应当及时披露：（一）交易涉及的资产总额（同时存在账面值和评估值的，以孰高为准）占公司最近一期经审计总资产的10%以上；（二）交易的成交金额占公司市值的10%以上；（三）交易标的（如股权）最近一个会计年度资产净额占公司市值的10%以上；（四）交易标的（如股权）最近一个会计年度相关的营业收入占公司最近一个会计年度经审计营业收入的10%以上，且超过1000万元；（五）交易产生的利润占公司最近一个会计年度经审计净利润的10%以上，且超过150万元；（六）交易标的（如股权）最近一个会计年度相关的净利润占公司最近一个会计年度经审计净利润的10%以上，且超过150万元。未盈利的精选层挂牌公司可以豁免适用净利润指标。"第37条规定："创新层挂牌公司发生的交易（除提供担保外）达到下列标准之一的，应当及时披露：（一）交易涉及的资产总额（同时存在账面值和评估值的，以孰高为准）或成交金额占公司最近一个会计年度经审计总资产的10%以上；（二）交易涉及的资产净额或成交金额占公司最近一个会计年度经审计净资产绝对值的10%以上，且超过300万元。"第38条规定："基础层挂牌公司发生的交易（除提供担保外）达到下列标准之一的，应当及时披露：（一）交易涉及的资产总额（同时存在账面值和评估值的，以孰高为准）或成交金额占公司最近一个会计年度经审计总资产的20%以上；（二）交易涉及的资产净额或成交金额占公司最近一个会计年度经审计净资产绝对值的20%以上，且超过300万元。"

（3）其他重大事项差异化

挂牌公司发生公司决议、交易事项、关联交易以外的其他重大事项也应当履行信息披露义务。根据《全国中小企业股份转让系统挂牌公司信息披露规则》第58条和第59条的规定，精选层挂牌公司出现以下情形之一的，应当自事实发生或董事会决议之日起及时披露：①开展与主营业务行业不同的新业务；②重要在研产品或项目取得阶段性成果或研发失败；③主要产品或核心技术丧失竞争优势。此外，精选层挂牌公司持股5%以上股东、实际控制人、董事、监事、高级管理人员减持股份的，应及时披露减持计划和减持进展（见表4－3）。

表4－3　挂牌公司临时报告差异化

	精选层挂牌公司	创新层挂牌公司	基础层挂牌公司
行业特有重大事件	√	√	
交易事项	①交易涉及的资产总额占公司总资产的10%以上；②成交金额占公司市值的10%以上；③交易标的（如股权）资产净额占公司市值的10%以上；④交易标的（如股权）的营业收入占公司营业收入的10%以上，且超过1000万元；⑤交易产生的利润占公司净利润的10%以上，且超过150万元；⑥交易标的（如股权）的净利润占公司净利润的10%以上，且超过150万元	①交易涉及的资产总额或成交金额占公司总资产的10%以上；②交易涉及的资产净额或成交金额占公司净资产绝对值的10%以上，且超过300万元	①交易涉及的资产总额或成交金额占公司总资产的20%以上；②交易涉及的资产净额或成交金额占公司净资产绝对值的20%以上，且超过300万元
其他重大事项	√（特定事项）	√	√

第五章　股东知情权身份条件之实务问题

一、股东知情权之股东身份实务问题概述

《公司法》第 33 条和第 97 条使用了“股东有权查询”“股东有权要求查询”等字眼。这说明股东知情权具有身份属性，乃是公司股东得以享有的知悉公司信息的权利。因此，行使知情权的核心要件之一就是股东身份。围绕股东身份，实践中争议较多的问题，主要集中于以下几方面：

1. 原股东退出公司后是否还可以行使知情权？

原股东通过股权转让、赠与等方式退出公司后，能否就公司状况行使知情权呢？对此学界存在不同的见解。从《公司法》第 33 条和第 97 条关于股东身份的要求出发，不具有股东身份则不得行使股东知情权。《北京高院公司纠纷审判指南2008》第 15 条规定：“已退出公司的股东对其任股东期间的公司经营、财务情况提起知情权诉讼的，因其已不具备股东身份，人民法院应裁定不予受理。”但是绝对禁止原股东行使知情权，则过度强调了公司利益的保护，忽视了原股东在其作为公司股东期间的知情权。因为股东通常以获取对价的方式退出公司，而该对价的确定与公司状况紧密相关。特别是在股东之间转让股权或者公司收购股权的情形之下，如公司隐瞒经营状况，原股东利益可能因此受损。为此，《公司法司法解释四》第 7 条第 2 款规定了但书，“公司有证据证明前款规定的原告在起诉时不具有公司股东资格的，人民法院应当驳回起诉，但原告有初步证据证明在持股期间其合法权益受到损害，请求依法查阅或者复制其持股期间的公司特定文件材料的除外”。据此，原股东可以主张其作为股东期间的知情权，不过应当提供初步证据证明其在持股期间合法权益受到损害。

2. 受让股东是否可就其加入前的公司信息行使知情权?

根据《公司法》第 33 条和第 97 条的规定,只要具有股东身份,就可以行使知情权,并没有对股东知情权客体加以时间限制。因此,股东可以依法获取公司任何时间的信息。因受让股权而取得股东身份的当事人,当然可以对其加入前的公司信息行使知情权。换言之,就行使知情权而言,受让股东与其他股东身份并无差异。只是受让股东的具体查询范围,受到知情权行使条件的限制。

3. 出资瑕疵股东是否可以行使知情权?

出资瑕疵股东知情权行使涉及的基本问题:出资瑕疵股东是否具有股东身份?如果出资瑕疵股东具有股东身份,其知情权是否应当受到限制?

(1)出资瑕疵股东原则上具有股东身份

2014 年我国全面启动公司注册资本制度改革,实行认缴制。注册资本认缴制允许股东出资分期到位,必然出现若干股东先出资、若干股东后出资的情形,只要股东的出资义务未届履行期,此时其股东身份就不应受到质疑。在此探讨的出资瑕疵主要是指有限责任公司设立过程中,股东没有按照约定履行出资义务以及抽逃出资的情形。发起人设立公司的行为属于民事法律行为。《民法典》第 143 条规定:“具备下列条件的民事法律行为有效:(一)行为人具有相应的民事行为能力;(二)意思表示真实;(三)不违反法律、行政法规的强制性规定,不违背公序良俗。”据此,只要股东设立公司的意思表示不违反法律或者社会公共利益,就应当认定该设立行为的效力,即使出资瑕疵,股东身份原则上也不应当被否认。

根据我国《公司法》的相关规定,笔者区分不同情形进行分析:一是否定股东身份的情形。根据《公司法》第 198 条的规定,虚报注册资本取得公司登记,情节严重的,撤销公司登记或者吊销营业执照。撤销公司登记,否定了有限责任公司的成立,发起人的股东身份当然被否定;吊销营业执照,有限责任公司应当解散,其法人资格也将归于消灭,股东身份也丧失了其存在的前提,其知情权当然也就无从谈起。二是肯定股东身份的情形。《公司法》第 26 条规定:“有限责任公司的注册资本为在公司登记机关登记的全体股东认缴的出资额。法律、行政法规以及国务院决定对有限责任公司注册资本实缴、注册资本最低限额另有规定的,从其规定。”据此,如果发起人虽然出资瑕疵,但是不存在其他严重违法情形,那么其设立公司的意思表示就会为法律所认可,其股东身份当然应当得到确认。在承认出资瑕疵的发起人股东身份的同时,其还应当承担相应的民事责任,包括继续履行出资义务,对公司债权人承担补充赔偿责任以及存在被除名的可能。

按照《公司法》第28条的规定,股东未按照约定履行出资义务的,除应当向公司足额缴纳外,还应当向已按期足额缴纳出资的股东承担违约责任。按照《公司法》第30条的规定,有限责任公司成立后,发现作为设立公司出资的非货币财产的实际价额显著低于公司章程所定价额的,应当由交付该出资的股东补足其差额;公司设立时的其他股东承担连带责任。《公司法司法解释三》对出资瑕疵股东对公司债权人的补充赔偿责任以及除名制度作出了明确的规定。其第13条第1款、第2款、第3款规定:"股东未履行或者未全面履行出资义务,公司或者其他股东请求其向公司依法全面履行出资义务的,人民法院应予支持。公司债权人请求未履行或者未全面履行出资义务的股东在未出资本息范围内对公司债务不能清偿的部分承担补充赔偿责任的,人民法院应予支持;未履行或者未全面履行出资义务的股东已经承担上述责任,其他债权人提出相同请求的,人民法院不予支持。股东在公司设立时未履行或者未全面履行出资义务,依照本条第一款或者第二款提起诉讼的原告,请求公司的发起人与被告股东承担连带责任的,人民法院应予支持;公司的发起人承担责任后,可以向被告股东追偿。"第17条规定:"有限责任公司的股东未履行出资义务或者抽逃全部出资,经公司催告缴纳或者返还,其在合理期间内仍未缴纳或者返还出资,公司以股东会决议解除该股东的股东资格,该股东请求确认该解除行为无效的,人民法院不予支持。在前款规定的情形下,人民法院在判决时应当释明,公司应当及时办理法定减资程序或者由其他股东或者第三人缴纳相应的出资。在办理法定减资程序或者其他股东或者第三人缴纳相应的出资之前,公司债权人依照本规定第十三条或者第十四条请求相关当事人承担相应责任的,人民法院应予支持。"第18条规定:"有限责任公司的股东未履行或者未全面履行出资义务即转让股权,受让人对此知道或者应当知道,公司请求该股东履行出资义务、受让人对此承担连带责任的,人民法院应予支持;公司债权人依照本规定第十三条第二款向该股东提起诉讼,同时请求前述受让人对此承担连带责任的,人民法院应予支持。"

(2)出资瑕疵股东的知情权不应受到限制

既然出资瑕疵原则上并不影响股东身份,股东当然可以依据《公司法》的相关规定行使知情权。问题在于《公司法司法解释三》第16条规定:"股东未履行或者未全面履行出资义务或者抽逃出资,公司根据公司章程或者股东会决议对其利润分配请求权、新股优先认购权、剩余财产分配请求权等股东权利作出相应的合理限制，该股东请求认定该限制无效的，人民法院不予支持。”该规定允许以公司章程或者股东会决议的形式对出资瑕疵股东的自益权进行限制，但并未包括知情权在内的共益权。有学者认为，《公司法司法解释三》对出资瑕疵股东自益权的限制是合理的，同时主张扩张至共益权，对重大决策和选择管理者的权利也进行合理限制，但保留知情权。① 笔者认为，出资瑕疵股东享有知情权，可以依照法律和公司章程的规定行使知情权，公司不能以股东出资瑕疵作为抗辩事由。《北京高院公司纠纷审判指南 2008》第 14 条规定：“股东知情权案件中，被告公司以原告股东出资瑕疵为由抗辩的，人民法院不予支持。”

4. 隐名股东是否可以行使知情权？

实践中，隐名股东要求行使知情权的情形时有发生。理论上并无太多争议，隐名股东在“显名”之前，虽然是公司的实际出资人，但并非公司股东，当然不得行使知情权。《北京高院公司纠纷审判指南 2008》第 16 条规定：“公司的实际出资人在其股东身份未显名化之前，不具有股东知情权诉讼的原告主体资格，其已诉至法院的，应裁定驳回起诉。”

5. 清算中的公司股东是否可以行使知情权？

公司因故解散后，其权利能力受到限制，不能再进行正常的经营活动，只能在清算范围内进行活动。除为实现清算目的由清算组代表公司处理未了结业务外，公司不得开展新的经营活动。此时的公司成为清算中的公司。这就意味着，解散后的公司不仅其经营范围受到限制，而且公司的机关也要发生变化，即成立清算组接替执行机关的职权。在公司清算过程中，清算组对内管理法人事务，对外代表法人开展清算工作。公司法定代表人的限制也相应受到限制。尽管如此，清算中的公司依然保有法人资格，其股东也依法保持股东身份。因此，清算中公司的股东可以行使知情权。我国台湾地区“公司法”第 87 条规定：“清算人就任后，应即检查公司财产情形，造具资产负债表及财产目录，送交各股东查阅。对前项所为检查有妨碍、拒绝或规避行为者，各处新台币二万元以上十万元以下罚款。清算人应于六个月内完结清算；不能于六个月内完结清算时，清算人得申叙理由，向法院声请展期。清算人不于前项规定期限内清算完结者，各处新台币一万元以上五万元以下罚款。

① 参见吴高臣：《有限责任公司法论》（第 2 版），中国民主法制出版社 2019 年版，第 151 页。

清算人遇有股东询问时,应将清算情形随时答复。清算人违反前项规定者,各处新台币一万元以上五万元以下罚款。”

二、股东知情权之身份条件案例分析

案例1:出资瑕疵股东能否行使知情权

以色列莱克斯坦有限公司与北京长信乐纯环保科技有限责任公司股东知情权纠纷案

[当事人]

原告:以色列莱克斯坦有限公司(二审被上诉人)

被告:北京长信乐纯环保科技有限责任公司(二审上诉人)

[案情简介]

2014年7月25日,出于在中国进行烟气脱硫脱硝技术推广的目的,以色列莱克斯坦有限公司(以下简称莱克斯坦公司)与北京长信太和节能科技有限公司(以下简称节能公司)签订《合资经营合同》,共同设立北京长信乐纯环保科技有限责任公司(以下简称长信公司),其中长信公司注册资本总额为11,363,636元,由节能公司出资1000万元,占注册资本的88%,以现金方式缴纳;由莱克斯坦公司出资1,363,636元,占注册资本的12%,以经评估和作价的技术方式缴纳。莱克斯坦公司是注册于以色列国的技术型、轻资产公司,主要从事烟气脱硫脱硝技术的推广,经营范围为生产和销售催化剂。长信公司的经营范围为节能环保产品的设计与批发;节能环保技术的研发、咨询与推广;货物进出口;销售化工产品(不含危险化学品)、金属制品、通用设备、专用设备、电气设备、电子元件器件、仪器仪表、机械设备;施工总承包;专业承包;劳务分包。同时,长信公司为莱克斯坦公司在中国烟气脱硫脱硝技术进行推广。

2018年7月17日,莱克斯坦公司委托律师向节能公司及长信公司法定代表人从明耀发函,要求查阅长信公司自2014年11月28日(成立时)至2019年11月1日的会计账簿(含总账、明细账、日记账和其他辅助性账簿)及会计凭证(含记账凭证、原始凭证及作为附件入账备查的有关资料),任何附注和支持文件,银行对账单、纳税申报表和任何其他内部和/或公开的会计信息,商品/服务采购/销售合同/

协议和劳动合同。2018 年 8 月 8 日，长信公司向莱克斯坦公司交付了长信公司营业执照复印件一份、章程复印件一份、公司设立登记备案变更复印件两份、2016 ~ 2017 年审计报告及税审报告共四份。莱克斯坦公司指出长信公司未给予全面信息，并进一步发函要求，长信公司拒绝。

莱克斯坦公司将长信公司起诉至法院，要求长信公司提供自成立之日即 2014 年 11 月 28 日至 2019 年 11 月 1 日的董事会决议、董事会会议记录和财务会计报告（包括资产负债表、利润表、现金流量表、利润分配表和所有者权益变动表等）、会计账簿（含总账、明细账、日记账和其他辅助性账簿）及会计凭证（含记账凭证、原始凭证及作为附件入账备查的有关资料），任何附注和支持文件，银行对账单、纳税申报表和任何其他内部和/或公开的会计信息，商品/服务采购/销售合同/协议和劳动合同供莱克斯坦公司和莱克斯坦公司委托的律师、会计师查阅和复制。

一审法院经审理认为：莱克斯坦公司享受相应的股东知情权，且其提起的股东知情权诉讼符合法律规定的前置程序，同时长信公司所提供证据不足以证明莱克斯坦公司行使知情权存在不正当目的，因此对莱克斯坦公司主张的董事会会议决议、董事会会议记录、财务会计报告（包括资产负债表、利润表、现金流量表和利润分配表等）、会计账簿（含总账、明细账、日记账和其他辅助性账簿）予以支持。关于莱克斯坦公司上述主张之外的其他查阅、复制内容如会计凭证，因会计账簿的真实性和完整性只有通过会计凭证（含记账凭证和原始凭证）才能反映出来，因此一审法院支持莱克斯坦公司关于会计凭证（含记账凭证、原始凭证及作为附件入账备查的有关资料）查阅、复制的诉请。对于莱克斯坦公司主张的银行对账单、纳税申报表和任何其他内部和/或公开的会计信息，商品/服务采购/销售合同/协议和劳动合同等，属于会计凭证中的原始凭证及作为附件入账备查的有关资料的部分，一审法院同时予以支持，对不属于会计凭证中的原始凭证及作为附件入账备查的有关资料的部分，一审法院不予支持。一审法院判决：长信公司于判决生效后 30 个工作日内向莱克斯坦公司提供自 2014 年 11 月 28 日起至 2019 年 11 月 1 日的相应材料。

长信公司不服一审判决，提出上诉，二审法院经审理认为，一审判决认定事实清楚，法律适用略有不妥，但裁判结果正确，故对长信公司的上诉请求不予支持。判决驳回上诉，维持原判。

[案例分析]

本案的争议焦点：一是中外合资企业知情权纠纷的法律适用。二是出资瑕疵股东能否行使知情权？三是不正当目的之实质性竞争关系的认定。

一、中外合资企业知情权纠纷的法律适用

长信公司为中外合资企业，其与外国股东之间知情权纠纷的法律适用是本案首先遇到的问题。

（一）中外合资企业股东知情权纠纷是否为涉外民事纠纷

《涉外民事关系法律适用法》并未界定涉外民事关系，而涉外民事关系则是适用《涉外民事关系法律适用法》的基本前提。为此，《涉外民事关系法律适用法司法解释一》第1条规定："民事关系具有下列情形之一的，人民法院可以认定为涉外民事关系：（一）当事人一方或双方是外国公民、外国法人或者其他组织、无国籍人；（二）当事人一方或双方的经常居所地在中华人民共和国领域外；（三）标的物在中华人民共和国领域外；（四）产生、变更或者消灭民事关系的法律事实发生在中华人民共和国领域外；（五）可以认定为涉外民事关系的其他情形。"本案中，原告莱克斯坦公司为外国公司，被告长信公司为原告与节能公司依据我国法律投资设立的中外合资企业，因此本案应认定为涉外民事关系引发的纠纷。如果节能公司与长信公司发生股东知情权纠纷，因双方均为我国公司，其纠纷则不属于涉外民事纠纷。

（二）中外合资企业外国股东提起的知情权之诉的适用法律

1. 中外合资企业外国股东提起知情权之诉适用的程序法

《民事诉讼法》第4条规定："凡在中华人民共和国领域内进行民事诉讼，必须遵守本法。"第259条规定："在中华人民共和国领域内进行涉外民事诉讼，适用本编规定。本编没有规定的，适用本法其他有关规定。"据此，涉外民事纠纷适用的程序法为《民事诉讼法》。其中，当事人争议最多的问题就是案件的管辖法院。《民事诉讼法》第26条规定："因公司设立、确认股东资格、分配利润、解散等纠纷提起的诉讼，由公司住所地人民法院管辖。"同时，《民事诉讼法司法解释》第22条进一步细化了与公司有关纠纷的范围，与《民事案件案由规定》保持一致①，"因股东名册记载、请求变更公司登记、股东知情权、公司决议、公司合并、公司分立、公司减资、公司增资等纠纷提起的诉讼，依照民事诉讼法第二十六条规定确定管辖"。本案为股东知情权纠纷，作为被告的长信公司于2014年11月28日经北京市工商行政管理局通州分局核准予以登记设立，因此本案应当由北京市有管辖权的人民法院管

① 《民事案件案由规定》第二级案由"二十一、与公司有关的纠纷"下包括24个三级案由。

辖。《民事诉讼法》第 18 条规定:“中级人民法院管辖下列第一审民事案件:(一)重大涉外案件;(二)在本辖区有重大影响的案件;(三)最高人民法院确定由中级人民法院管辖的案件。”《北京市四中院案件管辖规定》将北京法院涉外商事审判格局从“三级分散审理”调整为“两级集中审理”,该规定第 1 条指出:“北京市第四中级人民法院(北京铁路运输中级法院)管辖下列案件:(一)……(二)应由本市人民法院管辖的标的额在 2 亿元以下的第一审涉外、涉香港特别行政区、涉澳门特别行政区、涉台湾地区商事案件……”因此,北京市第四中级人民法院为本案的一审法院。

2. 中外合资企业外国股东提起知情权之诉适用的实体法

《涉外民事关系法律适用法》第 2 条规定:“涉外民事关系适用的法律,依照本法确定。其他法律对涉外民事关系法律适用另有特别规定的,依照其规定。本法和其他法律对涉外民事关系法律适用没有规定的,适用与该涉外民事关系有最密切联系的法律。”第 14 条规定:“法人及其分支机构的民事权利能力、民事行为能力、组织机构、股东权利义务等事项,适用登记地法律。法人的主营业地与登记地不一致的,可以适用主营业地法律。法人的经常居所地,为其主营业地。”本案涉及股东知情权的行使,应依据《涉外民事关系法律适用法》第 14 条确定适用法律。而一审法院依据《涉外民事关系法律适用法》第 44 条确定本案的适用法律。第 44 条规范侵权责任的适用法律,隶属于《涉外民事关系法律适用法》第 6 章“债权”,即用于处理涉外民事侵权关系中债权人与债务人的纠纷。莱克斯坦公司为长信公司的股东,本案为股东知情权纠纷案件,股东权利义务与债权人权利义务性质迥异。因此一审法院依据《涉外民事关系法律适用法》第 44 条确定本案的适用法律并不妥当,二审法院予以纠正。综上所述,本案应当适用我国实体法。

那么,本案应当适用我国何种实体法呢?《涉外民事关系法律适用法司法解释一》第 3 条规定:“涉外民事关系法律适用法与其他法律对同一涉外民事关系法律适用规定不一致的,适用涉外民事关系法律适用法的规定,但《中华人民共和国票据法》《中华人民共和国海商法》《中华人民共和国民用航空法》等商事领域法律的特别规定以及知识产权领域法律的特别规定除外。涉外民事关系法律适用法对涉外民事关系的法律适用没有规定而其他法律有规定的,适用其他法律的规定。”本案中,中外合资企业长信公司的外国股东莱克斯坦公司提起的股东知情权之诉,属于商事纠纷,应当适用商事领域法律的特别规定。《外商投资法》第 2 条指出:“在中华人民共和国境内(以下简称中国境内)的外商投资,适用本法。本法所称外商投资，是指外国的自然人、企业或者其他组织（以下称外国投资者）直接或者间接在中国境内进行的投资活动，包括下列情形：（一）外国投资者单独或者与其他投资者共同在中国境内设立外商投资企业；（二）外国投资者取得中国境内企业的股份、股权、财产份额或者其他类似权益；（三）外国投资者单独或者与其他投资者共同在中国境内投资新建项目；（四）法律、行政法规或者国务院规定的其他方式的投资。本法所称外商投资企业，是指全部或者部分由外国投资者投资，依照中国法律在中国境内经登记注册设立的企业。"《公司法》第217条规定："外商投资的有限责任公司和股份有限公司适用本法；有关外商投资的法律另有规定的，适用其规定。"据此，莱克斯坦公司与长信公司的股东知情权纠纷适用的实体法为《外商投资法》和《公司法》。《外商投资法》对股东知情权并无规定，《公司法》对股东知情权则有较为具体的规定。因而本案应依据《公司法》解决原、被告之间的知情权纠纷。

二、出资瑕疵股东能否行使知情权

（一）何为出资瑕疵股东

《公司法》第27条第1款规定，股东可以用货币出资，也可以用实物、知识产权、土地使用权等可以用货币估价并可以依法转让的非货币财产作价出资；但是，法律、行政法规规定不得作为出资的财产除外。股东出资财产分为货币以及与可用货币估价并可依法转让的非货币财产。《公司法》第28条第1款规定，股东应当按期足额缴纳公司章程中规定的各自所认缴的出资额。股东以货币出资的，应当将货币出资足额存入有限责任公司在银行开设的账户；以非货币财产出资的，应当依法办理其财产权的转移手续。该条规定了股东出资财产的手续流程。在此，股东出资瑕疵可以具体分为两种类型：一是实体出资瑕疵，二是程序出资瑕疵。实体出资瑕疵包括完全瑕疵即出资人完全没有出资，不完全瑕疵即出资人出资资金额度不足、非货币出资评估虚高以及抽逃出资等。程序出资瑕疵包括未依法履行评估程序、未办理过户手续等。

莱克斯坦公司称：2014年8月1日莱克斯坦公司与节能公司共同签署了《北京长信乐纯环保科技有限责任公司章程》（以下简称《长信公司章程》），《长信公司章程》为长信公司现行有效文件，其证明了莱克斯坦公司的股东身份。长信公司提出抗辩称：莱克斯坦公司自始未履行出资义务，其作为出资的专利技术被宣告无效，催告程序完成后尚未履行出资义务，长信公司于2019年11月3日作出决议，对莱克斯坦公司的股东资格予以解除并废止《长信公司章程》,主张莱克斯坦公司为出资瑕疵股东继而自始不享有股东知情权。一审法院认定莱克斯坦公司自长信公司成立之日起至2019年11月3日具有股东资格,同时截至2020年8月28日,长信公司登记注册资料显示其为中外合资公司,投资人为节能公司和莱克斯坦公司。遵循商事外观主义,纵然出资瑕疵,莱克斯坦公司依然为长信公司的股东。

（二）出资瑕疵股东是否享有知情权

《公司法司法解释三》第16条规定:“股东未履行或者未全面履行出资义务或者抽逃出资,公司根据公司章程或者股东会决议对其利润分配请求权、新股优先认购权、剩余财产分配请求权等股东权利作出相应的合理限制,该股东请求认定该限制无效的,人民法院不予支持。”该条允许公司章程对出资瑕疵股东享有的利润分配请求权、新股优先认购权、剩余财产分配请求权等财产性权利予以限制,同时《公司法》第34条对出资瑕疵股东分红权也进行了限制。《公司法司法解释四》（征求意见稿）第14条指出,“公司以股东出资存在瑕疵为由进行抗辩,拒绝股东依据公司法第三十三条、第九十七条或者司法解释规定查阅、复制公司文件材料的,人民法院不予支持”。虽然最终《公司法司法解释四》中删除了该条文,但是从中不难看出,学界对于出资瑕疵股东知情权持肯定态度。《北京高院公司纠纷审判指南2008》第14条规定:“股东知情权案件中,被告公司以原告股东出资瑕疵为由抗辩的,人民法院不予支持。”司法实践中,诸多法院也坚持了这一原则。在徐璐璐与四川省鑫欣达房地产开发有限公司股东知情权纠纷案中,四川省成都市中级人民法院认为,股东即使存在出资瑕疵,但在未丧失公司股东身份之前,其仍可按照公司法或章程的规定,行使相应的股东权。[①] 这也是商法外观主义原则的应有之义。在齐志丹与数熙科技（北京）有限公司股东知情权纠纷案中,北京市第一中级人民法院同样认为,股东出资瑕疵并不直接导致股东丧失股东资格,从而影响股东知情权的行使。[②] 因此在本案中,一审与二审法院都认为,即使莱克斯坦公司为出资瑕疵股东,长信公司也不能以此为由限制其行使股东知情权,可以另行解决。相较于利润分配请求权、新股优先认购权以及剩余财产分配请求权,股东知情权是股东了解

---

① 徐璐璐与四川省鑫欣达房地产开发有限公司股东知情权纠纷案,四川省成都市中级人民法院（2012）成民终字第1331号民事判决书。

② 齐志丹与数熙科技（北京）有限公司股东知情权纠纷案,北京市第一中级人民法院（2020）京01民终8541号民事判决书。

公司经营信息的基本权利，在公司所有权和经营权相分离的情况下，法律通过赋予股东知悉公司必要信息的权利，从而保障股东的正当利益。股东知情权是出资人作为股东更为基础的权利，出资瑕疵股东仍然保有其股东身份，应当保护其作为股东的基础权利。

（三）股东知情权的客体范围

《公司法》第33条规定："股东有权查阅、复制公司章程、股东会会议记录、董事会会议决议、监事会会议决议和财务会计报告。股东可以要求查阅公司会计账簿。股东要求查阅公司会计账簿的，应当向公司提出书面请求，说明目的。公司有合理根据认为股东查阅会计账簿有不正当目的，可能损害公司合法利益的，可以拒绝提供查阅，并应当自股东提出书面请求之日起十五日内书面答复股东并说明理由。公司拒绝提供查阅的，股东可以请求人民法院要求公司提供查阅。"该条款对于股东知情权的客体范围进行了列举。《会计法》对会计账簿、财务会计报告进行了界定。该法第15条规定，会计账簿包括总账、明细账、日记账和其他辅助性账簿。第20条规定，财务会计报告由会计报表、会计报表附注和财务情况说明书组成。莱克斯坦公司要求查阅长信公司董事会决议、董事会会议记录和财务会计报告（包括资产负债表、利润表、现金流量表、利润分配表和所有者权益变动表等）、会计账簿（含总账、明细账、日记账和其他辅助性账簿）及会计凭证（含记账凭证、原始凭证及作为附件入账备查的有关资料），任何附注和支持文件，银行对账单、纳税申报表和任何其他内部和/或公开的会计信息，商品/服务采购/销售合同/协议和劳动合同。莱克斯坦公司申请查阅的财务会计报告为企业依法对外提供的会计报表。根据《公司法》第33条和《会计法》的相关规定，莱克斯坦公司有权依法查阅长信公司的财务会计报告、会计账簿，但是否包含会计凭证则不无疑问。不过，本案中《长信公司章程》对股东知情权客体范围作出了详细规定，每一方股东出于监督公司财务状况的必要或考虑，均有权审查及复制所有账簿、记录、收据、合同及其他类型的文件。而《长信公司章程》的该项规定并不违反法律法规的强制性规定，应当认可其效力。莱克斯坦公司可以据此查阅、复制会计凭证（含记账凭证、原始凭证及作为附件入账备查的有关资料），任何附注和支持文件，银行对账单、纳税申报表和任何其他内部和/或公开的会计信息，商品/服务采购/销售合同/协议和劳动合同。莱克斯坦公司的查阅范围受到其查阅目的的限制，不得查阅超出查阅目的之外的公司资料。

三、账簿查阅权之不正当目的之实质性竞争关系的认定

股东行使账簿查阅权的前提条件之一为目的的正当性。《公司法》第33条第2款规定，股东要求查阅公司会计账簿的，应当向公司提出书面请求，说明目的。公司有合理根据认为股东查阅会计账簿有不正当目的，可能损害公司合法利益的，可以拒绝提供查阅。该条文仅仅提及股东行使账簿查阅权之“不正当目的”，如何界定“不正当目的”是司法实践中争议较大的问题。为此，《公司法司法解释四》结合审判实践经验对“不正当目的”的具体情形进行归纳，该司法解释第8条规定：“有限责任公司有证据证明股东存在下列情形之一的，人民法院应当认定股东有公司法第三十三条第二款规定的‘不正当目的’：(一)股东自营或者为他人经营与公司主营业务有实质性竞争关系业务的，但公司章程另有规定或者全体股东另有约定的除外；(二)股东为了向他人通报有关信息查阅公司会计账簿，可能损害公司合法利益的；(三)股东在向公司提出查阅请求之日前的三年内，曾通过查阅公司会计账簿，向他人通报有关信息损害公司合法利益的；(四)股东有不正当目的的其他情形。”本案中，莱克斯坦公司行使会计账簿查阅权是否存在不正当目的的认定问题集中在是否存在实质性竞争业务关系。

关于实质性竞争关系的认定，可以通过以下三个层面进行综合认定：第一层面，根据股东与公司在工商部门登记的营业执照、公司章程等所记载的经营范围判定，如果存在重合则进入第二层面；第二层面，根据股东与公司的主营业务加以判断，如果主营业务存在重合，则进入第三层面；第三层面，严格审查公司在经营区域、产品种类、客户范围等具体方面是否存在重合。首先，从第一层面进行判断。《公司法》第7条第2款规定：“公司营业执照应当载明公司的名称、住所、注册资本、经营范围、法定代表人姓名等事项。”一般而言，经营范围是指在注册申请及后续经营活动中，根据生产经营需要，公司依法登记的可以从事的生产经营与服务项目。在实践中，公司的经营范围与实际的主营业务并无必然的联系，公司营业执照中所记载的经营范围主要体现企业所在的行业，是对公司从事行业业务的一般界定。《公司法》第7条第3款规定：“公司营业执照记载的事项发生变更的，公司应当依法办理变更登记，由公司登记机关换发营业执照。”公司经营范围会随着公司的经营发展而不断变化，其营业执照当然也会因此发生变更且往往发生在公司经营业务变化之后。而且部分科技园区公司还有经营范围的特殊规则，允许公司自

由选择经营业务。① 因此仅仅通过营业执照记载的经营范围判定是否存在实质性竞争关系理由不足。继而进入第二层面的判断,通过对公司主营业务的重合判断公司之间是否存在实质性竞争关系。当今社会环境下,行业发展趋向于专业性增强、类别划分精细化,这就导致当前股东与其投资公司位于同一行业、主营业务相似甚至一致的现象逐渐普遍。在北京金座投资管理有限公司与北京金鑫然医药有限责任公司股东知情权纠纷案中,北京金座投资管理有限公司投资了四家经营范围与其主营业务相同的公司,法院仍认定其行使股东查阅权具有正当目的。即使股东与其投资公司主营业务相似甚至相同,也不能基于此认定二者之间存在实质性竞争,因为当股东与被投资公司处于同一行业时往往具有相同的利益,此时股东并不会倾向于侵害所投资公司的利益。② 接下来,进入第三层面,严格审查股东与公司在经营区域、产品种类以及客户范围等具体方面是否存在高度重合,如果答案是肯定的,则可以认定为存在实质性竞争关系。在此对实质性竞争进行进一步的解释,《反不正当竞争法》和《反垄断法》关于竞争和垄断的界定对于竞争的理解具有重要指引价值。竞争有广义和狭义之分。广义的竞争不仅仅指具有替代关系的同业经营者,也包括不在同一竞争领域的经营者;狭义的竞争关系指的是互有替代性的经营者在相关市场上互相竞争的交易关系。而"股东自营或者为他人经营与公司主营业务有实质性竞争关系业务的"中的"竞争"应该是狭义的竞争,除了经营区域重合,在一定时期内提供的产品、服务为同一类型,甚至客户群体也类似。对于股东与公司之间的实质性竞争,既不能仅仅以股东与公司从事相似或者相同的业务就认定其二者之间的实质性竞争关系,也不能仅仅以二者销售地域、服务客户

---

① 2000年12月8日颁布的《中关村科技园区条例》第9条第3款规定:"在中关村科技园区设立企业,办理工商登记时,除法律、法规规定限制经营的项目外,工商行政管理机关对经营范围不作具体核定。"2001年3月2日颁行的《中关村科技园区企业登记注册管理办法》第4条规定:"除国家法律、法规规定应当进行专项审批的经营项目外,工商行政管理机关在办理企业登记时,不再审核具体经营项目,企业可以自主选择经营项目,开展经营活动。"第8条规定:"申请企业设立、变更登记的,工商行政管理机关均应当在《营业执照》'经营范围'栏内注明下列内容:'法律、法规禁止的,不得经营;应经审批的,未获审批前不得经营;法律、法规未规定审批的,企业自主选择经营项目,开展经营活动。'"第9条第1款规定:"企业应当在章程或者合伙协议中明确表述下列内容:'本企业依法开展经营活动,法律、法规禁止的,不经营;需要前置审批的经营项目,报审批机关批准,并经工商行政管理机关核准注册后,方开展经营活动;不属于前置审批项目,法律、法规规定需要专项审批的,经工商行政管理机关登记注册,并经审批机关批准后,方开展经营活动;其他经营项目,本企业领取《营业执照》后自主选择经营,开展经营活动。'"

② 北京金座投资管理有限公司与北京金鑫然医药有限责任公司股东知情权纠纷案,北京市第二中级人民法院(2017)京02民终9872号民事判决书。

范围、产品档次不同等不认定为实质竞争关系,而应当结合其资产、供应商等方面进行充分论证。

2014 年 11 月 28 日,长信公司经核准登记成立,工商登记记载的经营范围为:节能环保产品的设计与研发;节能环保技术的研发、咨询与推广;货物进出口;销售化工产品(不含危险化学品)、金属制品、通用设备、专用设备、电气设备、电子元件器件、仪器仪表、机械设备;施工总承包;专业承包;劳务分包。莱克斯坦公司的经营范围为生产和销售催化剂。同时,长信公司为莱克斯坦公司在中国烟气脱硫脱硝技术进行推广。从营业执照中登记的具体的经营业务范围来看,长信公司的经营范围包括莱克斯坦公司的经营内容,但是并不能仅仅以此为标准认定其二者具有实质性竞争关系。莱克斯坦公司以在中国推广脱硫脱硝技术为目的而与节能公司合资成立长信公司,因此长信公司成立之时即与莱克斯坦公司经营业务存在关联与重合;并且从时间节点上看,在合资成立长信公司之前莱克斯坦公司已经从事催化剂的生产与销售,《合资经营合同》中约定莱克斯坦公司在合同约定时间和区域内禁止莱克斯坦公司直接或间接销售上述产品,但是先前已有的合同除外。因此只要莱克斯坦公司未在约定的时间和区域内从事经营活动,就不与长信公司构成实质性竞争关系。况且莱克斯坦公司只是基于合资公司长信公司的经营状况有从事经营活动的意向,并未实际开展经营。综上所述,莱克斯坦公司与长信公司不存在实质性竞争关系,不能认定为莱克斯坦公司行使其股东知情权具有不正当目的。

案例 2:股东能否查询其入股前的公司资料

益盟国际有限公司与福建省飞驰科技股份有限公司股东知情权纠纷案

[当事人]

原告:益盟国际有限公司(二审被上诉人)

被告:福建省飞驰科技股份有限公司(二审上诉人)

[案情简介]

2006 年 12 月 26 日,福建省飞驰机械有限公司(以下简称飞驰公司)成立,为从事机械配件、汽车配件、摩托车配件、建筑机械生产的有限责任公司。2015 年 6 月

30日，飞驰公司股东由飞驰（香港）机械控股有限公司变更为飞驰（香港）机械控股有限公司、益盟国际有限公司（PROFITEE INTERNATIONAL LIMITED，以下简称益盟公司）、长汀县大地春房地产经纪有限公司以及长汀县宏富投资有限公司，同时飞驰公司也从台港澳法人独资企业变更为中外合资企业。2016年2月4日，新增股东厦门市银钻伟业投资管理有限公司。至此，飞驰公司股东包括飞驰（香港）机械控股有限公司、益盟公司、长汀县大地春房地产经纪有限公司、长汀县宏富投资有限公司以及厦门市银钻伟业投资管理有限公司。2016年7月15日，飞驰公司由有限责任公司变更为股份有限公司，益盟公司自2015年6月30日成为飞驰公司的股东，持有39.96%的股份。

2018年7月12日，益盟公司依据《公司法》第33条、第97条和《飞驰公司章程》第28条第5项主张知情权，致函飞驰公司称为了解飞驰公司经营状况，要求查阅、复制飞驰公司自2011年以来的章程及章程修正案、股东（大）会会议记录、董事会会议决议、监事会会议决议、财务会计报告、会计账簿（包括总账、明细账、日记账和其他辅助性账簿）和会计凭证（含记账凭证、相关原始凭证及应作为原始凭证附件入账备查的有关资料）以及类似相关文件，并明确要求其查阅、复制时间不晚于2018年7月31日。2018年7月20日，飞驰公司发函通知益盟公司参加2018年7月31日的临时股东大会，全体股东出席，审议事项载明“为解决益盟公司于2018年7月12日发函给飞驰公司要求了解公司经营状况事宜”，但未解决益盟公司所主张的股东知情权问题。

益盟公司将飞驰公司诉至法院，要求：飞驰公司提供自2011年以来的章程及章程修正案、股东（大）会会议记录、董事会会议决议、监事会会议决议、财务会计报告（资产负债表、损益表、现金流量表、财务情况说明书和利润分配表）、会计账簿（包括总账、明细账、日记账和其他辅助性账簿）及其会计凭证（含记账凭证、原始凭证及应作为原始凭证附件入账备查的有关资料）等资料，供益盟公司查阅、复制。对此，飞驰公司称：“1. 益盟公司对飞驰公司的经营状况不了解的理由不存在事实依据。飞驰公司的财务报表一直对公司股东公开，从未拒绝任何股东进行查阅。益盟公司自2011年起也从未提出查阅财务报表。且益盟公司也陈述了飞驰公司向其提供2012年、2013年和2014年的财务报表，飞驰公司2016年进行股改之前，也委托中喜会计师事务所对飞驰公司进行了审计并出具了《审计报告》，审计中也对飞驰公司2014年、2015年、2016年的财务报表进行了审计，该份报告经益盟公司及其他股东共同确认认可,并上报福建省商务厅。2. 公司自成立以来一直按公司章程召开股东大会、董事会会议、监事会会议,会议记录齐全,与会人员签名完备。3. 益盟公司提起股东知情权诉讼,违反了《公司法》规定的前置程序,飞驰公司在收到益盟公司 7 月 12 日发出的函件后即于 7 月 20 日向益盟公司发出电子邮件,通知益盟公司于 2018 年 7 月 31 日在飞驰公司处召开临时股东会,解决益盟公司提出的要求。益盟公司也派员到场参加了会议。所以,益盟公司无权提起诉讼。”

一审法院依据《公司法》第 33 条,《会计法》第 14 条、第 15 条之规定,判决飞驰公司于判决发生法律效力之日起 20 日内将 2011 年以来的章程及章程修正案、股东(大)会会议记录、董事会会议决议、监事会会议决议、财务会计报告(资产负债表、损益表、现金流量表、财务情况说明书和利润分配表)、会计账簿(包括总账、明细账、日记账和其他辅助性账簿)及其会计凭证(含记账凭证、原始凭证)置备,供益盟公司查阅、复制。

飞驰公司不服一审判决,提起上诉。二审法院经审理认为,原审判决认定事实清楚,适用法律正确。判决驳回上诉,维持原判。

[案例分析]

本案的争议焦点:一是如何认定股东行使股东知情权的前置程序?二是股东能否查询其入股前的公司资料?结合本案案情,对上述争议焦点展开分析。

一、股东知情权之诉前置程序认定

股东知情权是股东享有的对公司经营管理等重要情况或者信息真实了解和掌握的权利,包括积极权能(如查阅权、复制权)和消极权能(如信息接收权),由于公司以所有权与经营权相分离的模式经营,股东并不参与公司实际经营活动。在股东(尤其是中小股东)与公司处于信息不对称的情况下,股东知情权为股东依法行使资产收益、参与重大决策和选择管理者等权利提供了基础保障,也是股东参与公司治理的工具。本争议焦点主要围绕《公司法》第 33 条的规定展开讨论,探讨在本案中益盟公司行使股东知情权之诉是否符合法律规定的前置程序。①

---

① 必须指出的是,我国《公司法》对有限责任公司和股份有限公司股东知情权作出了不同的规定。2016 年 7 月 15 日飞驰公司由有限责任公司变更为股份有限公司。益盟公司依据《公司法》第 33 条、第 97 条和《飞驰公司章程》第 28 条第 5 项主张知情权。一审法院并未阐明是否适用《公司法》第 97 条,直接讨论《公司法》第 33 条的适用,二审法院亦采取了同样的态度,当事人亦未就此产生争议。据此,可以推断《飞驰公司章程》对股东知情权作出了与《公司法》第 33 条类似的规定。否则,本案中应当将益盟公司的知情权分为两个阶段,即飞驰公司为有限责任公司阶段的股东知情权和飞驰公司为股份有限公司的股东知情权。

（一）行使绝对查阅权无须履行前置程序

《公司法》第33条第1款规定："股东有权查阅、复制公司章程、股东会会议记录、董事会会议决议、监事会会议决议和财务会计报告。"该条文规定了有限责任公司股东在查询公司章程、股东会会议记录、董事会会议决议、监事会会议决议和财务会计报告时，无须履行任何前置程序，既可以向公司提出请求查阅、复制该等文件，也可以直接向人民法院提起诉讼要求公司提供以上文件以供查阅、复制。本案中，自2015年6月30日起益盟公司为飞驰公司的股东，2018年7月12日益盟公司致函要求行使其股东知情权即查阅、复制飞驰公司自2011年以来的章程及章程修正案、股东（大）会会议记录、董事会会议决议、监事会会议决议、财务会计报告、会计账簿（包括总账、明细账、日记账和其他辅助性账簿）和会计凭证（含记账凭证、相关原始凭证及应作为原始凭证附件入账备查的有关资料）以及类似相关文件，并明确要求其查阅、复制时间不晚于2018年7月31日。对于飞驰公司章程及章程修正案、股东（大）会会议记录、董事会会议决议、监事会会议决议、财务会计报告，益盟公司作为股东享有绝对查阅权，飞驰公司应当提供相关材料供益盟公司查阅、复制。

（二）行使相对查阅权需要履行前置程序

对于益盟公司要求查阅、复制的会计账簿和会计凭证以及类似相关文件，根据法律规定需要履行前置程序。私法坚持"意思自治"原则，鼓励公司及其股东尽可能地通过内部治理结构来自行解决纷争，《公司法》对股东查阅会计账簿设置了前置程序，其第33条第2款对有限责任公司股东申请查阅会计账簿的前置程序、公司拒绝提供查阅时的救济途径作出了明确的规定，该条文为有限责任公司股东保护其权益提供了明确的路径。《公司法》第33条第2款规定："股东可以要求查阅公司会计账簿。股东要求查阅公司会计账簿的，应当向公司提出书面请求，说明目的。公司有合理根据认为股东查阅会计账簿有不正当目的，可能损害公司合法利益的，可以拒绝提供查阅，并应当自股东提出书面请求之日起十五日内书面答复股东并说明理由。公司拒绝提供查阅的，股东可以请求人民法院要求公司提供查阅。"该条文明确规定，有限责任公司股东要求查询会计账簿的，需向公司提起书面申请，并且说明其目的。

益盟公司函中载明："作为公司的股东，我司对公司的经营状况并不了解，公司至今没有向股东作任何分红，且对外拖欠大量债务。为充分了解、掌握公司的真实、完整财务状况和经营状况，维护自身合法权益，我司现在正式要求至公司住所地查阅公司相关资料。"《公司法司法解释四》第8条规定："有限责任公司有证据证明股东存在下列情形之一的，人民法院应当认定股东有公司法第三十三条第二款规定的'不正当目的'：(一)股东自营或者为他人经营与公司主营业务有实质性竞争关系业务的，但公司章程另有规定或者全体股东另有约定的除外；(二)股东为了向他人通报有关信息查阅公司会计账簿，可能损害公司合法利益的；(三)股东在向公司提出查阅请求之日前的三年内，曾通过查阅公司会计账簿，向他人通报有关信息损害公司合法利益的；(四)股东有不正当目的的其他情形。"飞驰公司未有明确证据证明益盟公司存在不正当目的，仅以"财务报表一直对公司股东公开，从未拒绝任何股东进行查阅；按章程召开股东大会、董事会会议、监事会会议，会议记录齐全，与会人员签名完备"为由拒绝飞驰公司查阅，法院不予支持。

《山东省高院公司纠纷审判指南》第63条规定："有限责任公司股东起诉要求查阅公司会计账簿的，应具备以下条件，否则人民法院不予受理：(1)股东向公司提出书面查阅请求，公司拒绝提供查阅或在收到书面请求之日起十五日内未作答复；(2)有明确具体的查阅事项。股东有权查阅的会计账簿包括记账凭证和原始凭证。"《江西省高院公司纠纷审判指南》第53条第2款规定："股东有权查询的会计账簿包括会计报表、记账凭证、原始凭证、审计报告、评估报告等。"《上海高院公司纠纷审判指南》第3条第1款规定，有限责任公司股东请求查阅公司财务会计报告及相关账簿的，应当说明正当理由，包括查阅的原因和目的，否则人民法院不予支持。综合上述文件规定，有限责任公司股东提起股东知情权之诉存在瑕疵的情况有：(1)股东未在书面申请中说明查阅目的；(2)股东提起诉讼时，公司尚未作出准许与否的决定或未满15日；(3)未履行书面通知及说明义务，直接提起诉讼；(4)股东送达出现瑕疵，如通过邮寄申请书等形式履行前置程序，但公司未收到。

本案中，益盟公司于2018年7月12日致函给飞驰公司，函中载明其查阅目的、查阅文件内容，并明确要求飞驰公司于本函发出15天内书面回复。2018年7月20日，飞驰公司向益盟公司发出《临时股东会通知书》，会议时间为2018年7月31日，但是此次会议未对益盟公司所主张的知情权问题作出处理。2018年7月31日，益盟公司指派代表前往飞驰公司住所地要求查阅、复制诉讼争议文件，飞驰公司拒绝提供。因此，益盟公司提起股东知情权之诉前置程序符合《公司法》的规定。

二、有限责任公司股东行使知情权范围认定

根据《公司法》第33条的规定，有限责任公司股东可以查阅、复制公司章程、股东会会议记录、董事会会议决议、监事会会议决议和财务会计报告；在履行前置程序后可查阅公司会计账簿。《江苏省高院公司纠纷审判指南》第66条规定："股份有限公司股东有权查阅的范围包括股东大会会议记录、资产负债表、损益表、财务状况变动表、财务情况说明书、利润分配表、注册会计师对财务报告出具的审验报告及监事会的检查报告。有限责任公司股东除有权查阅前款规定所列材料外，还可以查阅董事会决议、公司账簿及相关原始凭证。但股东出于损害公司利益的不正当目的的除外。"《会计法》第14条第1款规定："会计凭证包括原始凭证和记账凭证。"第15条第1款规定："会计账簿登记，必须以经过审核的会计凭证为依据，并符合有关法律、行政法规和国家统一的会计制度的规定。会计账簿包括总账、明细账、日记账和其他辅助性账簿。"综上，有限责任公司股东可以查阅公司章程、股东会会议记录、董事会会议决议、监事会会议决议和财务会计报告、资产负债表、损益表、财务状况变动表、财务情况说明书、利润分配表、会计账簿（包括总账、明细账、日记账和其他辅助性账簿）等相关文件。本案中，益盟公司要求查阅、复制飞驰公司提供自2011年以来的章程及章程修正案、股东（大）会会议记录、董事会会议决议、监事会会议决议、财务会计报告（资产负债表、损益表、现金流量表、财务情况说明书和利润分配表）、会计账簿（包括总账、明细账、日记账和其他辅助性账簿）及其会计凭证（含记账凭证、原始凭证及应作为原始凭证附件入账备查的有关资料）等资料，存在两个争议焦点：一是股东知情权范围是否涉及会计凭证；二是股东查阅权是否可以延伸到股东入股前。

（一）股东能否查询会计凭证

由于《公司法》以及《公司法司法解释四》均未对会计凭证的查阅作出明确规定，理论界对股东知情权范围是否涉及会计凭证存在两种观点：限定说和非限定说①。限定说认为，股东查阅权范围不包括原始会计凭证，股东只能够在法律明文列举的范围内行使其查阅、复制权。这种观点是从经济的角度出发，追求效率的最大化，其认为：首先，原始会计凭证数量繁多，股东要求查询会计凭证会占用公司有限的资源，不利于社会价值和经济价值创造；其次，会计凭证是反映公司经营活动的一手资料，其所记载的内容具有一定商业秘密的特殊性，难以保证不会存在股东违反诚实信用原则窃取公司商业秘密的情形出现，损害公司的合法利益；最后，《会计法》第20条规定，财务会计报告由会计报表、会计报表附注和财务情况说明书组

① 杨路：《股东知情权案件若干问题研究》，载《法律适用》2007年第4期，第10~14页。

成。由此可见,会计凭证不属于公司财务报告的范畴,依据法律不应当供股东查询。非限定说认为,从股东查阅权的定义出发,股东查阅权所指向的客体是能够反映公司经济状况和财务管理状况的文件资料,因此查阅权不应当仅仅局限于法律所列举的范围,应当对其进行适当扩大。

实践中大部分判决倾向于支持股东对会计凭证的查阅权。在崔世荣与南通恒诚房地产评估咨询有限公司股东知情权纠纷案中,江苏省南通市中级人民法院经审理认为,会计凭证是公司股东了解公司经营过程的原始依据,是公司股东知情权的重要保障,《公司法》第33条是对股东知情权的确立和保障,其目的不在于限制股东知情权的范围,因此判定南通恒诚房地产评估咨询有限公司于本判决发生法律效力之日起30日内将该公司成立以来至今的会计账簿、会计凭证(记账凭证和原始凭证)、公司章程、股东会会议记录置备于该公司,供股东崔世荣查阅。① 在倪瑞英与福建省福清市东门百货有限公司股东知情权纠纷案中,福建省福清市人民法院判决:福建省福清市东门百货有限公司于判决发生法律效力之日起7日内将公司自2011年1月1日起至判决生效之日止的会计账簿(含总账、明细账、日记账、其他辅助性账簿)和会计凭证提供给股东倪瑞英查阅。②

根据《会计法》第15条的规定,会计账簿依据审核通过的会计凭证编制,既然《公司法》允许股东查阅会计账簿,那么对于会计凭证的查询又有何理由拒绝呢?相较于会计账簿,会计凭证的真实性更有保证,更能有效地保护中小股东的权益,查阅会计凭证为股东知情权提供了更高的保障。《公司法》第33条实际上是对有限责任公司股东知情权的范围进行列举式的规定,虽然没有明确规定会计凭证是否可以查阅,但从该条文的立法目的出发,赋予股东查阅权的目的在于保障其知情权的充分行使,允许股东在必要的时候查阅会计凭证,符合保护有限责任公司中小股东知情权的价值取向。允许股东查阅会计凭证同时体现了股东间的契约精神③,公司是契约的产物,是各主体为追求最大投入产出比,追求最高利益产生的集合体。当前公司所有权与经营权相分离的模式使股东对公司经营活动的参与度降

① 崔世荣与南通恒诚房地产评估咨询有限公司股东知情权纠纷案,江苏省南通市中级人民法院(2014)通中商终字第0105号民事判决书。

② 倪瑞英与福建省福清市东门百货有限公司股东知情权纠纷上诉案,福建省福州市中级人民法院(2018)闽01民终7296号民事裁判书。

③ 刘俊海:《公司自治与司法干预的平衡艺术:〈公司法解释四〉的创新、缺憾与再解释》,载《法学杂志》2017年第12期,第40~42页。

低,此时会计凭证所显示出的一手信息能够给予股东安全感与信赖度,从而促进更多的产出。基于此,股东在阐明其查阅会计凭证的合法目的与理由并提交书面申请后,应当有权利查阅会计凭证。

(二)股东能否查询入股前的公司资料

股东能否查询入股前的公司资料,对此我国《公司法》并无明文规定,我们可以从股东知情权法律规范的解释和公司永续性和经营连续性角度入手进行深入分析。

《公司法》第33条规定,有限责任公司的股东可以查阅或者复制公司相关资料。首先,对于该条款的解释,应当采用文义解释。该条款在规范有限责任公司股东知情权时,仅要求股东身份的具备,对于股东了解公司何时形成的相关资料并无限制。质言之,如果法律对股东获取公司何时形成的资料有限制,应当明确说明;如果不加以说明,那就是对股东获得公司何时形成的资料没有限制。这就意味着,只要属于《公司法》第33条划定的公司资料范围,股东就可以依法行使知情权,至于该等公司资料的形成时间,法律在所不问。其次,对《公司法》第33条的解释,应当采用体系解释。如前所述,《公司法》第6条、第33条、第41条、第90条、第97条、第102条、第116条、第150条、第165条组成了涵盖查询权、查阅权、质询权和披露义务的股东知情权规范体系,《公司法司法解释四》第7条至第12条为股东知情权规范体系。上述规范原则上均对股东身份作出了原则性规定。除了《公司法》第33条,《公司法》第97条就股份有限公司股东行使知情权的身份条件作出了概括性规定,《公司法司法解释四》也对股东行使知情权的身份条件作出了规定,该司法解释第7条规定:“股东依据公司法第三十三条、第九十七条或者公司章程的规定,起诉请求查阅或者复制公司特定文件材料的,人民法院应当依法予以受理。公司有证据证明前款规定的原告在起诉时不具有公司股东资格的,人民法院应当驳回起诉,但原告有初步证据证明在持股期间其合法权益受到损害,请求依法查阅或者复制其持股期间的公司特定文件材料的除外。”据此,只要具有股东身份,就可以依法享有知情权,至于公司资料的形成时间并无明确限制。最后,对《公司法》第33条的解释,应当接受目的解释的验证。对于何为立法目的,意欲探寻清楚并非易事。“对什么是制定法或宪法的目的不存在共识。也许有了多种目的……不同的解释者对这些目的的各自分量会有不同的考虑。”①但毋庸置疑的是,“目的是全部

① [美]理查德·A.波斯纳:《法理学问题》,苏力译,中国政法大学出版社1994年版,第378页。

法律的创造者。每条法律规则的产生都源于一种目的,即一种实际的动机”。[①] 为了正确适用法律,必须探求其立法目的。“在目的解释法中,解释者看到的不只是法律文本表现出的含义,而且要到法律条文的后面去探寻立法者制定该条文要达到的目的。所谓法律的目的,即法律的本原目的或目标,是立法者希望通过该法的实施所要达成的结果。”[②]“在立法实践中,有的法律只有一项单一的目的,有的则可能具有几个目的,而且在一些情况下这几个目的之间相互矛盾,这为法院正确解释法律增添了困难,需要法院在不同的目的中找到平衡。”[③]“如何正确判断立法的目的呢?实践中经常使用的有以下两种方法:一是通过立法者所直接或间接表述的目的来确定;二是通过立法的内容来推定立法目的。”[④]股东知情权的立法目的,可以从《公司法》的立法目的和股东知情权具体规范的内容出发进行分析。

《公司法》第1条规定:“为了规范公司的组织和行为,保护公司、股东和债权人的合法权益,维护社会经济秩序,促进社会主义市场经济的发展,制定本法。”该条文表述了《公司法》的立法目的:一是规范公司的组织和行为。公司是市场经济的产物,是为适应社会化生产产生的现代企业组织形式。公司设立后由于其独立的法人、独立的市场主体地位,公司设立的规范性、内部治理结构的科学性,与公司能否以最高效率的行为从事经营活动,创造社会生产力与价值相关联。制定《公司法》体现出国家通过为公司提供合理的制度设计规范公司的组织和行为的目标,同时在市场经济条件下使公司充分发挥其优势,促进社会主义市场经济的整体发展。二是保护公司、股东和债权人的合法权益。公司的设立体现出资合性与人合性的结合,公司为独立的法人组织,享有独立的法人财产;股东是出资者,享有股权;其他在经营活动中与公司发生往来的,可能成为公司的债权人,三者的合法权益都应当受到法律的保护。通过明确规定公司的权利和义务,实现对内规范公司与股东的关系,对外规范公司与债权人的关系,切实保护、平衡公司、股东和债权人的合法权益。三是维护社会经济秩序,促进社会主义市场经济的发展。《公司法》的根本目的是要通过规范公司的组织和行为,保护公司、债权人以及股东的合法权益,从而形成良好的社会经济秩序,为市场主体提供公平、有序的发展环境,促进社会主

---

① [美]E.博登海默:《法理学:法律哲学与法律方法》,邓正来译,中国政法大学出版社1999年版,第109页。

② 蒋惠岭:《目的解释法的理论及适用》(上),载《法律适用》2002年第5期,第71页。

③ 蒋惠岭:《目的解释法的理论及适用》(上),载《法律适用》2002年第5期,第71~72页。

④ 蒋惠岭:《目的解释法的理论及适用》(下),载《法律适用》2002年第8期,第51页。

义市场经济的发展。《公司法》第1条体现出的立法目的层层递进、环环相扣，私法领域可遵循"法无禁止即可为"的原则，尽其所能地保护三者的合法权益不受侵害，尤其是保护相较处于弱势的一方。从《公司法》保护股东合法权益的立法目的出发，《公司法》第33条的立法目的在于保护股东的知情权。既然在于保护股东的知情权，法律本身对股东获取公司资料的时间范围并无规定，则应解释为原则上股东可以查阅公司成立以来的所有法律规定或者公司章程规定可以查阅的公司资料。当然，如果股东查阅范围明显过大，则应当以目的解释对其进行合理限制。

公司具有永续性，其法律人格不因其成员变更而变更，可永久地独立存在。具有永续性的公司将持续开展经营活动，因而其经营活动是一个持续性、动态延续的过程。在公司存续过程中，其公司机关依法行使各自职权，形成相应的决议和会议记录；管理层负责组织和开展经营活动，形成会计账簿等相关经营资料。公司的治理活动和经营活动通常都是连续进行的，并不存在明确的时间节点。进一步而言，公司利益和股东利益是在公司存续期间逐渐形成的，通常无法通过一个具体的时间节点将公司利益或者股东利益划分清楚。作为公司成员，股东有权了解公司的历史。因此，从公司永续性和经营持续性出发，应当允许股东了解自公司成立以来的相关资料。如果拒绝公司的股东查阅、复制其入股前公司的相关资料，将会导致股东获得的公司信息残缺，减损股东知情权的制度价值，亦不符合《公司法》的立法目的。一句话而言，公司早期的信息同样关乎新加入公司的股东当下乃至将来的利益，新加入公司的股东对其享有知情权。

飞驰公司于2006年12月26日成立，2015年益盟公司成为飞驰公司股东，持有39.96%的股份。益盟公司在函件中要求查阅飞驰公司2011年以来的章程及章程修正案、股东（大）会会议记录、董事会会议决议、监事会会议决议、财务会计报告、会计账簿（包括总账、明细账、日记账和其他辅助性账簿）和会计凭证（含记账凭证、相关原始凭证及应作为原始凭证附件入账备查的有关资料）以及类似相关文件，即查询其入股前的公司信息，属于正当行使股东知情权。益盟公司可以行使股东知情权，查阅其成为飞驰公司股东之前的公司资料。

案例3:公司进入破产程序后其股东是否仍然享有知情权

汪宏卫与安徽大蔚置业有限公司股东知情权纠纷案

[当事人]

原告:汪宏卫(二审被上诉人)

被告:安徽大蔚置业有限公司(二审上诉人)

[案情简介]

2009年8月4日,安徽大蔚置业有限公司(以下简称大蔚置业公司)成立,大蔚置业公司为自然人投资或控股的有限责任公司。2013年8月9日,登记注册股东变更为王智慧、汪宏卫,其中汪宏卫持有大蔚置业公司51%的股份。2014年4月8日,安徽省六安市中级人民法院受理六安市经济技术开发区管委会、郝昌田、郝承勇对大蔚置业公司的破产清算申请,并指定安徽大别山律师事务所担任大蔚置业公司的管理人。2018年8月28日,股东汪宏卫向安徽大别山律师事务所公证邮寄《股东查账申请函》,该函载明:汪宏卫为大蔚置业公司股东,出于充分了解大蔚置业公司的债权情况、公司破产后运营和财务状况,维护汪宏卫本人的股东权益的目的,请求依法行使股东对公司的知情权,要求查阅、复制2014年4月8日至今大蔚置业公司债权人申报债权的金额和依据材料、安徽大别山律师事务所审核债权的结果和依据材料、前后共计四次债权人会议对公司债权的表决材料、2009年8月4日至今大蔚置业公司的会计账簿(包括总账、明细账、日记账和其他辅助性账簿)和会计凭证(含记账凭证、相关原始凭证及作为原始凭证附件入账备查的相关资料)。安徽大别山律师事务所拒收此函并退回,同时大蔚置业公司对此未予以任何书面回复。

汪宏卫将大蔚置业公司诉至法院,要求:查阅、复制大蔚置业公司2014年4月8日至2018年8月28日债权申报的材料、债权审核的结果以及依据材料、四次债权人会议对大蔚置业公司债权的表决记录、自成立起至2018年8月28日的会计账簿(包括总账、明细账、日记账和其他辅助性账簿)和会计凭证(含记账凭证、相关原始凭证及作为原始凭证附件入账备查的相关资料)。一审法院依据《公司法》第33条,《公司法司法解释四》第7条、第10条之规定,判决:大蔚置业公司于判决生效之日起10日内提供自公司成立以来的公司会计账簿(包括总账、明细账、日记账和其他辅助性账簿)及会计凭证(含记账凭证、相关原始凭证及作为原始凭证附件入账备查的相关资料）供汪宏卫查询；提供2014年4月8日至2018年8月28日债权申报材料、债权审核结果及依据资料、四次债权人会议表决记录供汪宏卫查阅、复制。驳回原告的其他诉讼请求。

大蔚置业公司不服一审判决，提出上诉。二审法院经审理认为，一审判决认定事实清楚，适用法律正确。判决驳回上诉，维持原判。

［案例分析］

本案的争议焦点：一是公司进入破产程序后其股东是否仍然享有知情权？二是股东在破产清算期间应当如何行使知情权？结合本案案情，对该争议焦点展开分析。

一、公司进入破产程序后其股东是否仍然享有知情权

为了解公司经营、决策以及管理状况，维护自身合法利益，股东享有公司相关信息的查阅权、复制权和质询权，同时股东知情权的范围也应当囊括检查人选任请求权及公司信息接收权。股东行使知情权了解公司经营状况等信息的主要目的是保障股东本人的权益，与此同时，股东利益与公司利益并不是独立、分离的，在所有权与经营权分离的模式下，股东行使知情权也加强了对公司经营行为的监督，从而促进公司良好持续的发展，因此股东知情权体现出自益权与共益权的交织。从股东行使权利持股比例要求角度分析，股东知情权应认定为单独股东权，即只要为合法登记在册的股东，即可行使股东知情权。此定义的法理为股东知情权作为股东权利中的基础性权利，其主要目的是保护中小股东的利益。由于信息不对称，中小股东在企业中本就处在弱势地位，法律应当加强对其的保护，所以只要股东出于正当目的、通过合法手段与程序即可行使其股东知情权。接下来从股东权利自身的性质来分析其固有性，公司内部章程在公司经营规范中有重要的地位，但是股东知情权并不能由公司章程或者股东（大）会决议进行修改与限制，因为股东知情权是股东财产性、管理参与性权利的保障，若公司内部可以进行修改与限制，则会将中小股东的利益置于危地。《公司法司法解释四》第9条规定："公司章程、股东之间的协议等实质性剥夺股东依据公司法第三十三条、第九十七条规定查阅或者复制公司文件材料的权利，公司以此为由拒绝股东查阅或者复制的，人民法院不予支持。"据此，股东知情权可以通过公司章程或者股东协议进行合理限制，但不得构成实质性剥夺。因此，股东知情权应当为固有权利。

（一）破产清算期间公司的法律地位

关于破产清算期间公司的法律地位，主要分为以下四种观点：1. 继承说。公司主体人格由于其破产解散而消灭，随之带来的问题是公司的财产变为无主财产，为了防止该现象的出现，法律规定公司清算之日起设立一个新的法人，《破产法》第24条第1款规定："管理人可以由有关部门、机构的人员组成的清算组或者依法设立的律师事务所、会计师事务所、破产清算事务所等社会中介机构担任。"由此，该学说仍然主张原公司的人格随破产清算的启动而消灭。2. 拟制说。该学说认为理论上公司自进行破产清算程序起，法律人格已消失，但是清算程序是公司解散后必经之路，所以在公司真正注销登记前，公司视为法人继续进行清算活动。3. 同一人格说。该学说是在拟制说的基础上予以发展，认为清算期间的法人与原公司法人在本质上为同一人格，只是清算法人相较于原法人的权利能力有所缩小，虽然丧失经营能力并且只能从事清算有关活动，但是其并不丧失法人资格。《公司法司法解释二》第8条规定："人民法院受理公司清算案件，应当及时指定有关人员组成清算组。清算组成员可以从下列人员或者机构中产生：(一)公司股东、董事、监事、高级管理人员；(二)依法设立的律师事务所、会计师事务所、破产清算事务所等社会中介机构；(三)依法设立的律师事务所、会计师事务所、破产清算事务所等社会中介机构中具备相关专业知识并取得执业资格的人员。"该学说解决了清算公司主张原公司的债权、承担其债务的法理原因。4. 同一人格兼拟制说。该学说认为在公司解散后其人格依旧存在，但是其内部成员与公司原有的架构相比出现了缺失。《公司法》第23条规定了有限责任公司成立条件，"设立有限责任公司，应当具备下列条件：(一)股东符合法定人数；(二)有符合公司章程规定的全体股东认缴的出资额；(三)股东共同制定公司章程；(四)有公司名称，建立符合有限责任公司要求的组织机构；(五)有公司住所"。《公司法》第76条规定了股份有限公司成立的条件中也包括了"建立符合股份有限公司要求的组织机构"这一内容，可见公司组织机构的缺失使公司丧失了存在的基础，因此清算期间的公司是法人，但是其是法律拟制的法人，而不是实在的法人。①

《民法典》第72条规定："清算期间法人存续，但是不得从事与清算无关的活动。法人清算后的剩余财产，按照法人章程的规定或者法人权力机构的决议处理。法律另有规定的，依照其规定。清算结束并完成法人注销登记时，法人终止；依法不需要办理法人登记的，清算结束时，法人终止。"通过"清算结束，法人终止"的文

---

① 赵建良、冀怀栋：《论清算公司的法律地位及其诉讼问题》，载《山东审判》2007年第3期，第104~106页。

字表达,不难推断出在清算期间,公司具有独立的法人地位,只是相较于原法人,其权利和义务都受到了限制。《公司法司法解释二》第 10 条第 1 款规定:“公司依法清算结束并办理注销登记前,有关公司的民事诉讼,应当以公司的名义进行。”说明在办理注销登记之前,公司依旧具有独立法人地位。

关于公司地位的讨论,回答了大蔚置业公司与汪宏卫股东“破产清算过程中的会计账簿和会计凭证是否属于清算过程中的公司以及清算过程何来会计凭证与会计账簿”这一问题。2014 年 4 月 8 日,安徽省六安市中级人民法院受理大蔚置业公司的破产清算申请,并指定安徽大别山律师事务所担任大蔚置业公司的管理人,大蔚置业公司进入破产清算程序,但是公司的法人资格并不因此而消灭,《民法典》第 72 条将破产清算期间公司民事行为能力范围限制在清算相关活动中,但是并没有否定公司的法人地位。也就是说,在破产清算期间,大蔚置业公司仍然是独立法人,从而必然会产生清算活动范围内的会计账簿、会计凭证以及债权申报、审核、债权人会议决议等破产期间形成的与清算相关的资料。

(二)破产清算期间股东的身份

破产宣告后,在清算期间有限责任公司作为法人继续存在,那么相对应其股东身份并不灭失。《公司法》第 4 条规定:“公司股东依法享有资产收益、参与重大决策和选择管理者等权利。”《公司法》第 33 条规定了有限责任公司股东的绝对查阅权与相对查阅权。结合条文规定,有限责任公司股东所享有的权利可以分为资产收益权、参与重大决策权、股东知情权等内容。《公司法》第 186 条第 3 款规定:“清算期间,公司存续,但不得开展与清算无关的经营活动。公司财产在未依照前款规定清偿前,不得分配给股东。”在清算期间,法律将公司活动范围限制于清算活动当中,同时也限制此期间股东特定权利的行使和实现。一般而言,对于共益权行使的限制相对较少,主要体现为股东选择的管理者在公司破产清算期间原则上无法行使管理权,从某种意义上说,股东选择管理者权利的实现受到了限制;对于自益权行使的限制相对较多,主要体现为股东依然享有资产收益权、剩余财产分配权等财产性权利,但是公司破产清算期间,资产收益权、剩余财产分配权等受到限制,只有公司依法清偿相关债务和税款后才能向股东分配。股东知情权既满足了股东个人利益,又保障了公司整体利益,因此兼具自益权与共益权性质。我国《公司法》和《破产法》并未对公司破产清算期间的股东知情权行使和实现作出特别规定。因此公司破产清算期间,股东依然可以依法行使知情权。股东知情权是具有固有属性的法定权利,是保障股东权益的基础,同时民商事交易中往往坚持"法无禁止即可为"的规则,所以此时股东是享有知情权的。股东知情权包括查阅、复制公司章程、股东会会议记录、董事会会议决议、监事会会议决议和财务会计报告,查阅会计账簿等相关材料的权利,检查人选任请求权以及公司信息接收权,在破产清算期间股东知情权主要体现在对债权人债权申报、审核、债权人会议决议等相关资料享有了解、查阅的权利。

值得注意的是,《破产法》及其司法解释对公司破产清算期间公司债权人的权利包括知情权予以充分保护。这是否意味着,公司破产清算期间,股东不得行使知情权呢?笔者认为,就《公司法》与《破产法》的关系而言,《公司法》是普通法,《破产法》是特别法。《破产法》及其司法解释之所以未规定股东知情权,是因为《公司法》及其司法解释已经对股东知情权作出了明确规定,《破产法》及其司法解释只需要就《公司法》及其司法解释未规范的内容进行规定。质言之,法律已经对公司破产清算期间相关利害关系人的利益进行了合理平衡,《公司法》侧重股东利益保护,《破产法》侧重公司债权人及公司管理人利益的保护。《破产法》第1条规定:"为规范企业破产程序,公平清理债权债务,保护债权人和债务人的合法权益,维护社会主义市场经济秩序,制定本法。"体现出《破产法》维护债权人的合法权益、平衡债权人和债务人之间利益的立法目的,《最高人民法院关于适用〈中华人民共和国企业破产法〉若干问题的规定(三)》(以下简称《破产法司法解释三》)第6条第3款规定:"债权表、债权申报登记册及债权申报材料在破产期间由管理人保管,债权人、债务人、债务人职工及其他利害关系人有权查阅。"《破产法司法解释三》第10条规定:"单个债权人有权查阅债务人财产状况报告、债权人会议决议、债权人委员会决议、管理人监督报告等参与破产程序所必需的债务人财务和经营信息资料。管理人无正当理由不予提供的,债权人可以请求人民法院作出决定;人民法院应当在五日内作出决定。上述信息资料涉及商业秘密的,债权人应当依法承担保密义务或者签署保密协议;涉及国家秘密的应当依照相关法律规定处理。"除此之外,债权人还可以通过债权人会议关注其自身的利益。清算管理人为法院指定,进行公司清算事务的管理并依法履行相应职责。但是对于破产清算期间股东利益的保护内容在《公司法》、《破产法》以及其相应的司法解释中均未有全面明确的表述。在清算期间,法院指定管理人进行公司事务的管理,中小股东与管理人、债权人之间出现了信息不对称的现象,处于弱势地位的股东本身对于清算期间产生的债权申报、审核、会议等资料信息就无法知悉,若将限制股东权利的范围扩大至股东的知情权,股东的合法权益更无法得到保护,债权人、管理人与股东之间的天平更加倾斜。从另一角度来看,股东知情权是自益权与共益权的交织,股东相较于管理人与公司利害关系更为紧密,对公司的利益、清算更为关注,股东在此期间行使知情权也有助于监督管理人的行为,从而提高破产清算的效率,也能使破产程序的功能得以充分发挥。从该角度出发,公司破产清算期间股东行使知情权的请求也应当得到满足。

本案中,股东汪宏卫于2018年8月28日向清算管理人安徽大别山律师事务所发函,要求查阅、复制大蔚置业公司2014年4月8日至2018年8月28日债权人申报债权的金额和依据材料、安徽大别山律师事务所审核债权的结果和依据材料、前后共计四次债权人会议对公司债权的表决材料,在大蔚置业公司清算期间,汪宏卫有合法依据行使其股东知情权查阅、复制相关材料,以维护自身的合法权益。被告大蔚置业公司及其清算管理人并未对汪宏卫的股东身份质疑,因此股东汪宏卫有权查阅、复制公司破产清算期间的相关资料。

二、有限责任公司股东在破产清算期间应当如何行使知情权

公司在破产清算期间仍为法人,公司股东身份在破产清算期间存续,但法律对于二者的权利范围进行了限制。公司的活动范围限定于清算活动相关范围之内,体现了法律对于清算程序的支持;股东在清算期间行使知情权,应当平衡权利的行使与清算程序的开展,在不与清算程序产生冲突的前提下合法行使股东知情权,以保护股东个人权益。

(一)破产清算期间行使股东知情权的程序

《公司法》第33条分别规定了有限责任公司股东绝对查阅权和相对查阅权的行权程序。对于绝对查阅权,股东拥有对公司章程、股东会会议记录、董事会会议决议、监事会会议决议和财务会计报告的查阅、复制权,无须履行前置手续;对于相对查阅权,股东需要向公司提出查阅公司会计账簿的书面请求并说明目的,公司拒绝的,方可提起知情权之诉。《民事诉讼法司法解释》第64条规定:"企业法人解散的,依法清算并注销前,以该企业法人为当事人;未依法清算即被注销的,以该企业法人的股东、发起人或者出资人为当事人。"基于此,股东知情权诉讼当事人为公司,但是由于法院指定清算管理人,因此,在此期间股东行使股东知情权应当向清算管理人提出书面请求并说明其查阅相关文件的目的。清算管理人认为股东查阅、复制相关资料具有不正当目的,可能损害公司、债权人合法利益的,可以拒绝提供查阅,并应当自股东提出书面请求之日起 15 日内书面答复股东并说明理由,但是清算管理人负有举证责任,须有明确证据证明股东行使知情权有不正当目的,法院不支持其以含混不清的理由搪塞拒绝。对于清算管理人无正当理由拒绝股东查阅公司会计账簿的,股东可以提起知情权之诉,人民法院应当支持股东的该项请求。

2014 年 4 月 8 日,法院作出民事裁定,受理大蔚置业公司的破产清算,同时指定安徽大别山律师事务所担任大蔚置业公司的管理人,至 2019 年 2 月 26 日二审开庭审理时,大蔚置业公司一直处于破产清算阶段,清算管理人有权代表公司进行民事活动和民事诉讼活动。并且一审过程中,大蔚置业公司称其经法院许可仍在继续营业,对于未完工程正在努力建设完工,进行综合验收,也就是说,大蔚置业公司在清算期间仍有经营活动,此理由与其所称“公司进入破产程序后只存在与破产清算相关文件且相关文件均由管理人保管,大蔚置业公司无权也无法获得上述资料”相矛盾,以此理由拒绝股东汪宏卫行使股东知情权于法无据。一审过程中大蔚置业公司称:“股东汪宏卫没有写明查阅账簿的详细目的。”并且以此作为认定股东汪宏卫查阅账册目的不具有正当性的理由过于模糊,也不应予以认可。2018 年 8 月 28 日,股东汪宏卫向安徽大别山律师事务所公证邮寄《股东查账申请函》,提出行使股东知情权的请求,并在函中说明了其申请目的,但安徽大别山律师事务拒收此函并退回,也没有举证证明股东汪宏卫申请查阅相关资料存在不正当目的,同时大蔚置业公司对此未予以任何书面回复,因此股东汪宏卫在合法行使股东知情权受阻时,有权对大蔚置业公司提起股东知情权纠纷之诉,要求行使其股东知情权。

(二)破产公司股东知情权客体范围和行使方式

本案涉及股东知情权客体范围和行使方式,前者涉及股东可以了解公司哪些资料,后者涉及股东是否可以查阅、复制其有权了解的公司资料。查阅权是股东知情权的核心与基础,对于有限责任公司股东知情权中查阅、复制权的内容,《公司法》第 33 条规定:“股东有权查阅、复制公司章程、股东会会议记录、董事会会议决议、监事会会议决议和财务会计报告。股东可以要求查阅公司会计账簿。股东要求查阅公司会计账簿的,应当向公司提出书面请求,说明目的。公司有合理根据认为股东查阅会计账簿有不正当目的,可能损害公司合法利益的,可以拒绝提供查阅,并应当自股东提出书面请求之日起十五日内书面答复股东并说明理由。公司拒绝提供查阅的,股东可以请求人民法院要求公司提供查阅。”同时,《会计法》第 15 条第 1 款规定:“会计账簿登记,必须以经过审核的会计凭证为依据,并符合有关法律、行政法规和国家统一的会计制度的规定。会计账簿包括总账、明细账、日记账和其他辅助性账簿。”由此可见,会计凭证是会计账簿的编制依据,股东对会计账簿内容的真实性和完整性有异议时,会计凭证是必不可少的判断依据,而不查阅会计凭证,股东可能无法准确了解公司的真正经营状况,因此应当对《公司法》第33条之“会计账簿”进行扩张解释,即包括会计凭证。《会计法》第20条规定:“财务会计报告应当根据经过审核的会计账簿记录和有关资料编制,并符合本法和国家统一的会计制度关于财务会计报告的编制要求、提供对象和提供期限的规定;其他法律、行政法规另有规定的,从其规定。财务会计报告由会计报表、会计报表附注和财务情况说明书组成。向不同的会计资料使用者提供的财务会计报告,其编制依据应当一致。有关法律、行政法规规定会计报表、会计报表附注和财务情况说明书须经注册会计师审计的,注册会计师及其所在的会计师事务所出具的审计报告应当随同财务会计报告一并提供。”上述法律规范对有限责任公司股东行使知情权的范围进行了明确的规定,对于公司章程、股东会会议记录、董事会会议决议、监事会会议决议和财务会计报告(包括会计报表、会计报表附注和财务情况),有限责任公司股东可以行使其查阅、复制之权,由于公司会计账簿(包括总账、明细账、日记账和其他辅助性账簿)和会计凭证在公司经营中起到连接内部会计信息与外部投资者、债权人、股东等一系列利益相关者的作用,为保障公司主体的利益,应适当限制股东的权利,故有限责任公司股东对于会计账簿仅享有查阅权。虽然从法律规定本身分析,股东不享有会计账簿复制权,但理论界和实务界的观点并不一致。从会计账簿的复杂性和专业性角度考量,应当赋予股东复制权;从保护商业秘密的角度考量,应当限制股东复制权。笔者认为,从当下股东权益保障不甚理想的现实出发,赋予股东以公司账簿复制权更为妥当。

本案中,汪宏卫向大蔚置业公司破产管理人安徽大别山律师事务所公证邮寄《股东查账申请函》载明:“本人汪宏卫,系大蔚置业公司股东,持有大蔚置业公司51%的股份。为充分了解大蔚置业公司的债权情况、公司破产后运营和财务状况,维护本人的股东权益,特请求依法行使股东对公司的知情权。请求查阅、复制材料范围:1.2014年4月8日至2018年8月28日,大蔚置业公司债权人申报债权的金额和依据材料、贵所审核债权的结果和依据材料、前后共计四次债权人会议对公司债权的表决材料;2.公司成立之日至2018年8月28日,大蔚置业公司的会计账簿(包括总账、明细账、日记账和其他辅助性账簿)和会计凭证(含记账凭证、相关原始凭证及作为原始凭证附件入账备查的相关资料）。望收到本函后 15 日内书面回复本人（汪宏卫），并准备好相关材料供申请人（汪宏卫）查阅、复制，查阅材料时间不少于 7 个工作日。”就本案股东知情权的客体而言，分为两部分：公司会计账簿、会计凭证和公司破产清算过程中公司债权申报相关材料、债权审核结果等资料。

就大蔚置业公司会计账簿、会计凭证而言，依据《公司法》第 33 条和《会计法》第 15 条、第 20 条的规定，应当认定股东享有查阅公司会计账簿、会计凭证的权利。

就大蔚置业公司债权申报相关材料、债权审核结果等资料而言，股东是否享有查阅权和复制权尚需进一步分析。公司进入破产清算程序后，破产管理人负责破产公司财产的管理和清算，公司债权人参与公司破产清算。《破产法》第 25 条规定：“管理人履行下列职责：（一）接管债务人的财产、印章和账簿、文书等资料；（二）调查债务人财产状况，制作财产状况报告；（三）决定债务人的内部管理事务；（四）决定债务人的日常开支和其他必要开支；（五）在第一次债权人会议召开之前，决定继续或者停止债务人的营业；（六）管理和处分债务人的财产；（七）代表债务人参加诉讼、仲裁或者其他法律程序；（八）提议召开债权人会议；（九）人民法院认为管理人应当履行的其他职责。本法对管理人的职责另有规定的，适用其规定。”第 61 条规定：“债权人会议行使下列职权：（一）核查债权；（二）申请人民法院更换管理人，审查管理人的费用和报酬；（三）监督管理人；（四）选任和更换债权人委员会成员；（五）决定继续或者停止债务人的营业；（六）通过重整计划；（七）通过和解协议；（八）通过债务人财产的管理方案；（九）通过破产财产的变价方案；（十）通过破产财产的分配方案；（十一）人民法院认为应当由债权人会议行使的其他职权。”从管理人和债权人会议的职权不难发现，在法院的指导和监督下二者事实上成为破产清算中公司的机关，有权决定公司的营业、破产重整和和解、财产分配等事宜。从管理人和债权人职权分析，二者在职权范围内形成的决议应当属于公司决议的范畴，股东当然有权要求复制、查阅相关“决定”“方案”乃至会议记录；二者在职权范围内形成的债权核查资料、破产公司财务状况报告等应当属于公司会计账簿的范畴，股东当然有权要求查阅。质言之，大蔚置业公司债权申报相关材料、债权审核结果等资料属于《公司法》第 33 条规定之股东知情权客体，应当在辨析其具体法律性质的基础上，支持股东行使知情权的合理诉求。二审法院虽未从上述视角分析，但依据现行有效的规范性文件，尊重和支持了股东汪宏卫的诉讼请求。《最高人民法院关于审理企业破产案件若干问题的规定》第 99 条规定：“破产程序终结后，破产企业的账册、文书等卷宗材料由清算组移交破产企业上级主管机关保存；无上级主管机关的，由破产企业的开办人或者股东保存。”由此可见，破产程序完成后，公司破产清算过程中形成的相关账册、文书等资料也要移交公司股东保存，因为破产清算也涉及股东利益。据此，二审法院认为，股东在破产程序中行使股东知情权，有利于在破产程序中平衡保护公司股东与债权人的合法权益，最大限度地发挥破产程序的功能与价值。

综上所述，作为大蔚置业公司股东，汪宏卫在公司破产清算期间向管理人发出《股东查账申请函》表明其进行查阅、复制债权相关材料旨在了解大蔚置业公司的债权情况、公司破产后运营和财务状况，维护其权益，大蔚置业公司未证明股东存在不正当目的，就应当尊重股东的知情权，根据公司相关资料法律性质的不同，给予股东查阅或者复制的便利。

案例4：依据股东协议丧失股东身份后能否行使股东知情权

朱明华与南通创通纺织有限公司股东知情权纠纷案

［当事人］

原告：朱明华（二审上诉人、再审申请人）

被告：南通创通纺织有限公司（二审被上诉人、再审被申请人）

［案情简介］

2009年4月3日，朱明华、吴学进、施小华三人登记设立南通创通纺织有限公司（以下简称创通公司），公司注册资本为人民币50万元，根据公司章程，吴学进的出资额为20万元，出资比例为40%；施小华与朱明华的出资额均为15万元，出资比例均为30%。

2011年1月10日，朱明华、吴学进、施小华三人签订《创通纺织承包协议合约》，该合约载明：“为了更好地生产，经三人协商，把现有厂房、付房（包括租用厂房）分配承包，朱明华承包后车间厂房，付房从厂门往北（除食堂），厂外北面两间归朱明华所用，在用期间所有责任由朱明华承担，北面重新开门，其余一切厂房、付房归吴学进、施小华所有，在用期间所有责任由吴学进、施小华承担。锅炉、电脑归吴学进、施小华所用，三轮车、重新购买的码布机、飞边车归朱明华所用，36台剑杆机及所有的设备（汽车除外）厂房、付房属朱明华、吴学进、施小华共有，不得私自处置。汽车折价为20,000元,归吴学进、施小华所有,补偿朱明华6700元。资金先处理所有的债务,其余款项三人平分,未收到的款项书面统计,各自保管。租用羊毛衫厂的房租(55,000元)为三人共同承担(朱明华18,300元,吴学进、施小华36,700元),房租必须每年元月20日交于吴学进处统一交租。"

2011年1月31日,朱明华、吴学进、施小华对公司的财务盘点形成《南通创通纺织公司生产清单》,对截至2011年1月31日创通公司的账面余额、可分配资金、可分净资金进行列明,确认了三人首批分款金额。2011年5月22日,三人对上述生产清单中涉及的荣川、吉森应收货款再次核对,形成"荣川、吉森核对清单",确认每人可得款金额。《南通创通纺织公司分配表》载明,朱明华、吴学进、施小华三人对截至2011年1月31日的账面余款人民币312,205.85元进行了平均分配;2011年5月27日、7月9日、9月8日、9月9日,三人对"荣川、吉森货款""友邦货款"进行了结算和平均分配。2011年9月12日出具的《事项说明》载明,荣川、吉森、友邦的账已经全部结清,今后,荣川、吉森、友邦的一切事务由吴学进、施小华两人共同处理,荣川、吉森最后一批款项朱明华可分146,411.31元,友邦最后一批款项朱明华可分21,325.85元,经销的款项已经全部结清。此后,创通公司由吴学进、施小华继续经营,朱明华以其使用的厂房另行经营。创通公司未进行工商变更登记,工商登记簿上仍记载朱明华为创通公司股东。

2014年朱明华提起诉讼称:创通公司自成立以来,并未按照公司章程的规定,定期召开股东会,报告或公布公司的财务收支状况,在2011年9月9日之后亦未进行过分红。请求判令创通公司向朱明华公布并给予查询创通公司历年的财务会计账簿及真实的财务报表,创通公司向朱明华提供历年应当分配红利的方案或清单。

创通公司辩称:三人共同设立的创通公司的经营模式系家庭作坊式经营,由于经营理念的差异,三人于2011年1月一致同意分开经营,并对创通公司进行了清算。清算后虽没有进行工商变更登记,但实际上,朱明华自2011年1月"分家"后便不再是创通公司的股东,请求驳回朱明华的诉讼请求。

一审法院经审理认为,工商登记具有对外效力,对内方面,朱明华已经不再具有股东身份,判决驳回朱明华的诉讼请求。朱明华不服一审判决,以认定事实不清为由提起上诉。二审法院认为,一审判决认定事实清楚,适用法律正确,判决驳回上诉,维持原判。朱明华不服二审判决,以认定事实不清为由申请再审。再审法院认为,朱明华的再审请求不能成立,裁定驳回其再审申请。

［案例分析］

我国《公司法》第33条对有限责任公司股东知情权作出了规定，“股东有权查阅、复制公司章程、股东会会议记录、董事会会议决议、监事会会议决议和财务会计报告。股东可以要求查阅公司会计账簿。股东要求查阅公司会计账簿的，应当向公司提出书面请求，说明目的。公司有合理根据认为股东查阅会计账簿有不正当目的，可能损害公司合法利益的，可以拒绝提供查阅，并应当自股东提出书面请求之日起十五日内书面答复股东并说明理由。公司拒绝提供查阅的，股东可以请求人民法院要求公司提供查阅”。由此可见，享有股东知情权的主体只能是股东。本案经历一审、二审和再审，当事人争议的焦点就是对《创通纺织承包协议合约》的性质认定，即该合约是否为结算或者清算协议。朱明华认为《创通纺织承包协议合约》为承包协议，不属于分家清算协议。创通公司认为《创通纺织承包协议合约》为清算协议。一审法院并未直接认定《创通纺织承包协议合约》的性质，而是认为朱明华、吴学进、施小华三人在2011年对创通公司的固定资产、设施、设备、债权债务等进行了清算，对于朱明华主张《创通纺织承包协议合约》不属于分家协议的主张不予支持。二审法院也未界定《创通纺织承包协议合约》的性质，而是从其系当事人真实意思表示且内容不违法的角度确定其合法有效，其履行结果就是朱明华不再参与创通公司的经营及分配。再审法院认为《创通纺织承包协议合约》能够证明朱明华、吴学进、施小华系对创通公司全部资产进行了分割，且在分割资产后各自承担责任。若该合约为结算或者清算协议，则朱明华已不具备股东身份，自然不享有股东知情权，其诉讼主张便不应得到支持；若该合约并非结算或者清算协议，则朱明华仍具备股东身份，享有股东知情权，有权查阅、复制公司章程、股东会会议记录、董事会会议决议、监事会会议决议和财务会计报告，在具有正当目的的情况下，还可以要求查阅公司会计账簿。因此，本案争议的焦点就是朱华明是否具有股东身份，《创通纺织承包协议合约》的法律性质实质上涉及股东身份的认定。因此该争议焦点可以分解为两个问题：一是《创通纺织承包协议合约》的法律性质，二是股东身份的认定依据是股东协议还是工商登记。

一、《创通纺织承包协议合约》的法律性质

（一）《创通纺织承包协议合约》应当界定为股东协议

自现代公司诞生以来，公司法的发展趋势就是尊重股东的意思自治，即法律允许股东按照他们自己的意愿来安排自身事务、按照自己的意愿行使股东权利，这赋予了股东在特定的约束下为了自己的利益设计独具特色公司制度的权利。从某种意义上说,依据公司章程自治已经成为现代公司治理结构的核心理念。一般而言,公司自治通过公司章程予以体现,通过股东会制度予以实现。就我国现行立法而言,现行《公司法》设立了若干“章程另有规定”或“全体股东另有约定”的条款,极大地拓展了《公司法》的自治空间。不过这一做法似乎并不能完全满足股东参与公司经营管理的需求。实践中,不少公司股东通过订立股东协议的形式调整彼此间《公司法》上既定的权利义务关系,进而影响公司的治理结构。所谓股东协议,是指公司股东(包括准股东)创设或者变更既定的股东权利义务关系,排除《公司法》或者公司章程相关规定适用的协议。我国《公司法》对股东协议已有所涉及①,该法第34条规定,有限责任公司经“全体股东约定”即可以不按照出资比例分取红利或者不按照出资比例优先认缴出资;第41条指出,有限责任公司“全体股东另有约定的”则召开股东会会议不必遵守会议召开15日前发出通知的规定;第79条第2款明确要求股份有限公司“发起人应当签订发起人协议,明确各自在公司设立过程中的权利和义务”。根据上述规定,至少在涉及公司设立、股利分配、增资扩股、股东会会议通知方面,股东可以通过协议的形式作出适合公司实际情况的约定。除了上述几方面外,实践中的股东协议往往还包含股东会职权、董事会职权乃至董事人选、经理人选、公司经营方式等涉及公司治理的关键问题,时常引发股东协议与《公司法》、公司章程规定的冲突。可以说,股东协议已经成为公司章程和股东会制度之外的公司自治的重要手段,因其所特有的灵活性、隐秘性等优势在我国公司治理实践中得到了广泛的适用。

从法律关系的构成要素分析,股东协议具有显著特点。就法律关系的主体而言,股东协议的主体是股东或者准股东,后者是指通过签署股东协议而取得股东身份的人。从这种意义上说,发起人协议和吸收新投资人的增资协议均属于股东协议。就法律关系的内容而言,股东协议涉及公司设立、股利分配、增资扩股、股东会会议通知、股东会职权、董事会职权乃至董事人选、经理人选、公司经营方式等公司事项中股东的权利义务。

本案中,2011年1月10日朱明华、吴学进、施小华三人签订了《创通纺织承包

---

① 关于我国现行《公司法》是否已经存在关于股东协议的规定,学者们意见并不一致。部分学者认为,股东协议制度在《公司法》中并未体现,提出了构建股东协议制度的建议。参见张学文:《股东协议制度初论》,载《法商研究》2010年第6期,第111~118页。

协议合约》,随后相继形成了《南通创通纺织公司生产清单》、《南通创通纺织公司分配表》和《事项说明》。签订《创通纺织承包协议合约》时,朱明华、吴学进、施小华均为创通公司股东,该协议名为承包,但协议内容涉及公司资产处置和股东权利义务划分,具体而言,该协议内容包括创通公司资产、收益及相关债权债务等的处理,股东各方应承担的责任范围。质言之,《创通纺织承包协议合约》内容为股东权利义务,应当将其界定为股东协议。为了履行《创通纺织承包协议合约》,朱明华、吴学进、施小华又先后形成了《南通创通纺织公司生产清单》、《南通创通纺织公司分配表》和《事项说明》,对创通公司此前所有收益均进行了分配。此后吴学进、施小华虽仍以创通公司名义对外经营,但所有责任均由吴学进、施小华承担,而与朱明华无涉;朱明华以其使用的厂房另行经营。无论是从《创通纺织承包协议合约》的文本观察,还是从《创通纺织承包协议合约》的实际履行情况分析,该协议的内容实质为公司减资。创通公司以公司净资产为基础确定公司股东的股权价值,通过平均分配净资产的方式使股东朱明华退出公司,其余两位股东吴学进、施小华以公司剩余财产继续经营创通公司。虽然创通公司并未在工商机关办理减资登记,但这并不能否定《创通纺织承包协议合约》的股东协议性质。进一步而言,《创通纺织承包协议合约》就是在对创通公司清算、分配的基础上朱明华退出创通公司的股东之间的减资协议。虽然创通公司主张《创通纺织承包协议合约》为结算或者清算协议并不准确,但却反映了该合约的实质。一审、二审和再审法院否定了朱明华关于《创通纺织承包协议合约》为承包协议而非分家协议的主张,这无疑是正确的。令人遗憾的是,一审、二审和再审法院均未再进一步明晰《创通纺织承包协议合约》的法律性质。

(二)《创通纺织承包协议合约》的效力

1.《创通纺织承包协议合约》的双重属性

如果《创通纺织承包协议合约》与普通的合同一样,那么只需要借助《民法典》合同编的合同效力认定规则就能对其效力加以认定。但是如果该合约不仅仅具有契约性,则意味着必须在股东协议的效力认定中考虑公司的组织性特征,所以讨论《创通纺织承包协议合约》的效力认定规则之前,必须先对其属性展开讨论。

对于股东协议具有合同属性这一点,不论是英美法系还是大陆法系,并不存在争议。《美国标准公司法》的官方评论明确将股东协议视为合同,其在有关股东表决权协议的分析中,官方评论即认为股东表决权协议的效力应当按照普通合同的方式进行认定。[①] 这也是英美法系国家的普遍认识。同样,在大陆法系的合同理论中,“合同”与“协议”往往是并用的,两者没有被有意地加以区分。对此,我国现行立法以及司法实务也均予以认可。同时,股东协议也具有组织属性。我国并未如英美法系国家一般明确地通过立法确认股东协议的组织属性,然而,《公司法》仍然隐晦地肯定了股东协议的组织规则价值。一般而言,公司治理中的权力运行与重大事项决策问题都需要通过法定的组织程序进行,但是《公司法》针对公司创设了些许例外规则。根据《公司法》第 41 条第 1 款的规定,“全体股东另有约定”或者“全体股东一致同意”在某些情况下完全可以取代《公司法》中的有关组织规则。对此,有学者认为,有些决定不是在组织框架中作出的,但同样具有组织功能上的效果,由全体成员通过合同规则形成的合意可以取代组织规则。[②] 正是由于股东协议具有双重属性的特征,所以股东协议并非“纯粹的”,合同属性、组织属性在股东协议中的比重也并非一成不变。为更形象地描述其特质,可以借用光谱来理解股东协议法律属性的变化过程:在光谱的两端分别标注为 100% 的合同属性与 0 的组织属性、0 的合同属性与 100% 的组织属性的两个极点,股东协议的属性定位会因其内容不同而在两个端点之间移动。当股东协议仅涉及两个股东之间的股权转让事宜时,股东协议则会停留在 100% 的合同属性一端;当股东协议具有涉他属性的时候,会逐渐滑向光谱的另一端;当股东协议对公司利润分配作出约定时,股东协议的属性可能停留在光谱的中间;当股东协议明确约定公司董事的人选、董事会的决议规则时,股东协议可能会无限地滑向 100% 组织属性的一端。不过股东协议首先是一种合同的体现,股东协议不可能只具有完全的组织属性。[③]

作为股东协议的《创通纺织承包协议合约》同样具有合同和组织的双重属性。《创通纺织承包协议合约》的内容包括创通公司资产、收益及相关债权债务等的处理,股东各方应承担的责任范围。该合约为朱明华、吴学进、施小华自愿达成,旨在解决三人之间围绕创通公司经营产生的矛盾,涉及三人之间的民事权利义务,因此《创通纺织承包协议合约》具有合同属性。同时,该合约约定的创通公司经营矛盾解决方案,涉及创通公司股权结构、资产处置和治理结构,因此《创通纺织

---

① 参见刘海东:《有限责任公司股东协议的效力认定》,载《江汉论坛》2019 年第 9 期,第 125 页。

② 参见许德风:《组织规则的本质与界限——以成员合同与商事组织的关系为重点》,载《法学研究》2011 年第 3 期。

③ 参见刘海东:《有限责任公司股东协议的效力认定》,载《江汉论坛》2019 年第 9 期,第 126 页。

承包协议合约》具有组织属性。质言之,《创通纺织承包协议合约》具有合同与组织的双重属性,这意味着该合约的效力认定必须在合同法与公司法的双重视角中展开。

2.《创通纺织承包协议合约》的效力认定

令人遗憾的是,股东协议的组织属性并未得到应有的重视,在对股东协议的效力进行认定的过程中,更多地是以合同法的视角来认定股东协议的效力,对于因股东协议而引起的纠纷,法院常以“合同纠纷案”为案由对之加以归类便是体现。虽然股东协议在法律性质上应被认定为一种合同,但是该协议的效力认定并不能完全采纳合同效力认定的思路。股东协议的效力认定之所以不能完全以合同法的单一视角展开,正是因为股东协议在诸多场合具备了如公司章程、股东会决议一般的自治规范属性,这意味着股东协议已经不仅具有合同属性,还具备了相当的组织属性。股东协议虽然仅仅在股东之间具有约束力,但是由于关涉组织规范,股东协议事实上将对缔约股东之外的第三人产生影响,即具有涉他性。需要明确的是,股东协议具有的合同与组织的双重属性仅仅是我们对股东协议的认识以及股东协议的效力认定路径构建的起点。

股东协议虽然具有组织性规范之特征,但就其本质而言,股东协议仍为合同行为,因此,股东协议的效力认定必然要接受合同法效力判断规则的约束,股东协议首先需要接受合同层面的效力认定。这意味着,《民法典》总则编、合同编关于法律行为效力认定的判断规则,如意思表示真实与否、意思表示内容是否合法、合同是否满足形式要件的效力认定规则同样适用于股东协议的效力认定。① 倘若股东协议在一般合同法层面存在效力瑕疵,那么在多数情形中,股东协议的效力认定则无须再从公司法视角进行认定。

(1)合同效力裁判规范的适用。作为一种合同行为,股东协议效力的认定首先需要从《民法典》总则编、合同编中有关法律行为效力裁判规范的角度展开。在股东协议的效力认定中,必须先认定股东协议是否存在合同编规定的合同无效及可撤销的法定情形。在司法实践中,法院通常都会首先从这一角度入手,对股东协议效力作出基础性的评判,因此才会有裁判文书中“股东协议系当事人真实意思表

---

① 本案审理时《民法典》尚未颁布,当时有效的合同规则主要为《合同法》。现行《民法典》合同编继承、吸收了《合同法》的主要规则。为了增加本案分析的实用性,笔者依据《民法典》相关规则进行探讨,特此说明。

示,不违反法律、行政法规的强制性规定,因而有效”的表述。

(2)《公司法》强制性规范的适用。在对股东协议效力展开判断之际,除了适用合同效力的一般判断规则之外,还需要认定股东协议是否违反《公司法》中的强制性规范。鉴于我国《公司法》对股东协议效力并无明文规定,只能从《公司法》中寻求其与股东权利义务有关的强制性规定,主要涉及股东固有权利、公司治理结构方面。

实践中,股东协议涉及的股东固有权主要包括转让股权的权利、优先认缴出资的权利、表决权等。一般而言,未经股东同意,不能以公司章程或者股东会决议限制或者剥夺股东的固有权。治理结构是公司有别于其他企业的优势所在。《公司法》关于公司机关的设置、各公司机关权限的划分,通常被认为是强制性规定,不能以公司章程、股东会决议等形式予以改变。实践中,有限责任公司股东协议的常见内容之一就是改变股东会和董事会的职权范围。这一约定是否有效呢?近年来,随着对有限责任公司人合性认识的不断深化,很多国家和地区开展了有限责任公司制度改革,赋予有限责任公司更多自治空间。2003 年意大利有限责任公司制度改革给予股东充分的自治空间。从尊重有限责任公司人合性角度出发,应当承认股东协议关于股东会和董事会权限的自由划分。①

(3)股东协议形式要件的考量。由于我国既有的立法并未明确股东协议的存在,因此现行立法也不可能规定股东协议是否需满足特定形式要件,以及未满足法定形式要件的后果。但是,无论是从《公司法》的相关规定,还是从股东协议的性质出发,股东协议原则上都应当具备一定的形式要件。股东协议通常应当采取书面形式。

《民法典》第 143 条规定:“具备下列条件的民事法律行为有效:(一)行为人具有相应的民事行为能力;(二)意思表示真实;(三)不违反法律、行政法规的强制性规定,不违背公序良俗。”本案中,朱明华、吴学进、施小华三人自愿订立《创通纺织承包协议合约》,因此该合约系三人真实的意思表示。该合约内容为创通公司资产、收益及相关债权债务等的处理以及股东各方应承担的责任,并不违反《民法典》的相关规定和《公司法》的强制性规定,合法有效。

---

① 参见吴高臣:《有限责任公司法论》(第 2 版),中国民主法制出版社 2019 年版,第 177～178 页。

二、朱明华是否享有股东知情权

享有知情权的基本前提就是拥有股东身份。换言之,丧失了股东身份即不再享有股东知情权。本案中,朱明华主张以工商登记认定其股东身份,既然工商登记显示其依然为创通公司股东,那么自己当然就是公司股东;但创通公司认为《创通纺织承包协议合约》的签订和履行意味着朱明华退出公司而不再拥有股东身份。一审、二审和再审法院均支持了创通公司的主张。这说明本案的另一个争议焦点就是股东身份的认定依据是股东协议还是商事登记(工商登记)。

(一)股东身份的认定依据内外有别

1.股东身份认定的一般规则

一般而言,股东身份可以依据公司章程、股东名册、出资证明书和商事登记进行认定。详言之,公司内部围绕股东身份产生争议,商事登记并不具有绝对效力,应当以公司章程、出资证明书、股东名册为主进行综合判断。实践中,不少有限责任公司并未依法签发出资证明书和设置股东名册,但通常存在发起人协议等股东协议,该协议系股东或者作为准股东的投资人真实的意思表示,应当成为公司内部判断股东身份的依据。公司以外的第三人围绕特定当事人股东身份发生争议,应当以商事登记作为判断股东身份的依据,以保护善意第三人之信赖利益,除非该第三人知晓特定当事人股东身份之相关情况。

就本案而言,双方的争议之一就是股东身份的认定依据。一方当事人是存在争议的公司股东,另一方当事人为公司,因此本案属于公司内部股东身份争议,应当以股东协议、公司章程、出资证明书和股东名册认定股东身份。只有在欠缺股东协议、公司章程、出资证明书和股东名册的情况下,才能以商事登记认定股东身份。本案中存在合法有效的股东协议《创通纺织承包协议合约》,应当以此认定股东身份。

2.正确理解商事登记作为股东身份的认定依据

值得注意的是,朱明华在本案的一审、二审和再审过程中均主张以工商登记认定其股东身份,按照上述股东身份认定的一般规则,不应予以支持。我们可以从商事登记效力的角度进一步阐明法院裁判的合法性。

商事登记中相关事项一经登记即产生公示效力,是外观主义原则在商事登记制度中的贯彻,是为了实现信赖利益保护目标而构建的具体制度效力。商事登记之所以能形成可信赖的登记外观,是因为经登记机关审查登记,登记事实与商事主体的实际情况在绝大多数情况下是一致的、相吻合的，这构成了可信赖的登记外观的事实基础。① 同时，外观主义是商法的重要原则，其要求商事活动的当事人言行一致，不得隐藏其真实的意思表示而进行虚假的意思表示，其客观后果就是保护表示行为的相对人。这是因为外观事实致使对方主体对此产生信赖，并依此产生相应的行为，即使外观事实与真实事实并不一致，仍然依照外观认定行为的法律效力。而之所以要保护信赖利益，是因为在现代社会中，信赖是社会活动和经济活动得以顺利进行的重要介质，是市场经济得以正常有序运转最重要的因素。因为信赖，人们才能互相建立起一种稳定的预期，减少沟通、接洽的成本，从而建立一个有序而稳定的社会秩序。对此，拉伦茨曾指出："只有当必不可少的信赖被保护时，人类才有可能在保障每个人各得其应得者的法律之下和平共处。全面绝对的不信赖，要么就导致全面的隔绝，要么就导致强者支配，质言之，导致与'法状态'适相反对的情况。因此，促成信赖并保护正当的信赖，即属于法秩序必须满足的最根本要求之一。"②因此，对信赖利益的保护是法秩序责无旁贷的使命，商事登记亦不例外，赋予商事登记以公示效力即在于实现前述目标。

商事登记事项一经登记，即形成一个登记事实，该登记事实构成一个商事外观，产生"两种信赖"：一方面，这种外观是相对人得以信赖的外观，为保护这种信赖，即便登记事实与客观事实不一致，善意相对人亦得向登记义务人主张相关登记事实存在，并基于这种登记事实使相关法律事实产生相应的法律效果。另一方面，这种外观亦是登记义务人可以信赖的外观，相关事项一经登记公示，登记义务人即可信赖相对人，得以知悉相关登记事实，从而实现对自身经营风险的控制。对于前者，鉴于登记事项一经登记公示，即对所有善意相对人产生信赖的效力，不妨称之为公信效力；对于后者，鉴于登记事项一经登记公示，登记义务人即可以登记事实对抗善意相对人，主张其对相关登记事实知情，不妨称之为对抗效力。

公信效力和对抗效力是公示效力中保护"两种信赖"的一体两面的两个效力。实定法上对于公示效力通常表述为"不得对抗"第三人（或善意第三人、善意相对人），以《民法典》第 65 条规定的"不得对抗"为例，有学者认为，该条规定了法人登记的公信效力，即"善意第三人也可以依照登记簿的记载主张权利，登记义务人不得以登记失实，法人的实际情况与登记的事项不一致为由进行抗辩"。有学者认

① 参见党海娟：《商事登记制度基本问题研究》，中国社会科学院研究生院 2017 年博士学位论文。

② 参见［德］卡尔·拉伦茨：《法学方法论》，陈爱娥译，商务印书馆 2003 年版，第 351 页。

为,该条规定了法人登记的对抗效力,即“凡是在法人登记中登记之事项,法人可以依照其登记事项对抗相对人”。这两种截然不同的表述并非两种相互矛盾的观点,其实公信效力和对抗效力是公示效力一体两面的两个效力,共同表现为“谁得依据登记事实对抗另一方”。在学理上,公信效力往往表述为“不得对抗第三人”,有学者称之为消极对抗力,而对抗效力往往表述为“可以对抗第三人”,有学者称之为积极对抗力。由此可见,这两种表述是站在登记义务人的角度描述的,依据基于主体的反对解释,即站在善意相对人角度,公信效力可被表述为“可以对抗登记义务人”的积极公信力;同理,对抗效力可以表述为“不得对抗登记义务人”的消极公信力。因此,商事登记公示效力的本质是“谁得以登记事实对抗另一方”。一个事项经登记公示后,法律推定登记事实为相对人所知悉。当然具有宣示某种事项存在的效力,亦具有证明某种事项存在的效力,还具有确认某种事项的效力。同时,第三人被推定知悉登记事项后,其应有的信赖得到了保护,从而具有使登记义务人免责的效力。由此可见,商事登记公示效力的本质即在于“谁得以登记事实对抗另一方”。[①]

综上所述,商事登记公示效力的规范目的在于保护善意相对人与登记义务人对登记事实的信赖,其核心在于“谁得以登记事实对抗另一方”,基于能够主张效力的主体不同,可分为公信效力与对抗效力两大效力:前者是指善意相对人得以登记事实对抗登记义务人,具言之,当登记事实与客观事实不一致时,善意相对人得向登记义务人主张相关登记事实存在,并基于登记事实使相关法律事实产生相应的法律效果;后者是指登记义务人得以登记事实对抗善意相对人,具言之,相关事项一经登记公示,登记义务人即可信赖相对人知悉相关登记事实,从而实现对自身经营风险的有效控制。

由此可见,商事登记制度的适用主要限于公司与外部的交往关系,关于公司内部事宜的处理,在不违反强行法规定的情况下,应当充分尊重公司自治和股东自治。股东协议和商事登记是针对公司内部和公司外部分别设计的制度,所以两者的效力没有何者更优之说。本案中,朱明华的股东身份争议发生在朱明华和公司之间,实际上发生在朱明华和吴学进、施小华之间,该争议属于公司内部关系。按照尊重公司自治的原则,应当首先依据股东协议加以解决。既然《创通纺织承包协议合约》是在对创通公司清算、分配的基础上朱明华退出创通公司的股东之间的减

---

① 参见邹学庚:《〈民法典〉第65条商事登记公示效力研究》,载《国家检察官学院学报》2021年第1期,第166页。

资协议,该协议履行的后果就是朱明华退出创通公司,朱明华不再是创通公司股东。

(二)朱明华不享有股东知情权

《公司法司法解释四》第7条规定:"股东依据公司法第三十三条、第九十七条或者公司章程的规定,起诉请求查阅或者复制公司特定文件材料的,人民法院应当依法予以受理。公司有证据证明前款规定的原告在起诉时不具有公司股东资格的,人民法院应当驳回起诉,但原告有初步证据证明在持股期间其合法权益受到损害,请求依法查阅或者复制其持股期间的公司特定文件材料的除外。"本案中,2011年1月10日朱明华、吴学进、施小华三人签订了《创通纺织承包协议合约》,该合约合法有效。按照该合约规定,朱明华不再是创通公司股东。该合约最终于2011年9月9日履行完毕,2011年9月12日出具的《事项说明》对此予以说明。2014年朱明华提起诉讼,要求创通公司向其公布并允许其查询创通公司历年的财务会计账簿及真实的财务报表,并要求创通公司向其提供历年应当分配红利的方案或清单。但此时朱明华早已丧失创通公司股东身份,当然不享有股东知情权。且朱明华未曾主张其在持有创通公司股权期间合法利益受损,因而本案不存在《公司法司法解释四》第7条第2款的但书情形。综上所述,朱明华自2011年1月10日签订《创通纺织承包协议合约》之时不再拥有创通公司股东身份,因此不享有股东知情权。

案例5:股东担任公司经理是否会影响其知情权的行使

吕锦应与中山市泰隆环保节能建材发展有限公司股东知情权纠纷案

[当事人]

原告:吕锦应(二审被上诉人)

被告:中山市泰隆环保节能建材发展有限公司(二审上诉人)

[案情简介]

2004年7月28日,中山市泰隆环保节能建材发展有限公司(以下简称泰隆建材公司)成立,注册资本为300万元,原始股东许新伦、吕锦应、黄洪光分别认缴120万元、90万元、90万元;分别任公司执行董事、公司监事以及公司经理。2016年6月30日,黄洪光退出,公司内部进行调整:许新伦占股75%,继续担任公司执行董事；吕锦应占股 25%，任公司经理。2016 年 7 月 15 日，泰隆建材公司变更注册资本，由 300 万元增加为 1000 万元，其中许新伦认缴 7500 万元，吕锦应认缴 2500 万元。2019 年 3 月 27 日，许汝文任公司经理，同时公司法定代表人由许新伦变更为许汝文。

2019 年 6 月 17 日，吕锦应向泰隆建材公司发出《查阅会计账簿请求函》，载明：吕锦应为公司登记在册股东且持有公司 25% 的股份，依据《公司法》第 33 条，为了“全面了解公司运营及财务状况，维护其自身股东知情权”发函对下列材料进行查阅和复制：1. 自公司成立以来各年度的会计财务报告；2. 自公司成立以来各年度的会计账簿。并要求泰隆建材公司于接到函书之日起 15 日内对查阅理由进行审查，并将审查结果进行书面通知，同意查阅即通知告知其查阅地点及时间。如果公司拒绝查阅，其将请求人民法院要求公司提供查阅，同时追究公司相应的法律责任。泰隆建材公司确认收到上述函件，但未给予任何书面回复。

2019 年 7 月 18 日，吕锦应将泰隆建材公司诉至法院，要求：1. 判令泰隆建材公司向吕锦应提供自 2014 年 7 月 28 日起至起诉之日止的财务会计报告（包括资产负债表、损益表、现金流量表、财务情况说明书和利润分配表）以供吕锦应查阅、复制；2. 判令泰隆建材公司向吕锦应提供自 2014 年 7 月 28 日起至起诉之日止会计账簿以供吕锦应查阅、复制。在诉讼过程中，泰隆建材公司称：吕锦应在公司担任经理，负责财务人员聘请、财务事务和财务账册的建立，吕锦应于 2016 年年底突然失联，未向公司移交相关材料。《泰隆建材公司章程》第 42 条规定：“执行董事对股东会负责，行使下列职权……（九）聘任或者解聘公司财务负责人及其他管理人员，决定其报酬事项……”第 43 条规定：“公司设经理，由股东会选举产生。经理对股东会负责，行使下列职权……（六）提请聘任或者解聘公司财务负责人及其他管理人员。”

一审法院经审理认为，吕锦应作为泰隆建材公司的股东，有权行使其股东知情权，对于其前置程序合法性、目的正当性都给予了肯定。因此对于吕锦应要求查阅和复制财务会计报告（包括资产负债表、损益表、现金流量表、财务情况说明书和利润分配表）及会计账簿的两项诉讼请求均予以支持，对于泰隆建材公司诉讼过程中提出的抗辩理由不予采纳。

泰隆建材公司不服一审判决，提起上诉，要求：1. 撤销一审民事判决；2. 驳回吕锦应的全部诉讼请求。事实和理由：1. 一审法院判决吕锦应有权对会计账簿进行复制违反《公司法》第 33 条的规定。根据该规定，股东对公司的会计账簿仅享有查阅权，不享有复制权，吕锦应作为泰隆建材公司的股东无权对会计账簿进行复制。2. 吕锦应作为公司经理却怠于履行财务账册的建立和保管等管理职责甚至失联，严重损害泰隆建材公司的合法权益，其知情权诉求不应得到支持。

二审法院经审理认为，一审判决事实认定清楚，但支持吕锦应要求复制公司会计账簿的诉请超出法律规定行使股东知情权的范围，适用法律有误，依法应予纠正。故判决维持一审判决第1项，即支持股东查阅和复制财务会计报告；对第2项予以变更，即仅允许股东查阅公司会计账簿。

[案例分析]

本案的争议焦点有两个：一是股东担任公司经理是否会影响其知情权的行使？二是股东行使知情权的范围，如股东能否查阅、复制会计账簿？结合本案案情，对上述争议焦点展开分析。

一、股东担任公司经理是否会影响其知情权的行使

《公司法》第4条规定了重要的股东权利，“公司股东依法享有资产收益、参与重大决策和选择管理者等权利”。其中并不包括知情权，这是否意味着知情权不重要呢？其实不然，主要可以从两方面分析：一是股东知情权的产生原因。公司所有权与经营权相分离的经营模式导致公司所有权人与管理人员信息不对称，催生了股东知情权这一概念。二是股东知情权的内容。我国现行《公司法》中并无股东知情权的字眼，在学理上对于股东知情权的阐释主要依托《公司法》第33条和第97条。股东知情权是股东拥有的了解公司经营状况等信息的权利，是股东参与公司经营管理和监督公司经营活动的前提条件。因此，股东知情权是公司股东所享有的权利中较为重要的权利，是促进其他权利有效实现的基础权利。股东享有知情权，也可以成为公司的管理者。问题在于股东成为公司管理者后，其知情权的行使应否受到限制？本案中，股东吕锦应于2016年6月30日至2019年3月27日担任泰隆建材公司经理，泰隆建材公司在本案一审、二审过程中均以吕锦应担任公司经理为抗辩事由否定吕锦应行使知情权的合法性。这一问题的解决可以分解为两个关键点：吕锦应是否满足享有知情权的条件？股东担任公司管理者是否影响知情权的行使？

（一）吕锦应是否满足享有知情权的条件

《公司法》第33条规定：“股东有权查阅、复制公司章程、股东会会议记录、董事会会议决议、监事会会议决议和财务会计报告。股东可以要求查阅公司会计账簿。

股东要求查阅公司会计账簿的，应当向公司提出书面请求，说明目的。公司有合理根据认为股东查阅会计账簿有不正当目的，可能损害公司合法利益的，可以拒绝提供查阅，并应当自股东提出书面请求之日起十五日内书面答复股东并说明理由。公司拒绝提供查阅的，股东可以请求人民法院要求公司提供查阅。"该条款将有限责任公司股东行使知情权区分为两种情形，第一种是查阅公司会计账簿之外的法定文件，只要拥有股东身份，即可行使该等查阅权；第二种是查阅公司会计账簿，除了拥有股东身份外，还需要说明正当目的。由此可见，行使知情权的基本条件就是拥有公司股东身份。

我国《公司法》使用"股东资格"一词表示"股东身份"，因此导致"股东资格"存在两种观点。第一种观点认为，"股东资格是指什么样的主体，在什么样的情况下可以向公司投资，成为公司的股东。某一主体具备股东资格说明其具备向公司投资，成为股东的法律条件"。[①] 因而股东资格是民事主体成为公司股东所需要具备的法律上的资格。第二种观点认为，"股东资格是民事主体作为公司股东的一种身份和地位，具有股东资格就意味着一方面享有股东应享有的包括自益权和共益权在内的各项权利，如收益权、参与经营管理权、股份转让权等；另一方面需要承担股东应当承担的相应义务，主要是指在出资范围内对公司的债务承担责任"。[②] 此种观点认为股东资格体现了民事主体于公司内部具有的身份和地位。在法律上，所谓资格是主体从事某种活动必须具备的条件或身份。法律上的资格由于与法律规定密切相关，故具有不可转让性。[③] 而股东资格是成为公司股东必备的条件。这些条件是法律主体成为股东的必要但非充分条件。详言之，具备法律上规定条件者，未必能够成为股东；不具备法律上规定条件者，必然不能成为公司股东。因此第一种观点对于股东资格的把握值得赞同，第二种观点混淆了股东资格与股东身份的问题。

关于有限责任公司股东身份的认定，依据《公司法》及其司法解释，公司章程、出资证明书、股东名册、商事登记均可以作为股东身份认定的依据。

1. 公司章程

《公司法》第25条规定："有限责任公司章程应当载明下列事项：（一）公司名称和住所；（二）公司经营范围；（三）公司注册资本；（四）股东的姓名或者名称；

① 王义松：《私人有限公司视野中的股东理论与实证分析》，中国检察出版社2006年版，第2页。
② 董芳、丁丽、黎娟：《瑕疵出资股东资格的认定》，载《特区经济》2005年第6期，第99～100页。
③ 参见罗晋京：《试论公司股东资格、股权和股东》，载《特区经济》2008年第2期，第99页。

(五)股东的出资方式、出资额和出资时间;(六)公司的机构及其产生办法、职权、议事规则;(七)公司法定代表人;(八)股东会会议认为需要规定的其他事项。股东应当在公司章程上签名、盖章。”公司章程上应当记载股东的姓名或者名称、出资方式、出资额、出资时间,并且相应民事主体应在公司章程上签名、盖章。公司章程体现了股东意思表示的一致性,有限责任公司的人合性特征强烈,公司章程中载明的股东出资等事项并由股东签名、盖章,说明相应的民事主体持有成为公司股东的真实意思表示。在私法领域,意思自治是基本原则,在民事活动中注重探求并尊重当事人的内心意思,由此,股东身份也应当是以当事人的意思为准。因此,公司章程对于确认股东身份提供了强有力的依据。

2. 出资证明书

有限责任公司依法成立后,为确认公司与股东之间的投资关系、投资额度等需要向股东签发出资证明书。对于出资证明书的性质,主要有两种观点:第一种观点承认出资证明书凭证属性,但认为其仅仅代表相应投资者取得股份或出资的“物权性”凭证,所以出资证明书的功能是证明其持有者已向该公司完成真实的出资。因此,其仅仅是投资人出资行为的证明。① 第二种观点认为,出资证明书是有限责任公司签发给股东的证明凭证,既证明了投资人已进行真实出资,又证明了持有者的股东身份。②《公司法》第31条规定:“有限责任公司成立后,应当向股东签发出资证明书。出资证明书应当载明下列事项:(一)公司名称;(二)公司成立日期;(三)公司注册资本;(四)股东的姓名或者名称、缴纳的出资额和出资日期;(五)出资证明书的编号和核发日期。出资证明书由公司盖章。”该条文规定了出资证明书为有限责任公司向其股东签发的记载股东姓名或名称的凭证,这正反映出公司对于出资人股东地位的肯定,因此,出资证明书为股东身份的确认提供了依据。

3. 股东名册

股东名册是公司依法记载股东出资等相关信息的簿册。多数学者指出股份有限公司股东名册在处理股东问题上具有三方面效力:一是确定效力,也可以称其为对抗公司的效力,在股东名册上记载为公司股东的,即可对公司行使股东权利,主张其为股东;二是推定效力,公司根据股东名册来确定股东,即公司可以将股东名册上记载的股东推定为本公司的股东,同时股权受让人以及外部人员也可以凭此

---

① 参见沈富强:《股东股权法律事务——股东资格与责任》,立信会计出版社2006年版,第142页。

② 参见王保树、崔勤之:《中国公司法原理》,社会科学文献出版社2000年版,第139页。

推定公司股东；三是免责效力，公司对其认定的股东履行了通告、公告等必须履行的义务，尊重其行使盈余分派请求权、表决权、新股认购权等权利，就可以免责。这是关于股份有限公司股东名册的讨论，原则上也应适用于有限责任公司。《公司法》第 32 条规定："有限责任公司应当置备股东名册，记载下列事项：(一)股东的姓名或者名称及住所；(二)股东的出资额；(三)出资证明书编号。记载于股东名册的股东，可以依股东名册主张行使股东权利。公司应当将股东的姓名或者名称向公司登记机关登记；登记事项发生变更的，应当办理变更登记。未经登记或者变更登记的，不得对抗第三人。"不过，实践中有限责任公司置备股东名册的并不多见，因此通过股东名册确认股东身份难以实现。

4. 商事登记

有限责任公司股东身份与商事登记的关系可以从两方面分析。首先，工商登记的事项是否包含了股东身份。《中华人民共和国公司登记管理条例》第 9 条规定："公司的登记事项包括：(一)名称；(二)住所；(三)法定代表人姓名；(四)注册资本；(五)公司类型；(六)经营范围；(七)营业期限；(八)有限责任公司股东或者股份有限公司发起人的姓名或者名称。"第 34 条规定："有限责任公司变更股东的，应当自变更之日起 30 日内申请变更登记，并应当提交新股东的主体资格证明或者自然人身份证明。有限责任公司的自然人股东死亡后，其合法继承人继承股东资格的，公司应当依照前款规定申请变更登记。有限责任公司的股东或者股份有限公司的发起人改变姓名或者名称的，应当自改变姓名或者名称之日起 30 日内申请变更登记。"由此可见，有限责任公司股东的姓名或者名称是商事登记的事项。其次，商事登记的性质。在我国，设立登记采取登记要件主义，非经登记，不得创设公司。但就股东身份登记事项而言，不具有创设效力，而是对抗效力。《公司法》第 32 条第 2 款规定："公司应当将股东的姓名或者名称向公司登记机关登记；登记事项发生变更的，应当办理变更登记。未经登记或者变更登记的，不得对抗第三人。"《民法典》第 65 条规定："法人的实际情况与登记的事项不一致的，不得对抗善意相对人。"基于商事登记之公信力，商事登记可以作为股东身份的认定依据，但应根据公司内部和外部关系作区分处理。具体而言，公司内部围绕股东身份产生争议，商事登记并不具有绝对效力，应当以公司章程、出资证明书、股东名册为主进行综合判断；公司以外的第三人围绕特定当事人股东身份发生争议，应当以商事登记作为判断股东身份的依据，以保护善意第三人之信赖利益，除非该第三人知晓特定当事人股东身份之相关情况。

本案中，吕锦应为泰隆建材公司登记在册、持股25%的股东，泰隆建材公司对于其股东身份不存在异议，因此吕锦应满足行使知情权的基本条件。问题在于泰隆建材公司认为吕锦应担任公司经理期间怠于履行财务账册的建立和保管等管理职责甚至失联，严重损害泰隆建材公司的合法权益，其知情权诉求不应得到支持。那么，股东担任公司管理者是否影响其知情权行使呢？

（二）股东担任公司管理者是否影响知情权的行使

股东知情权是固有权，是法律赋予股东的权利，在没有违反相关法律法规的情况下，不得通过公司的章程或是股东会的决议对该权利进行剥夺或者限制。股东知情权的享有是建立在股东身份之上的，即股东身份的拥有是股东知情权享有的前提。《公司法司法解释四》第7条规定："股东依据公司法第三十三条、第九十七条或者公司章程的规定，起诉请求查阅或者复制公司特定文件材料的，人民法院应当依法予以受理。公司有证据证明前款规定的原告在起诉时不具有公司股东资格的，人民法院应当驳回起诉，但原告有初步证据证明在持股期间其合法权益受到损害，请求依法查阅或者复制其持股期间的公司特定文件材料的除外。"特定民事主体拥有股东身份，则对于与自身利益密切相关联的公司事务自然而然地享有知悉的权利，否则就会造成对于公司经营信息的不知情，继而造成股东的权益受到侵害。所以，股东知情权作为股东的一项固有权，只要股东仍然具有股东身份，就不应因股东之间的协议或是公司章程等其他事项而被剥夺或是限制。

本案中，吕锦应在起诉时具有股东资格，这一点是不存在异议的。对于吕锦应行使知情权的请求，泰隆建材公司以吕锦应担任公司经理，负责财务人员聘请、财务事务和财务账册的建立，明显与公司章程规定经理的职权不相符为理由进行抗辩。那么该抗辩是否具有法律依据呢？

首先，该抗辩以公司章程为依据，需要审视泰隆建材公司所据以抗辩的公司章程的相关规定是否属于股东知情权规范。如果公司章程的相关规定属于知情权规范，则应接受《公司法司法解释四》第9条的规制，即"公司章程、股东之间的协议等实质性剥夺股东依据公司法第三十三条、第九十七条规定查阅或者复制公司文件材料的权利，公司以此为由拒绝股东查阅或者复制的，人民法院不予支持"。如果公司章程的相关规定不属于知情权规范，则需要结合相关立法评价其合法性。本案中，泰隆建材公司提出抗辩的公司章程依据为第42条和第43条。《泰隆建材公司章程》第42条规定："执行董事对股东会负责，行使下列职权……（九）聘任或者解聘公司财务负责人及其他管理人员，决定其报酬事项……"第43条规定："公司设经理，由股东会选举产生。经理对股东会负责，行使下列职权……（六）提请聘任或者解聘公司财务负责人及其他管理人员。"由此可见，《泰隆建材公司章程》的该两条规范为执行董事、经理的职权，与股东知情权无关，不属于《公司法司法解释四》第9条的适用范围，应当依据《公司法》关于有限责任公司治理结构的相关条文进行审核。《泰隆建材公司章程》第42条和第43条并不违反《公司法》的相关规定，应当认可其效力。那么，这是否意味着泰隆建材公司的抗辩成立呢？这就需要进一步分析其抗辩事由与股东知情权之间的关系，也就是股东担任公司经理是否影响其知情权的行使。

股东担任公司经理，其与公司之间会形成两种法律关系，一是投资关系，股东因拥有公司股权而成为公司股东；二是委任关系，股东被公司聘任为经理，其与公司之间形成委任关系。这是两种不同的法律关系，投资关系的当事人为股东与公司，内容涉及股东权利义务与公司治理结构；委任关系的当事人是经理与公司，内容为公司经营管理。虽然股东同时担任经理，会使这两种法律关系存在关联，但这是两种不同的法律关系。一方当事人在一种法律关系中违反法定或者约定义务，并不必然导致其在另一种法律关系中的权利义务受到影响。司法实践就股东在公司任职或委派人员在公司任职是否影响股东向公司主张行使股东知情权问题亦秉持这一立场。在姚上荣与深圳市金色蓝湾房地产开发有限公司股东知情权纠纷案中，法院认为，"金色蓝湾公司以公司会计是姚上荣委派及公司营业地是租用姚上荣房产为由，主张股东会会议记录等资料已在姚上荣手中，其不必再提供给姚上荣查阅，缺乏事实依据，本院不予支持"。[①] 在刘某某与北京加鼎地毯有限公司股东知情权纠纷案中，法院认为，"本案系刘某某依据股东身份要求查阅加鼎公司相关财务资料，与刘某某所担任加鼎公司的职务以及杨卫东是否为加鼎公司负责人无关"。[②] 在郭某与北京睿勤医院建设顾问有限责任公司股东知情权纠纷案中，法院认为，"郭某是否为睿勤公司的会计，并不影响其依据股东身份行使股东知情权查

---

① 姚上荣与深圳市金色蓝湾房地产开发有限公司股东知情权纠纷案，广东省高级人民法院（2013）粤高法民二申字第998号民事裁定书。

② 刘某某与北京加鼎地毯有限公司股东知情权纠纷案，北京市第一中级人民法院（2013）一中民终字第11553号民事判决书。

阅睿勤公司的财务会计报告，故睿勤公司该上诉主张本院不予支持”。①

本案中，吕锦应曾担任泰隆建材公司经理，其是否尽职尽责属于委任关系，当事人之间即使存在争议也应另案解决，但这并不影响吕锦应以股东身份行使知情权。因此，泰隆建材公司以吕锦应担任公司经理未履行相应职责的抗辩事由不成立，吕锦应有权获取泰隆建材公司相关资料。

二、股东知情权行使范围

现代公司的所有权与经营权相分离的经营模式促使了股东知情权的产生，该权利主要保护中、小股东的合法权益不受侵害。具体而言，依托股东知情权可以解决股东与公司实际经营者信息不对称的困境，从而为股东进一步行使权利提供依据，并且能够有效地对公司的经营管理层进行低成本的监督。股东知情权具有固有权利性质，是股东实现其他权利的前提与基础，不能通过股东大会、股东协议或者公司章程进行限制。然而，股东知情权的行使并非没有边界。《公司法》第 1 条关于立法目的的规定清晰地指出平衡股东与公司的利益，在保护股东权益之时，对其权利的行使方式也进行明确的限制性规定，股东知情权也不例外。

《公司法》第 33 条对有限责任公司股东查阅权的客体范围进行规范，“股东有权查阅、复制公司章程、股东会会议记录、董事会会议决议、监事会会议决议和财务会计报告。股东可以要求查阅公司会计账簿。股东要求查阅公司会计账簿的，应当向公司提出书面请求，说明目的。公司有合理根据认为股东查阅会计账簿有不正当目的，可能损害公司合法利益的，可以拒绝提供查阅，并应当自股东提出书面请求之日起十五日内书面答复股东并说明理由。公司拒绝提供查阅的，股东可以请求人民法院要求公司提供查阅”。根据《公司法》第 33 条的规定，有限责任公司股东知情权的行使主要涉及两方面问题。

（一）有限责任公司股东知情权的客体范围

关于股东知情权客体范围，主要围绕会计账簿是否包括会计凭证这一争议焦点，大致形成了三种观点：狭义说、广义说、折中说。

1. 狭义说。该观点认为股东查阅权的行使范围仅限于会计账簿，不包括会计凭证。此观点依据为《公司法》第 33 条规定的公司章程、股东会会议记录、董事会会议决议、监事会会议决议、财务会计报告、会计账簿。持该观点的学者认为《公司

---

① 郭某与北京睿勤医院建设顾问有限责任公司股东知情权纠纷案，北京市第一中级人民法院（2013）一中民终字第 9558 号民事判决书。

法》第 33 条采取的是列举式的规定，其条文中仅规定了会计账簿，并未提及会计凭证，因此查阅范围不应当包括会计凭证，并且司法实践中也有法院以《公司法》第 33 条仅规定了会计账簿，而会计账簿中不包括会计凭证为由，不支持股东查阅会计账簿的请求。①

2. 广义说。持此观点的学者认为，除了《公司法》规定的股东有权查阅的文件之外，公司的其他相关信息也应当包括在查阅范围之内，主要有反映公司财务状况的会计账簿、相关的各种会计资料（包括原始凭证、发票、合同书、纳税申报表等）以及电传、书信、电话记录、电文。从衡量公司与股东利益、成本与效益以及司法政策选择的角度出发，会计凭证能够为中、小股东权利的行使提供实质性的保护。公司股东通过查阅会计账簿可以了解一定的会计信息，但是，对于会计账簿的真实性问题无从求证。会计凭证是编制会计账簿的基础与依据，且会计凭证是公司日常经营活动中所产生的凭证，相较于会计账簿，其造假难度、成本较高，所以造假可能性小，更能有效地反映公司的真实情况。如果不对《公司法》中规定的会计账簿进行扩大解释，就会导致股东难以掌握公司真实的经营管理信息，那么股东知情权也就形同虚设。多数学者支持股东查阅权范围扩大至会计凭证。

3. 折中说。持有该观点的学者支持广义说对会计账簿进行扩大解释，认为股东的查阅权范围应当扩张到原始凭证，但是，该观点认为对涉及公司商业秘密的信息不应当允许查阅，这在一定程度上平衡了公司与股东之间的利益。原则上，股东有权依据合法的理由请求查阅会计账簿、会计凭证等相关资料。

本案中，股东吕锦应于 2019 年 6 月 17 日向泰隆建材公司发出《查阅会计账簿请求函》，称其为全面了解公司运营及财务状况，维护股东的知情权，要求查阅、复制自公司成立以来各年度的会计财务报告（包括资产负债表、损益表、现金流量表、财务情况说明书和利润分配表）以及会计账簿。吕锦应要求获取的公司资料均在《公司法》第 33 条规定的股东知情权客体范围内，因此应当予以支持。不过对于吕锦应行使股东知情权的方式则有必要进一步分析。对于其查阅、复制会计财务报告的诉讼请求，应当支持；对其查阅公司会计账簿的诉讼请求，由于泰隆建材公司没有举证其目的具有不正当性，应当支持，至于其能否复制公司会计账簿则不无疑问。

---

① 参见刘月娇与东莞市日昌贸易有限公司股东知情权纠纷案，广东省东莞市中级人民法院（2014）东中法民二终字第 853 号民事判决书。

（二）有限责任公司股东知情权的行使方式

《公司法》第 33 条第 1 款明确规定股东有权查阅、复制公司财务会计报告；《公司法》第 33 条第 2 款明确规定股东有权查阅公司会计账簿，但并不包括复制。在同一个条文之中，法律分别对股东查阅权的行使方式作出了不同的规定，这说明法律已经作出了非常明确的选择，否则应当采取同样的立法模式。因此，严格按照《公司法》第 33 条的规定，股东不得复制公司会计账簿。究其原因，《公司法》需要在股东利益和公司利益之间进行平衡，在保护股东知情权的同时，保护公司的商业秘密。股东知情权有助于加强股东对公司经营管理活动的监督，保护商业秘密旨在防止公司的稀有资源被非法获得，导致公司利益受损。由此可见，保护股东知情权和公司商业秘密均有利于维护公司利益。但是，实践中股东通过行使知情权获取公司商业秘密，进行信息买卖牟取利益的情况屡见不鲜。因而，必须为股东知情权的行使设置合理的限制，这种限制主要体现在三方面：一是股东知情权客体范围，二是股东知情权行使方式，三是股东知情权之正当目的。会计账簿承载着公司几乎所有的经营信息包括商业秘密，因此法律上对股东账簿查阅权提出了比其他股东知情权更高的要求，查阅目的的正当性和行使方式仅为查阅不得复制的要求。围绕是否可以复制公司会计账簿，学者的观点并不一致。考虑到会计账簿的专业性和复杂性，笔者认为应当允许股东复制会计账簿；考虑到会计账簿包含着商业秘密，应当赋予法院以裁量权，即在具体案件中是否允许股东复制公司会计账簿，应当由法院根据案情作出裁判。

本案中，一审法院判决支持吕锦应复制公司会计账簿，二审法院判决不支持吕锦应复制公司会计账簿。单纯从《公司法》第 33 条规定出发，二审法院的裁判可谓妥当。若二审法院结合案件实际情况进行充分说理，则会使本案的裁判更具说服力。

第六章 股东知情权之诉前置程序之实务问题

一、股东知情权之诉前置程序实务问题概述

根据《公司法》第 33 条和第 97 条的规定，有限责任公司股东查阅、复制公司章程、股东会会议记录、董事会会议决议、监事会会议决议和财务会计报告，股份有限公司股东查阅公司章程、股东名册、公司债券存根、股东大会会议记录、董事会会议决议、监事会会议决议、财务会计报告，无特定前置程序，股东查阅公司会计账簿则应当向公司提出书面请求并说明目的。为了行文方便，笔者将《公司法》第 33 条和第 97 条规定的无特定前置程序即可查阅之公司文件称为置备文件。该前置程序的设定为公司预留了合理的时间，一方面公司可以准备会计账簿，另一方面公司可以审查股东查阅目的。如果公司认为股东查阅目的正当而满足股东获得公司信息的要求，股东知情权也就实现了。如果公司拒绝股东要求，股东知情权实现遇阻，股东可以依法提起知情权之诉。股东未履行前置程序，即向人民法院提起公司会计账簿查阅之诉的，应当裁定不予受理。《山东高院公司纠纷审判指南》第 63 条规定："有限责任公司股东起诉要求查阅公司会计账簿的，应具备以下条件，否则人民法院不予受理：(1)股东向公司提出书面查阅请求，公司拒绝提供查阅或在收到书面请求之日起十五日内未作答复；(2)有明确具体的查阅事项。股东有权查阅的会计账簿包括记账凭证和原始凭证。"《江西高院公司纠纷审判指南》第 53 条也作出了类似规定，"有限责任公司股东起诉要求查询公司会计账簿的，应具备以下条件，否则人民法院不予受理：(1)股东向公司提出书面查询要求，公司拒绝提供查询或在收到书面请求之日起十五日内未作答复；(2)有明确具体的查询事项。股东有权查询的会计账簿包括会计报表、记账凭证、原始凭证、审计报告、评估报告等"。《北京高院公司纠纷审判指南 2008》第 13 条规定："有限责任公司股东未履行《公司法》

第三十四条(现行《公司法》第三十三条。——笔者注)第二款规定的公司内部救济程序,直接向人民法院起诉要求行使会计账簿查阅权的,人民法院不予受理。”

如何认定股东履行了内部救济程序是司法实践中争议的焦点,主要集中于两方面:一是股东提出请求是否必须采取书面形式。法律明确规定股东应当以书面形式提出请求。对于以口头形式提出查阅请求,公司也认可的,是否可以认定股东履行了前置程序。法律之所以要求股东以书面形式提出查阅请求,无非是为了方便公司审查股东查阅目的和准备会计账簿。如果股东以口头形式清晰地表达了其查阅目的和范围,公司也认可的,则形式管制的目的已经实现,所以应当认定股东履行了前置程序,而不应拘泥于书面形式。二是股东是否必须亲自向公司提出查阅请求。实践中,股东委托律师以律师函的形式向公司提出查阅请求的情形较为常见。律师函体现了律师与股东之间的委托代理关系,律师接受股东委托,代为进行意思表示。因此,只要律师函清晰明确地表达了股东行使查阅权的目的和要求,就应当视为股东向公司提出了查阅请求。

对于公司必须置备的文件的查阅,虽然法律并未设定特定的前置程序,但股东亦应当以合理的方式通知公司,以便在合理的时间和地点查阅公司相关文件。股东未向公司请求查阅置备文件而直接提起诉讼的,人民法院也应当裁定不予受理。

二、股东知情权之诉前置程序案例分析

案例6:口头请求行使知情权是否满足前置程序的要求

陈国栋、蒋天凤与贵州万河房地产开发有限公司股东知情权纠纷案

[当事人]

原告:陈国栋、蒋天凤(二审被上诉人)

被告:贵州万河房地产开发有限公司(二审上诉人)

[案情简介]

贵州万河房地产开发有限公司(以下简称万河公司)成立于2002年4月,目前工商登记股东为李崇一、李玲玲、陈国栋、蒋天凤,持股比例分别为22%、40%、

19%、19%，法定代表人为李崇一。陈国栋、蒋天凤称万河公司一直未向股东分红，且公司涉嫌挪用资金及对外融资，欠下巨额债务，陈国栋、蒋天凤无法联系到李崇一和李玲玲两名股东，陈国栋、蒋天凤认为李崇一、李玲玲和万河公司的行为已经对其合法权益造成损害。于是，陈国栋和蒋天凤二人向万河公司口头提出查阅公司会计账簿的请求。2013 年 6 月万河公司形成了股东会决议，决议第 7 条载明："由股东陈国栋代表董事会组织贵州万河房开有限公司项目的清产核资、财务审计工作，尽快拿出股东分红方案。"对此，万河公司主张陈国栋、蒋天凤查阅账簿可能会损害公司利益。所以，万河公司一直未向陈、蒋二人提供会计账簿，未书面答复陈、蒋二人并说明理由，也未提供相应的证据证明陈国栋和蒋天凤查阅公司账簿的行为会损害公司的合法权益。陈国栋和蒋天凤二人遂向贵州省贵阳市中级人民法院提起股东知情权之诉。

陈国栋、蒋天凤向一审法院起诉请求：1. 判令万河公司和李崇一向陈国栋、蒋天凤提供 2008 年 4 月 8 日以来公司的全部会计账簿和会计凭证，供陈国栋、蒋天凤查阅；2. 请求法院委托相应机构根据万河公司和李崇一提供的财务账簿对万河公司的财务状况进行审计；3. 判令李崇一、李玲玲配合陈国栋、蒋天凤一起对万河公司进行清产核资；4. 本案的诉讼费用、审计费用由李崇一承担。万河公司辩称：陈国栋、蒋天凤应当按照上述法律之规定完成书面请求查阅公司会计账簿的前置条件，才能依法向人民法院请求救济。

一审法院经审理认为，根据《公司法》第 33 条第 2 款的规定，股东有查阅公司会计账簿的权利。万河公司的股东会决议里决定由股东陈国栋代表董事会组织清产核资、财务审计工作并拿出股东分红方案，故为完成该工作，公司应当向陈国栋提供会计账簿等财务资料。因此，实际上公司已经在当时即同意向陈国栋提供会计账簿等财务资料，但是万河公司一直未向其提供会计账簿。结合本案的实际情况，一审法院向万河公司指定 15 天期限，向一审法院答复是否向陈国栋、蒋天凤提供查阅，其未在期限内予以答复，视为其不同意提供查阅。并且，万河公司未能提供证据证明股东查阅会计账簿会损害公司的合法权益，故一审法院支持陈国栋、蒋天凤二人请求查阅公司会计账簿的诉讼请求。

万河公司不服该判决，向贵州省高级人民法院提起上诉。万河公司上诉请求：1. 撤销一审判决，改判驳回被上诉人的诉讼请求；2. 一、二审费用由被上诉人承担。被上诉人陈国栋、蒋天凤及原审被告李崇一、李玲玲均未提交答辩状。二审法院经审理认为，根据《公司法》第 33 条第 2 款的规定，公司股东享有知情权。万河公司始终未提供公司会计账簿供股东陈国栋、蒋天凤查询。在一审期间，一审法院已经指定了 15 天期限，要求万河公司决定是否向陈国栋、蒋天凤提供查阅，但万河公司未在期限内予以答复，视为其不同意提供查阅。此外，万河公司亦未举证证明陈国栋、蒋天凤行使股东知情权有不正当目的，可能损害公司利益。因此，万河公司拒绝股东行使知情权的行为违反诚实信用原则，故判决驳回万河公司的上诉请求，维持一审判决。

［案例分析］

本案的争议焦点：一是如何认定股东履行了知情权之诉的前置程序。二是二审法院以万河公司拒绝股东行使知情权的行为违反诚实信用原则为由维持原判决是否合理？三是陈国栋、蒋天凤能否查询 2008 年至 2012 年（该期间内二者不具有股东身份）的会计账簿？

一、股东知情权之诉的前置程序

结合案件事实情况与《公司法》第 33 条的规定，本案的争议焦点之一——股东知情权之诉的前置程序可细分为以下两个问题：一是陈国栋和蒋天凤提起股东知情权之诉的起诉条件是否成就？二是股东知情权之诉的前置程序的瑕疵能否补正？

（一）股东账簿查阅权的前置程序

公司两权分离经营模式的产生使公司的所有权与公司的管理权相互分离开来，公司的股东不直接参与公司的实际经营管理，公司经营管理层的人员并不当然拥有公司的股权。所以，股东的知情权是股东可以了解公司基本情况的唯一途径，也是实现其他股东权利的重要保障。目前我国现行《公司法》立法上并无股东知情权这一表述。我国《公司法》第 33 条规定："股东有权查阅、复制公司章程、股东会会议记录、董事会会议决议、监事会会议决议和财务会计报告。股东可以要求查阅公司会计账簿。股东要求查阅公司会计账簿的，应当向公司提出书面请求，说明目的。公司有合理根据认为股东查阅会计账簿有不正当目的，可能损害公司合法利益的，可以拒绝提供查阅，并应当自股东提出书面请求之日起十五日内书面答复股东并说明理由。公司拒绝提供查阅的，股东可以请求人民法院要求公司提供查阅。"股东享有了解和掌握公司经营管理等重要信息的权利，此为股东依法行使资产收益、参与重大决策和选择管理者等权利的重要基础。股东通过行使知情权对公司的经营收益、经营计划以及公司管理阶层等形成一个全面的了解。若是股东对公司现阶段的基本情况与信息完全不了解，或者仅仅获取了一部分信息而未形成一个全面的认识，则其在参与公司管理与决策时必定会承受因信息不对称的影响而作出错误决定的风险。在司法实践中，不少大股东凭借其优势地位控制公司，限制中小股东行使知情权，从而损害了中小股东的合法权益，因此《公司法》第33条的规定对于各位股东保护自身利益显得尤其重要。《公司法》第33条对股东知情权的范围、股东申请查阅会计账簿的前置程序以及公司拒绝提供查阅时的司法救济途径都作出了明确的规定，这些规定为有限公司股东保护自己的权益提供了明确的思路。从《公司法》第33条第2款的文义层面分析，股东请求查阅会计账簿被公司拒绝之后提起股东知情权之诉需要经历一系列前置程序：(1)请求查阅会计账簿的人必须具有股东身份；(2)提出书面申请并说明查阅会计账簿的目的；(3)公司拒绝提供查询并且未在股东提出书面请求之日起15日内书面答复股东并说明理由。《山东高院公司纠纷审判指南》第63条规定："有限责任公司股东起诉要求查阅公司会计账簿的，应具备以下条件，否则人民法院不予受理：(1)股东向公司提出书面查阅请求，公司拒绝提供查阅或在收到书面请求之日起十五日内未作答复；(2)有明确具体的查阅事项。股东有权查阅的会计账簿包括记账凭证和原始凭证。"《江西高院公司纠纷审判指南》第53条规定："有限责任公司股东起诉要求查询公司会计账簿的，应具备以下条件，否则人民法院不予受理：(1)股东向公司提出书面查询要求，公司拒绝提供查询或在收到书面请求之日起十五日内未作答复；(2)有明确具体的查询事项。股东有权查询的会计账簿包括会计报表、记账凭证、原始凭证、审计报告、评估报告等。"山东省高级人民法院与江西省高级人民法院发布的关于审理公司纠纷的审判指南都要求有限责任公司的股东请求查阅公司账簿必须书面提出请求和有明确具体的查阅事项，而且《公司法》第33条第2款采取的是强制性的规定("应当"而不是"可以")，这意味着股东请求查阅公司会计账簿必须要提出书面形式的申请并且说明查阅目的。只有满足以上三个条件，股东才符合提起股东知情权之诉的条件，否则不能提起股东知情权之诉。

(二)陈国栋和蒋天凤提起股东知情权之诉的起诉条件是否成就

在本案中陈国栋、蒋天凤作为万河公司的股东，自然享有《公司法》第33条第2款所规定的查阅公司会计账簿的权利，因此陈国栋和蒋天凤请求查阅公司自2008年4月8日以来的全部会计账簿和会计凭证并无不合理之处。公司会计账簿的内容主要反映了公司一定日期的财务状况及一定时期的经营成果而且具有秘密性，所以《公司法》第 33 条第 2 款不同于第 1 款的直接查阅，对于股东要求查阅公司会计账簿作出了特别的程序性规定，即查阅公司账簿之前应当向公司提出书面请求并说明目的。公司有合理根据认为股东查阅会计账簿有不正当目的，可能损害公司合法利益的，可以拒绝提供查阅，并应当自股东提出书面请求之日起 15 日内书面答复股东并说明理由。公司拒绝提供查阅的，股东可以请求人民法院要求公司提供查阅。由此可知，公司会计账簿其本身内容的特殊性、秘密性，使其与公司章程、股东会会议记录、董事会会议决议、监事会会议决议和财务会计报告相区别。在本案中，陈国栋和蒋天凤认为万河公司一直未向股东分红，且公司涉嫌挪用资金及对外融资，欠下巨额债务，自身的合法权益极有可能会因此受损，与此同时，李崇一、李玲玲两位股东也不知所终且无法联系。故笔者认为，陈国栋和蒋天凤提起查阅公司会计账簿的理由是充分且合理的。但是，陈国栋、蒋天凤二人向万河公司口头提出查阅公司会计账簿的请求，口头申请查阅会计账簿明显与《公司法》第 33 条第 2 款所规定的股东书面申请查阅公司账簿不相符合，而且会计账簿内容本身的特殊性使其很有可能会涉及公司的商业秘密，口头申请形式上过于随意，而且内容上口语化的语言有时会出现含义不够明确、模糊不清的情况。所以，书面申请更规范化且能直观地反映出股东的请求。

2013 年 6 月 10 日，万河公司作出股东会决议，决议第 7 条载明："经研究决定由股东陈国栋代表董事会组织贵州万河房开有限公司项目的清产核资、财务审计工作，尽快拿出股东分红方案。"根据该条决议，万河公司决定由股东陈国栋代表董事会组织清产核资、财务审计工作并拿出股东分红方案，故为完成该工作，公司应当向陈国栋提供会计账簿等财务资料(此为一审法院的观点)。万河公司在一审的审理过程中辩称自己之所以未向陈国栋和蒋天凤提供公司账簿的理由是允许陈国栋和蒋天凤查阅公司会计账簿会损害公司的合法权益。但是，万河公司未提交相应证据予以证明自己的辩解理由。由于本案从陈国栋、蒋天凤起诉至今，经历第一次一审、二审和第二次一审，直到现在已逾数年，万河公司始终未提供公司会计账簿供股东陈国栋、蒋天凤查询，而且万河公司在二审审理期间也未提交相应的证据证明上述二人有不正当目的。因此，笔者有理由怀疑万河公司根本就无法提供证据证明陈国栋和蒋天凤查阅公司会计账簿的行为可能会损害公司的合法权益，这仅仅是其不想提供会计账簿的借口。一审法院认为，股东会决议所载明的内容实际上已经表明公司在当时即同意向陈国栋提供会计账簿等财务资料，然而万河公司却一直未向陈国栋和蒋天凤二人提供会计账簿供二人查询,也未在股东提出请求查询之日的15日内书面答复陈国栋和蒋天凤说明理由。一审法院依据股东会决议内容进一步作出事实上的推论,于情理上能够自圆其说。但是,这种依据事实而推定出来的结果不符合《公司法》第33条第2款所规定的股东提起股东知情权之诉的前置程序。所以,笔者认为,一审法院跨过股东提出书面申请的步骤直接推定万河公司同意股东查阅公司账簿,此番论证与程序正义所要求的裁判过程公平和正义的精神相悖,实质正义固然重要,然而其与程序正义并不是完全割裂开来的关系,实质正义与程序正义两者之间存在一种相辅相成、相互影响的关系,程序正义对于结果正义的实现尤其是结果的接受发挥着重要的保证作用,而结果正义作为人们的规范性期望,又在很大程度上影响着对程序正义的感受。尤其在国人非常关注结果的现实环境中,程序正义与结果正义都对司法公信力产生着重要影响,唯有恪守程序正义,才能在社会公众的心目中树立司法权威,使社会公众都自愿服从法律、信服法律,加快实现法治社会的进程。综上所述,陈国栋和蒋天凤在提起股东知情权之诉时尚未满足《公司法》第33条第2款所规定的前置程序的三个条件,因此原审原告陈国栋和蒋天凤提起股东知情权之诉的起诉条件未成就。

(三)股东知情权之诉的前置程序瑕疵能否补正

在本案一审过程中,法院指定万河公司在15天期限内向一审法院答复是否向陈国栋和蒋天凤提供公司会计账簿供二人查阅。一审法院指定的15天期限届满之后万河公司仍未予以答复,一审法院视为其不同意提供查阅。《公司法》第33条只是对公司与股东之间的权利义务进行了分配,而未提及法院有权指定期限要求公司对于股东知情权之诉的诉讼请求限期答复,笔者对于一审法院的判决并不赞同。

目前,对于股东知情权之诉的前置程序瑕疵能否补正存在两种观点。第一种观点认为,《公司法》对股东查阅会计账簿设立了前置程序,目的是让公司对股东的查阅请求进行审查。股东如果没有履行前置程序就提起诉讼,但在诉讼过程中说明了查阅目的,则前置程序存在的瑕疵就可以得到救济,法院可以给公司15天的审查时间,公司如果在15天内同意了股东的查阅要求,则可以调解或者撤诉结案。如果公司不同意股东的查阅要求,则诉讼可以继续进行。司法实践中,有部分法院允许未说明查阅目的股东在诉讼过程中对前置程序瑕疵予以补正。例如,在常州金迪化工有限公司与常州化工研究所有限公司股东知情权纠纷案中,二审法院认为,对于前置程序瑕疵的弥补并不违反公司自治的立法本意。[①] 立法设立公司诉讼前置程序的旨意在于遵循公司自治原则，鼓励公司及其股东尽可能地通过内部治理结构来自行解决纷争，延后司法介入公司纠纷。在常州金迪化工有限公司（以下简称金迪公司）向常州化工研究所有限公司（以下简称化工研究所）发出查阅会计账簿申请后，化工研究所对金迪公司的申请未予回复，既未同意金迪公司的查阅申请，也未向金迪公司说明不同意查阅的理由。诉讼过程中，在金迪公司说明查阅目的后，化工研究所明确拒绝了金迪公司的查阅申请。由此可见，就金迪公司要求行使查阅权这一纠纷，双方已无法自行协商解决。换言之，金迪公司与化工研究所的纷争已无法通过公司内部治理结构来解决，此时，金迪公司要求司法介入并不违反公司自治的基本原则。对于前置程序瑕疵的弥补，应符合效率原则。在金迪公司说明查阅目的后，化工研究所依然拒绝了其查阅申请。据此，若以金迪公司履行前置程序不到位为由驳回其起诉，让金迪公司再次向化工研究所提出查阅申请、说明目的，其结果亦是可想而知的，金迪公司最终仍然需要通过诉讼程序实现自身的股东知情权。因此，对于前置程序瑕疵的弥补可以有效减轻当事人讼累，提高诉讼效率。第二种观点认为，前置程序作为《公司法》的强制性规定，股东行使此项权利时，必须严格遵守法律规定的程序。提起诉讼不能视为依法履行了前置程序，在诉讼中说明了查阅目的也不能救济前置程序存在的瑕疵。股东如果违反前置程序直接提起知情权诉讼，法院应当不予受理，受理之后也应当裁定驳回起诉。在罗红与湖南积美汇电子商务有限公司、谭谦股东知情权纠纷案中，一审法院认为，股东提起会计账簿查阅权之诉必须履行前置程序，存在前置程序瑕疵，则应驳回股东的起诉。[②] 本案中，原告罗红作为被告湖南积美汇电子商务有限公司（以下简称积美汇公司）的合法股东，其有权要求查阅、复制被告积美汇公司的有关资料。但《公司法》规定，股东提起账簿查阅权诉讼的前置条件是股东向公司提出了查阅的书面请求且公司拒绝提供查阅。该前置程序作为《公司法》的强制性规定，是股东行使知情权时必须严格遵守的法律规定的程序。现原告罗红未提交证据证明其在起诉前已向公司提出了查阅公司会计账簿的书面请求，未用尽公司内部救济途径，故其行

---

① 常州金迪化工有限公司与常州化工研究所有限公司股东知情权纠纷案，江苏省常州市中级人民法院（2017）苏04民终2782号民事判决书。

② 罗红与湖南积美汇电子商务有限公司、谭谦股东知情权纠纷案，湖南省浏阳市人民法院（2020）湘0181民初9536号民事裁定书。

使账簿查阅权存在前置程序瑕疵,应当依法驳回原告罗红关于要求查阅公司会计账簿的该项起诉。以上两个案例的争议焦点都是股东知情权之诉前置程序的瑕疵问题,同样的争议焦点,不同的法院判决不同。在常州金迪化工有限公司与常州化工研究所有限公司股东知情权纠纷案中,二审法院认为股东知情权之诉前置程序的瑕疵可以在诉讼过程中予以补正,但是要以尊重公司自治为前提,在公司内部已穷尽所有的救济途径且公司与股东双方的矛盾已达到不可调和、无法协商解决的情况下,法院以提高诉讼效率和免去诉讼当事人诉讼之累为出发点,判决可以对前置程序予以补正。在罗红与湖南积美汇电子商务有限公司、谭谦股东知情权纠纷案中,一审法院则严格恪守法律规范,认为《公司法》第 33 条第 2 款是强制性规范,股东行使知情权必须符合法定的条件,股东提出书面申请,公司明确予以拒绝或者超过法定期间而未作出任何回复,股东才能提起股东知情权之诉,否则不符合法律规定,应当裁定驳回起诉。

笔者认为,第一种观点存在以下缺陷:首先,依据第一种观点,股东只要在诉讼过程中说明了查阅的目的,则前置程序存在的瑕疵就可以得到补正,那么《公司法》第 33 条第 2 款规定的前置程序就形同虚设,因为股东可以任意选择是否履行前置程序,反正后续诉讼过程中可以进行二次补正。其次,公司会计账簿允许股东不说明查阅目的就可以查阅,那么公司如何判断股东查阅公司账簿是否具有不正当目的,以何依据进行判断?最后,法律规定的股东知情权直接保护的是股东的权益,虽从长远来说对公司是有益的,但是对公司的现任管理层来说完全是一种义务。股东要求查阅公司会计账簿等涉及公司秘密资料的行为在一定程度上是对现任管理层的敌对行为,从一定意义上说,公司的利益就是全体股东的利益,公司利益的保护比个别股东或部分股东的利益保护意义更大。如毫不约束股东查阅公司财务会计账簿等重要文件材料的权利,不仅会给公司带来极大负担,而且可能发生股东滥用权利,干扰正常的生产经营管理,最终危及公司利益的情况,所以《公司法》设置了股东行使查阅会计账簿权利及相应诉权的限制。如果允许以诉讼行使补救前置程序的瑕疵,实际上剥夺了公司在诉讼程序前对股东查阅请求所享有的自行审查和决策的权利,是对公司自治的侵犯,违背公司诉讼案件审理的基本原则。因此,第一种观点有违《公司法》第 33 条第 2 款的立法本意。第二种观点主张严格遵守法律所规定的前置程序,股东在前置程序中存在的瑕疵不能在后续诉讼过程中进行补正。笔者支持第二种观点,理由如下:首先,《公司法》属于私法,调整的是公司内部股东与股东之间，股东与公司之间以及公司与其他公司、个人之间的外部财产关系，未涉及公主体与私主体之间的权利义务分配。法院作为司法机关不应过多介入公司自治的范围当中去。本案的一审法院主动补正前置程序的行为会使其陷入于法无据、干涉公司自治等有失公正的局面。其次，立法者在《公司法》第33条制定之初必然会对法条背后的公司与股东的利益关系作出衡量，使二者的权利与义务处于一个平衡的状态，法院在案件审理过程依职权主动介入干涉股东与公司二者之间的法律关系当中，在陈国栋和蒋天凤两位股东未满足提起股东知情权之诉的前置条件的情况下，指定15天期限要求万河公司作出是否同意股东查阅的意思表示，此行为已全然打破了公司与股东之间的利益平衡状态，对公司来说有失公允，导致法院丧失依法裁判、居中裁判的立场，难以服众。最后，万河公司是有限责任公司，有限责任公司人合性的特点使股东与股东之间、股东与公司之间的关系相较于股份有限公司更为紧密，所以公司内部的纠纷与矛盾应先由公司内部消化解决，在穷尽公司内部的救济手段还未能解决纠纷之后，最后一条路才是寻求司法救济。《公司法》第33条第2款设定的目的就在于尊重公司自治，让公司在诉讼程序前对股东查阅请求享有自行审查和决定的权利，既保障股东在其查阅权受侵犯时有相应的救济途径，也防止股东滥用诉权。综上所述，笔者认为股东知情权之诉的前置程序瑕疵不能在诉讼过程予以补正，本案一审法院主动指定答复期限补正股东知情权之诉前置程序瑕疵的行为对于万河公司来说有失公平。

二、二审法院以万河公司拒绝股东行使知情权的行为违反诚实信用原则为理由维持原判决是否合理

二审法院以万河公司拒绝股东行使知情权的行为违反诚实信用原则为理由维持一审判决。本案从陈国栋、蒋天凤起诉至今，经历第一次一审、二审和第二次一审，直到现在已逾数年，万河公司始终未提供公司会计账簿供股东陈国栋、蒋天凤查询。在本次一审期间，一审法院已经指定了15天期限，要求万河公司决定是否向陈国栋、蒋天凤提供查阅，但万河公司未在期限内予以答复，视为其不同意提供查阅。此外，万河公司亦未举证证明陈国栋、蒋天凤行使股东知情权有不正当目的，可能损害公司利益。因此，万河公司拒绝股东行使知情权的行为违反诚实信用原则。陈国栋、蒋天凤行使知情权并不违反股东行使知情权的法律规定。首先，经过上文的分析，可得知陈国栋与蒋天凤两位股东提起股东知情权之诉的起诉条件并未成就，二审法院引用《公司法》第33条第2款的规定却不认真审查被上诉人是否

已履行了前置程序而是一笔带过，认为根据该规定公司股东享有知情权。其次，二审法院的论述已间接承认了一审法院主动补正股东知情权之诉前置程序瑕疵的行为符合法律的规定。最后，二审法院以万河公司亦未举证证明陈国栋、蒋天凤行使股东知情权有不正当目的，可能损害公司利益的行为违反诚实信用原则为理由进行判决令笔者不能信服。

《民法典》第7条规定："民事主体从事民事活动，应当遵循诚信原则，秉持诚实，恪守承诺。"此规定没有明确诚信原则的内涵以及运用方式和方法，含义是模糊抽象的。诚信原则脱胎于道德准则，是道德准则的法律化，因此诚信原则作为一项基本原则，它的内涵与外延不够明确具体，以其作为裁判依据进行审判极大可能会出现同案不同判的现象，而且会导致法官滥用自由裁量权的结果发生。并且法律原则作为整个法律体系当中顶端层面的规范，其作用更多倾向于一个宏观上的指引方向，这种宏观指向性由于其中的抽象和模糊因素而难以甚至无法直接适用于具体的司法实践中。另外，以法律原则为裁判依据需要裁判者具有深厚的司法素养和对各种法律规范灵活运用的能力，否则其很难将抽象模糊的法律原则具体化到个案裁判的过程中去，运用法律原则判案，法官将享有极大限度的自由裁量权，这对于我国这种成文法国家来说并不是一件好事。我国的法官擅长依据成文法进行裁判，在运用法律原则解释、说理和论证方面的训练远不及判例法国家，纵然有少数法官的个人素养和个人能力满足了以上要求，但是法官终究是一个人而不是冷酷无情的机器，人类所具有的情感、心理倾向和个人的生活经验等都会对法官在审理过程中的判断产生或多或少的影响，这是不能完全避免的。与此相反，法律规则相较于法律原则更加具体和详细，能够最大限度地限制法官自由裁量权的行使范围，保证判决结果的公平，提高诉讼效率，使法官能够以比较便捷的方式迅速完成论证说理的过程。本案中，二审法院以万河公司未举证证明陈国栋、蒋天凤行使股东知情权有不正当目的可能损害公司利益，万河公司拒绝股东行使知情权的行为违反诚实信用原则这一段论证过程并不够充分，只是短短数句话一带而过而未进行详细的解释和说理，不能使人信服。

三、陈国栋、蒋天凤能否查询2008年至2012年（该期间内二者不具有股东身份）的会计账簿

万河公司成立于2002年，二审被上诉人于2008年将其所有的万河公司股权转让给案外人员，2012年又从案外人员处收回原转让的股权，被上诉人在2008年至

2012年不具有股东身份。故,万河公司称其无权要求查阅在此期间的公司会计账簿。二审法院并不支持万河公司拒绝向股东提供查阅的理由。在司法实践中与此相反的裁判观点也有存在,如谢宇林与江苏凯地置业有限公司股东知情权纠纷案。该案一审法院认为,谢宇林于 2013 年 3 月 18 日受让谢超凡持有的江苏凯地置业有限公司(以下简称凯地公司)10% 的股权而成为凯地公司的股东。因此,谢宇林无权查阅其成为股东之前的公司经营管理情况的相关资料。该案的二审法院则认为,《公司法》规定股东享有对公司的知情权并未限制查阅文件的时间范围,亦未禁止继受股东查阅其加入公司前的财务会计报告、会计账簿等文件,股东在中途加入公司之后对其成为股东之前的基本情况与信息应予了解和掌握,属于股东的合理要求。如果拒绝继受股东行使对其加入公司前的公司信息的知情权,将导致股东获得的相关信息残缺不全,从而减损股东知情权的制度价值。① 笔者认为,正如本案二审法院所言,"企业的财务和经营状况是一个连续的过程,以往年度的财务状况是否客观真实,将对公司当前的财务和经营状况的真实性产生直接的影响"。况且陈国栋与蒋天凤二人在申请查询会计账簿时拥有股东身份,符合《公司法》第 33 条第 2 款所规定的申请查阅公司会计账簿的资格条件。故,陈国栋、蒋天凤可以查询万河公司 2008 年至 2012 年的会计账簿。

案例 7:股东向法院提起诉讼是否视为提出书面请求

汪琪与上饶市日达新能源有限公司股东知情权纠纷案

[当事人]

原告:汪琪(二审上诉人、再审被申请人)

被告:上饶市日达新能源有限公司(二审被上诉人、再审申请人)

[案情简介]

2016 年 10 月,上饶市日达新能源有限公司(以下简称日达新能源公司)的股东邱璐将其所占有的 30% 的股权转让于汪琪,同日日达新能源公司召开股东会议确认,汪琪为公司新的股东,所占股份为 30%。后汪琪与公司发生纠纷,曾向公司口

① 谢宇林与江苏凯地置业有限公司股东知情权纠纷案,江苏省泰州市中级人民法院(2018)苏 12 民终 946 号民事判决书。

头申请查阅和复制 2014 年至 2017 年的公司章程、股东会会议记录、董事会会议记录、监事会会议记录、财务会计报告、会计账簿和会计凭证，但遭到日达新能源公司的拒绝。故向上饶市信州区人民法院提起诉讼。

汪琪向一审法院起诉请求：1. 判令日达新能源公司向汪琪提供 2014 年 9 月 3 日至 2017 年 4 月 25 日的公司章程、股东会会议记录、董事会会议记录、监事会会议记录和财务会计报告供原告查阅和复制；2. 提供 2014 年 9 月 3 日至 2017 年 4 月 25 日的会计账簿（包括总账、日账、明细账和其他辅助性账簿）和会计凭证（含记账凭证、相关原始凭证及原始凭证入账备查的相关资料）供汪琪查阅。一审法院认为，按照《公司法》第 33 条的规定，本案中汪琪虽然口头上向日达新能源公司有关工作人员口头提出过要求查阅相关资料，但未有证据能够证明其正式以书面申请的方式向公司提出要求查阅、复制公司经营的内部相关资料。鉴于汪琪未完善书面申请手续，按照《公司法》的有关规定，公司可以拒绝其行使查阅权和复制权。故一审法院对汪琪提出的诉请不予支持。

汪琪不服一审判决提起上诉，请求依法撤销一审法院民事判决书并支持其一审诉讼请求。二审法院认为，汪琪系日达新能源公司股东，依据《公司法》第 33 条的规定，其有权查阅、复制公司章程、股东会议记录、董事会会议记录、监事会会议记录、财务会计报告和公司会计账簿。虽然汪琪提供的证据尚不足以证明其在起诉前已经向公司提出了书面的请求，但直接通过向人民法院提起诉讼的方式，也可以认定为向公司提出了书面请求，日达新能源公司在收到相关诉讼材料之日起 15 日内没有提出书面理由，认为股东查阅会计账簿有不正当目的，可能损害公司合法利益的，将不得拒绝其请求。

日达新能源公司申请再审称，二审法院剥夺其诉讼权利，请求再审撤销二审判决，改判驳回汪琪的全部诉讼请求。再审过程中，日达新能源公司称，汪琪应先行寄送书面申请、公司拒不配合查询，汪琪方能向法院提起诉讼，诉讼期间补寄申请书不能视为事先向公司提交申请的主张。经再审查明，二审过程中双方当事人均未提出新的事实、证据或理由，合议庭经过阅卷认为不需要开庭审理的，可以不开庭审理，不存在应传票传唤日达公司的情形，也不存在剥夺日达新能源公司诉讼权利的情形。再审法院认为，再审期间汪琪通过邮寄的方式向日达新能源公司提出书面申请后，日达新能源公司拒绝签收、拒绝提供查阅，且未能提出合理根据。因此，汪琪向要求日达公司提供查阅的主张于法有据，应予支持。

[案例分析]

本案的争议焦点：一是口头请求行使知情权是否符合前置程序的要求？二是股东向法院提起诉讼是否视为提出书面请求？三是诉讼期间股东提出书面申请是否可以补正前置程序的瑕疵？

一、口头请求行使知情权是否符合前置程序的要求

汪琪曾向日达新能源公司提出口头申请，要求查阅和复制2014年9月3日至2017年4月25日的公司章程、股东会会议记录、董事会会议记录、监事会会议记录和财务会计报告，2014年9月3日至2017年4月25日的公司会计账簿（包括总账、日账、明细账和其他辅助性账簿）和会计凭证（含记账凭证、相关原始凭证及原始凭证入账备查的相关资料），但遭到日达新能源公司的拒绝。那么股东口头请求行使知情权是否符合法律规定呢？《公司法》第33条规定："股东有权查阅、复制公司章程、股东会会议记录、董事会会议决议、监事会会议决议和财务会计报告。股东可以要求查阅公司会计账簿。股东要求查阅公司会计账簿的，应当向公司提出书面请求，说明目的。公司有合理根据认为股东查阅会计账簿有不正当目的，可能损害公司合法利益的，可以拒绝提供查阅，并应当自股东提出书面请求之日起十五日内书面答复股东并说明理由。公司拒绝提供查阅的，股东可以请求人民法院要求公司提供查阅。"《公司法》第33条第1款并未规定股东申请查阅、复制公司章程、股东会会议记录、董事会会议决议、监事会会议决议和财务会计报告应当采取何种形式，从私法自治角度观察，该条款赋予了股东选择请求形式的自由，因此股东可以口头申请查阅、复制公司章程、股东会会议记录、董事会会议决议、监事会会议决议和财务会计报告。《公司法》第33条第2款使用了"应当"而不是"可以"，这意味着股东请求查阅公司会计账簿必须履行前置程序，提出书面形式的申请并且说明查阅目的。《山东高院公司纠纷审判指南》和《江西高院公司纠纷审判指南》也都要求股东行使账簿查阅权必须首先向公司提出书面申请。[①] 基于公司会计账簿本身的

---

① 《山东高院公司纠纷审判指南》第63条规定："有限责任公司股东起诉要求查阅公司会计账簿的，应具备以下条件，否则人民法院不予受理：（1）股东向公司提出书面查阅请求，公司拒绝提供查阅或在收到书面请求之日起十五日内未作答复；（2）有明确具体的查阅事项。股东有权查阅的会计账簿包括记账凭证和原始凭证。"《江西高院公司纠纷审判指南》第53条规定："有限责任公司股东起诉要求查询公司会计账簿的，应具备以下条件，否则人民法院不予受理：（1）股东向公司提出书面查询要求，公司拒绝提供查询或在收到书面请求之日起十五日内未作答复；（2）有明确具体的查询事项。股东有权查询的会计账簿包括会计报表、记账凭证、原始凭证、审计报告、评估报告等。"

特性,其内容主要反映了公司一定日期的财务状况及一定时期的经营成果,可能会涉及商业秘密,若是允许股东通过口头的形式随意请求查阅公司会计账簿,恐会对公司造成严重的不利后果,并且口头申请形式上过于随意,申请的内容上口语化的语言有时会出现含义不够明确、模糊不清的状况,对于后续证据的收集和证据真实性的判断也会造成阻碍。所以,书面申请相较于口头申请更加规范化,股东在申请查阅会计账簿的同时需要说明查阅的目的,以书面的形式提出申请能够清晰地判断股东查阅会计账簿的目的是否符合《公司法》第 33 条第 2 款的规定。综上所述,股东在请求查阅和复制公司章程、股东会会议记录、董事会会议决议、监事会会议决议和财务会计报告时可以提出口头申请,而在请求查阅会计账簿时必须提出书面申请并说明目的。

本案中,汪琪口头向日达新能源公司提出申请,要求查阅公司相关资料。一审法院认为,公司股东对公司内部经营资料有查阅权和复制权,但股东必须向公司提供书面申请,其并未区分《公司法》第 33 条第 1 款和第 2 款的不同规定,属于对法律规定的误读。汪琪有权口头请求查阅公司章程、股东会会议记录、董事会会议记录、监事会会议记录和财务会计报告,但口头要求查阅公司会计账簿属于未依法履行前置程序。

二、股东向法院提起诉讼是否视为提出书面请求

二审法院认为,虽然汪琪提供的证据尚不足以证明其在起诉前已经向日达新能源公司提出了书面请求,但直接通过向人民法院提起诉讼的方式,也可以认定为向日达新能源公司提出了主张股东知情权的书面请求,在相关诉讼材料送至日达新能源公司时,其知情权请求对日达新能源公司发生法律效力。日达新能源公司申请再审称,二审法院判决认定的基本事实缺乏证据证明、适用法律确有错误。在汪琪未履行法律规定的前置程序即向公司提供书面的查阅会计账簿申请并说明理由之前,日达新能源公司有权拒绝其请求,人民法院亦应当严格按照法律的规定保障公司、股东的权益。日达新能源公司的再审申请直指二审法院确认的书面请求认定规则——"直接通过向人民法院提起诉讼的方式,也可以认定为向公司提出了书面请求"。笔者认为,二审法院这一书面请求认定规则是对法律的扩张解释,但其扩张解释不符合立法目的。股东向法院提起诉讼不应视为提出书面请求,理由如下:

根据《公司法》第 33 条规定的有限责任公司股东行使知情权的范围、行使方式和前置程序可知，该条并未规定股东向人民法院提起诉讼请求的方式视为向公司提出了书面请求。因此，二审法院的书面请求认定规则属于对该法条的扩大解释。在司法实践中，具体个案纠纷的复杂性和社会性会使其与法律规范之间存在一定的距离，尤其是在法律规则的模糊区域。法院在审理过程中需要将高度抽象概括的法律规范与具体的案件情况相结合，通过解释法律、应用法律以解决当事人之间的纠纷，从而实现法律定分止争的实践功能。法院解释法律必须合乎立法目的，不能基于自身价值判断而作出有利于一方而不利于另一方的解释。关于《公司法》第33条的立法目的，我们从两方面去探求：一是《公司法》第33条的立法理由和条文本身，二是与《公司法》第33条相关的司法裁判。

就前者而言，《公司法》系团体法。从团体法的基本原则出发，公司自治应当成为《公司法》的基本原则。据此，凡是能够通过内部程序解决公司内部争议的，则司法不应介入。循着这一思路观察《公司法》第33条，其设置前置程序的目的就在于尊重公司自治原则和节省司法资源，指引股东尽可能先通过公司的内部协商讨论自行解决纠纷，外部的司法救济则作为股东知情权救济的最后手段。至于对《公司法》第33条书面请求的理解，关键在于“向公司提出书面请求”，这意味着接受书面申请的当事人为公司。除了公司之外，谁可以代表公司呢？根据现行立法，公司相关机构及其工作人员可以代表或者代理公司。第一，法定代表人。与其他国家不同，我国实行法定代表人制度，由符合条件的自然人担任公司法定代表人，[①]代表公司进行民事活动和民事诉讼活动。《民法典》第61条规定：“依照法律或者法人章程的规定，代表法人从事民事活动的负责人，为法人的法定代表人。法定代表人以法人名义从事的民事活动，其法律后果由法人承受。法人章程或者法人权力机构对法定代表人代表权的限制，不得对抗善意相对人。”《民法典》第504条规定：“法

① 法定代表人的任职资格较之董事、监事、高级管理人员更为严格。《企业法人法定代表人登记管理规定》第4条规定：“有下列情形之一的，不得担任法定代表人，企业登记机关不予核准登记：（一）无民事行为能力或者限制民事行为能力的；（二）正在被执行刑罚或者正在被执行刑事强制措施的；（三）正在被公安机关或者国家安全机关通缉的；（四）因犯有贪污贿赂罪、侵犯财产罪或者破坏社会主义市场经济秩序罪，被判处刑罚，执行期满未逾五年的；因犯有其他罪，被判处刑罚，执行期满未逾三年的；或者因犯罪被判处剥夺政治权利，执行期满未逾五年的；（五）担任因经营不善破产清算的企业的法定代表人或者董事、经理，并对该企业的破产负有个人责任，自该企业破产清算完结之日起未逾三年的；（六）担任因违法被吊销营业执照的企业的法定代表人，并对该企业违法行为负有个人责任，自该企业被吊销营业执照之日起未逾三年的；（七）个人负债数额较大，到期未清偿的；（八）有法律和国务院规定不得担任法定代表人的其他情形的。”

人的法定代表人或者非法人组织的负责人超越权限订立的合同,除相对人知道或者应当知道其超越权限外,该代表行为有效,订立的合同对法人或者非法人组织发生效力。"《民事诉讼法》第48条第2款规定:"法人由其法定代表人进行诉讼。其他组织由其主要负责人进行诉讼。"《企业法人登记管理条例》第11条规定:"登记主管机关核准登记注册的企业法人的法定代表人是代表企业行使职权的签字人。法定代表人的签字应当向登记主管机关备案。"《公司法》第13条规定:"公司法定代表人依照公司章程的规定,由董事长、执行董事或者经理担任,并依法登记。公司法定代表人变更,应当办理变更登记。"上述规定表明,公司法定代表人在公司内部负责组织和领导生产经营活动,对公司的生产经营和管理全面负责,并接受本公司全体成员和有关机关的监督;对外代表公司,有权处理公司的一切民事活动和民事诉讼活动。股东依法行使公司账簿查阅权,涉及股东与公司的关系,当然属于法定代表人职权范围之事。因此,公司的法定代表人可以代表公司接收股东行使知情权的书面申请。第二,董事会。根据《公司法》的基本原理,董事会作为公司的执行机构,对内负责公司经营管理,对外代表公司。必须注意的是,董事会的权利是董事会集体的权利,任何董事未经合法授权,不得以个人名义行使董事会的权利。未经公司章程规定或者董事会的合法授权,任何董事不得以个人名义代表公司或者董事会行事。董事以其个人名义行事时,在第三方会合理地认为该董事在代表公司或者董事会行事的情况下,该董事应当事先声明其立场和身份。但是如果公司董事分管股东与公司关系事务,则另当别论,应将董事归入公司工作人员。因此,股东向公司董事会提出申请也应属于向公司提出申请。第三,公司代理人。《民法典》第161条第1款规定:"民事主体可以通过代理人实施民事法律行为。"公司在日常经营管理过程中,可以委托代理人处理公司事务。如果公司委托代理人负责处理公司与股东的关系事务,则股东向公司的代理人提出行使知情权的书面申请也属于向公司提出书面申请的情形。第四,公司工作人员。实践中,公司委托代理人处理公司股东权益事项的情形并不多见,更多的是由公司工作人员处理股东权益事项。问题在于公司的工作人员接收了股东行使知情权的书面申请是否属于股东履行了前置程序呢?对此可以从职务代理角度分析。《民法典》第170条规定:"执行法人或者非法人组织工作任务的人员,就其职权范围内的事项,以法人或者非法人组织的名义实施民事法律行为,对法人或者非法人组织发生效力。法人或者非法人组织对执行其工作任务的人员职权范围的限制,不得对抗善意相对人。”对于负责公司文件收发的工作人员，如收发室或者行政办公室工作人员，其收发文件属于职务代理，其行为效果当然归属于公司，因此负责公司文件收发的工作人员接收了股东行使账簿查阅权的书面申请属于股东履行了前置程序的情形。对于公司专门负责股东或者投资者事务的工作人员，如董事会秘书，其收到股东账簿查阅权的申请属于股东履行了前置程序的情形。由此可见，股东向公司、法定代表人、董事会、公司代理人、特定职务的公司工作人员提出查阅公司会计账簿的书面申请均属于履行了前置程序。据此，凡不是向公司提出的知情权行使书面申请，均为无效的书面申请。本案中，汪琪不是向公司提出书面申请而是向法院提起诉讼，是否属于履行了前置程序呢？从上述分析不难看出，接收起诉状的是人民法院，而人民法院作为审判机关当然不是日达新能源公司的法定代表人、董事会、公司代理人、特定职务的公司工作人员，因而汪琪的起诉行为不能视为履行了知情权行使的前置程序。虽然起诉状将送达日达新能源公司，但这并非向达新能源公司提出的账簿查阅申请，而是向人民法院提出的保护其账簿查阅权的诉讼请求。

就后者而言，需要观察法院对《公司法》第33条适用的诸多裁判，审视活法。尽管法官在审判过程中不宜机械性地适用法律解决纠纷，但是法律规则本身所具有的稳定性要求法官在审判过程中严格适用法律条文，特殊情况下才能为平衡各方当事人的利益对法律规范中概括和模糊的部分作出合理的法律解释。《公司法》第33条自其制定之始至今已有十几年的历史，极少有法院作出类似本案二审法院的解释，这不是偶然的，而是诸多法院均认为将提起诉讼视为提出书面请求，有可能架空《公司法》第33条。因而，二审法院在股东未正式向公司提交书面申请的前提下直接将股东向法院提请诉讼请求等同于股东向公司提交书面申请，过于注重保护股东的知情权，忽视了法律价值平衡，导致《公司法》第33条所规定的前置程序形同虚设。实体法规范通常既是裁判规则，又是行为规范。法院对法律规范的解释直接影响着民事主体对法律的理解。从这种意义上说，法院对法律的扩张解释发挥着造法的功能。本案二审法院关于股东知情权书面请求认定规则事实上改变了民事主体对书面请求的理解。虽然案例并非法律渊源，但不能忽视其指引作用，一方面其足以影响股东如何行使知情权，另一方面最高人民法院发布的典型案例会对其他法院产生指导作用。

综上所述，汪琪向人民法院提起诉讼不能视为其履行了行使公司会计账簿查阅权的前置程序。

三、诉讼期间股东提出书面申请是否可以补正前置程序的瑕疵

本案一审、二审中，日达新能源公司的股东汪琪均未能提供充分证据证明其已经以书面形式向日达新能源公司提出查阅公司会计账簿的要求并遭公司拒绝的事实，故其要求日达新能源公司提供会计账簿以供查阅的诉讼请求尚未履行前置程序，法院不予支持。但在再审中，汪琪向日达新能源公司提交了书面申请请求查阅、复制公司经营的内部相关资料，日达新能源公司拒绝签收，拒绝提供查阅且未能提出合理根据。日达新能源公司辩称，汪琪应先行寄送书面申请、公司拒不配合查询，汪琪方能向法院提起诉讼，诉讼期间补寄申请书不能视为事先向公司提交申请的主张。因此，汪琪诉讼期间提出行使股东账簿查阅权的书面申请是否可以补正前置程序瑕疵成为再审的争议焦点。

《公司法》第33条规定："股东可以要求查阅公司会计账簿。股东要求查阅公司会计账簿的，应当向公司提出书面请求，说明目的。公司有合理根据认为股东查阅会计账簿有不正当目的，可能损害公司合法利益的，可以拒绝提供查阅，并应当自股东提出书面请求之日起十五日内书面答复股东并说明理由。公司拒绝提供查阅的，股东可以请求人民法院要求公司提供查阅。"《公司法司法解释四》第7条第1款规定："股东依据公司法第三十三条、第九十七条或者公司章程的规定，起诉请求查阅或者复制公司特定文件材料的，人民法院应当依法予以受理。"根据上述规定，股东只有查阅会计账簿才有前置程序的要求。但是在特定情形下，股东能否以特定方式补正其未履行前置程序的瑕疵呢？履行前置程序，是股东穷尽了内部救济的外在表现。如果股东与公司、公司实际控制人的利益冲突已达到不可调和的地步，一味强调法律规定的前置程序只会徒增双方当事人的诉讼之累，浪费司法资源。本案中再审法院认为，即使汪琪重新诉讼提出与本案相同的诉请，因日达新能源公司已经拒绝提供查阅，汪琪的诉请同样可以支持，为避免当事人受诉讼之累，维持二审判决的结果。从再审法院的判决理由可以得知，法院努力在司法干预与公司自治之间寻求一条平衡之道，公司内部股东之间、公司与股东之间各方的利益互相牵扯，法院在审判过程中必须对各方的利益予以平衡，既不能放任公司与股东之间的矛盾冲突加剧也不能利用司法权力过多干涉公司自治。目前，我国法院在审理股东知情权之诉的案件时，对《公司法》第33条所规定的前置程序是否成就的审查存在对法律规定的灵活适用和严格适用两种裁判思路。

支持灵活适用《公司法》第33条所规定的前置程序的法院，认为前置程序瑕疵

可以予以补正。在上海满辰酒店管理有限公司与亚维莉(上海)餐饮有限公司股东知情权纠纷案中,上海满辰酒店管理有限公司(以下简称满辰公司)于2017年6月14日通过圆通速递向亚维莉(上海)餐饮有限公司(以下简称亚维莉公司)寄送了查阅公司资料申请书,并载明了查阅目的;满辰公司于2017年6月21日向法院递交诉状,未满15日,程序确有瑕疵。在一审法院组织该案诉前调解乃至证据交换过程中,亚维莉公司明确表示不同意满辰公司的诉讼请求。一审法院认为,《公司法》设置前置程序的目的在于尊重公司自治,让公司在诉讼程序前对股东查阅请求享有自行审查和决定的权利;该案正式立案之前有三个多月的诉前调解阶段,为免增加当事人不必要的讼累,满辰公司的前置程序瑕疵已经得到弥补。二审法院同样认为,《公司法》第33条规定的"十五日内书面答复股东",目的是促使公司及时回应股东行使知情权的诉求。若公司已经对股东的知情权诉求予以拒绝,则股东有权以诉讼方式请求行使股东知情权,而无须以答复期限作为前置条件。[①] 在常州金迪化工有限公司与常州化工研究所有限公司股东知情权纠纷案中,二审法院同样认为,对于股东前置程序的瑕疵可以补正。常州金迪化工有限公司与常州化工研究所有限公司的纷争已无法通过公司内部治理结构来解决,此时,常州金迪化工有限公司以诉讼要求司法介入并不违反公司自治的基本原则。[②] 换言之,只要对股东行使知情权前置程序的瑕疵补正,不与公司自治的立法本意相互冲突,且符合效率原则,可以有效减轻当事人讼累,提高诉讼效率,就应当予以认可。在胡扬与深圳市永祥测控技术有限公司股东知情权纠纷案中,法院认为,"原告起诉前曾通过微信等方式向被告请求查阅'账目',虽其未明确该'账目'包括会计账簿,也未明确说明目的,在履行法律规定的前置程序中存在瑕疵,但其在本案诉讼过程中已明确其请求查阅会计账簿,并说明其目的在于了解公司经营状况,对前置程序瑕疵进行了弥补,而被告也未举证证明原告查阅会计账簿存在可能损害公司利益的不正当目的,在此情形下,为避免当事人诉累,本院对原告关于查阅会计账簿的请求予以支持"。[③] 上述列举的案件在前置程序上都存在瑕疵,主要分为以下三种类型:一是公

---

① 参见上海满辰酒店管理有限公司与亚维莉(上海)餐饮有限公司股东知情权纠纷案,上海市第二中级人民法院(2018)沪02民终6904号民事判决书。

② 参见常州金迪化工有限公司与常州化工研究所有限公司股东知情权纠纷案,江苏省常州市中级人民法院(2017)苏04民终2782号民事判决书。

③ 参见胡扬与深圳市永祥测控技术有限公司股东知情权纠纷案,广东省深圳市南山区人民法院(2019)粤0305民初21498号民事判决书。

司答复查阅申请的期限尚未届满，即不满足《公司法》第33条所规定的“15日”；二是股东在诉讼期间向公司提交了书面申请；三是股东申请查阅时未说明查阅范围和目的。法院的裁判理由大致相同，在尊重公司自治的同时，追求司法效率。虽然股东在提出查阅公司会计账簿书面申请方面存在瑕疵，但公司拒绝股东查阅公司会计账簿，即使驳回股东的诉讼请求，股东在适当履行前置程序之后依然可以再次提起股东知情权之诉，这只会增加当事人的诉讼负担。因此，满足特定条件时，股东行使知情权的前置程序瑕疵应当认定已经得到补正。

支持严格适用《公司法》第33条所规定的前置程序的法院，认为前置程序瑕疵不可以补正。在罗红与湖南积美汇电子商务有限公司、谭谦股东知情权纠纷案中，法院认为，《公司法》规定的股东提起账簿查阅权诉讼的前置条件属于强制性规定，是股东行使知情权时必须严格遵守的法律规定的程序。现原告未提交证据证明其在起诉前已向公司提出了查阅公司会计账簿的书面请求，未用尽公司内部救济途径，故其行使账簿查阅权存在前置程序瑕疵，依法驳回起诉。[①] 在王震华与重庆荣骄机械设备有限公司股东知情权纠纷案中，法院认为，股东知情权前置程序存在瑕疵可否通过诉讼程序救济的问题，涉及股东知情权与商主体自治权的利益权衡。《公司法》在赋予股东知情权的同时，也赋予了公司审查其申请查阅目的的权利，只有在股东寻求内部救济失效的情况下，司法才可以进行实体性干预。股东未提出书面请求，公司不可能知道并进而决定是否同意股东的请求。股东虽然在诉讼中明确申请查阅的目的，但司法不应直接审查本属于商主体自治权的事项，只有在其不履行或怠于履行时才有介入的必要。故从市场经济秩序及司法成本的角度，上述前置程序瑕疵不能通过诉讼程序救济，对原告该项诉请不予支持。[②] 法院的裁判思路大致相同：在尊重公司自治的基础上，节约司法成本。股东必须在穷尽内部救济的情况下才能提起诉讼，否则要么裁定驳回起诉，要么判决驳回诉讼请求。

仔细审视上述两类不同裁判结果的案件可以发现，其实结果并没有表面看起来那么大的差异。两类案件均关注了两点：一是《公司法》第33条第2款的性质和立法目的。二是前置程序瑕疵的严重程度。首先，《公司法》第33条第2款是否属

---

① 罗红与湖南积美汇电子商务有限公司、谭谦股东知情权纠纷案，湖南省浏阳市人民法院（2020）湘0181民初9536号民事裁定书。

② 王震华与重庆荣骄机械设备有限公司股东知情权纠纷案，重庆市荣昌区人民法院（2018）渝0153民初5641号民事判决书。

于强行法规范,似乎并无异议。不过笔者认为,这一界定尚不够准确,该条款属于半强制性规范,通过对账簿查阅权前置程序的规定旨在实现公司自治和股东知情权的平衡,当然允许公司作出与该条款不同的规定。如果公司章程对股东行使账簿查阅权的要求更低则应当尊重公司自治,若公司章程对股东行使账簿查阅权的要求更高则应当适用该条款。从这种意义上说,支持灵活适用《公司法》第 33 条所规定的前置程序的裁判观点关于该条款立法目的的解释更为合理。其次,两类案件的裁判事实上均考虑了前置程序瑕疵的严重程度。虽然上述两类案件的裁判中均未明确分析前置程序瑕疵的严重程度,但依然可以清晰地发现前置程序瑕疵程度的差异,支持瑕疵补正的案件中前置程序瑕疵通常较为轻微,至少股东已经发出了书面请求,只是公司审核请求的期限未届满或者请求内容不完整;支持瑕疵不予补正案件中前置程序瑕疵严重,根本就没有发出书面申请。即使将根本未履行前置程序的案件交由支持灵活适用《公司法》第 33 条所规定的前置程序的法院审理,恐怕也不会支持瑕疵补正。综上所述,从《公司法》第 33 条第 2 款的性质和立法目的出发,股东行使账簿查阅权时已经向公司提出书面请求,但存在轻微瑕疵,可以通过合理的方式予以补正;如果股东根本未提出书面请求,则该瑕疵无法补正,除非公司对此不持异议。

本案一审、二审期间,没有证据表明汪琪向日达新能源公司提出了查阅公司会计账簿的书面申请,应当裁定驳回该项起诉或者判决驳回该项诉讼请求。本案再审审理期间,汪琪向日达新能源公司寄送了申请查阅日达新能源公司相关公司资料的书面申请,试图弥补其前置程序瑕疵。再审法院从当事人之间的关系和减少当事人讼累的角度考虑,支持了汪琪的诉讼请求,事实上认定前置程序瑕疵已经补正。客观而言,再审法院的裁判具有良好的社会效果,应予赞同,但从立法目的出发,笔者倾向于本案中前置程序瑕疵的补正不应予以认定。

总之,法院在审理股东知情权之诉前置程序瑕疵的案件时原则上应严格审查股东是否已履行法律规定的前置程序。股东未履行前置程序的,法院应当裁定驳回起诉或者判决驳回诉讼请求。股东可在全面适当履行前置程序后,再就股东知情权纠纷向法院提起诉讼。在股东已经向公司提出了行使知情权的书面请求但存在轻微瑕疵的情形下,如果股东主动在诉讼期间补正该等瑕疵,在尊重公司自治和股东知情权的前提下,为避免诉累可以支持股东要求行使知情权的诉讼请求。

案例8：股东查阅、复制公司章程、财务会计报告等是否受前置程序和公司内部规定的限制

黄万龙与张家口市万龙运动旅游有限公司股东知情权纠纷案

[当事人]

原告：黄万龙（二审上诉人）

被告：张家口市万龙运动旅游有限公司（二审被上诉人）

[案情简介]

张家口市万龙运动旅游有限公司（以下简称万龙公司）由3位自然人股东梁衍平、罗力、黄万龙于2003年共同出资设立。2018年8月17日，受黄万龙委托，北京华沛德权律师事务所赵新春律师向万龙公司发送律师函，通知万龙公司向黄万龙提供自公司成立以来的公司章程（包括章程修正案）、股东会会议记录、董事会会议记录、监事会会议决议、财务会计报告、公司会计账簿（含总账、明细账等）和会计凭证（含记账凭证、原始凭证及其附件等）供黄万龙查阅和复制。万龙公司收到律师函后，于2018年8月23日向黄万龙进行回复，要求黄万龙根据《公司法》第33条的规定向万龙公司提出书面申请并说明理由。此后，黄万龙未向万龙公司出具书面申请和说明理由，直接向一审法院提起诉讼。

黄万龙向一审法院起诉请求：1. 判令万龙公司提供自2003年6月20日起至判决生效之日止的公司章程（包括章程修正案）、股东会会议记录、董事会会议决议、监事会会议决议和财务会计报告，供黄万龙进行查阅和复制；2. 判令万龙公司提供自2003年6月20日起至判决生效之日止的公司会计账簿（含总账、明细账、日记账及其他辅助性账簿）和会计凭证（含记账凭证、原始凭证及作为原始凭证附件入账备查的有关资料），供黄万龙查阅；3. 判令万龙公司承担本案诉讼费。一审法院认为，黄万龙作为万龙公司股东，享有股东知情权，可以依照《公司法》相关规定查阅账簿及有关资料。但黄万龙作为公司股东，应负有维护公司及其他股东利益的责任。根据《公司法》第33条第2款的规定，黄万龙向万龙公司发送律师函，要求查阅会计账簿及公司章程等相关资料，万龙公司回复要求黄万龙提出书面申请并说明理由，符合法律规定，并不构成对黄万龙要求查阅公司账簿及相关资料的拒绝。黄万龙应依照《公司法》的规定行使股东知情权，其向一审法院提起股东知情权诉

讼,于法不符,对其请求不予支持。黄万龙不服一审判决,向河北省高级人民法院提起上诉。

黄万龙的上诉请求为:1. 依法撤销一审判决;2. 改判支持其一审诉讼请求;3. 诉讼费由万龙公司负担。被上诉人万龙公司答辩称,万龙公司自成立至今从未拒绝或者阻止黄万龙查阅公司相关资料。2017 年黄万龙前往万龙公司处查阅相关审计报告,万龙公司配合,万龙公司收到黄万龙律师函后书面回函,要求提供书面申请,并说明理由,该行为不应当被认定为从实质上拒绝黄万龙查阅相关资料或者行使股东知情权的请求。二审庭审过程中,万龙公司表示,依据公司内部规定,无论是依据《公司法》第 33 条第 1 款还是第 2 款规定行使股东知情权均应向公司提出书面申请。

二审法院认为,根据《公司法》第 33 条第 1 款的规定,黄万龙作为万龙公司股东,有权查阅和复制上述文件以便于其行使股东知情权,且该权利的行使并不受公司内部规定和其他程序的限制,一审法院对此问题的认定适用法律错误,应予纠正。虽然黄万龙并未以自己的名义直接向万龙公司提出书面请求并说明目的,但该法律规定上述前置程序的目的应是规范股东查阅对公司较为重要的会计账簿的行为,并为公司档案留存相应书面材料,因此对该前置程序的理解不应过于僵化,在本案中黄万龙委托律师向万龙公司发送律师函的行为也应视为履行了上述前置程序规定。此外,万龙公司未提出黄万龙查阅会计账簿具有不正当目的,更未就此提供相应的证据。综上,本案中黄万龙要求查阅会计账簿和会计凭证的诉讼请求符合法律规定,应予支持。

[案例分析]

本案的争议焦点:一是股东查阅、复制公司章程、财务会计报告等是否受前置程序和公司内部规定的限制?二是股东委托律师向公司发出要求行使查阅权的律师函是否属于书面请求?三是股东可否查阅公司的会计凭证?

一、股东查阅、复制公司章程、财务会计报告等是否受前置程序和公司内部规定的限制

(一)股东查阅、复制公司章程、财务会计报告等是否受前置程序的限制

公司依法成立之后就与股东的人格相互分离,公司拥有独立人格与财产并且可以独立承担法律责任,同样,股东的利益也与公司的利益相互分离。不过,股东的利益与公司的利益不是完全割裂的关系,二者存在关联性。虽然公司的利益与

股东的利益在某些情况下会产生剧烈的冲突与矛盾,但是股东与公司的牵连性不会改变,若是公司的权益遭到侵害,股东的权益同样也会遭到损害,只有在保障公司稳定发展的前提下,股东的利益才会最大化。公司的会计账簿和会计凭证这类文件能够直观反映公司的经营状况,甚至还会涉及公司的商业秘密,在这种情形下,股东知情权与公司商业秘密保护之间的矛盾本质上就是股东利益与公司利益之间的矛盾,为了维持股东与公司两者之间的利益平衡,《公司法》第 33 条第 2 款才会要求股东在查阅会计账簿时应当履行相应的前置程序。

本案中,黄万龙通过律师函形式通知万龙公司行使知情权,其要求查阅和复制的文件包括自公司成立以来的公司章程(包括章程修正案)、股东会会议记录、董事会会议记录、监事会会议决议、财务会计报告、公司会计账簿(含总账、明细账等)和会计凭证(含记账凭证、原始凭证及其附件等)。《公司法》第 33 条规定:"股东有权查阅、复制公司章程、股东会会议记录、董事会会议决议、监事会会议决议和财务会计报告。股东可以要求查阅公司会计账簿。股东要求查阅公司会计账簿的,应当向公司提出书面请求,说明目的。公司有合理根据认为股东查阅会计账簿有不正当目的,可能损害公司合法利益的,可以拒绝提供查阅,并应当自股东提出书面请求之日起十五日内书面答复股东并说明理由。公司拒绝提供查阅的,股东可以请求人民法院要求公司提供查阅。"据此,有限责任公司股东查阅的公司资料可以分为两类:第一类是《公司法》第 33 条第 1 款规定的公司章程、股东会会议记录、董事会会议决议、监事会会议决议和财务会计报告,股东享有查阅权和复制权;第二类是《公司法》第 33 条第 2 款规定的公司会计账簿,股东享有查阅权。股东对上述两类公司资料行使知情权的差别就在于是否应当履行前置程序。股东在查阅第一类公司资料的时候可以提出书面申请也可以提出口头申请,并且法律也未要求股东在提出查阅申请的时候说明理由。所以,股东查阅、复制公司章程、股东会会议记录、董事会会议决议、监事会会议决议和财务会计报告是股东的"绝对"权利,公司不能以任何理由拒绝。司法实践中的相关裁判也证明了笔者对《公司法》第 33 条第 1 款和第 2 款区分的理解。在以色列莱克斯坦有限公司与北京长信乐纯环保科技有限公司股东知情权纠纷案中,以色列莱克斯坦有限公司(以下简称莱克斯坦公司)向北京长信乐纯环保科技有限责任公司(以下简称长信公司)申请查阅 2014 年 11 月 28 日(成立时)至 2019 年 11 月 1 日的董事会决议、董事会会议记录和财务会计报告(包括资产负债表、利润表、现金流量表和利润分配表、现金流量表和所有者权益变动表等)供莱克斯坦公司和莱克斯坦公司委托的律师、会计师查阅和复制。长信公司仅向莱克斯坦公司提供了个别年度的审计报告、个别财务报表、少量业务合同、少量发票和银行收付款凭证,并拒绝按照《公司章程》的规定向莱克斯坦公司披露更多的财务状况信息和业务合同。随后,莱克斯坦公司向法院提起诉讼。一审法院认为,依据被查阅资料的公开程度,股东知情权的范围可划分为无条件公开内容和有条件公开内容,股东会会议记录、董事会会议决议和财务会计报告等属无条件公开内容,没有前置性程序要求。只有会计账簿查阅权需要股东履行相应的前置程序,即应当向公司提出书面请求。[①] 因此,有限责任公司股东在查阅和复制公司章程、股东会会议记录、董事会会议决议、监事会会议决议和财务会计报告时可自主选择任意形式且无须说明查阅的理由。本案中,一审法院并未区分黄万龙要求查阅的公司资料的种类,将第一类公司资料和第二类公司资料(会计账簿)混为一谈,均要求股东履行书面申请之前置程序,显然并不妥当。

（二）股东查阅、复制公司章程、财务会计报告等是否受公司内部规定的限制

股东行使知情权,才能了解和掌握公司经营管理等重要信息,为其依法行使资产收益、参与重大决策和选择管理者等权利奠定基础。虽然有限责任公司股东可以约定不按照出资比例行使表决权,但在运营过程中,大多数有限责任公司也是遵循资本多数决原则。《公司法》第 43 条第 2 款规定:“股东会会议作出修改公司章程、增加或者减少注册资本的决议,以及公司合并、分立、解散或者变更公司形式的决议,必须经代表三分之二以上表决权的股东通过。”实践中,不少公司通过公司章程等对股东知情权事宜作出了与《公司法》不同的规定,主要体现在两方面:一是扩大或者缩小股东可以查阅、复制公司资料的范围;二是规定了股东行使知情权的条件和程序。那么,公司章程能否对股东知情权的行使作出与《公司法》不同的规定呢? 这就涉及对《公司法》第 33 条的理解。“《公司法》第三十三条规定的股东知情权范围是法定股东知情权范围的最低标准,而公司章程作为公司的自治规范,其具体内容体现了股东的共同意志,当公司章程赋予股东的知情权大于公司法规定的范围时,该约定应当优于法律规定适用”,[②]笔者对此深表赞同。公司自治是《公司

① 以色列莱克斯坦有限公司与北京长信乐纯环保科技有限责任公司股东知情权纠纷案,北京市第四中级人民法院(2018)京 04 民初 611 号民事判决书。

② 以色列莱克斯坦有限公司与北京长信乐纯环保科技有限责任公司股东知情权纠纷案,北京市第四中级人民法院(2018)京 04 民初 611 号民事判决书。

法》的基本原则，公司章程、股东协议等可以对股东知情权的行使规则作出与《公司法》不同的规定，但无论如何不得实质性剥夺股东知情权。质言之，《公司法》第33条属于半强制性规范。如果公司章程、股东协议等扩大了查阅范围，降低了行使知情权的条件，简化了行使知情权的程序，因有利于股东知情权的实现，符合该条款的立法目的，原则应认可其效力；反之，如果公司章程、股东协议等缩小了查阅范围，提高了行使知情权的条件，增多了行使知情权的程序，原则上应否认其效力。《公司法司法解释四》第9条的规定也印证了这一点："公司章程、股东之间的协议等实质性剥夺股东依据公司法第三十三条、第九十七条规定查阅或者复制公司文件材料的权利，公司以此为由拒绝股东查阅或者复制的，人民法院不予支持。"就本案而言，如果万龙公司能够提供股东知情权之内部文件，证明股东行使知情权均应以书面形式提出申请，该规定是否有效呢？笔者认为，该书面申请属于程序性规则，对于股东知情权的行使确有影响，但并不会实质性剥夺股东知情权，因此原则上应当认可该规定的效力。不过，如果该内部文件并未向公司所有股东公开，则该文件不应约束不知晓该文件之股东。当然，本案二审中万龙公司始终未能提供公司关于股东知情权之内部文件，因而二审法院就不必就该问题进行审理，黄万龙当然只需遵循《公司法》第33条的规定行使知情权。

二、股东委托律师向公司发出要求行使查阅权的律师函是否属于书面请求

2018年8月17日，黄万龙委托赵新春律师向万龙公司发送律师函，通知万龙公司提供相关资料供黄万龙查阅和复制。万龙公司收到律师函后，于2018年8月23日向黄万龙进行回复，要求黄万龙根据《公司法》第33条的规定，向万龙公司提出书面申请并说明理由。本案一审法院认为，万龙公司回复要求黄万龙依照《公司法》第33条的规定，提出书面申请并说明理由，符合法律规定。本案二审法院则认为，虽然黄万龙并未以自己的名义直接向万龙公司提出书面请求并说明目的，但该法律规定上述前置程序的目的应是规范股东查阅对公司较为重要的会计账簿等时的行为，并为公司档案留存相应书面材料，因此对该前置程序的理解不应过于僵化，在本案中黄万龙委托律师向万龙公司发送律师函（该函表明了查阅的请求、范围并说明了查阅目的）的行为也应视为履行了上述前置程序规定。

对于股东委托律师向公司发出查阅申请的律师函是否属于书面请求的问题，司法实践中各地法院的态度并不一致。本案的一审法院与二审法院分别代表着不同的裁判观点。一审法院从《公司法》第33条的含义出发，认为股东委托律师以向公司发送律师函的方式申请查阅公司会计账簿不符合该条款所规定的前置程序，股东在申请查阅公司会计账簿时应严格按照法律的规定由股东自己向公司提出书面申请。其背后的法理也不难理解，自己行使权利不同于代理行使权利。二审法院从《公司法》第33条的立法目的出发，认为律师函这一形式与书面形式均可以维护股东知情权与公司利益的平衡，对于前置程序的理解不宜过于僵化。律师函作为一种较为严格正式的法律文书，已经将黄万龙查阅公司相关资料的意思表示传达给了万龙公司，万龙公司的回复表明其收到了律师函也了解了黄万龙的意思，因此发送表明了查阅的请求、范围并说明了查阅目的的律师函应视为黄万龙履行了公司会计账簿查阅的前置程序。

笔者赞同二审法院的裁判观点。虽然《公司法》第33条并未规定股东可以委托他人代为行使知情权，但法律并未明文禁止。在民商法领域，“法无明文禁止即自由”；在特别法没有规定而一般法有规定的情况下，应当适用一般法。我国《民法典》就代理进行民事法律行为作出了明确规定，该法第161条第1款规定：“民事主体可以通过代理人实施民事法律行为。”因此，律师受委托人的指派向公司发送律师函要求查阅公司相关材料，也应当视为委托人的真实意思表示。同时，《公司法司法解释四》第10条第2款规定：“股东依据人民法院生效判决查阅公司文件材料的，在该股东在场的情况下，可以由会计师、律师等依法或者依据执业行为规范负有保密义务的中介机构执业人员辅助进行。”举重以明轻，既然允许第三人代为行使查阅权，当然也应当允许第三人代为提出行使查阅权的书面申请。其实，在《公司法司法解释四》颁布之前，不少地方法院已经支持股东委托专业人士代为行使知情权。在王敏与江苏佳弗林出租汽车有限公司股东知情权纠纷案中，股东王敏委托律师向江苏佳弗林出租汽车有限公司（以下简称佳弗林公司）发出律师函要求查阅公司文件、会计账簿。该律师函载明：“本所受王敏（以下简称委托人）委托，就请求查阅贵司文件、会计账簿一事，郑重致函贵司。委托人为贵司股东之一，持有贵司20%股权。现委托人拟转让所持贵司20%股权，为准确界定股权转让价格，委托人需了解公司相关情况。本所律师认为，根据《公司法》第33条的规定，股东有权查阅、复制公司章程、股东会会议记录、董事会会议决议、监事会会议决议和财务会计报告并可以要求查阅公司会计账簿。故本所律师特要求贵司于2014年11月25日前将贵司现行有效的公司章程及2013年度的股东会会议记录、董事会会议决议、监事会会议决议、经会计师事务所审计的财务会计报告文件、会计账簿等资料提供给委托人及其委托的专业人员查阅、复制。”该律师函客观清晰地表达了股东王敏要求行使查阅权的范围，并说明了正当目的。该案审理过程中，佳弗林公司对股东以律师函形式提出查阅申请并无异议，但对委托专业人士代为行使知情权提出了异议。一审法院认为，王敏年事已高，且公司的相关资料尤其是财务会计报告、会计账簿具有一定的专业性，综合王敏的专业知识水平及查阅资料的性质，对其该项主张予以支持。二审法院表达了类似的观点，在《公司法》及佳弗林公司章程均未作出限制性规定的情况下，王敏有权委托具有专业知识的第三人代为行使知情权。① 该案一审法院和二审法院在审理过程中充分考虑了股东行使知情权的相关因素，进行了充分说理，令人信服。从该案的结果同样可以作出推论：既然允许股东委托专业人士代为查阅、复制公司资料，当然可以委托专业人士代为提出行使查阅权的书面请求。从这种意义上说，《公司法司法解释四》顺应了司法实践的客观需求。因此，律师作为黄万龙的代理人，受黄万龙的指派向公司发送律师函，要求查阅、复制公司章程、财务会计报告、股东会会议记录、会计账簿，应当视同《公司法》第 33 条规定的“股东要求查阅公司会计账簿的，应当向公司提出书面请求”。

三、股东可否查阅公司的会计凭证

在本案中，万龙公司自成立以来未向股东黄万龙提供公司相关资料，黄万龙委托律师发函要求万龙公司向黄万龙提供自公司成立以来的公司章程（包括章程修正案）、股东会会议记录、董事会会议决议、监事会会议决议和财务会计报告、公司会计账簿（含总账、明细账等）和会计凭证（含记账凭证、原始凭证机及其附件等）供黄万龙查阅或者复制。《公司法》第 33 条规定了股东知情权的范围包括公司章程、股东会会议记录、董事会会议决议、监事会会议决议、财务会计报告和公司会计账簿，并未规定是否可以查阅会计凭证。二审法院经审理认为，虽然法律规定中只明确了股东可以查阅会计账簿，对会计凭证并未明确规定，但考虑黄万龙在本案中主张其查阅会计账簿的主要目的是了解公司的财务状况和经营状况，且其仅是万龙公司的小股东，从利益平衡以及确保信息真实的角度，也不应对股东知情权的范围限制过于严格，应当将会计凭证也纳入本案可以查阅的范围。另外，根据《会计法》第 14 条和第 15 条的规定，会计账簿登记必须以经过审核的会计凭证为依据。因此，二审法院支持了黄万龙要求查阅会计账簿和会计凭证的诉讼请求。

---

① 王敏与江苏佳弗林出租汽车有限公司股东知情权纠纷案，江苏省南京市中级人民法院（2015）宁商终字第 1481 号民事判决书。

股东能否查阅会计凭证是法学界和实务界颇具争议的问题。对于会计凭证是否归属于股东知情权的范围内，司法实践中存在两种不同观点。第一种观点认为，股东行使知情权的范围应严格限定为《公司法》第 33 条所明确列举的有关文件，而记账凭证、原始凭证并不在此列，笔者将该观点称为严格解释说。第二种观点则认为，记账凭证、原始凭证是形成会计账簿的主要依据，应赋予股东查阅权，笔者将该观点称为扩张解释说。

我们可以从严格解释说的相关裁判，了解其裁判思路和理由。在富巴投资有限公司与海融博信国际融资租赁有限公司股东知情权纠纷案中，最高人民法院认为，查阅、复制公司章程、股东会会议记录、董事会会议决议、监事会会议决议和财务会计报告是股东的权利，股东查阅公司会计账簿应以没有不正当目的，并不会损害公司合法利益为前提。富巴投资有限公司（以下简称富巴公司）系海融博信国际融资租赁有限公司（以下简称海融博信公司）的股东，股东对于公司的运营状况享有知情权，有权查阅公司的相关资料。《会计法》第 13 条第 1 款规定："会计凭证、会计账簿、财务会计报告和其他会计资料，必须符合国家统一的会计制度的规定。"第 14 条第 1 款规定："会计凭证包括原始凭证和记账凭证。"根据前述法律规定，会计账簿不包括原始凭证和记账凭证。股东知情权和公司利益的保护需要平衡，故不应当随意超越法律的规定扩张解释股东知情权的范畴。《公司法》仅将股东可查阅财会资料的范围限定为财务会计报告与会计账簿，没有涉及原始凭证，二审判决未支持富巴公司查阅海融博信公司原始凭证的请求，并无不当。《会计法》第 9 条未赋予股东查阅公司原始凭证的权利，北京市高级人民法院的指导意见不具有司法解释的效力，富巴公司依据以上规定请求再审本案之主张，不能成立。① 李金秋与北京兴琦房地产开发有限公司股东知情权纠纷案经历了一审、二审和再审。再审法院认为，股东行使知情权的范围并不包含会计凭证。会计凭证属于不公开的文件资料，关乎公司利益，股东要求查阅会计凭证，应陈述更充分的理由并提供有效证据，以证明查阅会计凭证确有必要，但股东李金秋未予举证证明其有特殊理由。② 仔细分析可以发现，无论是最高人民法院还是北京市高级人民法院，在案件

---

① 富巴投资有限公司与海融博信国际融资租赁有限公司股东知情权纠纷案，最高人民法院（2019）最高法民申 6815 号民事裁定书。

② 李金秋与北京兴琦房地产开发有限公司股东知情权纠纷案，北京市高级人民法院（2020）京民申 4609 号民事裁定书。

审理中的思路和观点基本相同:会计凭证不属于《公司法》第 33 条规定的股东知情权的范围,股东不当然享有查阅会计凭证的权利。两者的区别在于是否绝对禁止股东查阅会计凭证。最高人民法院对于股东是否可以查阅会计凭证的态度非常明确,即股东无权查阅会计凭证,不能对《公司法》第 33 条作出扩张解释,以免打破股东和公司之间围绕股东知情权形成的利益平衡。北京市高级人民法院虽然驳回了股东查阅公司会计凭证的诉求,但并未绝对否定股东查阅会计凭证的权利,股东只要有证据表明其确有查阅的必要,即可申请查阅会计凭证。至于如何提供合理的证据,则需要根据案件的具体情况进行判断。

相应地,我们也可以从扩张解释说的相关裁判,了解其裁判思路和理由。在戴药与武汉米森联创设计工程有限公司股东知情权纠纷案中,法院认为,我国《公司法》虽未明文规定股东有权查阅公司的会计凭证,但因原始凭证是登记会计账簿的原始依据,最能真实反映公司的资金活动和经营状况,不查阅原始凭证,股东可能无法准确了解公司真正的财务状况,其本质上亦属于我国《公司法》规定的股东知情权的范畴。① 在 KPIINTERNATIONALHOMECO. ,LIMITED 与烟台华荣机器人有限公司案中,KPIINTERNATIONALHOMECO. ,LIMITED(以下简称 KPI 公司)申请查阅烟台华荣机器人有限公司(以下简称华荣公司)的会计凭证,华荣公司则认为查阅公司会计凭证已超越《公司法》第 33 条所规定的股东知情权的范围,拒绝了 KPI 公司的查阅申请。一审法院认为,华荣公司处于半歇业、半停滞状态,KPI 公司作为未参与公司日常经营的股东,急需通过查阅账簿和会计凭证了解公司现状,找到经营困局的原因和解决路径,以挽救公司、减少损失。根据《会计法》第 9 条、第 14 条、第 15 条第 1 款的规定,会计账簿是根据会计原始凭证制作的,原始凭证既是会计账簿形成的基础,也是验证会计账簿对公司财务状况记录是否完整准确的依据,会计账簿必须以经过审核的会计凭证为依据,股东唯有通过查阅原始凭证,才能核实会计账簿的内容,详细了解公司的具体经营活动。因此,KPI 公司要求查阅会计凭证的请求合情合理,不违反法律规定。二审过程中华荣公司提出两点反对理由:一是公司仅有向会计师事务所提供会计凭证的义务。《会计法》第 31 条第 1 款规定:“有关法律、行政法规规定,须经注册会计师进行审计的单位,应当向受委托的会计师事务所如实提供会计凭证、会计账簿、财务会计报告和其他会计资料以

① 戴药与武汉米森联创设计工程有限公司股东知情权纠纷案,湖北省武汉市江汉区人民法院(2018)鄂 0103 民初 247 号民事判决书。

及有关情况。”其实，该条款只是规定单位在接受审计时，有义务向会计师事务所提供会计凭证，并未规定单位只有在被审计时才有义务向其他法律主体提供会计凭证。二是公司向股东提供会计凭证违反公司章程的规定。《华荣公司章程》第50条规定，股东有权自费聘请审计师查阅合营公司账本，但未规定仅限于查阅合营公司账本，因此KPI公司要求查阅华荣公司会计凭证不违反公司章程的规定。同时，该案还在说理部分援引了《山东高院公司纠纷审判指南》第63条第2款，即“股东有权查阅的会计账簿包括记账凭证和原始凭证”。[①] 支持扩展解释说的这两个裁判均从两方面阐明了理由：一是会计凭证和会计账簿的紧密关系。会计账簿是根据会计凭证制作的，会计凭证既是会计账簿形成的基础，也是验证会计账簿对公司财务状况记录是否完整准确的依据。会计凭证与会计账簿之间存在无法割裂的关系，离开了会计凭证的支撑，会计账簿的价值也就大打折扣。二是保护股东知情权的必要性。股东只有通过查阅会计凭证，才能核实会计账簿的内容，详细了解公司的具体经营活动。从目前我国公司股东知情权的现状出发，亦应当充分保护股东的知情权，以保护股东知情权为目的对《公司法》第33条的“会计账簿”作出目的扩张解释，会计账簿包括会计凭证。

综上所述，笔者倾向于扩张解释说，理由如下：首先，会计账簿扩张至会计凭证符合股东知情权的立法目的。我国《公司法》对于股东知情权范围的规定采取的是列举式方式，列举式最大的缺陷就是不能完全覆盖所有的文件类型。虽然在法条中不可能列举出所有的可能性，但是《公司法》第33条保护股东知情权的精神永恒不变。所以，股东的知情权范围不宜限定在一个不可伸缩的区域，尤其是人合性较高的有限责任公司，严格限定知情权范围并不利于实现知情权制度设置的目的。其次，会计账簿扩张至会计凭证符合《会计法》相关规定。《会计法》第15条第1款规定：“会计账簿登记，必须以经过审核的会计凭证为依据，并符合有关法律、行政法规和国家统一的会计制度的规定。会计账簿包括总账、明细账、日记账和其他辅助性账簿。”记账凭证、原始凭证是形成会计账簿的重要基础，在司法实践中，股东仅仅通过查阅会计账簿也许并不能对公司的实际经营状况形成一个全面深入的了解，这与立法设置股东知情权以保障股东，尤其是中小股东在信息不对称的情形下寻求自我保护途径的立法目的不一致，因此应当认为股东知情权的行使客体包含

---

① KPIINTERNATIONALHOMECO. ,LIMITED与烟台华荣机器人有限公司股东知情权纠纷案，山东省高级人民法院（2020）鲁民终760号民事判决书。

会计凭证。最后,会计账簿扩张至会计凭证不会损害公司利益。既然法律对查阅会计账簿课股东以说明正当目的的书面请求之义务,查阅会计凭证的股东也当然应当承担该等义务。既然会计凭证反映的信息对公司而言更加重要、更为隐秘,法院在审理过程中应当更加慎重,应对股东查阅会计凭证的必要性和股东是否具有不正当目的进行审查和排除,以避免公司权益遭受损害。综上所述,笔者支持黄万龙查阅万龙公司的会计凭证。

第七章　股东知情权行使正当目的之实务问题

一、股东知情权行使之正当目的概述

如前文所述,有限责任公司股东行使公司会计账簿查阅权须说明其目的的正当性。《公司法司法解释四》以损害或者可能损害公司合法利益为标准将不正当目的进行了限缩,只有损害或者可能损害公司利益的查阅行为,才被认为股东具有不正当目的,并将具有不正当目的的查阅行为概括为三种典型情形。众所周知,商法坚持外观主义原则。对于当事人的主观意思,商法是借助其外在行为进行推断的。《公司法司法解释四》虽然给出了相对具体的推断情形,但如何从相对具体的推断情形判断股东的查阅目的则缺乏相对具体的考量因素。而《北京高院公司纠纷审判指南 2008》第 18 条则给出了具有可操作性的审判指引,"有限责任公司的股东就查阅公司会计账簿提起诉讼的,应当说明查阅会计账簿的具体目的、所查阅的内容与该目的具有何种直接关系。被告公司认为原告股东有不正当目的拒绝查阅的,应承担相应的举证责任。"该正当目的的判断规则殊值赞同。

二、股东知情权行使之正当目的案例分析

案例 9:股东行使知情权主观目的的举证责任分配

李淑君、吴湘、孙杰、王国兴与江苏佳德置业发展有限公司股东知情权纠纷案

[当事人]

原告:李淑君、吴湘、孙杰、王国兴(一审原告、二审上诉人)

被告：江苏佳德置业发展有限公司（一审被告、二审被上诉人）

［案情简介］

江苏佳德置业发展有限公司（以下简称佳德公司）成立于2003年10月15日，从事房地产开发业务。截至2004年8月7日的股东持股情况为：施允生出资460万元、王国兴出资250万元、张育林出资160万元、孙杰出资65万元、吴湘出资65万元。2005年5月26日，佳德公司和广厦建设集团有限责任公司（以下简称广厦公司）签订了《宿迁市"颐景华庭"住宅工程建设工程施工合同》，广厦公司派驻管理工程的项目经理为佳德公司股东张育林。2007年9月7日，张育林将其持有的全部股份转让给李淑君。2009年2月18日，广厦公司以佳德公司拖欠其19,954,940.05元工程款为由，向宿迁仲裁委员会提请裁决。2009年4月8日，李淑君、吴湘、孙杰、王国兴向佳德公司递交申请书，称："申请人李淑君、吴湘、孙杰、王国兴作为江苏佳德置业发展有限公司（以下简称公司）股东，对公司经营现状一无所知。公司经营至今没有发过一次红利，并对外拖欠大量债务，使四申请人的股东权益受到了严重侵害。四申请人为了解公司实际情况，维护自己合法权益，现依据《公司法》，依法行使股东对公司的知情权。现四申请人准备于2009年4月23日前在公司住所地依据《公司法》的规定查阅或复制公司的所有资料（含公司所有会计账簿、原始凭证、契约、通信、传票、通知等），特对公司提出书面申请。望公司准备好所有资料，以书面形式答复四申请人的委托代理人江苏联创伟业律师事务所方昉律师。申请人：王国兴、孙杰、吴湘、张育林（代）。"2009年4月20日，佳德公司函复李淑君、吴湘、孙杰、王国兴："本公司已于2009年4月8日收到……《申请书》以及《授权委托书》。对于《申请书》以及《授权委托书》中所述事项，因涉及较多法律问题，我公司已授权委托江苏世纪同仁律师事务所王凡律师、万巍律师，代表我公司依法予以处理。请你直接与王凡律师、万巍律师联系。"在佳德公司复函之前，2009年4月14日，李淑君、吴湘、孙杰、王国兴诉至法院，要求查阅、复制佳德公司的会计账簿、议事录、契约书、通信、纳税申报书等（含会计原始凭证、传票、电传、书信、电话记录、电文等）所有公司资料。同日，法院受理该案。2009年4月27日，法院向佳德公司送达应诉材料。

一审法院认为，李淑君、吴湘、孙杰、王国兴的诉讼请求不符合法律规定，判决驳回原告的诉讼请求。主要理由如下：一是四原告的诉讼请求超出了法律规定的范围。除会计账簿及用于制作会计账簿的相关原始凭证之外，四原告的诉讼请求已超出法律规定的股东行使知情权的客体范围,对超出范围的部分不予审理。二是四原告具有不正当目的。佳德公司原股东张育林现为"颐景华庭"工程承包人广厦公司派驻管理工程的项目经理,因佳德公司和广厦公司之间涉及巨额工程款的仲裁案件未决,与佳德公司之间存在重大利害关系。四原告行使知情权的申请书和民事起诉状及授权委托书上均有张育林签字,证明张育林与本案知情权纠纷的发动具有直接的关联性,不能排除四原告存在为公司的重大利害关系人刺探公司秘密进而图谋自己或第三人的不正当利益的重大嫌疑。三是四原告查阅会计账簿的起诉违反法定前置程序。在佳德公司回复知情权申请的期限届满之前即提起诉讼。

李淑君、吴湘、孙杰、王国兴不服一审判决,向江苏省宿迁市中级人民法院提起上诉。二审法院认为,一审判决认定李淑君、吴湘、孙杰、王国兴行使股东知情权具有不正当目的错误,导致实体处理不当,依法应予纠正,支持李淑君、吴湘、孙杰、王国兴查阅自公司成立以来的公司会计账簿和会计凭证的诉讼请求,驳回其他诉讼请求。

[案例分析]

本案争议的焦点主要有三个:一是股东提起知情权之诉是否符合法律规定的前置程序?二是股东可以查阅、复制公司资料的范围。三是股东行使知情权是否具有不正当目的?

一、股东提起知情权之诉是否符合法律规定的前置程序

《公司法》第 33 条第 2 款就有限责任公司股东提起知情权之诉的前置程序作出了明确规定,"股东可以要求查阅公司会计账簿。股东要求查阅公司会计账簿的,应当向公司提出书面请求,说明目的。公司有合理根据认为股东查阅会计账簿有不正当目的,可能损害公司合法利益的,可以拒绝提供查阅,并应当自股东提出书面请求之日起十五日内书面答复股东并说明理由。公司拒绝提供查阅的,股东可以请求人民法院要求公司提供查阅。"[①]据此,股东提起知情权之诉,必须穷尽公司内部救济:向公司提出说明了查阅目的书面请求,公司拒绝查阅的,方可提起知情权之诉。这里的拒绝包括明示拒绝和默示拒绝。所谓明示拒绝是指公司直接告

① 需要说明的是,本案审理依据的是 2005 年修订的《公司法》第 34 条,即现行《公司法》第 33 条。为了方便读者,本文直接引用现行《公司法》第 33 条。

知股东不同意其查阅请求；所谓默示拒绝是指公司超过法律规定的15日答复期限而未予答复，或者公司作出答复，虽然答复内容并非直接拒绝，但也未明确同意股东的查阅申请。就本案而言，李淑君、吴湘、孙杰、王国兴于2009年4月8日向佳德公司提出了查阅公司资料的书面申请，佳德公司在2009年4月20日答复了股东的查阅申请。问题在于，在佳德公司答复之前的2009年4月14日，李淑君、吴湘、孙杰、王国兴即向法院提起诉讼，此时尚处于佳德公司答复股东查阅申请的法定期间内。这意味着李淑君、吴湘、孙杰、王国兴提起知情权之诉时佳德公司并未拒绝其查阅申请，股东知情权纠纷尚未发生。因此，如果严格适用《公司法》第33条规定，应当裁定驳回起诉。然而，在李淑君、吴湘、孙杰、王国兴起诉受理后但诉讼文书送达前的2009年4月20日，佳德公司对四位股东予以回复，并未同意四位股东行使知情权的书面请求，即默示拒绝了四位股东的查阅申请，此时股东已经穷尽了公司内部救济，有权提起股东知情权之诉。从股东和公司利益平衡角度分析，承认股东于2009年4月14日履行了知情权之诉的前置程序，并不会打破股东和公司利益的平衡；股东于2009年4月20日获得知情权纠纷的诉权与股东于2009年4月14日获得知情权纠纷的诉权对本案中当事人的利益关系并不会产生实质性影响。反之，否定股东于2009年4月14日获得了知情权纠纷的诉权，只会增加当事人的讼累并浪费司法资源。佳德公司在四位股东起诉后但诉讼文书送达前拒绝股东行使知情权的意思表示，可以视为补足了四位股东于2009年4月14日获得知情权纠纷诉权的前置程序瑕疵。因此，笔者赞同本案二审法院关于股东行使知情权前置程序的认定，只是在此补充完善其法理依据。

二、股东可以查阅、复制公司资料的范围

股东知情权是指股东享有了解和掌握公司经营管理等重要信息的权利，是股东依法行使资产收益、参与重大决策和选择管理者等权利的重要基础。对此，我国《公司法》第33条对有限责任公司股东知情权的客体范围作出了明确规定，“股东有权查阅、复制公司章程、股东会会议记录、董事会会议决议、监事会会议决议和财务会计报告。股东可以要求查阅公司会计账簿……”仔细审视该条款的文义，可以从两方面分析该条款的含义：一是有限责任公司股东知情权的客体范围，包括公司章程、股东会会议记录、董事会会议决议、监事会会议决议、财务会计报告和会计账簿；二是股东可以行使知情权的具体内容，包括查阅、复制，而且根据公司资料的不同，股东知情权的内容也有所不同。股东有权查阅、复制公司章程、股东会会议记录、董事会会议决议、监事会会议决议和财务会计报告，但仅能查阅公司会计账簿。当然对股东是否仅有权查阅公司会计账簿，理论界和实务界还存在争议，但从文义解释分析，承认股东仅有权查阅无权复制公司会计账簿是合乎逻辑的。至于股东能否复制公司会计账簿容后文再做分析。

那么本案中，李淑君、吴湘、孙杰、王国兴是否有权查阅、复制佳德公司的会计账簿、议事录、契约书、通信、纳税申报书等（含会计原始凭证、传票、电传、书信、电话记录、电文等）所有公司资料？鉴于四位股东的诉讼请求包括查阅、复制会计账簿等所有公司资料，我们可以依照上述关于《公司法》第33条的解释思路分析四位股东的诉求。具体而言，就是将四位股东的诉求分为两个问题：一是四位股东主张的知情权客体范围是否合乎法律规定，二是四位股东是否有权查阅、复制其主张查阅的公司资料。

1. 四位股东主张的知情权客体范围是否合乎法律规定

如前文所述，有限责任公司股东知情权的法定范围包括公司章程、股东会会议记录、董事会会议决议、监事会会议决议、财务报告和公司会计账簿。本案中四位股东主张的知情权客体范围是会计账簿、议事录、契约书、通信、纳税申报书等（含会计原始凭证、传票、电传、书信、电话记录、电文等）所有公司资料，其中明确属于股东知情权范定范围的只有会计账簿；议事录可能包括股东会会议记录、董事会会议决议、监事会会议决议，但其范围更广，也可能包括佳德公司任何会议的相关记录，只有股东会会议记录、董事会会议决议、监事会会议决议才是股东法定知情权的客体范围；至于契约书、通信、纳税申报书等（含会计原始凭证、传票、电传、书信、电话记录、电文等）公司资料则无法明确其是否属于股东知情权的法定范围。从上述分析可以看出，四位股东主张的知情权客体范围显然超出了《公司法》第33条的法定范围。一审法院认为，四位股东主张的知情权客体范围过于宽泛。因此，除会计账簿及用于制作会计账簿的相关原始凭证之外，四位股东的诉讼请求已超出法律规定的股东行使知情权的客体范围，对超出范围的部分不予审理。二审法院认为，本案股东知情权的客体范围为公司会计账簿和会计凭证。笔者原则上赞同二审法院的裁判观点，以《公司法》第33条判定股东知情权的客体范围。《公司法》第33条以列举的方式明确规定了股东知情权的客体范围，其中并不包含公司所有的资料。四位股东请求查阅公司所有材料的目的是了解公司真实的经营状况。《公司法》第33条的立法的目的就是保障股东对公司信息的知情权，立法者已经充分考虑了股东了解公司经营状况的客观需求，据此可以推定获取《公司法》第33条列明的公司资料就能够达到了解公司经营状况的目的。当然，《公司法》第33条规定的是股东知情权的最小范围，公司章程可以作出比该范围更宽泛的规定。不过本案中佳德公司章程并未对股东知情权客体范围作出任何规定，因而四位股东主张的知情权客体范围只能以《公司法》第33条为准。那么，本案中四位股东的知情权客体范围是否只局限于公司会计账簿？是否包括会计凭证以及公司其他资料？首先，公司会计账簿是否包含会计凭证？公司会计账簿属于股东法定知情权客体范围，会计凭证能否查询，双方当事人秉持不同意见。四位股东认为，会计账簿必须全面、真实、客观、合法，才能真实反映公司资产经营状况。只有查阅原始凭证等相关公司资料，才能确定会计账簿是否真实合法。股东行使知情权不只是知道这些数额，而是要知道这些数额的真实性。佳德公司认为，四位股东只能查阅公司会计账簿。其实这涉及对会计账簿的理解。《会计法》第9条第1款规定："各单位必须根据实际发生的经济业务事项进行会计核算，填制会计凭证，登记会计账簿，编制财务会计报告。"第14条规定："会计凭证包括原始凭证和记账凭证。办理本法第十条所列的各项经济业务事务，必须填制或者取得原始凭证并及时送交会计机构……记账凭证应当根据经过审核的原始凭证及有关资料编制。"第15条第1款规定："会计账簿登记，必须以经过审核的会计凭证为依据，并符合有关法律、行政法规和国家统一的会计制度的规定。会计账簿包括总账、明细账、日记账和其他辅助性账簿。"因此，只有通过查阅原始凭证才能知晓公司的具体经营活动，不查阅原始凭证，中小股东可能无法准确了解公司真正的经营状况。根据会计准则，相关契约等有关资料也是编制记账凭证的依据，应当作为原始凭证的附件入账备查。据此，四位股东账簿查阅权的范围应当包括会计账簿（含总账、明细账、日记账和其他辅助性账簿）和会计凭证（含记账凭证、相关原始凭证及作为原始凭证附件入账备查的有关资料）。其次，本案中四位股东主张的知情权客体除了公司会计账簿和会计凭证以外，是否还应包括公司其他资料。从上述关于四位股东主张的知情权客体范围的分析可以看出，议事录可能包含股东会会议记录、董事会会议决议、监事会会议决议，因此佳德公司自成立以来的股东会会议记录、董事会会议决议、监事会会议决议应为股东知情权客体的范围。

2. 四位股东是否有权查阅、复制其主张查阅的公司资料

如前文所述，我国《公司法》第33条对股东知情权的内容作出了区分处理：股

东有权查阅、复制公司章程、股东会会议记录、董事会会议决议、监事会会议决议和财务会计报告,有权查阅公司会计账簿。实践中,围绕股东是否有权复制(包括摘录)形成了两种不同的观点:一种观点从法律解释出发,认为既然法律规范本身作出了非常明确的规定,说明立法者已经对股东和公司利益进行了平衡,当然应当严格适用法律规范。另一种观点从立法目的出发,强调《公司法》第33条主要目的在于保护股东的知情权,当然也要保护公司利益,但不是通过限制股东知情权的内容,而是通过设置前置程序实现。除此之外,股东还应承担保密义务,这同样是对公司利益的保护。《公司法司法解释四》第11条明确要求行使知情权之股东及其辅助人承担保密义务,"股东行使知情权后泄露公司商业秘密导致公司合法利益受到损害,公司请求该股东赔偿相关损失的,人民法院应当予以支持。根据本规定第十条辅助股东查阅公司文件材料的会计师、律师等泄露公司商业秘密导致公司合法利益受到损害,公司请求其赔偿相关损失的,人民法院应当予以支持。"据此,股东及其辅助人行使知情权承担保密义务,违反该保密义务侵害公司商业秘密的,应当承担损害赔偿责任。既然《公司法》及其司法解释已经设置了股东行使公司会计账簿查阅权的前置程序和股东保密义务,则不应当对股东知情权的内容再作限制。再加上公司会计账簿专业、复杂,一般股东通常无法准确理解、把握,对于查阅账簿过程中发现的疑问之处,如不允许股东复制,股东何以进一步核实?但应当对股东复制的范围加以限制,不能复制公司所有会计账簿。笔者赞同后一种观点,股东行使账簿查阅权过程中,应允许其复制有疑问的公司资料以便进一步核实。就本案而言,对于四位股东要求查阅佳德公司自成立以来所有公司资料的诉求,应当区分处理:其有权查阅、复制股东会会议记录、董事会会议决议、监事会会议决议;其有权查阅公司会计账簿和会计凭证,但仅能复制其有疑问的部分。

三、股东行使知情权是否具有不正当目的

《公司法》第33条第2款要求行使账簿查阅权的股东说明目的。从文义解释的角度来看,第33条第2款用的是"说明"而非"证明",所以股东仅负说明义务而无须承担查阅目的背后事实的证明责任。在戈旭东与乐清市绿叶铝箔制品有限公司股东知情权纠纷案中,法院详细阐述了《公司法》第33条第2款的"说明"和"合理根据"用语。"'说明'通常为解释清楚的意思,与证据法或诉讼法上的提供证据加以证明的举证责任应属不同概念。从文义上理解,公司法并没有要求股东对其查阅会计账簿的目的正当性承担证明责任。相反,公司法规定,公司以股东查阅会

计账簿有不正当目的为由予以拒绝的,必须要有合理根据。'合理根据'通常解释为合乎事理地把某种事物作为结论的前提的意思,应当具有提供相应证据证明结论正确的含义。因此,公司应对股东查阅会计账簿有不正当目的承担举证责任。"① 由此可见,公司法对于股东和公司履行义务设置了不同的标准——股东只要说明目的就应推定其有正当目的,除非公司提供股东有不正当目的的证据。在公司所有权和管理权分离的背景下,相较于股东,公司实际管理者掌握着更多的信息。由于信息不对称,《公司法》第33条的立法目的首先就是保护股东的知情权。股东通常因为合法权益受到或者可能受到侵害但难以获得证据才行使知情权。在司法实践中,法院一般不要求股东对查阅目的背后的事由承担举证责任,只要说明行权的理由即可推定股东查阅目的的正当性。

1. 四位股东是否履行了说明义务

股东应如何说明目的?一般认为股东说明目的并非不受任何约束,而是应当符合"具体性"标准。在法理层面,从利益平衡角度来看,股东在查阅会计账簿时没有说明具体目的,则会产生股东滥用权利的嫌疑,目的的"具体性"要求赋予了行使会计账簿查阅权前置程序实质意义;从制度成本角度考虑,股东在前置程序中说明具体目的方便公司作出判断,若公司认可,自然不会走向诉讼,反之则进入诉讼程序。即使在诉讼程序中,具体目的也可以让法官确定该目的是否超越股东提出的请求查阅范围,便于司法裁判。《北京高院公司纠纷审判指南2008》第18条规定了说明义务的具体性标准,"有限责任公司的股东就查阅公司会计账簿提起诉讼的,应当说明查阅会计账簿的目、所查阅的内容与该目的具有何种直接关系……"

在本案中,四位股东声称对佳德公司经营现状一无所知,公司经营至今没有发过一次红利,并对外拖欠大量债务,使股东权益受到了严重侵害,因此要求行使知情权。显然股东查阅会计账簿的目的在于了解公司经营状况,理由就是公司经营形势大好而从未分红,并对外拖欠大量债务。只有查阅公司会计账簿才能了解公司亏损的真实情况,才能了解公司的经营状况。四位股东已经具体说明了查阅目的与查阅内容之间的关联性,符合上述"具体性"标准。然而一审法院从佳德公司的工商登记材料分析,认为四位股东对公司经营现状一无所知不属实。查询权和查阅权是两类不同的权利。虽然股东可以依法查询公司工商登记信息,但并不妨

① 戈旭东与乐清市绿叶铝箔制品有限公司股东知情权纠纷案,浙江省乐清市人民法院(2014)温乐柳商初字第1087号民事判决书。

碍股东依据《公司法》第 33 条行使知情权。股东知情权是股东的基础性权利,法律并不禁止已经对公司状况有所了解的股东继续行使知情权直至充分了解公司信息,因此除非证明公司已经充分保障了股东知情权,否则不能仅凭公司工商登记材料就否定股东行使知情权的必要性。因此,四位股东已经履行了会计账簿查阅权的前置程序。

2. 四位股东行使账簿查阅权目的是否正当

四位股东既然履行了账簿查阅权的前置程序,可以合法阻却其查阅公司会计账簿的唯一理由就是目的不正当。实践中,目的不正当涉及两点:一是股东行使知情权主观目的的举证责任如何分配,二是股东行使知情权主观目的的证明标准。

(1)股东行使知情权主观目的的举证责任分配

“正当目的”和“不正当目的”是一枚硬币的两面,不能让股东和公司都承担客观意义上的举证责任。《公司法》第 33 条对股东设定“说明目的”的义务,对公司设定提出“合理根据”证明股东有不正当目的的义务。“说明”和“有合理根据认为”是两种不同的标准,显然后者的证明标准明显高于前者。在同一法条中,法律对双方当事人的履行义务提出了不同的标准,这就是法律对举证责任的分配。股东只要说明目的即可,无须对目的背后的事实加以举证,而公司应当承担不正当目的的举证责任。在司法实践中,大股东对于公司的信息往往比小股东掌握得多,所以要加大对小股东知情权的保护。《公司法》将举证责任分配给公司,更能体现对小股东知情权的保护。

有学者认为,对于查阅会计账簿查阅权主观目的的举证责任应当由股东承担。该观点认为《民事诉讼法》及其司法解释的相关规定[①]确定了民事举证证明责任的一般分配原则(“谁主张,谁举证”),即根据实体法律规范结构分析,主张权利存在的当事人应当对权利发生的法律要件存在的事实负举证证明责任,否认权利存在的当事人应当就权利妨碍法律要件、权利消灭法律要件或者权利限制法律要件存在的事实负举证责任。根据《公司法》第 33 条的规定,股东查阅会计账簿的要件事

① 参见《最高人民法院关于适用〈中华人民共和国民事诉讼法〉的解释》第 90 条第 1 款规定:“当事人对自己提出的诉讼请求所依据的事实或者反驳对方诉讼请求所依据的事实,应当提供证据加以证明,但法律另有规定的除外。”第 91 条规定:“人民法院应当依照下列原则确定举证证明责任的承担,但法律另有规定的除外:(一)主张法律关系存在的当事人,应当对产生该法律关系的基本事实承担举证证明责任;(二)主张法律关系变更、消灭或者权利受到妨害的当事人,应当对该法律关系变更、消灭或者权利受到妨害的基本事实承担举证证明责任。”

实包含向公司提出书面请求和说明目的。此处的说明目的显然应当解释为正当目的。因此,股东行使会计账簿查阅权,应当对其正当查阅目的负举证证明责任。①笔者认为,该观点误读了《民事诉讼法》及其司法解释。根据“谁主张,谁举证”的一般证明原则,当事人当然应当对自己的主张予以举证。《公司法》第33条第2款事实上已经对举证责任作出了分配,基于股东和公司之间的信息不对称,为了保护股东的合法利益,将举证责任分给公司可以更好地保护股东尤其是小股东的合法权益。因此,在股东以书面方式说明查阅目的后,由公司承担股东具有“不正当目的”的举证责任。公司的证明是本证,要达到高度盖然性标准,股东若提出证据则为反证,只要使被证的对象陷入真伪不明的状态即可。

本案中,四位股东向佳德公司提出书面请求并说明理由,为了了解公司经营状况,因为公司长期未分红且公司处于亏损状况。四位股东履行了说明义务,佳德公司以四位股东具有不正当目的为由拒绝其查阅,应当对四位股东的不正当目的承担举证责任。

(2)股东行使知情权主观目的的证明标准

本案审理之时,《公司法司法解释四》尚未颁布,法院只能依据《公司法》进行裁判。《公司法》第33条虽然规定了公司有证据证明股东有不正当目的时可以拒绝提供公司会计账簿,但对如何认定不正当目的没有作明确的规定。因此,本案一审法院和二审法院在充分说理的基础上对股东行使知情权主观目的之正当性进行判定实属不易,笔者对他们表示敬意。作为股东知情权纠纷领域的经典案例,本案关于正当目的的认定在当下依然具有一定的参考价值。为了更好地判断正当目的,笔者结合现行法律及《公司法司法解释四》的相关规定对本案股东行使知情权的主观目的的正当性进行分析。

《公司法司法解释四》第8条规定:“有限责任公司有证据证明股东存在下列情形之一的,人民法院应当认定股东有公司法第三十三条第二款规定的‘不正当目的’:(一)股东自营或者为他人经营与公司主营业务有实质性竞争关系业务的,但公司章程另有规定或者全体股东另有约定的除外;(二)股东为了向他人通报有关信息查阅公司会计账簿,可能损害公司合法利益的;(三)股东在向公司提出查阅请求之日前的三年内,曾通过查阅公司会计账簿,向他人通报有关信息损害公司合法利益

① 参见吴克坤:《股东查阅会计账簿正当目的的认定与举证责任分配》,载《人民司法(判例)》2017年第32期,第67页。

的;(四)股东有不正当目的的其他情形。"在本案中,佳德公司没有提出四位股东有自营或为他人经营公司的证据,也没有证明四位股东曾经存在向他人通报查阅获得的公司会计账簿信息的情形。所以,本案不适用《公司法司法解释四》第 8 条第 1 项和第 3 项。而佳德公司提供证据试图证明股东李淑君查阅公司账簿的目的为向原股东张育林通报公司信息,而张育林担任与佳德公司存在业务纠纷的广厦公司的项目经理。因此,本案可能适用《公司法司法解释四》第 8 条第 2 项或者第 4 项。

佳德公司提出四位股东具有非法目的的证据包括四位股东提交的申请书、诉状和授权委托书中均由张育林代李淑君签名。佳德公司认为李淑君委托与佳德公司存在纠纷的广厦公司的项目经理张育林代替其在申请书上签字,说明李淑君是为了向广厦公司提供工程款纠纷仲裁一案中对佳德公司不利的证据,损害了佳德公司及其他股东的合法利益。《公司法司法解释四》第 8 条第 2 项表明,认定股东具有非法目的,首先要证明股东查阅公司会计账簿具有向他人通报的主观目的,其次要证明该股东通报行为可能损害公司的合法利益。所谓"不正当目的"的认定,一是要求该目的应有损害公司合法利益的较大可能性;二是以客观事实认定主观目的,要有合理依据。① 何种证明程度才能称作"合理"?一方面要坚持"举证必须充分,不能仅是臆测和怀疑";②另一方面查阅会计账簿的行为对公司合法利益的损害仅是一种可能的结果,法院对此仅为可能性之审查。③《民事诉讼法司法解释》第 108 条第 1 款明确了民事纠纷的证明标准,"对负有举证证明责任的当事人提供的证据,人民法院经过审查并结合相关事实,确信待证事实的存在具有高度可能性的,应当认定该事实存在。"具体到本案,就是以证据证明股东具有损害公司利益的高度可能性。根据《公司法司法解释四》和《民事诉讼法司法解释》的相关规定,只有佳德公司提供的证据能够将李淑君具有为广厦公司收集证据的目的证明到具有"高度可能性"的程度,才能认定李淑君具有非法目的。然而佳德公司所列举的证据只能证明李淑君有损害公司利益的可能性,但还没有达到较大可能性的地步。

① 参见杜万华主编,最高人民法院民二庭编著:《最高人民法院公司法司法解释(四)理解与适用》,人民法院出版社 2017 年版,第 185 页。

② 南京市江北煤炭石油有限公司与南京大华特种带织造有限公司股东知情权纠纷案,江苏省南京市中级人民法院(2015)宁商终字 1491 号民事判决书。

③ 沙峰与大丰市舒润床上用品有限公司股东知情权纠纷案,江苏省盐城市中级人民法院(2016)苏 09 民终 1295 号民事判决书。

张育林代李淑君签字能证明二者之间存在一定关系，但仅凭张育林和李淑君之间有关系和张育林担任项目经理的广厦公司与佳德公司有纠纷，就认定李淑君具有为广厦公司收集证据而查阅公司会计账簿的不正当目的，这只是臆测和怀疑。毕竟张育林仅是广厦公司的项目经理，不属于公司高级管理人员。更为关键的是，佳德公司并没有提供有关李淑君和张育林串通损害佳德公司利益的直接证据，佳德公司举证不充分。况且李淑君在一审庭审中提出之所以让张育林代签是因为当时不在签字现场，而李淑君的股权是转让自张育林，临时委托张育林代签也在情理之中。所以不能认为李淑君有不正当目的。

退一步而言，即使李淑君有为广厦公司收集对佳德公司不利证据的意向，李淑君也不会被认为具有非法目的。根据《公司法司法解释四》第 8 条第 2 款的规定，股东若具有非法目的，除了具有向他人通报的主观目的外，还有可能损害公司的合法利益。而李淑君不具有可能损害公司合法利益的行为。《民法典》第 7 条规定："民事主体从事民事活动，应当遵循诚信原则，秉持诚实，恪守承诺。"基于诚实信用原则，佳德公司理应对仲裁庭如实供述，并且按照仲裁庭的要求提供自己掌握的所有的证据，包括不利于自己的证据。据此，纵然李淑君通过行使股东知情权获得了对佳德公司不利的证据，佳德公司因此承担责任也是其应当承担的责任，李淑君的行为也不会损害公司的合法利益。据此，我们可以认为张育林代李淑君在申请书上签字的行为不足以证明李淑君具有向他人通报公司信息进而损害公司利益的主观目的，不应当适用《公司法司法解释四》第 8 条第 2 项。那么，本案能否适用《公司法司法解释四》第 8 条第 4 项的兜底条款"股东有不正当目的的其他情形"呢？《公司法》第 33 条第 2 款规定："……公司有合理根据认为股东查阅会计账簿有不正当目的，可能损害公司合法利益的，可以拒绝提供查阅，并应当自股东提出书面请求之日起十五日内书面答复股东并说明理由……"据此可以推定，所谓不正当目的就是股东的行为可能损害公司合法利益。上述分析表明，李淑君不具有损害公司合法利益的可能性，所以《公司法司法解释四》第 8 条第 4 项也不适用于本案。

综上所述，李淑君行使公司会计账簿查阅权的目的正当，应当支持其合法请求。

案例10:股东之间、股东与公司之间的其他纠纷是否会影响股东正当目的的认定

蔡启龙与晋中市金源房地产开发有限公司股东知情权纠纷案

[当事人]

原告:蔡启龙(二审上诉人、再审申请人)

被告:晋中市金源房地产开发有限公司(二审被上诉人、再审被申请人)

[案情简介]

2011年3月10日,晋中市金源房地产开发有限公司(以下简称金源房地产公司)在晋中市注册成立,公司注册资本1050万元,共有七位股东,胡启松占50%股权,黄国典、吴秀玖、蔡启龙三位股东各占10%股权,陈光余、何顺华各占7.5%股权,郑世龙占5%股权。2012年9月23日,金源房地产公司与案外人晋中市金硕商务服务有限公司(以下简称金硕商务公司)签订了物业管理服务合同,将榆次顺城街与中都路地下商业街(以下简称地下商业街)物业交由金硕商务公司管理。委托期限为2013年1月1日至2016年1月1日。直至2014年12月底前,金源房地产公司年度分红正常,其地下商业街物业管理正常。2014年12月上旬,金源房地产公司除胡启松、蔡启龙外,其他五位股东签名议定并在情况说明上签字,由公司股东蔡启龙、陈光余二人成立物业公司,并受金源房地产公司的委托,接管金源地下商业街的服务。蔡启龙、陈光余于2014年12月11日注册成立案外人晋中市鑫隆物业管理有限公司(以下简称鑫隆物业公司),由蔡启龙担任鑫隆物业公司的法定代表人。2015年1月16日,金源房地产公司股东何顺华签字拨付给鑫隆物业公司往来款50万元整,并无偿提供办公室一间;同日,鑫隆物业公司与金硕商务公司签订了《移交协议》,接管了金源房地产公司委托金硕商务公司管理的地下商业街物业。2015年9月,金源房地产公司对公司内部管理进行了整顿,停止了鑫隆物业公司对地下商业街的物业管理,并要求蔡启龙核对鑫隆物业公司的租金数额并交回租金,鑫隆物业公司以账本丢失为由拒绝交回。2015年12月3日,金源房地产公司股东吴秀玖、何顺华、陈光余、郑世虎、黄国典在《关于金源房地产公司股东议定可将收取资金暂存于蔡启龙名下的说明》上签字,书面同意鑫隆物业公司收取的租金暂存于蔡启龙名下,待鑫隆物业公司与金源房地产公司将账务算清后,蔡启龙再将租金转到金源房地产公司。同年,因金源房地产公司盈利较好,法定代表人胡启松在未通知蔡启龙以及其他股东的前提下,私自与郑世虎、陈光余达成股权转让协

议。2016 年 1 月，由于金源房地产公司与鑫隆物业公司产生矛盾，蔡启龙离开鑫隆物业公司。2017 年 12 月 11 日，蔡启龙委托他人向金源房地产公司邮寄了要求查阅公司会计报告的函，要求被告向原告报送 2015 年 1 月 1 日至 2017 年 10 月 31 日的财务会计报告，并提供 2015 年 1 月 1 日至 2017 年 10 月 31 日的全部财务账簿（包括总账、分类账、明细账、日记账和其他辅助财务账簿）以供查阅。金源房地产公司以蔡启龙未交回租金及目的不正当为由不予提供。2018 年 8 月，金源房地产公司通过公证送达律师函的方式，要求蔡启龙交回借款 50 万元、租金 470 万元。蔡启龙称租金为 300 多万元，但账册被盗不能核对未予交回。蔡启龙将金源房地产公司诉至法院，要求查阅上述财务会计报告和会计账簿。

一审法院认为，蔡启龙与金源房地产公司的另一股东陈光余成立鑫隆物业公司后，在未经金源房地产公司召开股东会议决议和执行董事决定同意的情况下，于 2015 年 1 月 16 日获取了金源房地产公司 50 万元资金和一间办公室，接管了该公司委托金硕商务公司管理的地下商业街物业并收取租金 300 多万元，经公司整顿催告和公证送达律师函催告，至今未交回，账目仍未核对，损害了金源房地产公司合法权益。在此情况下，蔡启龙要求查阅金源房地产公司财务会计报告和会计账簿，不仅不利于公司及股东间的人合性和整体利益，而且可能导致纠纷的进一步升级和公司价值贬损，不具有查阅的特定性和正当性，判决驳回蔡启龙的诉讼请求。

蔡启龙不服一审法院判决，提起上诉。二审法院认为，一审法院认定事实清楚，适用法律准确，判决驳回上诉，维持原判。

蔡启龙不服二审法院判决，申请再审。再审法院认为，鑫隆物业公司与金源房地产公司没有实质性竞争关系，蔡启龙行使知情权不具有不正当目的。鑫隆物业公司占用金源房地产公司资金及办公室并代收租金未返还的行为，系另一法律关系。遂撤销一审、二审判决，并判决金源房地产公司于判决生效之次日起 10 日内提供该公司 2015 年 1 月 1 日至 2017 年 10 月 31 日的财务会计报告及全部财务账簿（包括总账、分类账、明细账、日记账和其他辅助财务账簿）供蔡启龙查阅；蔡启龙应当于金源房地产公司正常营业时间内、在该公司办公地点查阅，查阅时间不得超过 10 个工作日。

[案例分析]

本案的争议焦点有两个：一是股东之间、股东与公司之间的其他纠纷是否会影响股东正当目的的认定？二是鑫隆物业公司和金源房地产开发公司是否具有实质性竞争关系?

《公司法》第33条规定:“股东有权查阅、复制公司章程、股东会会议记录、董事会会议决议、监事会会议决议和财务会计报告。股东可以要求查阅公司会计账簿。股东要求查阅公司会计账簿的,应当向公司提出书面请求,说明目的。公司有合理根据认为股东查阅会计账簿有不正当目的,可能损害公司合法利益的,可以拒绝提供查阅,并应当自股东提出书面请求之日起十五日内书面答复股东并说明理由。公司拒绝提供查阅的,股东可以请求人民法院要求公司提供查阅。”《公司法》将股东的知情权分为绝对知情权和相对知情权,绝对知情权的范围包括公司章程、股东会会议记录、董事会会议决议、监事会会议决议和财务会计报告,只要具备股东身份,股东既可以查阅也可以复制。相对知情权的范围仅限于公司会计账簿。股东意欲查阅公司的会计账簿首先要履行前置程序,即向公司提出查阅的目的,公司有理由认为股东查阅会计账簿有不正当目的的,可以拒绝查阅。《公司法》第33条虽然规定了股东查阅会计账簿的相关程序,但由于不正当目的的含义过于模糊,导致法官在司法裁判时自由裁量权过大,因此《公司法司法解释四》对“不正当目的”作了进一步解释,该司法解释第8条规定:“有限责任公司有证据证明股东存在下列情形之一的,人民法院应当认定股东有公司法第三十三条第二款规定的‘不正当目的’:(一)股东自营或者为他人经营与公司主营业务有实质性竞争关系业务的,但公司章程另有规定或者全体股东另有约定的除外;(二)股东为了向他人通报有关信息查阅公司会计账簿,可能损害公司合法利益的;(三)股东在向公司提出查阅请求之日前的三年内,曾通过查阅公司会计账簿,向他人通报有关信息损害公司合法利益的;(四)股东有不正当目的的其他情形。”由此可见,公司若能够证明股东具有《公司法司法解释四》第8条规定的四种情形之一并且可能损害公司合法利益的,可以拒绝向股东提供公司会计账簿。

在本案中,蔡启龙作为金源房地产公司的股东,认为金源房地产公司成立多年,既不召开股东会,也不向其递交任何公司经营收支的报告,更不向其定期报送财务会计报告等材料,因此要求金源房地产公司向其提交2015年1月1日至2017年10月31日的财务会计报告,并提供此期间的全部财务账簿(包括总账、分类账、明细账、日记账和其他辅助财务账簿)。蔡启龙提出的查阅请求符合股东行使知情权的前置条件。金源房地产公司以蔡启龙未交回租金及目的不正当为由不予提供。根据案情,本案没有《公司法司法解释四》第8条第2款和第3款规定的情形。

也就是说，若要证明蔡启龙有不正当目的，就要证明法定代表人为蔡启龙的鑫隆物业公司和金源房地产公司之间具有竞争关系，或者证明蔡启龙具有其他可能损害公司合法利益的行为。本案中，蔡启龙和金源房地产公司之间存在一定的纠纷，那么我们首先来分析蔡启龙和金源房地产公司的纠纷是否可能损害公司的利益从而影响不正当目的的认定。

一、股东之间、股东与公司之间的其他纠纷是否会影响股东正当目的的认定

在现实生活中，房地产行业通常获利巨大，而物业管理行业同样利润丰厚，而且是稳定的持续性收益。因此房地产开发公司往往会自行成立物业服务公司，承接自身开发房地产项目的物业服务。房地产行业公司股东围绕公司收益产生争议的案件比较常见。本案实质上就是这方面比较有代表性的案例。

本案中，金源房地产公司股东围绕公司收益的实质纷争，其实也是因上述两类利益而产生。金源房地产公司经营良好，公司大股东、法定代表人胡启松将部分资金投入个人开发项目，并于2013年和2016年先后成立了自己绝对控股的物业服务公司；而公司五位小股东同意股东蔡启龙、陈光余设立物业服务公司，并接受金源房地产公司的委托接管地下商业街的物业服务，2014年12月11日公司股东蔡启龙、陈光余注册成立鑫隆物业公司，并由蔡启龙担任鑫隆物业公司的法定代表人。2015年1月16日，金源房地产公司股东何顺华签字拨付给鑫隆物业公司往来款50万元整，并无偿提供办公室一间；同日，鑫隆物业公司与金硕商务公司签订《移交协议》，接管了地下商业街物业。2015年9月，金源房地产公司法定代表人以对鑫隆物业公司接管地下商业街并不知情为由停止了鑫隆物业公司对地下商业街的物业管理，并要求交回租金，鑫隆物业公司以账本丢失为由拒绝交回。2015年12月3日，金源房地产公司五位小股东书面同意鑫隆物业公司收取的租金暂存于蔡启龙名下，待鑫隆物业公司与金源房地产公司将账务算清后，蔡启龙再将租金转到金源房地产公司。2016年1月，由于金源房地产公司与鑫隆物业公司产生矛盾，蔡启龙离开鑫隆物业公司。2017年12月11日，蔡启龙委托他人向金源房地产公司邮寄了股东要求查阅会计报告的函，金源房地产公司以蔡启龙未交回租金及目的不正当为由不予提供。2018年8月，金源房地产公司通过公证送达律师函的方式，要求蔡启龙交回借款50万元、租金470万元，蔡启龙称租金为300多万元，但账册被盗不能核对未予交回。由此可见，上述争议实质上是金源房地产公司股东之间的利益之争引发的。

从法律关系角度分析,金源房地产公司的上述股东争议可以分为两个法律纠纷:一是蔡启龙与金源房地产公司的股东知情权纠纷;二是鑫隆物业公司与金源房地产公司的物业合同纠纷。从股东利益角度观察,这两个法律纠纷相互关联,物业合同纠纷只是股东利益纷争的表现,股东知情权纠纷是物业合同纠纷的延续;从法律关系角度分析,这两个法律纠纷原则上并无关联,因为两个法律关系的主体和内容均不相同。虽然鑫隆物业公司管理地下商业街物业的行为并不为金源房地产公司认可,但不可否认的是,鑫隆物业公司确实接管金硕商务公司并收取了地下商业街物业的租金。鑫隆物业公司收取租金的行为表明鑫隆物业公司和金源房地产公司之间存在一个债权债务关系,金源房地产公司是债权人,鑫隆物业公司是债务人。金源房地产公司要求鑫隆物业公司交还租金,鑫隆物业公司拒不交还,二者之间可能存在物业服务合同纠纷。虽然租金存于蔡启龙名下,但该租金依然归鑫隆物业公司所有,因此金源房地产公司应当向鑫隆物业公司主张权利。虽然蔡启龙曾经担任鑫隆物业公司法定代表人,且租金目前存于蔡启龙处,但金源房地产公司并不能直接向蔡启龙主张返还租金。除非金源房地产公司提起公司人格否认之诉,主张鑫隆物业公司和蔡启龙就租金返还承担连带责任。虽然鑫隆物业公司确实因金源房地产公司五位小股东同意而设立并接管地下商业街物业服务,但法律上鑫隆物业公司的股东蔡启龙与鑫隆物业公司并非同一主体,鑫隆物业公司与金源房地产公司的纠纷与蔡启龙并无法律上的关联。

作为金源房地产公司,股东蔡启龙认为金源房地产公司成立多年,既不召开股东会,也不向其递交任何公司经营收支的报告,更不向其定期报送财务会计报告等材料,因此要求查阅会计账簿。蔡启龙的主张于法有据。金源房地产公司拒绝蔡启龙行使知情权,必须证明其目的不正当。本案中金源房地产公司以蔡启龙拒不交出租金证明其损害金源房地产公司利益因而目的不正当。其主张是否成立呢?必须承认的是,鑫隆物业公司拒不返还地下商业街物业租金确实损害了金源房地产公司合法权益。蔡启龙曾经是鑫隆物业公司法定代表人,但这并不能表明是蔡启龙损害了金源房地产公司的合法权益。《民法典》第 61 条第 2 款规定:“法定代表人以法人名义从事的民事活动,其法律后果由法人承受。”由此可见,鑫隆物业公司接管地下商业街物业并收取租金的行为就是公司行为,其拒不返还租金的行为损害了金源房地产公司的合法权益,但鑫隆物业公司法定代表人蔡启龙并未损害金源房地产公司的合法权益。

一审法院认为，蔡启龙与金源房地产公司的另一股东陈光余成立其自营的鑫隆物业公司后，在未经金源房地产公司召开股东会议决议和执行董事决定同意的情况下，于2015年1月16日获取了金源房地产公司50万元资金和一间办公室，接管了该公司委托金硕商务公司管理的地下商业街物业，收取并带走金源房地产公司商铺租金300多万元，金源房地产公司合法权益受到损害。必须承认的是，金源房地产公司的合法权益的确受损，损害金源房地产公司合法权益的是鑫隆物业公司而非蔡启龙。蔡启龙将鑫隆物业公司数百万元租金带走，理由为经金源房地产公司股东们同意而暂时保管。一审法院认为，蔡启龙带走上述资金不具有合法性，因为蔡启龙将公司数百万元租金带走属于公司重大事项，依据公司法和公司章程，应经过股东会议并形成决议，并须经全体股东签字确认。笔者认为，一审法院混淆了两个公司之间的关系。金源房地产公司和鑫隆物业公司是两个独立的公司，各自具有自身的治理结构。就地下商业街物业租金而言，该租金为鑫隆物业公司收取，应当由鑫隆物业公司保管，作为其法定代表人的蔡启龙当然无权保管该租金。2015年12月3日，金源房地产公司股东吴秀玖、何顺华、陈光余、郑世虎、黄国典在《关于金源房地产公司股东议定可将收取资金暂存于蔡启龙名下的说明》上签字，书面同意鑫隆物业公司收取的租金暂存于蔡启龙名下，待鑫隆物业公司与金源房地产公司将账务算清后，蔡启龙再将租金转到金源房地产公司。尽管有金源房地产公司五位小股东的书面同意，也不能说明蔡启龙个人保管地下商业街物业租金的行为合法。金源房地产公司五位小股东的书面同意并非金源房地产公司的行为，五位小股东无权决定公司事务。即使金源房地产公司五位小股东可以代表公司行事，其书面同意也应理解为同意鑫隆物业公司保管租金。因此，无论是从鑫隆物业公司治理结构还是从金源房地产公司治理结构观察，蔡启龙暂且保管地下商业街租金的行为均不合法。《公司法》第148条规定："董事、高级管理人员不得有下列行为：……（二）将公司资金以其个人名义或者以其他个人名义开立账户存储……董事、高级管理人员违反前款规定所得的收入应当归公司所有。"蔡启龙以个人名义保管该租金，违反了《公司法》第148条的规定，应当向鑫隆物业公司承担返还责任及赔偿责任，但其并不需要因此向金源房地产公司承担责任。蔡启龙以个人名义保管地下商业街物业租金损害了鑫隆物业公司合法权益，鑫隆物业公司不依法向金源房地产公司交还租金损害了金源房地产公司的合法权益。进一步而言，围绕地下商业街物业租金，在蔡启龙和金源房地产公司之间存在合法的"防火墙”即鑫隆物业公司。因此，一审法院以蔡启龙未经相关程序的行为对金源房地产公司及其他股东的利益造成损害因而其具有不正当目的的认定并不妥当。综上所述，蔡启龙拒不向金源房地产公司交还租金的行为应当视为鑫隆物业公司的行为，并非其个人行为。蔡启龙拒不交还租金的行为并不直接损害金源房地产公司的合法权益，不能据此认定其查阅会计账簿有不正当目的。

二、鑫隆物业公司和金源房地产开发公司是否具有实质性竞争关系

《公司法》第 33 条第 2 款规定，公司有合理根据认为股东查阅会计账簿有不正当目的，可能损害公司合法利益的，可以拒绝提供查阅。一般而言，“可能损害公司合法利益”是对“不正当目的”的限缩解释，即要求该目的应有损害公司合法利益的较大可能性。《公司法司法解释四》第 8 条规定：“有限责任公司有证据证明股东存在下列情形之一的，人民法院应当认定股东有公司法第三十三条第二款规定的‘不正当目的’：（一）股东自营或者为他人经营与公司主营业务有实质性竞争关系业务的，但公司章程另有规定或者全体股东另有约定的除外；（二）股东为了向他人通报有关信息查阅公司会计账簿，可能损害公司合法利益的；（三）股东在向公司提出查阅请求之日前的三年内，曾通过查阅公司会计账簿，向他人通报有关信息损害公司合法利益的；（四）股东有不正当目的的其他情形。”该条款包含不正当目的四种情形，该四种情形应当是《公司法》第 33 条第 2 款“不正当目的”的具体化，“可能损害公司合法利益”属于其应有之义。同时，该条款规定的四种情形当然也是一个整体，应当从体系解释的角度出发分析这四种情形。《公司法司法解释四》第 8 条第 1 款第 2 项、第 3 项有“可能损害公司合法利益”或者“损害公司合法权益”的字样，所以第 1 项也暗含“损害或可能损害公司合法利益”之意。因此《公司法司法解释四》第 8 条第 1 款第 1 项实质性竞争关系的构成要件有两个：一是“股东自营或者为他人经营的业务与公司主营业务有实质性竞争关系”，二是股东上述行为“可能损害公司合法权益”。一般而言，实质性经竞争关系足以表明其可能损害公司合法权益，因此通常只需要考察第一个构成要件即可。该构成要件可以分解为三个要素：第一，股东是否有自营或为他人经营业务的行为；第二，如何理解公司的主营业务；第三，何为实质性竞争关系。

（一）金源房地产公司股东蔡启龙是否有自营或为他人经营业务的行为

所谓“自营”，顾名思义，是指股东自己经营业务。所谓“为他人经营”，顾名思义，是指股东为公司以外的其他人经营业务，这是“他人”泛指公司和股东本人以外

的任何人。无论是自营还是为他人经营,最终的落脚点在“经营”二字上。根据《现代汉语词典》的解释,经营的含义为:“一指筹划、组织并管理:~商业|苦心~……二指商业、服务业出售某类商品或者提供某方面的服务:本店~各种文具。”①结合公司经营观察,“经营”包含营利性目的,也包括筹划和管理,因此这里的“经营”是指以营利为目的的筹划并管理公司事务的各项活动。从公司治理结构角度观察,公司管理层负责公司经营。而公司管理层一般是指公司董事和经理等高级管理人员。除此之外,还应当区分“经营”和“投资”的区别。如果股东只是投资公司但未担任公司董事、经理等高级管理人员职务,即使股东持股比例较高,也不应认定股东参与公司经营,除非公司管理层成员中有该股东的代表。相反,如果当事人虽未向公司投资而无股东身份,但担任公司董事、经理等高级管理人员职务,依然应当认定其参与公司经营。本案中,作为金源房地产开发公司股东的蔡启龙和另一股东陈光余设立了鑫隆物业公司,且蔡启龙担任鑫隆物业公司的法定代表人。而公司的法定代表人属于公司管理层,这就表明蔡启龙已经参与了鑫隆物业公司的实际经营。蔡启龙既投资又管理鑫隆物业公司。虽然鑫隆物业公司还有其他股东,但依据所有权和经营权是否分离这一标准,蔡启龙对鑫隆物业公司之“所有权”和经营权并未分离,因此蔡启龙担任鑫隆物业公司法定代表人的行为表明其自己经营业务。

(二)如何理解公司的主营业务

主营业务本是会计学上的概念,是指企业为完成其经营目标而从事的日常活动中的主要活动。如何判断主营业务呢?一般而言,有两种判断方法:一是形式上的判断方法,根据企业营业执照载明的经营范围判断其主要业务;二是实质上的判断方法,根据特定业务对企业利润的贡献率以及特定业务收入在企业营业收入中所占的比重判断。就形式上的判断方法而言,企业的经营范围通常比较宽泛,企业往往只是选择其中一项或者几项业务进行经营,因此单纯采取形式上的判断标准不足以准确判断企业的主营业务。就实质上的判断方法而言,特定业务的利润贡献率和营收比重只是反映了在特定会计期间内该项业务的经济成效,不能直接认定该业务是否为企业的主营业务。因为企业在经营过程中,其不同业务会因市场形势的不同而收益不同,主营业务利润、收入完全可能少于非主营业务。简言之,需要根据形式上的经营范围和实质上的财务结果来综合判断法条中的主营业务。

---

① 中国社会科学院语言研究所词典编辑室编:《现代汉语词典》(第6版),商务印书馆2013年版,第683页。

由此可见,单纯采取上述任何一种方法均有局限性,通常需要同时采取上述两种方法进行综合判断。依据主营业务形式上的判断方法,金源房地产开发公司主营业务为“房地产开发、销售,房屋租赁(依法须经批准的项目,经相关部门批准后方可开展经营活动)”;鑫隆物业公司主营业务为“物业管理;水电暖安装、维修;房屋修缮;房屋租赁;洗车服务;泊车服务;广告设计、制作、代理、发布(依法须经批准的项目,经相关部门批准后方可开展经营活动)”。依据主营业务实质上的判断方法,金源房地产公司开发了晋中市诸多房地产建设项目,一审法院查明金源房地产公司2015年前分红正常,说明房地产业务是金源房地产公司的主要和稳定的利润来源;鑫隆物业公司在成立后的主要业务就是承接了地下商业街物业管理。因此,金源房地产公司的主营业务是房地产开发,鑫隆物业公司的主营业务是物业管理。

(三)何为实质性竞争关系

一般而言,实质性竞争关系是指股东和公司之间具有一定的利益冲突。如何判断是否存在利益冲突,其实并不容易。为了准确把握实质性竞争关系,通常需要从两方面入手:一是“竞争关系”,二是“实质性”。

首先,如何认定“竞争关系”。竞争是市场经济的必然产物,只要存在市场经济,商品生产者、服务提供者和经营者之间的竞争就不可避免,并在经济中发挥主要调节作用。具体而言,竞争是市场经济中的商事主体以追求自身利益、增强自身经济实力为目的,排斥同类商事主体的相同或者类似经营行为的表现。这通常意味着,商品生产者、服务提供者和经营者处于同类行业。所谓“同类的业务”,是指从事与所任职公司完全相同、同类或者类似的有竞争关系或替代关系的商品或服务。[①] 我国《反垄断法》依托“相关市场”的概念对竞争关系进行了界定,该法第12条第2款规定:“本法所称相关市场,是指经营者在一定时期内就特定商品或者服务(以下统称商品)进行竞争的商品范围和地域范围。”认定经营者之间的竞争关系需要考察二者之间是否存在于“相关市场”,即需要考虑商品或者服务、地域和时间三个因素。其一,商品或者服务的可替代性。在界定竞争关系时,首先需要考虑商品或者服务的可替代性。可替代性意味着两个以上的商品或者服务之间具有相同或类似的性质、用途、价格、质量等,消费者可以互相替换选择以满足自己的需求。可替代性商品或者服务的认定应当综合考虑,而且应当站在一般消费者的角度进

① 刘俊海:《现代公司法》(上册),法律出版社2015年版,第365页。

行考虑,例如,某两种商品属于同类商品,但二者价格相差悬殊,就很难被认定为具有可替代性。其二,地域范围。竞争关系的认定还需要考虑地域范围,即具有替代性的商品或者服务的两个以上经营者同时在特定的地域范围开展经营。影响地域范围的因素包括运输成本、销售模式、商品特性、消费者的特殊偏好、不同地域的差异等。其三,时间因素。时间因素对竞争关系的认定也有影响,因为时间的变化也可能影响商品或者服务的可替代性因素和地域因素。本案中,金源房地产开发公司和鑫隆物业公司均在晋中市经营,因此符合竞争关系的地域因素。金源房地产的主营业务是房地产开发和销售,鑫隆物业公司的主营业务是物业管理,两家公司提供的并非同一种类的商品或者服务。房地产开发和销售属于生产开发型的行业,物业服务属于服务提供型的行业。从社会一般人的角度考虑,二者提供的商品或者服务不具备可替代性。虽然物业公司往往是房地产公司开发销售房地产后才开展物业管理服务,从这种意义上说房地产开发、销售与物业服务二者之间具有一定的关联性,但并非相同行业。因此二者之间不具有竞争关系。如此一来,二审法院和再审法院在审理过程中认为鑫隆物业公司和金源房地产开发公司不具有实质性竞争关系合理合法。

其次,如何认定"实质性"。"实质性"是一种事实上的认定而非观念上的认定,即股东自营或为他人经营的业务与本公司主营业务具有高度的可替代性,或者对本公司主营业务影响程度较高,可能会使公司市场竞争力下降。房地产公司以房地产开发和销售为业,物业公司以提供物业管理服务为业,二者属于业务中下游关系,物业公司的经营并不会对房地产公司经营产生影响,即二者之间根本不存在高度可替代性,不会使房地产公司市场竞争力下降。

综上所述,从法律关系角度分析,本案事实上包含两个法律纠纷:一是蔡启龙与金源房地产公司的股东知情权纠纷;二是鑫隆物业公司与金源房地产公司的物业合同纠纷。两个法律纠纷之间有经济上的关联,但并不存在法律上的关联,后一个纠纷不能证明蔡启龙查阅会计账簿具有不正当目的。加上鑫隆物业公司和金源房地产开发公司不具有实质性竞争关系,因此不能证明蔡启龙查阅会计账簿具有不正当目的。根据《公司法》第 33 条第 2 款的规定,金源房地产公司应当满足蔡启龙查阅公司会计账簿的请求。

案例11：账簿查阅权不正当目的之实质性竞争关系的认定

邹丽娜与南宁国祥装饰有限责任公司
股东知情权纠纷案

［当事人］

原告：邹丽娜（二审被上诉人，再审被申请人）

被告：南宁国祥装饰有限责任公司（二审申请人，再审申请人）

［案情简介］

南宁国祥装饰有限责任公司（以下简称国祥公司）成立于1999年，注册资本为50万元。2010年3月29日，国祥公司召开股东会，会议决议记载："同意黄加财转让公司30%的股权给贾敏超；邹丽娜合法继承许海华34%的股权"；"股权转让后，公司股东及出资情况、出资比例为：贾敏超，15万元，30%；黄加仕，18万元，36%；邹丽娜，17万元，34%"。同日，国祥公司对公司章程进行修正，形成《南宁国祥装饰有限责任公司章程修正案》，该修正案将股东姓名黄加财、黄加仕、许海华变更为贾敏超、黄加仕、邹丽娜。同日，国祥公司出具《南宁国祥装饰有限责任公司任免职证明》，任黄加仕为执行董事、法定代表人、总经理，免去许海华监事职务，同时任邹丽娜为监事。同日，国祥公司办理工商变更登记，将股东黄加财、黄加仕、许海华变更为贾敏超、黄加仕、邹丽娜。国祥公司股东黄加仕、贾敏超、邹丽娜于2013年5月24日召开股东会，决议国祥公司于2013年7月1日开始进行停业清算，清算组成员为黄加仕、贾敏超、邹丽娜，清算组长为邹丽娜，负责主持清算以及公司日常工作。2016年7月26日，邹丽娜向国祥公司及其法定代表人黄加仕分别邮寄《查阅会计账簿申请函》，该申请函记载："为能全面了解公司的真实经营状况、财务状况，维护邹丽娜作为股东的合法权益并有助于敦促贵司健全、规范、完善相关管理制度和措施……一、对下列材料进行查阅：2008年1月1日～2015年12月31日的会计账簿。二、对下列材料进行查阅、复制：1.2008年1月1日～2015年12月31日的财务会计报告。2.2008年1月1日～2015年12月31日的股东会会议记录。"邮寄给公司的邮件快递单注明："应由法定代表人、主要负责人或办公室、收发室、值班室等负责收件的人签收，并注明职务或与公司的关系。"EMS快递单上均记载内件品名为："1.查阅2008.1.1～2015.12.31会计账簿；2.查阅、复制2008.1.1～2015.12.31财务会计报告、股东会会议记录"。EMS快递单的收件地址为国祥公司的住所地。

寄给国祥公司的快递回单收件人一栏签名为“黄加仕”。同时,国祥公司及黄加仕的EMS快递跟踪查询单均显示“2016年7月28日投递并签收,签收人:本人收”。2016年9月2日,邹丽娜因国祥公司拒绝其行使知情权诉至法院,主张查阅范围与上述《查阅会计账簿申请函》一致。

国祥公司认为,邹丽娜自营公司与国祥公司构成实质性竞争关系,查阅公司相关资料可能损害公司利益。因为国祥公司目前经营“SKK”涂料,相关会计账簿与原始记账凭证涉及采购销售信息、价格构成及销售对象信息等重要公司信息、商业秘密。邹丽娜在广西南宁朗达新型建材有限公司(以下简称朗达公司)与南宁国富建筑科技开发有限公司(以下简称国富公司)担任股东及法定代表人。这两家公司经营范围与国祥公司经营范围相同、相近,且这两家公司也在争夺“SKK”涂料市场。由于邹丽娜自营的公司与国祥公司主营业务存在实质性竞争关系,这一事实导致其查阅公司账簿将损害国祥公司合法利益,故国祥公司有权拒绝提供查阅。此外,邹丽娜一直参与国祥公司经营及清算工作,并自2012年以来与公司其他股东之间存在纠纷,邹丽娜曾抢夺并藏匿公司公章阻碍公司生产经营。

邹丽娜认为,其与国祥公司不构成实质性竞争关系。邹丽娜因继承其丈夫持有的股权而担任两家公司的法定代表人。朗达公司与国富公司于2014年、2015年、2016年年底向南宁市国家税务局申报的可反映当年纳税情况的6份《增值税纳税申报表》显示,当年作为计税依据的各项销售额均为零。朗达公司与国富公司的《企业信用信息公示报告》中“社保信息”一栏显示,这两家公司于2016年、2017年缴纳各项保险金的职工数量为零。因此,朗达公司与国富公司并未正常经营,与国祥公司主营业务不存在任何竞争关系,更无实质性竞争关系。国祥公司拒绝邹丽娜行使知情权的行为于法无据。

一审法院支持了邹丽娜的诉讼请求。国祥公司不服,提起上诉。二审法院判决,驳回上诉,维持原判。国祥公司不服二审判决,申请再审,事由与理由如前所述。再审法院认为,邹丽娜行使知情权不具有不正当目的,判决维持二审法院判决。

[案例分析]

本案的争议焦点有两个:一是账簿查阅权之正当目的的举证责任分配;二是实质性竞争关系的认定。

一、账簿查阅权之正当目的的举证责任分配

举证责任由哪方承担是诉讼成败的关键,《公司法》对知情权举证责任的分配没有进行直接规定,但从字里行间可以看出《公司法》已经对举证责任进行了分配。《公司法》第 33 条第 2 款规定:“股东可以要求查阅公司会计账簿。股东要求查阅公司会计账簿的,应当向公司提出书面请求,说明目的。公司有合理根据认为股东查阅会计账簿有不正当目的,可能损害公司合法利益的,可以拒绝提供查阅,并应当自股东提出书面请求之日起十五日内书面答复股东并说明理由。公司拒绝提供查阅的,股东可以请求人民法院要求公司提供查阅。”该条对股东如何行使会计账簿查阅权和公司如何认定股东有不正当目的进行了规定。《公司法》认为股东要查阅会计账簿,应当向公司提出书面请求,并“说明目的”,公司若“有合理依据”足以证明股东有不正当目的才可以拒绝其查阅。从“说明目的”和“有合理证据”的字眼可以看出,《公司法》对股东行使会计账簿查阅权和公司拒绝提供会计账簿规定了不同的标准,这其实就是实体法对举证责任的分配规则。股东只要说明查阅会计账簿的目的,即可推定其具有正当目的,除非公司有证据证明股东具有不正当目的。在戈旭东与乐清市绿叶铝箔制品有限公司股东知情权纠纷案中,法院特意区分《公司法》第 33 条第 2 款的“说明”与“合理根据”用语,认为“说明”通常为解释清楚的意思,与证据法或诉讼法上的提供证据加以证明的举证责任不属于同一概念,且从文义上理解,《公司法》没要求股东就目的正当性负担证明责任;相反,“合理根据”通常为合乎事理地把某种事物作为结论的前提的意思,含有提供相应证据证明结论正确的含义,因此,公司应对股东的“不正当目的”承担举证责任。[①] 由此可以看出,在股东说明目的后,举证责任就分配给了公司。从某种意义上来说,会计账簿查阅权采取举证责任倒置。在李淑君、孙杰、吴湘、王国兴与江苏佳德置业发展有限公司股东知情权纠纷案中,二审法院经审理认为,四上诉人向江苏佳德置业发展有限公司(以下简称佳德公司)提出书面请求,说明其行使知情权的目的是了解公司实际经营现状,显然属于其作为公司股东应享有的知情权。佳德公司以四上诉人具有不正当目的为由拒绝其查阅,则应对四上诉人具有不正当目的并可能损害其合法利益承担举证责任。[②] 由此可见,股东账簿查阅权之正当目的的举证责任由公司承担,公司举证证明股东具有损害公司合法权益的可能性之后,举证责

---

① 参见戈旭东与乐清市绿叶铝箔制品有限公司股东知情权纠纷案,浙江省乐清市人民法院(2014)温乐柳商初字第 1087 号民事判决书。

② 参见李淑君、孙杰、吴湘、王国兴与江苏佳德置业发展有限公司股东知情权纠纷案,载《中华人民共和国最高人民法院公报》2011 年第 8 期,第 42 ~ 48 页。

任发生转移，股东应当证明其不具有损害公司合法权益的可能性，股东举证证明后，举证责任再次发生转移，公司应当举证证明股东具有损害公司合法权益的可能性，如此循环往复，直至阐明股东查阅目的的正当性。

在本案中，邹丽娜作为国祥公司的股东，只要其向国祥公司说明了查阅公司会计账簿的目的，那么就推定举证责任由国祥公司承担。2016 年 7 月 26 日，邹丽娜向国祥公司及其法定代表人黄加仕分别邮寄《查阅会计账簿申请函》，要求查阅 2008 年 1 月 1 日至 2015 年 12 月 31 日的公司会计账簿等资料。寄给国祥公司的快递回单收件人一栏有黄加仕的签名。同时，国祥公司及黄加仕的 EMS 快递跟踪查询单均显示“2016 年 7 月 28 日投递并签收，签收人：本人收”。由此可以看出，国祥公司已经收到了该申请函，并且知悉了邹丽娜想要查看公司会计账簿的诉求。邹丽娜在该申请函中提到查看公司会计账簿的目的是“全面了解公司的真实经营状况、财务状况，维护邹丽娜作为股东的合法权益并有助于敦促贵司健全、规范、完善相关管理制度和措施”。那么该目的是否符合《公司法》第 33 条“说明目的”的要求？一般认为股东说明目的并非不受任何约束，而是应当符合“具体性”标准。从利益平衡角度来看，股东在查阅会计账簿时没有说明具体目的，则会产生股东滥用权力的嫌疑，目的的“具体性”要求赋予了行使会计账簿查阅权前置程序实质意义；从制度成本角度考虑，股东在前置程序中说明具体目的方便公司作出判断，若公司认可，自然不会走向诉讼，可以节省司法资源；反之则进入诉讼程序，在诉讼程序中，具体目的可以让法官确定该目的是否超越其提出的请求查阅范围，便于司法裁判。《北京高院公司纠纷审判指南 2008》第 18 条即提出了具体性标准，“有限责任公司的股东就查阅公司会计账簿提起诉讼的，应当说明查阅会计账簿的目、所查阅的内容与该目的具有何种直接关系……”结合本案案情，我们可以把邹丽娜的“目的”分为两部分：“为能全面了解公司的真实经营状况、财务状况，维护邹丽娜作为股东的合法权益”和“有助于敦促公司健全、规范、完善相关管理制度和措施”。对于前半部分，笔者认为邹丽娜的目的不满足“具体目的”的要求。首先，邹丽娜作为公司的监事，其有义务也有权利了解公司的经营状况；其次，2013 年 5 月 24 日国祥公司召开股东会，决定对公司进行停业清算，清算组长为邹丽娜，其负责主持清算，因此邹丽娜对公司的经营状况应当有一定的了解。对于后半部分，笔者认为满足“具体目的”的要求。邹丽娜不仅是国祥公司的监事，还担任清算组组长，其有权利也有义务对公司进行监督，完善相关制度，因此邹丽娜向国祥公司提出查阅公司会计账簿的目的正当。此时，就应当由国祥公司承担不正当目的的举证责任。国祥公司在案件审理过程中表明其实际经营的主要业务是“SKK”涂料产品，并提供邹丽娜作为法定代表人的朗达公司和富国公司的电脑咨询单《企业信用信息公示报告》。该咨询单显示该两家公司的经营范围。相较于国祥公司经营执照上所列举的经营范围，朗达公司和国富公司在“建筑材料”“电子产品”“五金”“装饰材料”等经营类型上和国祥公司具有类似或相同的情况。国祥公司据此认为其和国富公司、朗达公司之间具有实质性竞争关系，因此邹丽娜行使股东会计具有不正当目的。国祥公司已经初步证明了双方经营业务存在实质性竞争关系，此时应当遵循举证责任转移规则，由主张知情权的股东承担反证责任，就其不具有不正当目的以及行使查阅权不会损害公司利益进一步举证以自证清白。根据证据规则规定，国祥公司的证明是本证，要达到高度盖然性标准，邹丽娜若提出证据则为反证，只要使被证的对象陷入真伪不明的状态即可。邹丽娜在案件审理过程中提交朗达公司和国富公司相关资料，试图证明其不具有不正当目的。邹丽娜作为股东和法定代表人的朗达公司和国富公司的《增值税纳税申报表》显示在2014年、2015年、2016年度中作为计税依据的各项销售额均为零，加上这两家公司的《企业信用信息公示报告》中“社保信息”一栏显示其在2016年、2017年度缴纳各项保险金的职工数量为零，上述证据表明邹丽娜自营的两家公司无正常营业，当然不会与国祥公司形成业务竞争关系。既然邹丽娜证明其自营行为不可能损害国祥公司的合法权益，此时举证责任又落到了国祥公司的头上。国祥公司就此未能进一步提供相反证据，也未能提供证据证明邹丽娜自营的公司将要开展与国祥公司相同或同类业务，故国祥公司关于邹丽娜自营公司与其存有同业竞争关系的主张并无事实依据。

至于国祥公司辩称作为国祥公司的监事并且在国祥公司停业清算后担任清算组组长的邹丽娜全面了解公司经营状况和财务状况，并不足以否定邹丽娜以股东身份行使知情权的合法性。

二、实质性竞争关系的认定

在上文中，我们分析了在股东说明目的之后，公司要承担不正当目的的举证责任。《公司法》对不正当目的仅作了简单的规定，《公司法司法解释四》第8条在《公司法》第33条的基础上以客观行为推断主观目的的逻辑对不正当目的的认定进行了细化：“有限责任公司有证据证明股东存在下列情形之一的，人民法院应当认定股东有公司法第三十三条第二款规定的‘不正当目的’：（一）股东自营或者为他人经营与公司主营业务有实质性竞争关系业务的,但公司章程另有规定或者全体股东另有约定的除外;(二)股东为了向他人通报有关信息查阅公司会计账簿,可能损害公司合法利益的;(三)股东在向公司提出查阅请求之日前的三年内,曾通过查阅公司会计账簿,向他人通报有关信息损害公司合法利益的;(四)股东有不正当目的的其他情形。"

结合本案的案情,邹丽娜没有出现《公司法司法解释四》中后三种情形,唯一可能适用的就是第一种情形。因此我们对《公司法司法解释四》第 8 条第一种情形进行分析。从体系解释的角度进行分析,《公司法》第 33 条第 2 款规定的"可能损害公司合法利益"缩小了"不正当目的"的适用范围,即要证明公司有不正当目的,就要求该目的应有损害公司合法利益的较大可能性。《公司法司法解释四》第 8 条第 2 项和第 3 项提到"可能损害公司合法利益""损害公司合法权益",所以第 1 项也暗含"损害或可能损害公司合法利益"之意。因此实质性竞争关系这一情形的构成要件有两个:一是"股东自营或者为他人经营与公司主营业务有实质性竞争关系",二是"可能损害或者损害公司合法权益"。例外情形就是"公司章程另有规定或全体股东另有约定的除外"。就本案而言,因为公司章程未设置有关股东实质性竞争关系的相关条款,所以直接以实质性竞争关系的构成要件进行分析。这样可以把邹丽娜是否具有不正当目的分解为两个问题:一是国祥公司和朗达公司、国富公司之间是否存在实质性竞争关系;二是此竞争关系是否会对国祥公司造成损失。

(一)国祥公司和朗达公司、国富公司之间是否具有实质性竞争关系

根据《公司法司法解释四》第 8 条第 1 项的规定,首先我们应当证明公司的股东是否有自营和为他人经营的公司,其次分析何为实质性竞争关系。为此,可以将该问题再细化为两个小问题:一是股东是否有自营或为他人经营的公司,二是何为实质性竞争关系。

1. 邹丽娜是否自营或为他人经营公司

根据字面意思,"自营"是指股东自己经营本公司以外的公司。自营的落脚点不在"自己"而在"经营"。"经营"是指参与该公司具体的经营活动,通常只有控股股东和公司管理层才负责公司经营管理。具体而言,参与经营管理的主体包括公司法定代表人、董事、监事、高级管理人员、实际控制人、控股股东以及重要项目负责人等,但不包括公司的其他工作人员。《公司法》第 148 条第 1 款第 5 项规定了公司董事、高级管理人员的竞业禁止义务,并未规定股东承担竞业禁止义务。由此可

以看出，若股东只是对与本公司有竞争关系的公司进行投资而没有参与实际经营，则不能因此而认为股东查阅会计账簿具有不正当目的。质言之，“投资”并不等于“经营”。在本案中，作为国祥公司股东的邹丽娜，担任了朗达公司和国富公司的法定代表人，其显然参与了朗达公司和国富公司的经营管理，属于《公司法司法解释四》第 8 条第 1 项的“股东自营”情形。

2. 何为实质性竞争关系

实质性竞争关系可以从“实质性”和“竞争关系”两个关键点进行分析。

所谓“实质性”，主要考察的是股东自营或为他人经营的公司是否可能对本公司的合法利益造成损害。这是判断不正当目的的实质标准，但是如何判断可能损害或者损害公司的合法权益并非易事，需借助具体情形方能更加准确地判断。因此实质性竞争关系认定的关键还是竞争关系。

所谓竞争关系，我们可以从两个方面分析。一是从《公司法》角度分析。《公司法》第 148 条第 1 款第 5 项规定了董事和高级管理人员的竞业禁止义务，所谓竞业是指“自营或为他人经营与所任职公司同类的业务。”显然，《公司法》第 148 条是从公司业务的角度对竞业关系进行分析，这里的“业务”当然包括“主营业务”，准确地说，主要指主营业务。所以，只要本公司的主营业务与股东自营或为他人经营的公司的主营业务相同，就可以认定二者具有竞争关系。“主营业务”是会计学上的专有名词，指的是公司为了完成其经营目标而从事的日常活动中的主要活动，形式上可根据公司营业执照上记载的主要业务来判断，实质上则要看该主营业务是否能为公司提供稳定的利润以及主营业务在营业收入中所占的比重。因此主营业务要从形式和实质两个层面进行分析。在形式层面，国祥公司的主营业务是装饰，朗达公司和国富公司的主营业务是建筑材料。国祥公司和朗达公司、国富公司的经营范围均涉及“建筑材料”“电子产品”“五金”“装饰材料”等，因此就经营范围而言，国祥公司和朗达公司、国富公司具有相同或相似性。这些经营范围之间具有的字义重叠性或类似性不足以直接证明双方经营活动的具体类型，更不足以直接证明双方之间存在实质性竞争关系。不过，在无反证的情况下，一方当事人举证证明双方之间经营范围存在交叉情形，可以认定一方当事人的举证已初步证明双方之间经营业务相同。因此，我们可以认为国祥公司已经在形式层面证明朗达公司和国富公司与其主营业务相同。在实质层面，朗达公司与国富公司于 2014 年、2015 年、2016 年年底向南宁市国家税务局申报的可反映当年纳税情况的 6 份《增值税纳税申报表》显示，当年作为计税依据的各项销售额均为零。朗达公司与国富公司的《企业信用信息公示报告》中“社保信息”一栏显示，这两家公司于2016年、2017年缴纳各项保险金的职工数量为零。根据这两份报告的内容可以得知，邹丽娜自营的两家公司无正常营业，国祥公司就此也未能进一步提供相反的证据，因此在实质层面，朗达公司、国富公司事实上并无主营业务。进一步而言，国祥公司和朗达公司、国富公司的主营业务是不同的，应当认定二者之间不存在竞争关系。二是从《反垄断法》角度分析。由于竞争关系在经济法中也经常被提及，而且经济法对竞争关系的规定较为详细，因此在认定竞争关系可以参考经济法的相关内容。《反垄断法》第12条第2款规定：“本法所称相关市场，是指经营者在一定时期内就特定商品或者服务（以下统称商品）进行竞争的商品范围和地域范围。”基于此，在认定两家公司之间是否存在竞争关系时，需要看二者之间是否存在“相关市场”，也就是说要考虑商品市场、地域和时间三个层面的因素。首先，在商品市场层面，若两个及以上的商品或服务属于同一种类或在消费者看来具有可替代性，则属于“同一商品市场”。本案中，国祥公司和朗达公司、国富公司在“建筑材料”“电子产品”“五金”“装饰材料”等经营类型上与国祥公司具有相同或相似的情况。因此满足“商品市场”的条件。其次，“相关市场”的认定还要考虑地域因素，即本公司和股东自营的公司应当存在一个有效的竞争地理位置。国祥公司、朗达公司和国富公司都是南宁市的公司，住所地都在南宁，因此国祥公司与朗达公司、国富公司之间存在一个有效的竞争地理位置。最后，时间的变化也可能影响商品因素和地域因素，即在一定时期内提供的产品、服务为同一类型。根据《增值税纳税申报表》和《企业信用信息公示报告》的内容显示，朗达公司和国富公司在国祥公司经营期间就没有实际经营，因此不满足竞争关系在时间上的要求。国祥公司和朗达公司、国富公司之间不具有竞争关系。所以，无论是从《公司法》角度还是从《反垄断法》的角度，国祥公司和朗达、国富公司之间都不存在竞争关系。

（二）朗达公司、国富公司的行为是否对国祥公司造成损失

皮之不存，毛将焉附？既然二者不存在竞争关系，自然就不会损害国祥公司的合法利益，也就无须分析竞争关系是否会对国祥公司造成损害。因此国祥公司股东邹丽娜自营的公司与国祥公司之间不存在实质性竞争关系，不满足《公司法司法解释四》第8条第1项规定的情形。

除了上述两个问题，本案还涉及国祥公司股东邹丽娜股东身份的举证责任。

在本案审理过程中,国祥公司主张邹丽娜的股东身份存在瑕疵。根据"谁主张,谁举证"的原则,邹丽娜行使股东知情权,应当提供证据证明其国祥公司股东身份。邹丽娜提供了国祥公司工商登记、股东会会议记录、公司章程修正案等证据。就有限责任公司内部而言,股东之间及股东与公司之间就特定当事人股东身份存在疑问,公司章程、股东名册、出资证明书是证明股东身份的重要文件。而本案中并未涉及股东名册、出资证明书,公司章程修正案的股东记载足以证明邹丽娜的股东身份。同时公司股东会会议记录也是股东行使权利的证据,这也足以证明邹丽娜的股东身份。就有限责任公司外部而言,即股东及公司以外的第三人对特定当事人股东身份存在疑问,应以工商登记为准。《公司法》第 32 条第 3 款规定:"公司应当将股东的姓名或者名称向公司登记机关登记;登记事项发生变更的,应当办理变更登记。未经登记或者变更登记的,不得对抗第三人。"本案属于公司与股东之间就股东身份发生争议,仅有工商登记不足以证明邹丽娜的股东身份,但与股东会会议记录、公司章程修正案相互印证,就可以证明其国祥公司的合法股东身份。国祥公司称邹丽娜的股东资格存在瑕疵,但是未提供任何证据予以证明,其应当承担不举证的法律后果,法院对其该项主张不予支持。

综上所述,作为国祥公司的股东,邹丽娜对国祥公司享有知情权。邹丽娜以全面了解公司的真实经营状况、财务状况、维护股东合法权益并有助于敦促公司健全、规范、完善相关管理制度和措施为由向国祥公司提出书面请求,请求查阅公司的财务会计报告、股东会会议记录和会计账簿。财务会计报告和股东会议记录属于绝对查阅权的范围,国祥公司应当予以提供。国祥公司与邹丽娜自营的朗达公司、国富公司之间不存在实质性竞争关系,因此邹丽娜查阅会计账簿不具有不正当目的,所以国祥公司应当向邹丽娜提供公司会计账簿。

第八章　股东知情权查阅范围之实务问题

一、股东知情权查阅范围实务问题概述

股东知情权之客体范围是股东与公司争议的焦点。就股东而言，其希望查阅尽可能多的公司资料，以充分了解公司相关信息；就公司而言，其希望股东查阅尽可能少的公司资料，以防泄露公司信息乃至商业秘密。为此，股东知情权的查阅范围还需要进一步观察。

1. 查阅对象是否仅限于法律规定的范围

我国《公司法》第33条和第97条明确规定了股东可以查阅的公司资料，对于法律规定之外的公司资料股东能否查阅，各地各级司法机关的态度并不一致。从查阅权的立法目的和保护少数股东权利的现实需求出发，司法机关应保持扩张性司法解释的立场，不拘泥于法律列举规定的范围，只要股东说明其正当目的就可以查阅公司相关记录。[①] 笔者认为，目的性扩张解释可资赞同，借助正当目的可合理扩张股东查阅对象的范围。这意味着，除了查阅法律规定的公司置备文件之外，查阅公司会计账簿和其他法律未予明确规定的公司资料必须履行前置程序后，股东才能提起知情权之诉。

2. 公司章程是否可以限制或者扩展查阅对象的范围

实践中，不少公司章程对股东知情权的范围作出了明确规定。由于股东知情权系固有权，原则上不得剥夺或者实质限制。为此，各地法院出台的公司纠纷审判指南大多规定，公司章程关于股东不得查阅公司文件的规定无效。[②]《公司法司法

---

① 参见李建伟：《股东知情权研究：理论体系与裁判经验》，法律出版社2018年版，第60页。

② 参见《江苏高院公司纠纷审判指南》第68条、《山东高院公司纠纷审判指南》第65条、《江西高院公司纠纷审判指南》第54条。

解释四》第9条规定:“公司章程、股东之间的协议等实质性剥夺股东依据公司法第三十三条、第九十七条规定查阅或者复制公司文件材料的权利,公司以此为由拒绝股东查阅或者复制的,人民法院不予支持。”据此,《公司法》只是规定了“股东法定知情权范围,系股东最低程度的知情权”,“权利的救济,不仅仅依靠《公司法》上的股东知情权救济,还可以通过《公司法》上其他权利保护及其他民事法律和公法渠道进行,故在无《公司法》明文规定,且无章程规定的情形下,股东无权查阅会计凭证”。[①]《北京高院公司纠纷审判指南2004》第22问回答:“公司章程是股东之间的协议,是公司的组织准则与行为准则,只要不违反法律、行政法规的强制性规定,公司章程即具有法定约束力。公司章程与《公司法》条款规定不一致时,应当结合具体案件判定所涉法条的性质是否属于强制性规定,凡所涉法条不属于强制性规定的,即不影响公司章程的效力。”因此,公司章程不得作出禁止股东查阅《公司法》第33条和第97条规定之公司文件的规定,但公司章程可以对股东查阅范围作出更加宽泛的规定。对于查阅法律规定之外的公司文件,公司章程可以要求股东说明其正当目的,当然公司章程也可以不加限制。

二、股东知情权查阅范围案例分析

案例12:股东账簿查阅权的客体是否包括会计凭证

富巴投资有限公司与海融博信国际融资租赁有限公司股东知情权纠纷案

[当事人]

原告:富巴投资有限公司(二审被上诉人,再审申请人)

被告:海融博信国际融资租赁有限公司(二审上诉人,再审被申请人)

[案情简介]

海融博信国际融资租赁有限公司(以下简称海融博信公司)于2015年2月27日在天津市滨海新区注册成立,公司类型为有限责任公司(港澳台地区与境内合

① 卢建江与北京中联华融投资管理有限公司股东知情权纠纷案,北京市第二中级人民法院(2020)京02民终3566号民事判决书。

资)，注册资本为3000万美元，股东为北京海融博信管理咨询有限公司、富巴投资有限公司(FUBA INVESTMENTS LIMITED，住所地为我国香港特别行政区干诺道西188号香港商业中心19楼9号办公室，以下简称富巴公司)。

2018年2月2日，天津市滨海新区人民法院受理富巴公司诉海融博信公司股东知情权纠纷一案，该院于2018年3月27日作出(2018)津0116民初565号民事裁定，载明：经审查认为，海融博信公司提交了用友软件销售升级合同、董事会决议、房屋租赁合同等证据证明海融博信公司主要办事机构在北京市海淀区羊坊店路18号2幢7层745(光耀东方S座745)，因海融博信公司主要办事机构所在地在北京市海淀区，其管辖权异议理由成立。该案移送至北京市海淀区人民法院处理，富巴公司撤诉。

2018年3月27日，北京市国乐律师事务所律师李德伟代表富巴公司向海融博信公司、贾红爽发出《律师函》，载明：海融博信公司成立至今已近三年时间，但富巴公司至今不了解其经营状况及财务状况。为准确了解海融博信公司真正的经营管理状况和财务状况，现富巴公司依据我国《公司法》及有关规定，特委托律师以本律师函方式对海融博信公司提出书面请求，要求海融博信公司将自公司成立以来的全部公司章程、股东会会议记录、董事会会议决议、监事会会议决议、财务会计报告、公司会计账簿(含总账、明细账、日记账、其他辅助性账簿)和会计凭证(含记账凭证、相关原始凭证及作为原始凭证附件入账备查的合同等有关资料)的原件完整备置于海融博信公司的住所地以供富巴公司律师查阅和复制，并向其完整提供上述材料的纸质复印件。海融博信公司于2018年3月28日收到该《律师函》后未予答复。

富巴公司遂向北京市第四中级人民法院提起知情权之诉，请求：1. 海融博信公司将其成立以来的公司章程、股东会会议记录、董事会会议决议、监事会会议决议、财务会计报告的原件完整备置于其住所地以供富巴公司查阅和复制，并向富巴公司完整提供上述材料的纸质复印件；2. 海融博信公司将其成立以来的公司会计账簿(含总账、明细账、日记账、其他辅助性账簿)和会计凭证(含记账凭证、相关原始凭证及作为原始凭证附件入账备查的有关资料)的原件完整备置于其住所地以供富巴公司查阅。一审法院判决支持了富巴公司的全部诉讼请求。

海融博信公司不服一审判决，提起上诉，要求撤销一审判决，其主要事实和理由为：1. 一审审判程序错误，举证责任分配不公。2. 一审判决法律适用断章取义，一审判决判令海融博信公司提供原始凭证供富巴公司查阅没有任何法律依据。3. 一审判决所列海融博信公司住所地已无海融博信公司经营场所，故一审判决要求在海融博信公司住所地履行判决内容属于事实认定不清，应当予以改判。二审法院认为，一审判决认定事实不清，适用法律错误，海融博信公司的上诉请求部分成立，富巴公司无权查阅海融博信公司的会计凭证。

富巴公司不服二审判决，以适用法律错误为由向最高人民法院申请再审，主张会计凭证查阅权。最高人民法院经审理，裁定驳回富巴公司的再审申请。

［案例分析］

本案的争议焦点有五个：一是本案的法律适用问题；二是富巴公司是否履行了提起股东知情权之诉的前置程序？三是股东行使账簿查阅权不正当目的之举证责任；四是股东行使知情权的地点；五是股东账簿查阅权的客体是否包括会计凭证？

一、本案的法律适用问题

本案审理之前，富巴公司曾以股东知情权纠纷向天津市滨海新区人民法院提起诉讼，海融博信公司以公司注册地与主要办事机构所在地不同为由提出管辖权异议，天津市滨海新区人民法院裁定异议成立，将案件移送至北京市海淀区人民法院，后富巴公司撤诉。而后富巴公司又向北京市第四中级人民法院提起股东知情权诉讼即本案。由此可见，双方当事人对于本案的法律适用存在争议。本案中，富巴公司为在我国香港特别行政区注册的公司，本案属于涉香港特别行政区民商事纠纷案件，其法律适用涉及程序法和实体法两方面。结合此前双方当事人的争议，笔者认为双方当事人对于本案适用之程序法存在较大争议，但对实体法的适用并无异议。因此着重分析本案程序法的适用问题。

（一）本案的程序法适用

《民事诉讼法》第 4 条规定："凡在中华人民共和国领域内进行民事诉讼，必须遵守本法。"《民事诉讼法司法解释》第 551 条规定："人民法院审理涉及香港、澳门特别行政区和台湾地区的民事诉讼案件，可以参照适用涉外民事诉讼程序的特别规定。"因此本案应当适用《民事诉讼法》第四编涉外民事诉讼程序的特别规定。《民事诉讼法》第 259 条规定："在中华人民共和国领域内进行涉外民事诉讼，适用本编规定。本编没有规定的，适用本法其他有关规定。"因此本案的程序法为《民事诉讼法》。《民事诉讼法》第 26 条规定："因公司设立、确认股东资格、分配利润、解散等纠纷提起的诉讼，由公司住所地人民法院管辖。"同时，《民事诉讼法司法解释》

第 22 条进一步细化了与公司有关纠纷的范围,“因股东名册记载、请求变更公司登记、股东知情权、公司决议、公司合并、公司分立、公司减资、公司增资等纠纷提起的诉讼,依照民事诉讼法第二十六条规定确定管辖。”本案为股东知情权纠纷,据此本案应当由被告海融博信公司住所地人民法院管辖。如何确认该公司的住所地呢?《民事诉讼法司法解释》第 3 条规定:“公民的住所地是指公民的户籍所在地,法人或者其他组织的住所地是指法人或者其他组织的主要办事机构所在地。法人或者其他组织的主要办事机构所在地不能确定的,法人或者其他组织的注册地或者登记地为住所地。”该条规定通常被解读为:公司以其注册地为住所地,但主要办事机构所在地与注册地不同的除外。显然,该解读与该规定并不一致,该规定强调公司住所地为主要办事机构所在地,而该解读强调公司住所地为注册地。本案之前,富巴公司在天津市滨海新区人民法院提起股东知情权之诉就是依据海融博信公司注册地(天津市滨海新区)确定的管辖,而海融博信公司则依据《民事诉讼法司法解释》第 3 条的规定,在证明公司主要办事机构所在地与注册地不一致的基础上提出了管辖权异议。本案中,海融博信公司于 2015 年 2 月 27 日在天津市滨海新区注册成立,依据天津市滨海新区人民法院 2018 年 3 月 27 日作出的(2018)津 0116 民初 565 号民事裁定,海融博信公司主要办事机构在北京市海淀区羊坊店路 18 号 2 幢 7 层 745(光耀东方 S 座 745)。据此,本案应当由北京市有管辖权的人民法院管辖。《民事诉讼法》第 18 条规定:“中级人民法院管辖下列第一审民事案件:(一)重大涉外案件;(二)在本辖区有重大影响的案件;(三)最高人民法院确定由中级人民法院管辖的案件。”《北京市四中院案件管辖规定》将北京法院涉外商事审判格局从“三级分散审理”调整为“两级集中审理”,该规定第 1 条指出:“北京市第四中级人民法院(北京铁路运输中级法院)管辖下列案件:(一)……(二)应由本市人民法院管辖的标的额在 2 亿元以下的第一审涉外、涉香港特别行政区、涉澳门特别行政区、涉台湾地区商事案件……”根据该规定,北京市海淀区人民法院不再享有本案的管辖权,北京市第四中级人民法院为本案的一审法院。

(二)本案的实体法适用

《涉外民事关系法律适用法司法解释一》第 17 条规定:“涉及香港特别行政区、澳门特别行政区的民事关系的法律适用问题,参照适用本规定。”据此,本案可以参照适用《涉外民事关系法律适用法》。《涉外民事关系法律适用法》第 14 条规定:“法人及其分支机构的民事权利能力、民事行为能力、组织机构、股东权利义务等事项,适用登记地法律。法人的主营业地与登记地不一致的,可以适用主营业地法律。法人的经常居所地,为其主营业地。”本案为股东知情权纠纷,涉及股东权利义务的行使,依据《涉外民事关系法律适用法》第14条适用海融博信公司登记地法律即我国实体法,包括《中外合资经营企业法》及其实施条例。而中外合资企业依法注册为有限责任公司的,适用《公司法》以及其他民商事法律。《公司法》第217条规定:“外商投资的有限责任公司和股份有限公司适用本法;有关外商投资的法律另有规定的,适用其规定。”据此,本案优先适用《中外合资经营企业法》及其实施条例,不过其中关于股东知情权并无具体规范,而《公司法》及其司法解释对股东知情权作出了较为具体详细的规定,因此应当适用《公司法》及其司法解释解决本案纠纷。

二、富巴公司是否履行了提起股东知情权之诉的前置程序

《公司法》第33条第2款规定:“股东可以要求查阅公司会计账簿。股东要求查阅公司会计账簿的,应当向公司提出书面请求,说明目的。公司有合理根据认为股东查阅会计账簿有不正当目的,可能损害公司合法利益的,可以拒绝提供查询,并应当自股东提出书面请求之日起十五日内书面答复股东并说明理由。公司拒绝提供查阅的,股东可以请求人民法院要求公司提供查阅。”股东行使账簿查阅权必须履行前置程序,向公司提出查阅请求,被公司拒绝后方能提起诉讼。

本案中,富巴公司于2018年3月27日委托律师向海融博信公司住所地(主要办事机构所在地)发出《律师函》,要求行使其股东知情权,请求查阅、复制公司章程、股东会会议记录、会计账簿(含总账、明细账、日记账、其他辅助性账簿)和会计凭证(含记账凭证、相关原始凭证及作为原始凭证附件入账备查的合同等有关资料)。海融博信公司认可收到邮件,但不认可收到邮件的内容为《律师函》,辩称虽然该邮单上显示送达文件为授权委托书及《律师函》,但海融博信公司称其未收到上述文件。海融博信公司的说法于法无据。当时有效的《民法总则》对意思表示的生效采取了到达主义模式,该法第137条第2款规定:“以非对话方式作出的意思表示,到达相对人时生效。以非对话方式作出的采用数据电文形式的意思表示,相对人指定特定系统接收数据电文的,该数据电文进入该特定系统时生效;未指定特定系统的,相对人知道或者应当知道该数据电文进入其系统时生效。当事人对采用数据电文形式的意思表示的生效时间另有约定的,按照其约定。”①据此,只要富巴

---

① 《民法总则》已经于2021年1月1日废止,该条款被《民法典》第137条第2款替代。

公司委托律师于 2018 年 3 月 27 日发出的邮件被海融博信公司签收，即表示其已经收到了授权委托书和《律师函》。如果海融博信公司发现邮件内容与邮单不符，基于诚实信用原则，其应当及时与富巴公司或者其委托的律师联系，而不是置之不理。实践中，为了防止对方当事人否认收到过相关律师函件，律师通常采取公证方式进行相关律师函件的邮寄送达。此外，《最高人民法院关于以法院专递方式邮寄送达民事诉讼文书的若干规定》也对类似本案当事人主张邮单与邮件内容不符的情形如何处理作出了规定，虽然该等规范针对的是人民法院邮寄送达民事诉讼文书，但对本案类似情形亦有一定的参考价值。该规定第 10 条指出："签收人是受送达人本人或者是受送达人的法定代表人、主要负责人、法定代理人、诉讼代理人的，签收人应当当场核对邮件内容。签收人发现邮件内容与回执上的文书名称不一致的，应当当场向邮政机构的投递员提出，由投递员在回执上记明情况后将邮件退回人民法院。签收人是受送达人办公室、收发室和值班室的工作人员或者是与受送达人同住成年家属，受送达人发现邮件内容与回执上的文书名称不一致的，应当在收到邮件后的三日内将该邮件退回人民法院，并以书面方式说明退回的理由。"

既然海融博信公司认可其收到了富巴公司委托律师于 2018 年 3 月 27 日发出的邮件，就表明其已经收到了授权委托书和《律师函》。纵然该邮件内容与邮单不符，鉴于海融博信公司未及时提出异议，其也应当承担收到邮件的后果。况且此前富巴公司已经就行使股东知情权发出过《律师函》且提起了股东知情权之诉，虽然该案最终以富巴公司撤诉结案，但海融博信公司应诉并提出管辖权异议，说明其对于富巴公司行使知情权的请求是知情的。海融博信公司仅辩称但未举证证明其收到的邮件与邮单不符，应当认定其主张不成立。因此，本案中富巴公司履行了请求法院强制公司实现股东知情权的前置程序。

三、股东行使账簿查阅权不正当目的之举证责任

《公司法》第 33 条第 2 款对股东行使账簿查阅权提出了正当目的的要求，公司认为股东目的不正当可能损害公司利益的，可以拒绝其查阅要求。本案中，双方当事人就正当目的的举证责任产生争议。《公司法》第 33 条虽未明确规定关于正当目的的举证责任承担，不过仔细推敲可以发现其实立法已经对举证责任作出了规定。《公司法》第 33 条要求股东行使查阅权时应"说明目的"；"公司有合理根据认为股东查阅会计账簿有不正当目的，可能损害公司合法利益的，可以拒绝提供查阅，并应当自股东提出书面请求之日起十五日内书面答复股东并说明理由"。进一

步而言,说明目的正当是股东行使查阅权应当承担的义务,以合理的根据说明目的不正当是公司拒绝提供查阅应当承担的义务。显然,“说明”和“以合理的根据说明”是两个不同的标准。在同一个法条中,法律对双方当事人履行义务提出了不同的标准,这其实就是实体法对举证责任的分配规则。《北京高院公司纠纷审判指南2008》第18条规定:“有限责任公司的股东就查阅公司会计账簿提起诉讼的,应当说明查阅会计账簿的具体目的、所查阅的内容与该目的具有何种直接关系。被告公司认为原告股东有不正当目的拒绝查阅的,应承担相应的举证责任。”本案中富巴公司在《律师函》中清晰地说明了自己的查阅目的:准确了解海融博信公司真正的经营管理状况和财务状况。既然海融博信公司认为富巴公司目的不正当可能损害公司利益,按照“谁主张,谁举证”的原则,海融博信公司应当举证证明其主张。因此,人民法院关于本案不正当目的之举证责任分配合法。

四、股东行使知情权的地点

关于股东行使知情权的地点,现行法律法规未作明确规定。《公司法司法解释四》第10条第1款规定:“人民法院审理股东请求查阅或者复制公司特定文件材料的案件,对原告诉讼请求予以支持的,应当在判决中明确查阅或者复制公司特定文件材料的时间、地点和特定文件材料的名录。”在《公司法司法解释四》颁布之前,多数法院在股东知情权案件的判决主文中仅要求公司提供相关资料供股东查阅或复制,并未明确时间、地点,以至于在判决执行过程中易发生争议。为保障判决的可执行性,法院应当在判决中明确查阅或复制公司特定文件资料的地点,为执行部门提供充足依据。结合出台背景分析,该条规范旨在解决股东知情权纠纷裁判的可执行性。同时,我们应当将该条文放在股东知情权纠纷的大背景之下进行分析,法院在确定股东知情权行使的地点、时间时,既要保护股东的知情权,方便股东查阅、复制公司特定文件资料;又要维护公司的合法利益,避免影响公司正常经营,避免公司特定资料在查阅、复制过程中遗失、毁损。因此,原则上应将股东知情权的行使地点确定为公司住所地或双方协商确定的其他地点。对于公司经营地址经常不定期转移的,或股东认为在公司住所地查阅可能有障碍并有相关证据证实的,双方当事人可以协商确定其他地点。如果双方当事人对其他地点协商不成的,法院可依职权选择双方都较为便利的地点作为股东知情权行使的地点。

而在本案中,海融博信公司注册地址位于天津市滨海新区,但该公司的主要办事机构地址位于北京市海淀区。在这种情况下,如何确定本案中股东知情权的行使的地点呢?

当时有效的《民法总则》第 63 条规定:“法人以其主要办事机构所在地为住所。依法需要办理法人登记的,应当将主要办事机构所在地登记为住所。”①《公司法》第 10 条规定:“公司以其主要办事机构所在地为住所。”《公司登记管理条例》第 12 条明确规定:“公司的住所是公司主要办事机构所在地。经公司登记机关登记的公司的住所只能有一个。公司的住所应当在其公司登记机关辖区内。”根据上述规定,公司登记的住所为主要办事机构所在地,且应当在公司登记机关辖区内。商事实践中,公司注册地址与主要办事机构不一致的情况十分普遍。因此,从法律规定来说,公司登记的住所应当是公司的主要办事机构所在地。但本案中,海融博信公司注册地位于天津市滨海新区,而主要办事机构所在地在北京市海淀区。司法实践中,通常综合考虑多种因素对公司住所进行认定。其一,根据公司对外公布的地址信息等情况判断公司的主要办事机构所在地,这是实践中最常用的方法。公司对外公布的地址信息包括工商登记注册地址、公司官网公布的地址和联系方式、公司董事会会议召开地址、公司股东会会议召开地址等。其二,根据公司提供的主要办事机构所在地的证明材料判断公司的主要办事机构所在地。在公司注册登记地与主要办事机构所在地不一致的情况下,主要办事机构所在地的证明材料包括办公房屋所有权登记证书或者房屋租赁合同、租金交纳凭证或者物业公司开具的办公证明、公司高级管理人员缴纳社保的证明等。在必要的情况下,人民法院还要进行实地调查。在调查过程中,核实公司公章、营业执照等是否存放于该地址;公司人事、财务、办公室等机构或主要业务机构是否在此地址办公等。本案中,海融博信公司的注册地址与主要办事机构所在地不一致,在天津市滨海新区人民法院受理的富巴公司诉海融博信公司股东知情权纠纷案,天津市滨海新区人民法院已经依法作出认定。天津市滨海新区人民法院认定的依据就是海融博信公司提交的用友软件销售升级合同、董事会决议、房屋租赁合同等,该等证据证明海融博信公司主要办事机构在北京市海淀区羊坊店路 18 号 2 幢 7 层 745(光耀东方 S 座 745),因此以该地址为海融博信公司主要办事机构所在地。本案一审、二审法院依据天津市滨海新区人民法院(2018)津 0116 民初 565 号民事裁定书认定上述地址为海融博信公司住所地,继而将该地址作为富巴公司查阅、复制海融博信公司特定资料的地

① 《民法总则》已经于 2021 年 1 月 1 日废止,该条款被《民法典》第 63 条替代。

点，于法有据。

值得注意的是，公司注册地址与主要办事机构所在地不一致的，不得对抗善意相对人。《民法典》第64条规定："法人存续期间登记事项发生变化的，应当依法向登记机关申请变更登记。"第65条规定："法人的实际情况与登记的事项不一致的，不得对抗善意相对人。"由于税收优惠政策等原因，公司注册地址与主要办事机构所在地不一致的情形不在少数，《民法典》作出上述规定，旨在鼓励公司诚信经营。如果公司主要办事机构所在地与工商登记注册地址不一致，又未依法向工商登记部门进行变更登记，那么，该公司应该以明示的方式告知相对人，否则不得对抗善意相对人。

五、股东账簿查阅权的客体是否包括会计凭证

本案中，富巴公司的第2项诉讼请求为：海融博信公司将其成立以来的公司会计账簿（含总账、明细账、日记账、其他辅助性账簿）和会计凭证（含记账凭证、相关原始凭证及作为原始凭证附件入账备查的有关资料）的原件完整备置于其住所地以供富巴公司查阅。对于会计账簿的查阅，并无异议。围绕会计凭证的查阅，当事人之间存在争议，本案一审法院、二审法院和再审法院的观点也不一致。一审法院支持富巴公司查阅会计凭证，二审法院和再审法院否定了富巴公司查阅会计凭证的诉讼请求。本案一审法院、二审法院与再审法院的观点也是目前支持与否定股东查阅公司会计凭证的典型代表。

本案一审法院认为，有限责任公司的会计凭证是形成公司会计账簿的重要资料，且会计账簿的真实性和完整性通过原始凭证反映，股东通过查阅会计凭证可以充分保障自身合法权益，故判决支持富巴公司查阅海融博信公司会计凭证、原始凭证等资料的要求。本案二审法院和再审法院认为，我国《公司法》未将制作公司会计账簿涉及的有关凭证列入股东可以行使该项股东知情权的范围。《会计法》第13条第1款规定："会计凭证、会计账簿、财务会计报告和其他会计资料，必须符合国家统一的会计制度的规定。"第14条第1款规定："会计凭证包括原始凭证和记账凭证。"根据前述法律规定，会计账簿不包括原始凭证和记账凭证。股东知情权和公司利益的保护需要平衡，不应当随意超越法律的规定扩张解释股东知情权的范畴，故未支持富巴公司查阅海融博信公司原始凭证的请求。仔细分析上述两种观点，其分歧就在于对《公司法》和《会计法》相关法律规范的理解。

支持股东查阅会计凭证的主要理由有两个：一是依据股东知情权的立法目的

解释《公司法》第33条。公司法设立股东知情权制度的立的目的是保障股东充分地了解公司的经营情况，而会计凭证能够真实地反映公司财务状况。虽然《公司法》没有明确规定股东可以查阅会计凭证，然而基于利益平衡特别是股东知情权的保护，股东账簿查阅权的客体范围不宜限定在会计账簿，否则不利于实现知情权制度设置的目的，因此应该允许股东查阅会计凭证。二是从会计凭证和会计账簿的关系解释《会计法》的相关规定，认为会计凭证是会计账簿编制的依据，二者密不可分。“会计凭证是登记会计账簿的原始依据，最能真实反映公司的资金活动和经营状况，其本质上应和会计账簿是一体的，亦属于我国《公司法》规定的股东知情权的范畴。”①“会计凭证系记账的重要依据，对会计账簿内容的真实性和完整性有异议时，会计凭证是必不可少的判断依据，公司的具体经营活动通过查阅会计凭证更客观和真实，不查阅原始凭证，股东可能无法准确了解公司真正的经营状况。因此，既然股东可以查阅会计账簿，也就意味着可以查阅会计凭证。”②

不支持股东查阅会计凭证的主要理由亦有两个：一是依据文义解释阐明《公司法》第33条的含义。“股东知情权并非一种无限的权利，其范围的边界取决于法律在公司自治机制与股东权利保护的权衡，而实现平衡的关键在于能有效防止各方滥用权利，在强调给予股东利益最大限度的保护的同时，也不能忽视股东在行使权利过程中可能违背正当原则或超越法律规定的范围，构成知情权的滥用，进而阻碍公司的正常经营甚至侵害公司利益，必须对股东知情权行使范围予以合理的限制。因此，在《公司法》第33条已对有限公司股东行使知情权的范围明确作出规定的情况下，对其进行的解释只能由有权部门作出，在目前的现实条件及立法背景下，应当严格按照法律条文字面的通常含义理解，不能盲目扩大或缩小解释。”③二是从会计凭证和会计账簿的关系解释《会计法》的相关规定，认为会计账簿不包括会计凭证。

客观而言，上述两种观点都不无道理。如果严格遵循法律规范，应当不支持查阅会计账簿的观点；如果关注股东知情权的保护现状，应当支持查阅会计账簿的观

---

① 林荣祥与福建省顺荣建设工程有限公司股东知情权纠纷案，福建省泉州市泉港区人民法院(2018)闽0505民初1285号民事判决书。

② 吴发贵与益阳嘉好房地产开发有限公司股东知情权纠纷案，湖南省高级人民法院(2017)湘民终542号民事判决书。

③ 陈贤锋与山东方通汽车装备有限公司股东知情权纠纷案，山东省聊城市中级人民法院(2017)鲁15民终1764号民事判决书。

点。正因如此,各地法院在是否支持股东查阅会计凭证方面观点并不一致。即使部分省高级人民法院发布了公司纠纷审判指南,当地法院的裁判也不尽一致,本案就是如此。《北京高院公司纠纷审判指南2008》第19条规定:“有限责任公司股东有权查阅的公司会计账簿包括记账凭证和原始凭证。”以至于本案再审过程中,最高人民法院指出,“北京市高级人民法院的指导意见不具有司法解释的效力,富巴公司依据以上规定请求再审本案之主张,不能成立”。[①] 其实,最高人民法院在不同的案件中也给出了不同的答案。

案例13:公司破产重整过程中,股东是否有权要求查阅、复制出资人组会议记录及投赞成票的股东名册

宏亿隆投资管理有限公司与厦门海洋实业(集团)股份有限公司股东知情权纠纷案

[当事人]

原告:宏亿隆投资管理有限公司(二审上诉人)

被告:厦门海洋实业(集团)股份有限公司(二审被上诉人)

[案情简介]

2015年12月28日,厦门市中级人民法院裁定受理了厦门市恒心物业管理有限公司申请厦门海洋实业(集团)股份有限公司(该公司为全国中小企业股份转让系统挂牌公司,证券代码:400022,证券简称:海洋3;以下简称海洋公司)重整一案。2016年9月6日,海洋公司董事会发出《厦门海洋实业(集团)股份有限公司关于召开出资人组会议开通网络投票的公告》(公告编号:2016－038),公告内容如下:“经厦门市中级人民法院同意,定于2016年9月22日召开出资人组会议,审议表决《厦门海洋实业(集团)股份有限公司重整计划草案之出资人权益调整方案》。现将召开出资人组会议开通网络投票的有关事项公告如下:一、会议召开日期和时间　1.现场会议时间:2016年9月22日9:00。……二、现场会议地点　厦门市思明区湖滨北路115号厦门市中级人民法院审判大楼二楼大法庭……四、审议事项　对《厦门海

① 富巴投资有限公司与海融博信国际融资租赁有限公司股东知情权纠纷案,最高人民法院(2019)最高法民申6815号民事裁定书。

洋实业(集团)股份有限公司重整计划草案之出资人权益调整方案》进行审议,表决。五、会议出席对象　截至2016年9月15日登记在册的海洋公司全体股东。六、会议登记方法　1.现场股东大会登记手续……2.异地股东登记手续。七、关于网络投票的具体操作流程和注意事项　本次会议采用现场投票与网络投票相结合的表决方式,流通股股东可通过中国证券登记结算有限责任公司股东大会(以下简称'中国结算')网络投票系统对有关议案进行投票表决……"2016年9月22日,宏亿隆投资管理有限公司(以下简称宏亿隆公司)的委托代理人经伟代表宏亿隆公司参加前述出资人组会议。同日,福建天衡联合律师事务所出具《关于厦门海洋实业(集团)股份有限公司出资人组会议的法律意见书》,认为:本次会议的召集和召开程序符合《公司法》、《企业破产法》和《公司章程》的规定,出席及列席本次会议的人员均具备合法资格;本次会议的表决程序、表决结果均符合《公司法》《公司章程》等有关规定,合法有效。2016年9月23日,海洋公司管理人厦门中浩会计师事务所有限公司发出《厦门海洋实业(集团)股份有限公司关于第二次债权人会议暨出资人组会议召开情况的公告》(公告编号2016-041),公告如下:"一、第二次债权人会议召开情况……二、第二次债权人会议暨出资人组会议表决情况……出资人组会议已表决通过出资人权益调整方案……"2016年11月14日,宏亿隆公司向海洋公司及其管理人发出《查阅复制股东会记录、投赞成票股东名册的申请》,内容如下:"……现根据《中华人民共和国公司法》第三十三条、海洋公司章程第三十二条等规定,请求贵公司提供在2016年9月20日至2016年9月22日召开的出资人组会议(股东大会),及在本次股东大会中投赞成票的股东名册……"2016年11月29日,海洋公司向宏亿隆公司发出《关于宏亿隆公司请求的复函》,回复宏亿隆公司称:"……根据《企业破产法》的有关规定,出资人组对重整计划草案涉及出资人权益调整方案进行表决是人民法院召开并主持下的破产程序中的表决程序,股东事后对表决程序的有关资料是否享有查阅权和复制权无明确规定。因此,你司要求查阅并复制股东大会资料的申请不符合法律规定,请你司依法行使股东权利。特此函复。"宏亿隆公司遂向法院提起股东知情权之诉,要求海洋公司提供2016年9月22日召开的出资人组会议(股东大会)记录,及在该次股东大会中投赞成票的股东名册给予宏亿隆公司查阅复制。

一审法院依据《破产法》第84条第1款和第85条的规定,认定出资人组会议并非股东大会,驳回了宏亿隆公司的诉讼请求。宏亿隆公司不服一审判决,提起上诉。二审法院认为,一审判决认定事实清楚,适用法律正确,应予维持,驳回了宏亿隆公司的上诉。

［案例分析］

一审法院和二审法院确定的本案争议焦点均为宏亿隆公司是否享有要求查阅、复制出资人组会议记录及投赞成票的股东名册的权利。为了方便分析,笔者将本案的争议焦点分解为两个:一是公司破产重整过程中出资人组会议是否为股东大会会议?二是股东在公司破产重整期间能否行使知情权?

一、公司破产重整过程中出资人组会议是否为股东大会会议

公司进入破产程序后,其权利能力受到限制,治理结构也发生了相应变化。因此关于公司破产重整过程中出资人组会议是否为股东大会会议的问题,可以从两方面进行分析:一是破产程序中公司治理结构;二是出资人组会议是否应界定为股东大会会议。

1. 破产程序中的公司治理结构

一般而言,股份有限公司的组织机构包括股东大会、董事会和监事会,三者依据各自职权相互配合、相互监督。股东大会是股份有限公司的权力机构,享有公司重大事务的决定权;董事会是股份有限公司的执行机构,对内负责公司经营管理,对外代表公司;监事会是股份有限公司的监督机构,专门负责监督董事会、经理的业务活动和公司财务,保障公司依法经营。公司因不能清偿到期债务,申请重整、和解或者破产清算的,进入破产程序。破产程序可以由债权人启动,也可以由债务人启动。《破产法》第 13 条规定:“人民法院裁定受理破产申请的,应当同时指定管理人。”那么,破产管理人居于何种法律地位,它与公司组织机构关系如何?关于破产管理人在法律上的地位,国外主要有代理说、职务说、财团代表说三种学说,我国国内关于破产管理人法律地位的学说分别有:特殊机构说、破产企业法定代表人说、清算法人机关说、双重地位说、破产财团代表说。笔者认为,从我国《破产法》关于破产管理人职责的规定出发,我国破产管理人属于特殊机构,即破产管理人是人民法院指定的对破产财产进行管理和处理清算事务的相对独立的临时专业机构。《破产法》第 17 条规定:“人民法院受理破产申请后,债务人的债务人或者财产持有人应当向管理人清偿债务或者交付财产。债务人的债务人或者财产持有人故意违反前款规定向债务人清偿债务或者交付财产,使债权人受到损失的,不免除其清偿债务或者交付财产的义务。”第 18 条规定:“人民法院受理破产申请后,管理人对破产申请受理前成立而债务人和对方当事人均未履行完毕的合同有权决定解除或者继续履行，并通知对方当事人。管理人自破产申请受理之日起二个月内未通知对方当事人，或者自收到对方当事人催告之日起三十日内未答复的，视为解除合同。管理人决定继续履行合同的，对方当事人应当履行；但是，对方当事人有权要求管理人提供担保。管理人不提供担保的，视为解除合同。”第25条规定：“管理人履行下列职责：（一）接管债务人的财产、印章和账簿、文书等资料；（二）调查债务人财产状况，制作财产状况报告；（三）决定债务人的内部管理事务；（四）决定债务人的日常开支和其他必要开支；（五）在第一次债权人会议召开之前，决定继续或者停止债务人的营业；（六）管理和处分债务人的财产；（七）代表债务人参加诉讼、仲裁或者其他法律程序；（八）提议召开债权人会议；（九）人民法院认为管理人应当履行的其他职责。本法对管理人的职责另有规定的，适用其规定。”第26条规定：“在第一次债权人会议召开之前，管理人决定继续或者停止债务人的营业或者有本法第六十九条规定行为之一的，应当经人民法院许可。”破产管理人的职责清晰地表明，其对外管理破产公司事务，对外代表破产公司，其法律地位类似于公司董事会。而《破产法》第73条则再一次清晰地说明了破产管理人的法律地位，“在重整期间，经债务人申请，人民法院批准，债务人可以在管理人的监督下自行管理财产和营业事务。有前款规定情形的，依照本法规定已接管债务人财产和营业事务的管理人应当向债务人移交财产和营业事务，本法规定的管理人的职权由债务人行使。”同时，《破产法》第27条规定了破产管理人的勤勉和忠实义务，“管理人应当勤勉尽责，忠实执行职务。”该等义务也与董事义务极为相似。所以破产管理人是公司进入破产程序后，由人民法院指定的代表公司处理对内对外实务的专门机构，其相当于公司董事会。破产管理人与董事会的不同之处在于，董事会通常是由股东大会选举或者推选的董事组成的，而破产管理人是由人民法院指定的，其对人民法院负责。当然公司在重整过程中涉及出资人利益的重大事项应当由出资人决定，为此《破产法》第85条第2款规定：“重整计划草案涉及出资人权益调整事项的，应当设出资人组，对该事项进行表决。”这里所谓的出资人，就公司而言就是股东。该出资人组由全体出资人组成，就是由公司全体股东组成，所以出资人组就股份有限公司而言就是股东大会。

2. 出资人组会议是否应界定为股东大会会议

在公司破产程序中，破产管理人相当于董事会，出资人组相当于股东大会。出资人组会议就应当界定为股东大会。

本案中宏亿隆公司主张，出资人组会议为公司股东大会会议。其理由有两个：一是全国人大常委会法制工作委员会编写的《中华人民共和国企业破产法释义》对《破产法》第 85 条第 2 款解释为，“出资人组的表决方法原则上适用有关股东会和股东大会对公司重大事项的表决方法”。二是海洋公司召集出资人组会议公告清楚表明本次会议为股东大会，海洋公司委托律师就出资人组会议出具的法律意见亦说明了这一点。海洋公司辩称，出资人组会议并非股东大会会议，因为出资人组会议是根据《破产法》的有关规定在破产重整中举行的会议，并非依据《公司法》的相关规定自行召开的股东大会。

一审法院依据《破产法》第 84 条第 1 款和第 85 条的规定，认定出资人组会议并非股东大会认为。《破产法》第 84 条第 1 款规定：“人民法院应当自收到重整计划之日起三十日内召开债权人会议，对重整计划草案进行表决。”第 85 条规定：“债务人的出资人代表可以列席讨论重整计划草案的债权人会议。重整计划草案涉及出资人权益调整事项的，应当设出资人组，对该事项进行表决”。本案中，海洋公司董事会于 2016 年 9 月 5 日发出公告，通知召开出资人组会议的审议事项系“对《厦门海洋实业（集团）股份有限公司重整计划草案之出资人权益调整方案》进行审议、表决”。因此，该次会议属于《破产法》第 85 条规定的由人民法院召开的债权人会议暨出资人组会议之一，而非海洋公司股东大会。虽然海洋公司董事会对外公告中第 6 条将讼争会议表述为“现场股东大会”，另海洋公司委托的律师事务所出具的法律意见书中亦表述“本次会议召集和召开程序符合《公司法》、《企业破产法》和《公司章程》的规定……本次会议的表决程序、表决结果均符合《公司法》《公司章程》”，但不能据此改变该次债权人会议暨出资人组会议的性质。二审法院亦持此种观点。笔者对此持不同看法。如前文所述，出资人组会议的性质是由出资人组的性质决定的，而出资人组的性质由其人员组成和职权所决定。涉诉出资人组由海洋公司全体股东组成，其职权是审议公司重整方案中涉及股东权益调整事项即部分股东无偿让渡股权用于清偿公司债务和转让给公司重组投资人。该事项涉及公司重组，属于股东大会职权范围，因此出资人组应当界定为股东大会。

《公司法》对股东大会的召集召开、审议事项表决等作出了明确规定。该法第 101 条规定：“股东大会会议由董事会召集，董事长主持；董事长不能履行职务或者不履行职务的，由副董事长主持；副董事长不能履行职务或者不履行职务的，由半数以上董事共同推举一名董事主持。董事会不能履行或者不履行召集股东大会会议职责的,监事会应当及时召集和主持;监事会不召集和主持的,连续九十日以上单独或者合计持有公司百分之十以上股份的股东可以自行召集和主持。"第102条规定:"召开股东大会会议,应当将会议召开的时间、地点和审议的事项于会议召开二十日前通知各股东;临时股东大会应当于会议召开十五日前通知各股东;发行无记名股票的,应当于会议召开三十日前公告会议召开的时间、地点和审议事项。单独或者合计持有公司百分之三以上股份的股东,可以在股东大会召开十日前提出临时提案并书面提交董事会;董事会应当在收到提案后二日内通知其他股东,并将该临时提案提交股东大会审议。临时提案的内容应当属于股东大会职权范围,并有明确议题和具体决议事项。股东大会不得对前两款通知中未列明的事项作出决议。无记名股票持有人出席股东大会会议的,应当于会议召开五日前至股东大会闭会时将股票交存于公司。"第103条规定:"股东出席股东大会会议,所持每一股份有一表决权。但是,公司持有的本公司股份没有表决权。股东大会作出决议,必须经出席会议的股东所持表决权过半数通过。但是,股东大会作出修改公司章程、增加或者减少注册资本的决议,以及公司合并、分立、解散或者变更公司形式的决议,必须经出席会议的股东所持表决权的三分之二以上通过。"

2016年9月6日,海洋公司董事会发出《厦门海洋实业(集团)股份有限公司关于召开出资人组会议开通网络投票的公告》(公告编号:2016－038),清晰说明:"经厦门市中级人民法院同意,定于2016年9月22日召开出资人组会议,审议表决《厦门海洋实业(集团)股份有限公司重整计划草案之出资人权益调整方案》。"由此可见,涉诉出资人组会议由海洋公司董事会召集,并于出资人组会议召开前15日发出,公告通知各位股东会议召开的时间、地点、审议事项、出席会议对象、出席登记手续等。继而公司董事会于2016年9月19日在全国中小企业股份转让系统官网上公告了《厦门海洋实业(集团)股份有限公司关于出资人组会议股权登记日的变更说明公告》。2019年9月22日,出资人组会议如期召开,出席会议股东就审议事项进行表决,同意的出资人代表的股份数为44,657,526股,占与会有表决权股份总数的72.09%;反对的出资人代表的股份数为17,286,082股,占与会有表决权股份总数的27.91%。同日,福建天衡联合律师事务所出具的《关于厦门海洋实业(集团)股份有限公司出资人组会议的法律意见书》对上述事实予以确认。由此可见,涉诉出资人组会议完全按照临时股东大会的召集程序、审议表决规则进行。

综上所述,虽然涉诉出资人组会议确实因公司破产之原因依据《破产法》之相关规定而召集召开,但从涉诉出资人组的人员组成和职权与涉诉出资人组会议的召集召开以及审议表决程序观察,均不能否认一个基本事实:涉诉出资人组应当界定为股东大会,涉诉出资人组会议应当界定为公司重组事项股东大会会议。

二、股东在公司破产重整期间能否行使知情权

1. 公司进入破产程序后,股东是否享有完整的股权权利,是否享有知情权

公司正常经营过程中,股东通常享有完全的股东权利。公司进入破产程序后,股东是否享有完整的股东权利呢？这个问题可以从两方面予以回答。

一是从《公司法》和《破产法》的关系分析。一般而言,二者系普通法与特别法的关系。进一步而言,公司进入破产程序后,《破产法》对于相关事项有特别规定的,适用《破产法》的相关规定;《破产法》对相关事项没有特别规定的,应适用《公司法》的相关规定。就股东权利义务而言,《破产法》作出了与《公司法》不同的规定,包括:(1)出资义务加速到期。《破产法》第35条规定:"人民法院受理破产申请后,债务人的出资人尚未完全履行出资义务的,管理人应当要求该出资人缴纳所认缴的出资,而不受出资期限的限制。"(2)破产重整权。《破产法》第70条规定:"债务人或者债权人可以依照本法规定,直接向人民法院申请对债务人进行重整。债权人申请对债务人进行破产清算的,在人民法院受理破产申请后、宣告债务人破产前,债务人或者出资额占债务人注册资本十分之一以上的出资人,可以向人民法院申请重整。"(3)股东资产收益权受到限制。《破产法》第77条第1款规定:"在重整期间,债务人的出资人不得请求投资收益分配。"(4)破产有关事项参与权和表决权。《破产法》第85条规定:"债务人的出资人代表可以列席讨论重整计划草案的债权人会议。重整计划草案涉及出资人权益调整事项的,应当设出资人组,对该事项进行表决。"除此之外,《破产法》对股东权利义务并无其他规定,那么股东当然可以依据《公司法》的相关规定享有和行使股东权利。

二是从破产公司的法律地位出发进行分析。股份有限公司经破产宣告后,其公司人格在破产清算期间仍然存在。公司虽已进入破产清算程序,但其法人资格并不当然消灭,只是其民事行为能力限于破产范围之内,即不得从事与破产无关的活动。公司在管理人管理期间仍然会产生破产目的范围之内的相关资料,如处理公司未了结业务产生的会计账簿、会计凭证,以及债权申报、审核、债权人会议决议等破产期间形成的相关资料。股份有限公司进入破产程序直至公司办理注销登记

这一期间内股东身份并不消灭,股份有限公司的股东当然享有股东权利,包括资产收益权、参与重大决策权等。在破产程序中,股东权利将会受到一定限制,不再享有资产收益权等权利,但这并不代表股东不再享有任何权利。股东知情权属于股东法定权利,具有固有权利属性,应当遵循“法无禁止即可为”的基本原理。在商事审判中,不宜以现行法律没有明文规定或者规定不明确为由,否定破产期间股份有限公司股东享有的知情权。股东知情权在公司破产期间主要体现为股东对管理人管理的债权申报、审核、债权人会议决议、股东权益调整等相关资料享有知悉的权利。而且从公司破产期间相关利害关系人利益平衡的角度分析也应当尊重股东的知情权。虽然公司进入破产程序后,保护公司债权人利益为首要目的,[①]但并非就不保护公司股东利益。股份有限公司在破产期间,管理人经法院指定管理公司并依法履行相应职责,而公司债权人享有较为充分的权利以保障债权的公平清偿,《破产法》赋予公司债权人较为广泛的权利,包括申请破产程序启动的权利、申报债权的权利、就债权处理等重大事项决策权。除此之外,《破产法司法解释三》赋予了公司债权人知情权,体现在两个条款之中。其中,第6条第3款规定:“债权表、债权申报登记册及债权申报材料在破产期间由管理人保管,债权人、债务人、债务人职工及其他利害关系人有权查阅。”第10条规定:“单个债权人有权查阅债务人财产状况报告、债权人会议决议、债权人委员会决议、管理人监督报告等参与破产程序所必需的债务人财务和经营信息资料。管理人无正当理由不予提供的,债权人可以请求人民法院作出决定;人民法院应当在五日内作出决定。上述信息资料涉及商业秘密的,债权人应当依法承担保密义务或者签署保密协议;涉及国家秘密的应当依照相关法律规定处理。”但《破产法》及其司法解释对股东合法权益的保护缺乏足够的关注。股东作为公司的出资人,其与公司破产有利害关系,应当认定为《破产法司法解释三》第6条第3款的“利害关系人”,应当允许股东查阅债权表、债权申报登记册及债权申报材料。而《破产法司法解释三》第10条涉及的相关信息同样和股东有利害关系,亦应当允许股东查阅。其实,《公司法》已经赋予了股东知情权,只是在公司进入破产程序后,《破产法》根据公司破产的客观情况对股东知情权的客体范围予以明确而已。换言之,破产公司股东知情权的客体范围事实上已经在《公司法》确定的股东知情权客体范围之内,只是将其应用于公司破产情形。

---

① 《破产法》第1条规定:“为规范企业破产程序,公平清理债权债务,保护债权人和债务人的合法权益,维护社会主义市场经济秩序,制定本法。”

综上所述,公司进入破产程序后,股东依然享有股东权利,只是适应公司破产情形,部分股东权利受到限制,但股东依然享有知情权。

本案中宏亿隆公司主张,《破产法》第 84 条和第 85 条并未对破产公司的股东权利行使作出限制。海洋公司董事会、监事会及高级管理人员除了应履行《破产法》特别规定的职责外,目前仍然在履行发布董事会公告、发布年度报告、召集召开股东大会等《公司法》及公司章程规定的职责。因此,海洋公司的基本组织结构仍然存在,普通出资人基于《公司法》的股东身份可享有股东权利。根据上述分析,本案中宏亿隆公司的主张于法有据,其享有股东知情权。

2. 公司进入破产程序后,股东如何行使知情权

公司进入破产程序后,股东如何行使知情权主要包括两个方面:一是向谁主张知情权,二是知情权的客体范围。

《公司法》第 97 条规定:“股东有权查阅公司章程、股东名册、公司债券存根、股东大会会议记录、董事会会议决议、监事会会议决议、财务会计报告,对公司的经营提出建议或者质询。”公司进入破产程序,人民法院指定管理人后,管理人代表公司从事管理工作。所以,此时股东行使知情权应当向公司管理人主张。《破产法司法解释三》第 6 条第 3 款也说明了这一点。至于股份有限公司股东知情权客体的范围,原则上以《公司法》第 97 条为限,但《破产法》及其司法解释根据公司破产情形而规定的公司资料亦属于查阅范围,主要体现为《破产法司法解释三》第 6 条第 3 款和第 10 条界定的查阅范围。

本案中,宏亿隆公司请求查阅 2016 年 9 月 22 日召开的出资人组会议(股东大会)记录,以及在该次股东大会中投赞成票的股东名册。如前文所述,出资人组会议属于临时股东大会会议。《公司法》第 107 条规定:“股东大会应当对所议事项的决定作成会议记录,主持人、出席会议的董事应当在会议记录上签名。会议记录应当与出席股东的签名册及代理出席的委托书一并保存。”因此,海洋公司应当制作出资人组会议记录。根据《公司法》第 97 条的规定,股东有权查阅股东大会会议记录,因此宏亿隆公司有权查阅出资人组(股东大会)会议记录。海洋公司关于宏亿隆公司参与了 2016 年 9 月 22 日的会议因而对会议表决的情况是知情的抗辩事由于法无据,因为《公司法》第 97 条并未将股东参加股东大会作为其查阅股东大会会议记录的但书条款。至于投赞成票的股东名册,的确不属于《公司法》第 97 条及海洋公司公司章程第 32 条第 5 款规定查阅的范围,值得注意的是,在本案审理过程中

海洋公司辩称,《破产法》没有规定在法院支持下召开的出资人会议,在法院制作了会议纪要的情况下,公司还要制作会议记录,因此公司没有制作会议记录,宏亿隆公司请求查阅的会议记录不存在。笔者认为,海洋公司董事会秘书没有尽到法定义务。《公司法司法解释四》第 12 条规定:"公司董事、高级管理人员等未依法履行职责,导致公司未依法制作或者保存公司法第三十三条、第九十七条规定的公司文件材料,给股东造成损失,股东依法请求负有相应责任的公司董事、高级管理人员承担民事赔偿责任的,人民法院应当予以支持。"如果宏亿隆公司能够证明因海洋公司没有制作出资人组会议记录给其造成损失,则海洋公司董事会秘书应当承担赔偿责任。

综上所述,海洋公司破产重整过程中的出资人组会议系临时股东大会会议,股东宏亿隆公司有权查阅出资人组会议记录。

第九章　股东知情权行使方式之实务问题

一、股东知情权行使方式实务问题概述

除了查阅对象外，股东知情权的行使还涉及行使的地点、时间和具体方式。该等问题的分析对于股东知情权的实现同样具有重要意义。

1. 股东知情权行使的地点和时间

股东应在何种地点、何种时间行使知情权，也是司法实践中争议较多的问题。从平衡股东与公司利益的角度考量，除非公司无主要办事机构，原则上应当在公司住所或者主要办事机构所在地查阅公司信息。至于查阅时间，以尽可能减少对公司的经营影响为原则，原则上应在公司营业时间内确定合理的时间以方便股东查阅。关于该方面的案例分析参见案例12和案例14。

2. 股东知情权行使的具体方式

(1)是否允许股东代理人查阅？

我国《公司法》第33条和第97条并未明确股东代理人是否可以查阅，《公司法司法解释四》第10条第2款允许股东在场的情况下可以由会计师、律师等依法或者依据执业行为规范负有保密义务的中介机构执业人员辅助查阅。问题在于股东在场是否必要，代理人是否可以在股东不在场的情况下行使查阅权？一般而言，公司文件专业性强、文档数量大，因而查阅时间长、技术要求高，应允许代理人单独行使查阅权。关于该方面的案例分析参见案例8。

(2)股东是否可以复制、摘抄会计账簿？

《公司法》第33条第1款规定有限责任公司股东有权"查阅、复制"公司置备文件，第33条第2款规定有限责任公司股东有权"查阅"公司会计账簿；第97条规定股份有限公司股东有权"查阅"公司置备文件。通过对该等法律条文进行对比可以

发现,法律对不同类型公司以及同一类型公司不同公司文件的知情权行使具体方式作出了不同的规定,对于公司会计账簿,有限责任公司股东仅拥有查阅权而无复制权。会计账簿不得复制,当然也不得摘抄。与公司置备文件相比,会计账簿显然承载着公司更多的经营信息乃至商业秘密。会计账簿复杂专业,不允许股东复制、摘抄,股东如何充分获取相关信息?上市公司章程关于股东查阅权的规定或许能够给我们以启示。上市公司章程通常规定股东在承担合理费用后可以复制置备文件等公司资料。证监会《上市公司章程指引》第33条规定:“股东提出查阅前条所述有关信息或者索取资料的,应当向公司提供证明其持有公司股份的种类以及持股数量的书面文件,公司经核实股东身份后按照股东的要求予以提供。”股东索取资料,公司予以提供,这意味着股东可以获取公司资料的复制件。如果说《上市公司章程指引》的规定还不够清晰,那么上市公司章程则直接赋予股东复制权。以《工行章程》为例,该章程第55条规定:“本行普通股股东享有下列权利:……(五)依照本章程的规定获得有关信息,包括:1. 在缴付成本费用后得到本章程;2. 在缴付了合理费用后有权查阅和复印:(1)所有各部分股东的名册;(2)本行董事、监事、行长和其他高级管理人员的个人资料;(3)本行股本状况;(4)自上一会计年度以来本行购回自己每一类别股份的票面总值、数量、最高价和最低价,以及本行为此支付的全部费用的报告;(5)股东大会会议记录……”综上所述,笔者认为应当允许股东复制、摘抄公司会计账簿。

二、股东知情权行使方式案例分析

案例14:股东是否可以摘抄公司会计账簿

互标有限公司与济宁鲁兴房地产开发
有限公司股东知情权纠纷案

[当事人]

原告:互标有限公司(二审上诉人)

被告:济宁鲁兴房地产开发有限公司(二审被上诉人)

[案情简介]

济宁鲁兴房地产开发有限公司(以下简称鲁兴公司)为我国港澳台地区与境内

合资公司，注册资本为3300万元，成立于1993年1月3日。互标有限公司(CO-EMPIRELIMITED)(以下简称互标公司)为我国香港特别行政区注册成立的公司，持有鲁兴公司45%的股权。自2016年1月1日起，鲁兴公司未向互标公司公开财务会计报告、会计账簿，以及股东会会议记录、董事会会议决议、监事会会议决议等材料。

2019年6月3日，互标公司向鲁兴公司邮寄书面申请，要求查阅、复制2016年1月1日至2019年6月3日鲁兴公司的股东会会议记录、董事会会议决议、监事会会议决议、财务会计报告(财务会计报告包括但不限于资产负债表、损益表、财务状况变动表、财务情况说明书、利润分配表、注册会计师对财务报告出具的审验报告、监事会的检查报告等与鲁兴公司财务会计相关的全部报告)，及会计账簿(包括总账、明细账、日记账和其他辅助性账簿)、会计凭证(包括记账凭证、原始凭证和作为原始凭证附件入账备查的电子账册等有关资料；银行转账记录、交易明细和银行回单、汇款单、转账凭据等有关资料；银行本票、汇票、支票及对应的付款、收款银行记录及凭证等有关资料)等。鲁兴公司于2019年6月12日收到该申请，但在收到申请后15日内未作出答复。

互标公司向一审法院起诉请求：1. 判令鲁兴公司向互标公司提供鲁兴公司2016年1月1日至今的历次股东会会议记录、董事会会议决议、监事会会议决议、财务会计报告(财务会计报告包括但不限于资产负债表、损益表、财务状况变动表、财务情况说明书、利润分配表、注册会计师对财务报告出具的审验报告、监事会的检查报告等与鲁兴公司财务会计相关的全部报告)，以供互标公司查阅、复制，互标公司主张查阅、复制的上述文件的形成时间跨度暂计至2019年6月30日，实际查阅、复制的文件的形成时间跨度截至依法支持本诉讼请求的判决、裁定生效之日。2. 判令鲁兴公司向互标公司提供鲁兴公司2016年1月1日至今的全部会计账簿(包括总账、明细账、日记账和其他辅助性账簿)，以供互标公司查阅、摘抄，互标公司主张查阅、摘抄的上述文件的形成时间跨度暂计至2019年6月30日，实际查阅、摘抄的文件的形成时间跨度截至依法支持本诉讼请求的判决、裁定生效之日。3. 判令鲁兴公司向互标公司提供鲁兴公司2016年1月1日至今的全部会计凭证(包括记账凭证、原始凭证和作为原始凭证附件入账备查的电子账册等有关资料)，以供互标公司查阅、摘抄，互标公司主张查阅、摘抄的上述文件的形成时间跨度暂计至2019年6月30日，实际查阅、摘抄的文件的形成时间跨度截至依法支持本诉讼请求的判决、裁定生效之日。4. 判令鲁兴公司向互标公司提供鲁兴公司2016年

1月1日至今的全部银行账户交易记录(包括银行转账记录、交易明细和银行回单、汇款单、转账凭据等有关资料),以供互标公司查阅、复制、摘抄,互标公司主张查阅、复制、摘抄的上述文件的形成时间跨度暂计至2019年6月30日,实际查阅、复制、摘抄的文件的形成时间跨度截至依法支持本诉讼请求的判决、裁定生效之日。5.判令鲁兴公司向互标公司提供鲁兴公司2016年1月1日至今的全部银行票据及对应的承兑、付款记录(包括银行本票、汇票、支票及对应的付款、收款银行记录及凭证等有关资料),以供互标公司查阅、复制、摘抄,互标公司主张查阅、复制、摘抄的上述文件的形成时间跨度暂计至2019年6月30日,实际查阅、复制、摘抄的文件的形成时间跨度截至依法支持本诉讼请求的判决、裁定生效之日。6.判令互标公司对上述第1~5项诉讼请求中文件的查阅、复制或查阅、摘抄的时间,自依法裁决支持上述诉讼请求的判决、裁定生效之日起计算,不少于30个工作日。

一审法院认为,互标公司是在我国香港特别行政区注册成立的公司,本案为涉港股东知情权纠纷,根据《涉外民事关系法律适用法》第14条的规定,本案应适用公司登记地法律作为准据法,鲁兴公司登记地在山东省济宁市,故本案应适用内地法律作为准据法。互标公司有权查阅、复制鲁兴公司的股东会会议记录、董事会会议决议、监事会会议决议、财务会计报告,有权查阅鲁兴公司的会计账簿、会计凭证。互标公司请求摘抄会计账簿、会计凭证和请求查阅、复制、摘抄公司银行账户交易记录、银行票据及对应的承兑、付款记录均于法无据,不予支持。故一审法院判决:1.鲁兴公司于判决生效之日起10日内将其公司自2016年1月1日起至判决生效之日止的股东会会议记录、董事会会议决议、监事会会议决议和财务会计报告提供给互标公司查阅、复制;2.鲁兴公司于判决生效之日起10日内将其公司自2016年1月1日起至判决生效之日止的会计账簿、会计凭证提供给互标公司查阅;3.驳回互标公司的其他诉讼请求。

互标公司不服一审判决,提起上诉,请求撤销一审判决,依法支持其诉讼请求,判令互标公司依法行使股东知情权内容事项的时间应自依法裁决支持上述诉讼请求的判决、裁定生效之日起计算,不少于30个工作日,并明确判令互标公司行使上述股东知情权的时间、地点。二审法院认为,一审法院认定事实清楚,适用法律准确,判决驳回上诉,维持原判。鉴于查阅或复制的资料较多,为保障互标公司充分行使知情权,二审法院酌定其行权时间不超过20个工作日,行权地点在鲁兴公司住所地。行权前,互标公司应给予鲁兴公司合理的资料准备时间。

[案例分析]

本案争议的焦点有三个:一是股东知情权客体范围是否包括会计凭证、公司银行账户交易记录等?二是股东是否可以摘抄公司会计账簿?三是股东知情权行使的时间和地点。

一、股东知情权客体范围是否包括会计凭证、公司银行账户交易记录等

《公司法》第33条规定了有限责任公司股东知情权的客体范围,"股东有权查阅、复制公司章程、股东会会议记录、董事会会议决议、监事会会议决议和财务会计报告。股东可以要求查阅公司会计账簿。股东要求查阅公司会计账簿的,应当向公司提出书面请求,说明目的。公司有合理根据认为股东查阅会计账簿有不正当目的,可能损害公司合法利益的,可以拒绝提供查阅,并应当自股东提出书面请求之日起十五日内书面答复股东并说明理由。公司拒绝提供查阅的,股东可以请求人民法院要求公司提供查阅"。实践中,关于股东知情权客体范围的争议主要集中于公司会计账簿。本案中互标公司主张查阅、摘抄会计账簿、会计凭证和请求查阅、复制、摘抄公司银行账户交易记录、银行票据及对应的承兑和付款记录,属于公司会计账簿争议的典型情形。具体而言,公司会计账簿是否包括会计凭证、公司银行账户交易记录、银行票据及对应的承兑、付款记录?该问题可以细分为两个小问题:一是公司会计账簿是否包括会计凭证;二是公司会计账簿是否包括公司银行账户交易记录、银行票据及对应的承兑和付款记录。

1. 公司会计账簿是否包括会计凭证

虽然从《会计法》分析,会计账簿和会计凭证并非同一事物,若严格遵循《公司法》之规定,应当不允许股东查阅公司会计凭证。但会计账簿和会计凭证二者之间存在紧密联系,后者是前者的基础。从保护股东知情权的立法目的出发,对公司会计账簿进行扩张解释,可以认为会计账簿包括会计凭证,从而允许股东查阅会计凭证。2006年发布的《山东高院公司纠纷审判指南》第63条第2款规定:"股东有权查阅的会计账簿包括记账凭证和原始凭证。"2018年发布的《山东省高级人民法院民事审判第二庭关于审理公司纠纷案件若干问题的解答》继续秉持这一态度,"10. 股东查阅会计账簿时,是否可以一并查阅会计凭证?答:股东对公司经营状况享有知情权,股东查阅会计账簿时,可以一并查阅会计凭证。理由:股东知情权是股东了解公司经营状况、监督管理层的重要方式,是股东行使其他股东权的重要基础。根据《中华人民共和国公司法》第三十三条的规定,根据查阅内容的不同,股东享有的知情权亦有所区别。对于章程、股东会会议记录、董事会会议决议、监事会会议决议和财务会计报告，股东不仅有权查阅，还可要求复制，且行使该权利时不负有目的说明义务。但是，对于会计账簿，股东只能查阅，不能复制，且行使该权利时必须以书面方式说明查阅目的，如公司有合理根据证明股东存在不正当目的，可能损害公司合法权益的，还可拒绝提供查阅。股东查阅会计账簿时，可以一并查阅会计凭证。根据《中华人民共和国会计法》规定，会计账簿登记必须以经过审核的会计凭证为依据。因此，会计凭证可以视为会计账簿的附件。虽然《中华人民共和国公司法》第三十三条第二款在规定股东可以查阅公司会计账簿时，对于能否一并查阅原始会计凭证未予明确。但是，基于原始会计凭证才是公司经营情况最真实的反映，如果将小股东查阅权的范围仅限于会计账簿，将难以确保通过会计账簿了解公司的真实经营情况，在会计账簿虚假记载大量存在的情况下，造成股东知情权落空。"

在此，笔者仅强调一点，从维系股东利益和公司利益平衡角度考虑，我们对股东查阅会计凭证应当持谨慎、开放态度。所谓开放，就是可以允许股东查阅会计凭证，以核实会计账簿的真实性；所谓谨慎，就是只有股东知情权受到严重侵害或者对公司会计账簿真实性存在合理怀疑才能查阅特定会计凭证。就本案而言，2016年1月1日至2019年6月30日直至二审判决生效之日的2020年7月9日，鲁兴公司未向互标公司公开财务会计报告、会计账簿，以及股东会会议记录、董事会会议决议、监事会会议决议等材料。互标公司在长达四年多的时间里没有获得公司相关资料，仅从时间角度就可以基本判断其知情权受到了严重侵害。从这种意义上说，一审、二审法院支持互标公司查阅鲁兴公司会计凭证并无不妥。

2. 公司会计账簿是否包括公司银行账户交易记录、银行票据及对应的承兑和付款记录

互标公司诉称，其长期无法了解鲁兴公司情况，也根本无法核实鲁兴公司在此期间内制作的会计账簿和会计凭证是否真实，因此以充分行使股东知情权为由要求查阅、复制、摘抄公司银行账户交易记录、银行票据及对应的承兑、付款记录，以核实鲁兴公司真实的经济状况和交易情况。

鲁兴公司辩称，互标公司要求提供银行本票、汇票、支票、银行转账记录、交易明细、银行回单等均系公司的正常财务业务。互标公司列举了财务日常工作的活动轨迹，不相信公司财务工作和第三方会计师事务所的审计报告。互标公司如认

为公司无法完整运转且任何行为均侵害其利益，可要求公司解散或通过其他途径解决。

互标公司将查阅、复制、摘抄公司银行账户交易记录、银行票据及对应的承兑和付款记录列为第 5 项、第 6 项诉讼请求，说明互标公司也清楚，其主张查阅的公司银行账户交易记录、银行票据及对应的承兑、付款记录并不属于公司会计账簿和会计凭证。我国《会计法》相关规定亦表明了这一点。《会计法》第 14 条规定："会计凭证包括原始凭证和记账凭证。办理本法第十条所列的经济业务事项，必须填制或者取得原始凭证并及时送交会计机构……原始凭证记载的各项内容均不得涂改；原始凭证有错误的，应当由出具单位重开或者更正，更正处应当加盖出具单位印章。原始凭证金额有错误的，应当由出具单位重开，不得在原始凭证上更正。记账凭证应当根据经过审核的原始凭证及有关资料编制。"第 15 条第 1 款规定："会计账簿登记，必须以经过审核的会计凭证为依据，并符合有关法律、行政法规和国家统一的会计制度的规定。会计账簿包括总账、明细账、日记账和其他辅助性账簿。"

如前文所述，借助目的解释，可以认为公司会计账簿包括会计凭证，那么能否进一步扩张会计账簿的范围，认为其包括公司银行账户交易记录、银行票据及对应的承兑、付款记录呢？笔者认为，依据立法目的进行扩张解释必须保持在合理限度内。会计凭证时制作会计账簿的基础，二者紧密联系；相较而言，公司银行账户交易记录、银行票据及对应的承兑、付款记录涉及公司具体业务的资金往来，与会计凭证联系更密切，可以验证原始凭证之真实性，但与会计账簿联系相对较远，且涉及公司秘密，其敏感度高于会计凭证。以保护股东知情权为由，将会计账簿扩展至公司银行账户交易记录、银行票据及对应的承兑和付款记录有过度保护股东利益忽视公司利益之嫌，因此不宜认为公司账簿包括公司银行账户交易记录、银行票据及对应的承兑和付款记录。一审、二审法院在平衡股东利益和公司利益的基础上，驳回互标公司该项诉讼请求，于法有据。

二、股东是否可以摘抄公司会计账簿

本案中，当事人关于会计账簿查阅权的行使方式存在争议。互标公司请求查阅、摘抄会计账簿；鲁兴公司认为《公司法》限定了股东知情权的行权范围，只有"查阅、复制"两种权限，没有"摘抄"的规定及权限，且规定了查阅和复制的范围。一审、二审法院认为互标公司依法仅享有查阅权，其关于要求摘抄的诉请于法无据而不予支持。那么,作为股东的互标公司是否可以摘抄鲁兴公司的会计账簿呢?

司法实践中,股东主张摘抄公司会计账簿的情形并不少见,法院予以支持的情形却不多见。法院否定股东摘抄公司会计账簿的主要理由就是《公司法》第33条明确规定了股东知情权的行使方式,会计账簿只能查阅,不包括复制;公司其他法定文件可以查阅、复制。本案中法院的裁判理由亦是如此。在东峰企业有限公司(以下简称东峰公司)与北京倍爱康生物技术有限公司股东知情权纠纷执行案中,执行法官认为,“摘抄”属于查阅的一种形式,同意东峰公司可摘抄会计账簿,并告知双方可以执行异议的方式主张权利。北京倍爱康生物技术有限公司提出异议,作为执行依据的(2015)高民(商)终字第1169号民事判决书并未判决东峰公司可摘抄会计账簿,其仅有查阅权。北京市第二中级人民法院认为,“在作为执行依据的生效判决未确定东峰公司在查阅会计账簿时可以复制的情况下,本院执行实施机构决定按照查阅权里包括摘抄来执行,显属无据,应予撤销”。[①] 支持股东摘抄公司会计账簿的主要理由就是查阅包括摘抄。在林荫与新疆绿环耀和房地产开发有限公司股东知情权纠纷案中,法院认为,根据《公司法》第33条和《公司法司法解释四》第10条的规定,应对“查阅”的文义适当进行广义理解,即准许权利人将之落实到包括查看、摘抄。[②] 在勉县红卫水库水电站与陕西汉中新星电力有限责任公司股东知情权纠纷案中,法院认为,计账簿资料包括大量数据信息,除非具备过目不忘的本领,否则仅允许股东查看会计账簿而绝对禁止其摘抄,将使股东查阅权落空。因此从维护公平正义、落实股东知情权出发,查阅会计账簿应包括查看、摘抄。[③] 在北京尚心华滋投资中心(有限合伙)与上海银润传媒广告有限公司股东知情权纠纷案中,双方就北京尚心华滋投资中心(有限合伙)(以下简称尚心投资中心)要求查阅、摘抄上海银润传媒广告有限公司(以下简称银润公司)会计账簿等资料未产生争议,双方争议焦点在于银润公司是否应当提交会计原始凭证。银润公司认为原始凭证的提供与摘抄并无相关法律规定,且影响其与第三方间的保密义务及第三方公司的权益,同时尚心投资中心作为投资公司,同样为其他与银润公司相同行业

---

① 东峰企业有限公司与北京倍爱康生物技术有限公司股东知情权纠纷执行案,北京市第二中级人民法院(2019)京02执异929号民事执行裁定书。

② 林荫与新疆绿环耀和房地产开发有限公司股东知情权纠纷案,新疆维吾尔自治区乌鲁木齐市天山区人民法院(2019)新0102民初11039号民事判决书。

③ 勉县红卫水库水电站与陕西汉中新星电力有限责任公司股东知情权纠纷案,陕西省勉县人民法院(2020)陕0725民初字第227号民事判决书。

公司的股东。鉴于本案一审、二审过程中，银润公司仅对知情权的客体范围有异议，而并未对尚心投资中心行使知情权的方式提出异议，所以法院裁判支持尚心投资中心摘抄会计账簿等资料。[①] 综上所述，股东是否有权摘抄公司会计账簿的争议主要集中于查阅是否包括摘抄以及摘抄是否为复制。针对这一问题，可以从三个方面对《公司法》第 33 条进行解释，判断公司账簿查阅权的含义。

1. 文义解释

为了更好地把握摘抄的含义，我们还需要对《公司法》第 33 条中的两个关键词“查阅”和“复制”进行解释。根据《现代汉语词典》的解释，查阅是指（把书刊、文件等）找出来阅读有关的部分；[②]复制是指依照原件制作成同样的；[③]摘抄是指选取一部分内容抄录下来。[④] 仅从《现代汉语词典》的解释分析，查阅并不包括摘抄，摘抄的含义更接近复制。这也与司法实践中多数法院的观点一致，《公司法》第 33 条未规定股东可以复制公司会计账簿，所以股东不能摘抄公司会计账簿。笔者认为，对于“查阅”应当从日常含义进行理解，查阅是否仅仅就是查看阅读而不包括摘抄之意。通常所谓查阅资料，不仅包含找到资料并阅读相关资料，而且还要做必要的记录、整理乃至复制。在《公司法》中，与“查阅”含义相近的为“查询”。《公司法》第 6 条第 3 款赋予公众以查询公司信息的权利，“公众可以向公司登记机关申请查询公司登记事项，公司登记机关应当提供查询服务”。包括股东在内的公众可以向市场监督管理机构查询公司登记事项，市场监督管理机构除了允许公众依法查询外，还提供复制服务。根据《现代汉语词典》的解释，查询是指查问，即调查询问。[⑤] 按照查询的字面含义，显然不包括复制。国家企业信用信息公示系统（http://www.gsxt.gov.cn/）依据《企业信息公示暂行条例》规范企业信息公示并提供企业信息查询服务。《企业信息公示暂行条例》第 9 条规定了公民、法人或者其他组织可以查

---

① 北京尚心华滋投资中心（有限合伙）与上海银润传媒广告有限公司股东知情权纠纷案，上海市第二中级人民法院（2020）沪 02 民终 5605 号民事判决书。

② 中国社会科学院语言研究所词典编辑室编：《现代汉语词典》（第 6 版），商务印书馆 2013 年版，第 137 页。

③ 中国社会科学院语言研究所词典编辑室编：《现代汉语词典》（第 6 版），商务印书馆 2013 年版，第 410 页。

④ 中国社会科学院语言研究所词典编辑室编：《现代汉语词典》（第 6 版），商务印书馆 2013 年版，第 1633 页。

⑤ 中国社会科学院语言研究所词典编辑室编：《现代汉语词典》（第 6 版），商务印书馆 2013 年版，第 137 页。

询企业信息范围,与《公司法》的规定相一致,仅规定了“查询”并未规定“复制”,但通过国家企业信用信息公示系统查询企业信息时,除了查询阅读外,还提供发送报告、信息分享、信息打印三项服务。由此可见,所谓查询,应当有查找阅读并保留适当资料的含义。查阅亦应如此。

2. 体系解释

公司账簿查阅权属于股东知情权,应当将该条款置于股东知情权制度体系中进行理解。《公司法》第 6 条、第 33 条、第 41 条、第 90 条、第 97 条、第 102 条、第 116 条、第 150 条、第 165 条组成了涵盖查询权、查阅权、质询权和披露义务的股东知情权规范体系。公司账簿查阅权属于查阅权,首先应当置于查阅权进行分析;其次查阅权与查询权更为接近,应当联系查阅权进行分析;最后应当将公司账簿查阅权置于股东知情权制度体系进行分析。

首先,在股东查阅权规范体系内进行分析。公司账簿查阅权规定在《公司法》第 33 条第 2 款,需要联系第 33 条第 1 款进行理解。《公司法》第 33 条第 1 款规定,股东有权查阅、复制公司特定资料;《公司法》第 33 条第 2 款规定,股东有权查阅公司会计账簿。关于股份有限公司股东知情权规定在《公司法》第 97 条,股东有权查阅、复制公司特定资料,并未规定股东可以查阅公司会计账簿。对比分析可以发现,立法者针对不同类型公司的不同查阅客体已经作出了立法选择,公司账簿查阅权的行使方式不包括复制。

其次,结合股东知情权范围内与查阅权接近的查询权规范进行分析。如前文所述,《公司法》第 6 条第 3 款赋予包括股东在内的公众以查询公司信息的权利,“公众可以向公司登记机关申请查询公司登记事项,公司登记机关应当提供查询服务”。从查询权实践观察,公众不仅可以查找询问公司特定资料,而且可以分享、下载、复制。从这种意义上说,查阅不应仅局限于查找阅读,还应包括以合适的方式保留必要的资料。

最后,将公司账簿查阅权置于股东知情权规范体系进行分析。《公司法》第 6 条、第 33 条、第 41 条、第 90 条、第 97 条、第 102 条、第 116 条、第 150 条、第 165 条组成了股东知情权规范体系,赋予查询权、查阅权、质询权和“被动”接受披露信息的权利,无论采取查询、查阅、复制、质询、公司置备等何种方式,其结果就是股东获得了公司相关资料。从一般意义上说,股东获得公司相关资料,应当允许股东以合理的必要的方式进行保留。查阅不包括复制,但并不等同于不同意股东以合理的方式保有公司相关资料。只要不构成复制,应当允许股东以合理的必要的方式保存公司相关资料。

一言以蔽之,摘抄并不等同于复制。允许摘抄,未必允许复制。但不允许复制,并不意味着禁止摘抄。

3. 目的解释

为了验证文义解释和体系解释,我们还应当进行目的解释,探寻《公司法》第33条的立法目的。从《公司法》第33条关于股东查阅权客体范围和行使方式分析,该条款的立法目的在于保障股东获取公司信息的权利。《公司法》第1条开宗明义阐明了立法目的,"为了规范公司的组织和行为,保护公司、股东和债权人的合法权益,维护社会经济秩序,促进社会主义市场经济的发展,制定本法。"《公司法》之立法目的贯彻至《公司法》第33条,就是在平衡股东利益和公司利益的基础上保护股东知情权。这就意味着,在对《公司法》第33条的理解存在疑义时,应当按照有利于实现股东知情权的方式进行解释。《公司法》第33条第1款规定,股东享有查阅、复制公司除会计账簿以外其他特定资料的权利,那么股东能否摘抄公司特定资料呢?举重以明轻,既然法律允许复制,当然允许仅就部分内容进行摘抄。《公司法》第33条第2款规定,股东享有查阅公司会计账簿的权利,那么股东能否摘抄公司会计账簿呢?从保障股东知情权出发,应当允许股东摘抄。虽然公司会计账簿涉及公司秘密,股东行使知情权应当在股东利益和公司利益之间实现平衡,但考虑到公司会计账簿的复杂性,禁止股东摘抄将会使股东知情权落空。因此,从立法目的出发应当允许股东摘抄公司会计账簿。

本案中互标公司认为,摘抄是股东对查阅情况所作的记录,与复制的性质完全不同。《公司法》并没有明文规定股东不得摘抄,按照"法无明文禁止即允许"的民商事法律原则,互标公司请求在查阅时进行摘抄,既没有超出行使知情权的合理限度,也没有违反法律的明文规定。从《公司法》第33条第1款的立法目的出发,互标公司主张摘抄公司会计账簿可谓合理。既然互标公司查阅公司会计账簿的目的正当性不存在争议,就应当允许其查阅、摘抄鲁兴公司特定期限的会计账簿。

三、股东知情权行使的时间和地点

互标公司要求法院判令查阅、复制、摘抄鲁兴公司相关资料的时间,自依法裁决支持其诉讼请求的判决、裁定生效之日起计算,不少于30个工作日。一审法院判决,鲁兴公司于判决生效之日起10日内将公司相关资料提供给互标公司查阅和/或复制。互标公司对一审判决不服,提起上诉,要求判令互标公司依法行使股东知情权内容事项的时间,应自依法裁决支持其诉讼请求的判决、裁定生效之日起计算,不少于30个工作日,并明确判令互标公司行使上述股东知情权的时间、地点。鉴于查阅或复制的资料较多,为保障互标公司充分行使知情权,二审法院酌定其行权时间不超过20个工作日,行权地点在鲁兴公司住所地。行权前,互标公司应给予鲁兴公司合理的资料准备时间。

笔者认为,二审法院关于互标公司行使知情权的时间和地点的确定更有利于股东知情权的落实,同时也方便鲁兴公司的经营管理,较好地实现了股东利益和公司利益之间的平衡。《公司法司法解释四》第10条第1款规定:"人民法院审理股东请求查阅或者复制公司特定文件材料的案件,对原告诉讼请求予以支持的,应当在判决中明确查阅或者复制公司特定文件材料的时间、地点和特定文件材料的名录。"据此,人民法院在股东知情权纠纷判决中,应当明确股东行使知情权的时间、地点和客体范围。关于股东知情权客体范围,《公司法》第33条和第97条作出了明确规定,应当遵循该等规范予以裁判。关于行使的时间和地点,应当在充分考虑案件情况的基础上合理平衡股东利益和公司利益。关于行权时间的确定,应当考虑股东主张的知情权客体的种类和范围。因为股东知情权客体的种类和范围决定了公司准备资料的多少,决定了股东查阅和/或复制所需要的合理时间。本案中,二审法院考虑到互标公司查阅或复制的资料较多,为了平衡股东利益和公司利益,一方面给予互标公司较长的查阅时间,另一方面要求互标公司行权前给予鲁兴公司必要的准备时间。关于行权地点,通常应当确定为公司住所地,这同样是平衡股东利益和公司利益的产物,一方面保障股东知情权,另一方面避免影响公司的正常经营活动。值得注意的是,本案二审判决明确指出,互标公司行使知情权不应影响鲁兴公司的正常经营活动。关于股东知情权行权时间和地点的判决,可谓裁量判决的经典之作。

案例15:股东查阅公司账簿是否必须遵守公司章程的规定

长益资源路桥有限公司与武汉华益路桥管理有限公司股东知情权纠纷案

[当事人]

原告:长益资源路桥有限公司(二审被上诉人)

被告:武汉华益路桥管理有限公司(二审上诉人)

［案情简介］

2000 年 8 月 23 日，武汉公路桥梁建设集团有限公司（以下简称武汉路桥公司）作为甲方与长益资源路桥有限公司（以下简称长益公司）作为乙方签订《鄂港合作经营岱黄、汉施公路合同》，双方约定成立合作经营企业武汉华益路桥管理有限公司（以下简称华益公司），经营管理岱黄、汉施公路、桥梁以及公路区域内的相关配套设施，甲方以岱黄、汉施公路、桥梁的 25 年经营权及两条公路的附属资产使用权作为合作条件，乙方出资 1.9 亿元人民币作为合作条件。该合同第 12.03 条约定，每一会计年度的头三个月内，合作公司应编制上一个会计年度的资产负债表、损益表和利润分配方案，提交董事会会议审查通过。第 12.08 条约定，经合作公司董事会同意，合作各方有权自费聘请注册会计师审查合作公司账簿，查阅时合作公司应提供方便。同日，武汉路桥公司与长益公司还签署了《华益公司章程》。该章程第 7.01 条和第 7.02 条规定，合作公司设立董事会，董事会由七名董事组成，其中四名由甲方委派，其余三名由乙方委派。第 11.08 条规定，经合作公司董事会同意，合作各方有权自费聘请注册会计师审查合作公司账簿，查阅时合作公司应提供方便。2000 年 9 月 25 日，华益公司成立，登记经营范围为改（扩）建、经营管理岱黄、汉施公路、桥梁及公路区域内的相关配套设施。2000 年 10 月 19 日，武汉市交通委员会批复同意向华益公司转让岱黄、汉施公路的经营权。

2009 年 4 月，因汉施公路收费站被撤销，长益公司提出退出华益公司的经营，并就退出后的补偿问题与有关当事方进行多次协商，确定股权回购补偿方式解决历史遗留问题，但尚未就补偿金额达成一致意见。之后长益公司曾多次致函华益公司，要求查询公司账目，其中 2015 年 4 月 2 日、8 月 3 日、9 月 5 日正式致函华益公司，要求查询公司账目，华益公司分别于 2015 年 4 月 8 日、5 月 14 日、5 月 29 日回复了长益公司，要求长益公司按《华益公司章程》第 11 章第 11.08 条的规定办理。由于华益公司迟迟未安排长益公司查阅公司账目，长益公司遂诉至湖北省武汉市黄陂区人民法院，要求：1. 判令华益公司向长益公司提供自 2014 年 1 月起至法院判决生效之日止，经审计的财务会计报告，包括该公司每月车流量、收入和支出、资产负债与损益表、现金流量表、财会调整和工程投入预算供长益公司查阅和复制；2. 判令华益公司向长益公司提供自 2014 年 1 月起至法院判决生效之日止，每月的会计账簿与银行对账单供长益公司查阅；3. 判令华益公司提交 2016 年度资产评估报告。后该案依法移送有管辖权的人民法院审理。

一审法院经审理认为,长益公司作为华益公司股东,有权查阅华益公司的财务会计报告和会计账簿,华益公司应予配合。依照《公司法》第33条、第217条,《公司法司法解释四》第9条和《民事诉讼法》第142条的规定,判决:1.华益公司于一审判决生效之日起30日内,在办公场所向长益公司提供该公司自2014年1月起至一审判决生效之日止的财务会计报告供其查阅、复制;2.华益公司于一审判决生效之日起30日内,在办公场所向长益公司提供该公司自2014年1月起至一审判决生效之日止的会计账簿供其查阅;3.驳回长益公司的其他诉讼请求。

华益公司不服一审判决,提起上诉,主张撤销一审判决,理由如下:1.长益公司并非真正的公司股东,要求行使股东知情权的主张不应得到支持。2.长益公司的目的不正当,不符合前置程序和公司自治原则。3.武汉路桥公司作为华益公司的股东,与本案存在法律上的利害关系,应当被追加为当事人,本案一审程序不当。二审法院认为一审判决认定事实清楚,适用法律正确,应予维持。依法判决驳回上诉,维持原判。

[案例分析]

本案的争议焦点有四个:一是本案(涉港澳台地区民商事纠纷案件)的法律适用。二是长益公司是否具有股东资格?三是长益公司要求查阅公司账簿是否必须遵守《华益公司章程》的规定要经公司董事会同意?四是长益公司查阅范围是否合法,查阅目的是否正当?

一、本案(涉港澳台地区民商事纠纷案件)的法律适用

本案原告长益公司是我国香港特别行政区法人,本案属于涉香港特别行政区民商事案件,本案的法律适用是本案首要解决的问题。

(一)我国香港特别行政区法人提起股东知情权之诉适用的程序法

《民事诉讼法司法解释》第551条规定:"人民法院审理涉及香港、澳门特别行政区和台湾地区的民事诉讼案件,可以参照适用涉外民事诉讼程序的特别规定。"这里的特别规定指《民事诉讼法》第四编——涉外民事诉讼程序的特别规定。《民事诉讼法》第4条规定:"凡在中华人民共和国领域内进行民事诉讼,必须遵守本法。"第259条规定:"在中华人民共和国领域内进行涉外民事诉讼,适用本编规定。本编没有规定的,适用本法其他有关规定。"据此,本案适用的程序法为《民事诉讼法》。本案不应当由湖北省武汉市黄陂区人民法院管辖。首先,本案应当由华益公司住所地人民法院管辖。《民事诉讼法》第26条规定:"因公司设立、确认股东资格、分配利润、解散等纠纷提起的诉讼，由公司住所地人民法院管辖。”同时，《民事诉讼法司法解释》第22条进一步细化了与公司有关纠纷的范围，与《民事案件案由规定》保持一致，“因股东名册记载、请求变更公司登记、股东知情权、公司决议、公司合并、公司分立、公司减资、公司增资等纠纷提起的诉讼，依照民事诉讼法第二十六条规定确定管辖。”本案是股东知情权纠纷，且华益公司在湖北省武汉市登记注册，因此应当由湖北省武汉市的法院进行管辖。其次，本案属于涉港澳台地区民商事纠纷，原则上应当由中级人民法院管辖。《最高人民法院关于涉外民商事案件诉讼管辖若干问题的规定》第1条第1款规定：“第一审涉外民商事案件由下列人民法院管辖：（一）国务院批准的设立的经济技术开发区人民法院；（二）省会、自治区首府、直辖市所在地的中级人民法院；（三）经济特区、计划单列市中级人民法院；（四）最高人民法院指定的其他中级人民法院；（五）高级人民法院。”第5条规定：“涉及香港、澳门特别行政区和台湾地区当事人的民商事纠纷案件的管辖，参照本规定处理。”依据上述规定，2017年9月湖北省武汉市黄陂区人民法院不应当受理本案，本案原则上应当由湖北省武汉市中级人民法院管辖。故本案最终移送管辖于法有据。

（二）我国香港特别行政区法人提起股东知情权之诉适用的实体法

《涉外民事关系法律适用法》第2条规定：“涉外民事关系适用的法律，依照本法确定。其他法律对涉外民事关系法律适用另有特别规定的，依照其规定。本法和其他法律对涉外民事关系法律适用没有规定的，适用与该涉外民事关系有最密切联系的法律。”第14条规定：“法人及其分支机构的民事权利能力、民事行为能力、组织机构、股东权利义务等事项，适用登记地法律。法人的主营业地与登记地不一致的，可以适用主营业地法律。法人的经常居所地，为其主营业地。”《涉外民事关系法律适用法司法解释一》第17条规定：“涉及香港特别行政区、澳门特别行政区的民事关系的法律适用问题，参照适用本规定。”本案中，华益公司在湖北省武汉市登记注册，对其股东主张权利的事项，应当适用中华人民共和国法律。因此本案应当适用《中外合作经营企业法》等实体法。《公司法》第217条规定：“外商投资的有限责任公司和股份有限公司适用本法；有关外商投资的法律另有规定的，适用其规定。”《中外合作经营企业法》与《公司法》属于特别法和一般法的关系，应当优先适用前者，在前者没有规定的情况下，应当适用后者。关于股东知情权，《中外合作经营企业法》缺少相关规定，《公司法》中有较为详细的规定，因此应当适用《公司法》解决本案的法律纠纷。

二、长益公司是否具有股东资格

长益公司提起股东知情权之诉的前提条件之一就是其具有股东身份。华益公司在诉讼过程中辩称：在2009年4月30日之后，长益公司没有对华益公司进行任何新的资金、物资、技术投入，在2009年4月30日之后亦未承担任何股东责任，故不再是真正意义上的股东。由此就涉及股东资格认定标准的问题。由于《公司法》中对此没有直接的规定，学理上多从出资行为、公司章程、工商登记、当事人实际享有权利义务等角度进行分析。

（一）出资行为与股东身份认定

股东缴纳出资与其是否取得股东资格的关系中，各国的立法中大多未作出明确规定。韩国公司法学者李哲松教授曾明确指出："股份的取得是成为股东的前提，对此不得例外，与此不同的其他约定都是无效的。"[①]由此可见，"因取得股份成为股东"与"出资成为股东"是截然不同的，出资可能获得股份，但出资只是取得股份的一种途径，技术入股、管理入股等也可以取得股份。从《公司法》及其司法解释规定瑕疵出资法律责任观察，股东未出资或是出资瑕疵通常只会导致相应的民事责任和行政责任，并不必然否定其股东资格。若是仅凭出资瑕疵或未出资就否认股东资格，将会不利于公司稳定运营、不利于保护善意第三者利益、不利于维护交易秩序。因此出资与否并不作为是否具有股东资格的充要条件。本案中，华益公司以长益公司2009年4月30日之后没有对华益公司进行任何新的资金、物资、技术投入为由，主张长益公司不再是真正意义上的股东。根据《鄂港合作经营岱黄、汉施公路合同》，长益公司向华益公司出资1.9亿元人民币，长益公司履行了相应的义务，只是因汉施公路收费站2009年4月被撤销，长益公司提出退出华益公司的经营才不再投入资金、物资、技术。鉴于此前的公司设立和经营过程中长益公司的出资及参与经营情形，华益公司的主张难谓成立。

（二）公司章程记载与股东身份认定

《公司法》对有限责任公司与股份有限公司公司章程的规定略有不同，本案中华益公司是有限责任公司，因此此处仅讨论《公司法》中关于有限责任公司章程的相关规定。《公司法》第25条规定："有限责任公司章程应当载明下列事项：（一）公

---

① 李哲松：《韩国公司法》，中国政法大学出版社2000年版，第242～243页。

司名称和住所；（二）公司经营范围；（三）公司注册资本；（四）股东的姓名或者名称；（五）股东的出资方式、出资额和出资时间……股东应当在公司章程上签名、盖章。”该条款要求有限责任公司必须记载股东的姓名或者名称，这是公司章程条款的绝对必要记载事项，若没有记载则公司章程将不具有法律效力。作为发起人的长益公司与武汉路桥公司共同签署了《华益公司章程》，其具有成为公司股东的意思表示，因此长益公司具有股东资格。

（三）公司登记与股东身份认定

根据《公司法》和《公司登记管理条例》的规定，公司成立必须经过市场监督管理部门登记，但是公司登记与股东身份的取得之间是否有因果关系，在理论界中的争议较大。一种观点认为，设立登记的基础效果是设立中公司取得法人资格而成为公司。另一种观点认为，股东身份与公司登记之间属于对应关系。司法实践中，法院对于公司登记是否为认定股东资格的必需程序也存在不同的看法。但是，根据公司登记认定股东资格已成为我国公司审判实践中多数法院的共识。华益公司登记资料显示长益公司为公司股东之一，认缴出资 7600 万元，因此应当认定长益公司的股东身份。

（四）股东享有的权利义务与股东身份认定

一般而言，投资人出资设立公司，公司成立后，投资人转变为股东，公司获得出资的财产权，股东失去出资的财产权而获得股权。股东依法享有股东权利，履行股东义务。虽然享有股东权利是取得股东身份的结果，而不是取得股东身份的原因或条件，但是可以从争议股东是否实际享有股东权利来反推其是否具有股东身份。值得注意的是，不能认定没有实际享有股东权利的人就不是股东，因为股东享有权利和履行义务需要符合法定和约定条件。本案中，华益公司辩称长益公司在 2009 年 4 月 30 日后没有进行新的投资，却没有提及长益公司不享有股东权利。事实上，2009 年 4 月 30 日之后，长益公司曾多次致函华益公司，要求查询公司账目，其中 2015 年 4 月 2 日、8 月 3 日、9 月 5 日正式致函华益公司，要求查询公司账目。华益公司分别于 2015 年 4 月 8 日、5 月 14 日、5 月 29 日回复了长益公司，要求长益公司按《华益公司章程》第 11 章第 11.08 条的规定办理。华益公司的回复也说明其认可长益公司的股东身份。并且本案中长益公司未出现股东资格丧失的法定情形，不能认为长益公司不再是真正意义上的股东。

综上所述，笔者认为长益公司当然是真正意义上的股东，其有权提起股东知情权之诉。

三、长益公司要求查阅公司账簿是否必须遵守《华益公司章程》的规定要经公司董事会同意

(一)股东知情权属于固有权

按照股权性质的不同,股权可以分为固有权和非固有权。何为固有权?朱慈蕴教授认为:“所谓固有权,是指非经股东个别同意,公司章程与股东(大)会决议均不得剥夺的权利。”①刘俊海教授认为:“所谓固有权,又称法定股东权,是指未经股东同意,不得以章程或公司决议剥夺或限制的权利。”②叶林教授认为:“固有权,又称不可剥夺权,是公司赋予股东的,不得以公司章程或者股东大会决议予以限制或者剥夺的权利。”③学者们关于固有权的见解虽有所不同,但基本内涵却保持一致。固有权是公司法赋予股东的未经股东放弃或者同意严禁限制或者剥夺的权利。

《公司法》第4条规定:“公司股东依法享有资产收益、参与重大决策和选择管理者等权利。”这是关于股东基本权利的规定,包括资产收益权、参与公司经营管理权。根据学界通说,资产收益权属于非固有权,参与公司经营管理权属于固有权。但无论是资产收益权还是参与公司经营管理权的实现,均有赖于股东获得充分的公司信息。从这种意义上说,知情权构成股东行使其他权利的基础。离开知情权,其他权利将无从实现,至少无法较好地实现。因此,股东知情权属于固有权。同时这一判断亦符合《公司法》的立法目的。我国《公司法》的立法目的之一就是保护公司股东利益,并且从整体的制度设计中也不难看出其注重对股东权利的维护,防止公司、大股东滥用权利,损害中小股东的利益。而大股东和管理层对中小股东或者不参与公司经营管理股东的压制往往就是从拒不提供公司相关信息开始的。

(二)公司章程限制股东知情权的法律效力

公司章程是公司的自治规范,对公司、股东、董事、监事、高级管理人员具有约束力,公司章程的属性不因多数决决议的修改而发生变化。但是为了防止大股东利用其优势地位,修改公司章程而损害中小股东利益,章程修改涉及股东个人利益时,应对异议股东进行一定的保护,对于固有权来说,无论是初始章程还是修改后的章程都不得剥夺股东的固有权,剥夺股东固有权的条款因违反《公司法》的强制

① 朱慈蕴教授于2017年9月15日出席吉林大学法学院第217期当代法学名家讲座阐明该观点。

② 刘俊海:《现代公司法》,法律出版社2015年版,第276页。

③ 叶林主编:《公司法原理与案例教程》,中国人民大学出版社2010年版,第113页。

性规定而无效。虽然公司章程不可以剥夺股东的固有权利,但可以对股东固有权进行一定限制。

《公司法司法解释四》第 9 条规定:“公司章程、股东之间的协议等实质性剥夺股东依据公司法第三十三条、第九十七条规定查阅或者复制公司文件材料的权利,公司以此为由拒绝股东查阅或者复制的,人民法院不予支持。”据此,公司章程、股东协议可以对股东知情权进行规范。一般而言,公司章程、股东协议对股东知情权的规范可以从两方面入手。一是股东知情权的客体范围。《公司法》关于股东知情权客体范围的规定被认为是最低限度的,因此公司章程、股东协议关于股东知情权客体范围的规定可以宽于《公司法》的规定但不能窄于《公司法》的规定。公司章程、股东协议规定的知情权客体范围窄于《公司法》规定的,应当认为实质性剥夺了股东知情权,公司章程、股东协议的该规定无效。二是股东知情权行使的程序性规定。公司章程、股东协议可以就股东行使知情权的程序作出更加细致的规定,但该规定同样不得实质性剥夺股东知情权。否则,该规定无效。至于何种程序性规定属于实质性剥夺股东知情权则应依据公司的具体情形进行判断。

本案中,《鄂港合作经营岱黄、汉施公路合同》第 12.08 条约定,经合作公司董事会同意,合作各方有权自费聘请注册会计师审查合作公司账簿,查阅时合作公司应提供方便。《华益公司章程》第 11.08 条作出了同样的规定,经合作公司董事会同意,合作各方有权自费聘请注册会计师审查合作公司账簿,查阅时合作公司应提供方便。华益公司股东协议和公司章程关于股东账簿查阅权的规定属于程序性规定,该规定是否有效,应当具体分析。就法理而言,董事应当代表公司利益行事,但董事往往代表特定股东利益行事。我国《公司法》关于关联董事回避制度的确立,事实上承认了董事并非总是代表公司利益。根据《华益公司章程》,华益公司董事会由七名董事组成,四名由武汉路桥公司委派,其余三名由长益公司委派。在公司股东关系正常的情况下,股东行使账簿查阅权须经公司董事会同意这一程序性规定,对股东知情权不会形成实质性剥夺。在长益公司因汉施公路收费站被撤销同武汉路桥公司产生争议的情况下,要求长益公司取得华益公司董事会同意方能查询公司会计账簿,无异于实质性剥夺了长益公司的股东知情权。本案的实际情况也恰恰证明了这一点,2009 年 4 月 30 日之后长益公司曾多次致函华益公司,要求查询公司账目,其中 2015 年 4 月 2 日、8 月 3 日、9 月 5 日正式致函华益公司,要求查询公司账目,华益公司分别于 2015 年 4 月 8 日、5 月 14 日、5 月 29 日回复了长益公司,要求长益公司按《华益公司章程》第 11 章第 11.08 条的规定办理。长益公司长期无法查阅华益公司账目,《华益公司章程》第 11.08 条已经构成对股东知情权的实质性剥夺,应当认定该条款无效。

四、长益公司查阅范围是否合法,查阅目的是否正当

《公司法》第 33 条规定:"股东有权查阅、复制公司章程、股东会会议记录、董事会会议决议、监事会会议决议和财务会计报告。股东可以要求查阅公司会计账簿。股东要求查阅公司会计账簿的,应当向公司提出书面请求,说明目的。公司有合理根据认为股东查阅会计账簿有不正当目的,可能损害公司合法利益的,可以拒绝提供查询,并应当自股东提出书面请求之日起十五日内书面答复股东并说明理由。公司拒绝提供查询的,股东可以请求人民法院要求公司提供查阅。"该条一方面规定了有限责任公司股东知情权的客体范围,包括公司章程、股东会会议记录、董事会会议决议、监事会会议决议、财务会计报告、会计账簿;另一方面规定了股东知情权的行使方式和行使规则,查阅会计账簿需要履行前置程序,提出书面请求并说明目的,查阅、复制其他公司资料不需要履行前置程序。

(一)长益公司查阅范围是否合法

本案中,长益公司诉请查阅范围包括财务会计报告(包括华益公司每月车流量、收入和支出、资产负债与损益表、现金流量表、财会调整和工程投入预算)、会计账簿与银行对账单、2016 年度资产评估报告等。依据《公司法》第 33 条的规定,长益公司可以查阅华益公司的财务会计报告、会计账簿,但无法查阅 2016 年度资产评估报告。但财务会计报告是否包含长益公司主张查阅的内容则不无疑问。国务院于 2000 年 6 月 21 日公布的《企业财务会计报告条例》第 6 条规定:"财务会计报告分为年度、半年度、季度和月度财务会计报告。"第 7 条规定:"年度、半年度财务会计报告应当包括:(一)会计报表;(二)会计报表附注;(三)财务情况说明书。会计报表应当包括资产负债表、利润表、现金流量表及相关附表。"第 8 条规定:"季度、月度财务会计报告通常仅指会计报表,会计报表至少应当包括资产负债表和利润表。国家统一的会计制度规定季度、月度财务会计报告需要编制会计报表附注的,从其规定。"本案中,每月车流量并非财务会计报告的法定必备内容。不过华益公司依托公路经营权以收取通行费为主业,每月车流量属于其经营管理中的重要事项,如果华益公司的财务政策或者实践要求财务会计报告包括每月车流量,则应当允许长益公司查阅。

(二)长益公司查阅目的是否正当

1. 长益公司是否履行股东知情权之诉的前置程序之说明目的

股东在向公司提出查阅的书面请求中说明目的是其提起知情权之诉的前置程序。本案中,华益公司辩称长益公司在往来函件中并未说明其正当目的。那么履行前置程序瑕疵应当如何处理?司法实践中,法院通常以当事人未适当履行前置程序,否定股东的诉讼请求。在李辉与成都航天橡胶件制造有限公司股东知情权纠纷案中,法院认为,虽然股东寄送了相关书面请求,但是在寄送的书面请求中并未说明目的,未履行前置程序,且根据公司自治原则,该前置程序中的瑕疵不能通过诉讼程序得到救济。因此法院并未支持股东的诉讼请求。[①] 在贺延生与北京明冠投资有限公司股东知情权纠纷案中,法院认为,股东贺延生虽然向公司法定代表人递交了查阅会计账簿的书面申请,但其说明的目的并不具体明确,公司也无法对该股东的查阅目的正当性进行审查,不符合法律规定的查阅公司会计账簿的前置性程序。因而法院判决驳回了该股东的诉讼请求,并建议其应当在明确查阅目的后,依照法定程序向公司提出书面申请。[②] 笔者赞同法院的裁判,主要理由如下:一是股东行使账簿查阅权的目的限制旨在平衡各方利益。股东要求查阅公司财务会计账簿是其行使知情权的表现,虽然知情权是股东固有权,但是任何权利都是有界限的,权利主体行使其权利应以不损害他人利益和公共利益为前提。为了防止股东因不正当目的行使知情权损害其他股东以及公司利益,要求股东说明其正当目的,方有利于股东正常行使知情权,平衡股东与公司二者之间的利益关系。二是尊重公司自治。《公司法》赋予了公司充分的自治空间,所以公司内部争议应当穷尽公司内部救济。股东知情权之争发生于股东和公司之间,属于公司内部争议。股东理应穷尽公司内部救济,只有股东穷尽公司内部救济而无法实现了解公司相关信息的目的时,方能确定股东的知情权受到侵害,从而才需要请求公力救济。

就本案而言,如果长益公司在往来函件中并未说明其查阅目的,则应当认定其未适当履行前置程序,驳回其诉讼请求。当然本案中双方当事人并未就说明目的进行交锋,据此可以推断,长益公司在主张行使账簿查阅权的相关书面请求中已经

---

① 李辉与成都航天橡胶件制造有限公司股东知情权纠纷案,四川省成都市中级人民法院(2016)川01民终4662号民事判决书。

② 贺延生与北京明冠投资有限公司股东知情权纠纷案,北京市第三中级人民法院(2017)京03民终2779号民事判决书。

说明了查阅目的。

2. 长益公司查阅会计账簿的目的正当性

本案中，华益公司在上诉状中指出，长益公司提起本案诉讼是为了收集证据，抬高股权回购价款，不具有法定的正当性，与华益公司之间存在实质性竞争关系。那么如何认定《公司法》第 33 条中的“不正当目的”呢？《公司法司法解释四》第 8 条给予了解答，“有限责任公司有证据证明股东存在下列情形之一的，人民法院应当认定股东有公司法第三十三条第二款规定的‘不正当目的’：（一）股东自营或者为他人经营与公司主营业务有实质性竞争关系的，但公司章程另有规定或者全体股东另有约定的除外；（二）股东为了向他人通报有关信息查阅公司会计账簿，有可能损害公司合法利益的；（三）股东在向公司提出查阅请求之日前的三年内，曾通过查阅公司会计账簿，向他人通报有关信息损害公司合法利益的；（四）股东有不正当目的的其他情形。”据此，“不正当目的”的判断标准为股东损害或者可能损害公司合法利益。

本案中，即使长益公司要求查阅账簿资料就是为了收集证据从而抬高股权回购价款，亦不能证明其行使账簿查阅权目的不正当。长益公司同意以合理的补偿退出华益公司，其以此为目的了解公司的经营状况并不损害公司利益，因而难谓目的不正当。那么，长益公司与华益公司是否存在实质性竞争关系呢？一般而言，实质性竞争关系可以从三个层面进行综合认定：第一层面，根据公司在工商部门登记的营业执照、公司章程等所记载的经营范围判断，如果出现重合则进入第二层面；第二层面，根据股东与公司的主营业务加以判断，如果主营业务存在重合，则进入第三层面；第三层面，严格审查公司在经营区域、产品种类、客户范围等具体方面是否存在重合。长益公司的经营范围为公路、桥梁等基础设施及配套设施的开发及经营管理；华益公司的经营范围则是改（扩）建、经营管理岱黄、汉施公路、桥梁及公路区域内的相关配套设施。由此可知，华益公司的经营范围窄于长益公司的经营范围。问题在于改（扩）建、经营管理岱黄、汉施公路、桥梁及公路区域内的相关配套设施，需要获得相关公路的经营权，该经营权需经主管部门批准。华益公司取得该经营权后，长益公司是无权经营管理上述公路桥梁及公路区域的。因此可以判定华益公司和长益公司的主营业务互不重合，不存在实质性竞争关系，长益公司不存在《公司法司法解释四》第 8 条规定的目的不正当的情形，其查阅华益公司会计账簿的请求应当得到支持。

此外,华益公司在本案一审、二审过程中均要求追加武汉路桥公司参加诉讼。那么,武汉路桥公司应否参加诉讼呢?《民事诉讼法》第56条规定:“对当事人双方的诉讼标的,第三人认为有独立请求权的,有权提起诉讼。对当事人双方的诉讼标的,第三人虽然没有独立请求权,但案件处理结果同他有法律上的利害关系的,可以申请参加诉讼,或者由人民法院通知他参加诉讼。人民法院判决承担民事责任的第三人,有当事人的诉讼权利义务。前两款规定的第三人,因不能归责于本人的事由未参加诉讼,但有证据证明发生法律效力的判决、裁定、调解书的部分或者全部内容错误,损害其民事权益的,可以自知道或者应当知道其民事权益受到损害之日起六个月内,向作出该判决、裁定、调解书的人民法院提起诉讼。人民法院经审理,诉讼请求成立的,应当改变或者撤销原判决、裁定、调解书;诉讼请求不成立的,驳回诉讼请求。”本案中,武汉路桥公司为华益公司的另一股东,而本案为股东知情权纠纷,系股东长益公司与华益公司产生争议,与武汉路桥公司并无直接利害关系。因此,武汉路桥公司不应参加本案诉讼。

案例16:股东如何行使质询权

叶惠娟与深圳市电达实业股份有限公司股东知情权纠纷案

[当事人]

原告:叶惠娟(二审上诉人,再审申请人)

被告:深圳市电达实业股份有限公司(二审被上诉人,再审被申请人)

[案情简介]

深圳市电达实业股份有限公司(以下简称电达公司)成立于1987年8月24日,其股东经过多次变动,截至2018年7月2日,叶惠娟持有电达公司股份53,500股(持股比例为0.0754%)。电达公司章程第25条规定:“公司股东有以下权利……3.对公司的业务、生产经营和财务管理工作进行监督,提出建议或咨询,通过股东大会聘请会计师事务所对公司的经营和财务进行审计……”第64条规定:“本公司经注册会计师审核的资产负债表、损益表、上年度会计报表、红利分配方案,应按规定送达市政府有关部门,并公告全体股东。”第68条规定:“为保证公司健康发展,维护股东权益,根据国家有关规定,本公司税后利润分配顺序及比例如下:1.提取法定公积金10%;2.提取法定公益金5%~10%;3.提取任意盈余公积金0~10%;

4. 分配给股东利润70%～85%。以上具体分配比例由董事会会议根据公司经营状况和发展需要拟定,报股东大会审定。”第69条规定:“本公司红利每年支付一次,按股份分配,在公司年终结算后进行,除董事会有特别决议外。”2017年及2017年之前,电达公司每年向叶惠娟支付上一年度的分红款。2018年5月8日,叶惠娟通过邮政特快专递方式向电达公司住所地邮寄《关于查阅公司财务会计报告等文件的函》及《股东质询函》,要求电达公司在收函后3日内提供1987年6月29日至2018年5月7日的历次公司章程(含章程修正案)、股东名册、公司债券存根、股东大会会议记录、股东会会议决议、董事会会议决议、监事会会议决议和财务会计报告供叶惠娟查阅、复制,并要求电达公司在收函后3日内书面答复以下质询:1. 长期侵害叶惠娟的股东大会出席权及表决权的质询;2. 长期隐瞒真实的经营和财务数据的质询;3. 拒不分配2017年度红利的质询。

叶慧娟以电达公司收函后没有任何回复(既没有提供相关文件给原告查阅、复制,也没有书面回复原告质询)为由,提起知情权之诉,要求:1. 电达公司依法将公司章程、股东名册、公司债券存根、股东大会会议记录、董事会会议记录、监事会会议记录和财务会计报告置备于本公司;2. 电达公司在判决生效之日起30日内提供自1987年6月29日起至判决书生效之日止的资产负债表、损益表、上年度会计报表、红利分配方案、历次公司章程(含章程修正案)、股东名册、公司债券存根、股东大会会议记录、股东会会议决议、董事会会议决议、监事会会议决议、财务会计报告供原告及其委托的律师、注册会计师查阅、复制;3. 电达公司聘请会计师事务所对电达公司的经营和财务进行审计;4. 电达公司书面答复叶慧娟对电达公司长期侵害原告的股东大会出席权及表决权的质询;5. 电达公司书面答复叶慧娟对电达公司长期隐瞒真实经营和财务数据的质询;6. 电达公司书面答复叶慧娟对电达公司拒不分配2017年度红利的质询;7. 电达公司分配2017年度红利。

一审期间,2018年8月17日电达公司向叶惠娟及其委托诉讼代理人通过EMS邮寄《查阅通知书》,通知的主要内容为电达公司经过两个多月的翻查、整理、工商查档等工作,已将现存的叶惠娟拟查询的涉案资料准备完毕,叶惠娟可以依法到电达公司处查阅。叶惠娟及其委托诉讼代理人拒收上述邮件。同时,电达公司向一审法院提出申请,请求在法院主持下,叶惠娟进行上述查阅。一审法院征询叶惠娟意见是否需要一审法院主持查询,叶惠娟明确拒绝,坚持主张法院应当判决查询。

一审法院认为,鉴于置备法定文件于公司,并非股东享有的独立的股东权利,且电达公司在诉讼期间准备了相关文件供股东叶慧娟查阅,故对叶慧娟的第1项、第2项诉讼请求不予支持;鉴于电达公司在每一会计年度终了时依法聘请了会计师事务所进行审计,故对叶慧娟的第3项诉讼请求不予支持;鉴于质询属于公司内部事务,提出质询的对象应是公司特定的主体,而非公司本身,故对叶慧娟的第4项、第5项、第6项诉讼请求不予支持;鉴于电达公司尚未作出分配2017年度红利的股东大会决议,原告请求电达公司分配利润,不符合法律规定,故对叶慧娟的第7项诉讼请求不予支持。因此判决驳回叶慧娟的全部诉讼请求。

叶慧娟不服一审判决,提起上诉。二审法院认为,叶惠娟的上诉请求均不能成立,应予驳回;一审判决认定事实清楚,适用法律正确,应予维持。遂判决驳回上诉,维持原判。叶慧娟不服二审判决,申请再审。再审法院认为,叶慧娟申请再审所提理由及请求理据不足,裁定驳回其再审申请。

[案例分析]

本案争议的焦点有四个:一是股东是否有权要求公司履行置备法定文件的义务?二是公司在诉讼期间准备完毕公司相关资料应当如何处理?三是股东如何行使质询权?四是股东如何主张利润分配请求权?

一、股东是否有权要求公司履行置备法定文件的义务

《公司法》第96条规定:“股份有限公司应当将公司章程、股东名册、公司债券存根、股东大会会议记录、董事会会议记录、监事会会议记录、财务会计报告置备于本公司。”第97条规定:“股东有权查阅公司章程、股东名册、公司债券存根、股东大会会议记录、董事会会议决议、监事会会议决议、财务会计报告,对公司的经营提出建议或者质询。”这两个法条是何种关系呢?对于第96条,学者较少关注,该条款明确了股份有限公司置备法定文件的义务。对于第97条,学者普遍将其解释为股份有限公司股东知情权规范,包含两方面的内容:一是股东享有查阅权,可以查阅公司章程、股东名册、公司债券存根、股东大会会议记录、董事会会议决议、监事会会议决议、财务会计报告;二是股东享有质询权,可以对公司经营提出建议或者质询。一般而言,第96条规范股份有限公司法定文件的置备义务,有利于保障第97条股东知情权的落实。只有公司依法置备了法定文件,股东才能行使查阅权。这就意味着,公司履行法定文件置备义务是股东实现知情权的前提条件。

本案中,股东叶慧娟主张电达公司置备法定文件。这就涉及两方面问题:一是股东叶慧娟是否享有该项请求权?二是电达公司是否置备了法定文件?首先,股

东是否享有要求公司置备法定文件的请求权。本案一审、二审和再审法院均否定了股东享有该项请求权,其主要理由为:《公司法》第96条要求股份有限公司置备法定文件于公司,旨在方便股东查阅,不属于一项股东可以向公司主张的独立的股东权利,股东知情权的行使可以通过其他具体的诉求来实现。笔者对此不予认可。股东固然可以依据《公司法》第97条通过对上述法定文件行使查阅权,而事实上要求公司置备法定文件,但这并不能否认《公司法》第96条独立的存在价值。否则,《公司法》完全没有必要同时规定第96条和第97条。《公司法》第96条课以公司法定文件置备义务,如果公司不履行该义务,当然应当承担置备法定文件等责任。问题在于,谁有权要求公司履行置备法定文件的义务。《公司法》规范公司内部关系,即股东、董事会、经理、监事会乃至公司相互之间的关系。就公司内部关系而言,公司承担的义务通常由董事会、经理和监事会落实,该等义务通常以保障股东权利为目的。如果董事会、经理和监事会不具体落实该义务,股东当然有权要求公司履行该义务。同时,既然股东可以通过行使《公司法》第97条规定的知情权而查阅《公司法》第96条要求公司置备的法定文件,当然也应当允许股东要求公司置备法定文件。因此,要求公司置备法定文件是股东享有的一项独立的请求权,虽然该请求权不能为股东知情权纠纷所涵盖,但不应成为否定股东权利的理由。其次,电达公司是否置备了法定文件呢?股东叶慧娟要求电达公司置备法定文件于公司,一审法院认为叶慧娟未能举证证明电达公司违反了《公司法》第96条的规定。但叶慧娟在上诉过程中主张,电达公司自认未能按照《公司法》第96条规定将法定资料置备在公司。那么何为自认呢?《最高人民法院关于民事诉讼证据的若干规定》第3条规定:"在诉讼过程中,一方当事人陈述的于己不利的事实,或者对于己不利的事实明确表示承认的,另一方当事人无须举证证明。在证据交换、询问、调查过程中,或者在起诉状、答辩状、代理词等书面材料中,当事人明确承认于己不利的事实的,适用前款规定。"第4条规定:"一方当事人对于另一方当事人主张的于己不利的事实既不承认也不否认,经审判人员说明并询问后,其仍然不明确表示肯定或者否定的,视为对该事实的承认。"本案中,电达公司在一审过程中是否明确自认,二审判决中未予以回应。不过,电达公司花费较长时间准备叶慧娟要求查阅的公司资料则是确定无疑的事实。叶慧娟向电达公司主张行使查阅权和质询权的时间为2018年5月8日,一审审理期间,电达公司于2018年8月17日向叶惠娟及其委托诉讼代理人通过EMS邮寄《查阅通知书》,通知主要内容为电达公司经过两个多月的翻查、整理、工商查档等工作,已将现存的叶惠娟拟查询的涉案资料准备完毕。为了准备叶慧娟主张查阅的公司资料,电达公司的确尽心尽力,但通过工商查档等方式准备,也恰恰说明了公司相关资料并未置备于公司。因此,电达公司于2018年8月17日发出的《查阅通知书》,实际上自认其并未按照《公司法》第96条置备法定文件于公司,叶慧娟不需要就电达公司未置备法定文件于公司进行举证。综上所述,因电达公司未置备法定文件于公司,股东叶慧娟享有要求公司置备法定文件的独立请求权。

二、公司在诉讼期间准备完毕公司相关资料应当如何处理

本案中,电达公司在一审期间准备完毕股东叶慧娟主张查阅的公司资料后,通过EMS向叶惠娟及其委托诉讼代理人邮寄《查阅通知书》,叶惠娟及其委托诉讼代理人拒收上述邮件。同时电达公司向法院提出申请,请求法院主持叶惠娟进行上述查阅。一审法院征询叶惠娟意见,是否需要一审法院主持查询,叶惠娟明确拒绝,坚持主张法院应当判决查询。一审法院认为,电达公司在答辩期间及庭审期间明确表示已准备好相关资料并同意提供查阅,故叶慧娟行使知情权已无实际障碍,其请求法院判令电达公司提供相关资料供其查阅已无实际必要,故对该项请求予以驳回。股东知情权之诉因股东知情权行使遇阻而起,诉讼的目的就是排除知情权行使的妨碍。因此,只要排除了知情权行使的妨碍,无论是借助法院裁判还是公司主动配合查阅,股东知情权之诉的目的都达到了,原则上当事人之间的纠纷已经得到解决。法院可以根据案件的具体情况,采取不同的方式结案:判决驳回股东行使知情权的诉讼请求、判决支持股东行使知情权的诉讼请求或者裁定准许股东撤诉。从这种意义上说,法院拥有一定的裁量权。就本案而言,电达公司准备完毕股东叶慧娟要求查阅的相关资料后,叶慧娟及其诉讼委托代理人拒收相关邮件;一审法院征询叶惠娟意见是否需要一审法院主持查询,叶惠娟也明确拒绝。这说明叶慧娟和电达公司之间的争议并没有实质得到解决。既然法院经过审理已经查明了事实,为了减少当事人的讼累并节约司法资源,可以考虑判决支持叶慧娟行使知情权的诉讼请求。当然,笔者并无苛责一审法院之意,毕竟一审法院充分了解案情,在权衡各方利益的基础上作出了合理合法的裁判。

三、股东如何行使质询权

本案中,股东叶慧娟提出三项质询要求:1. 电达公司书面答复叶慧娟对电达公司长期侵害原告的股东大会出席权及表决权的质询;2. 电达公司书面答复叶慧娟对电达公司长期隐瞒真实经营和财务数据的质询；3. 电达公司书面答复叶慧娟对电达公司拒不分配2017年度红利的质询。一审法院认为，质询属于公司内部事务，提出质询的对象应是公司特定的主体，而非公司本身，因此，驳回叶慧娟行使质询权的诉讼请求。二审法院、再审法院对此予以认可。那么，股东应当如何行使质询权呢？

《公司法》第97条规定："股东有权查阅公司章程、股东名册、公司债券存根、股东大会会议记录、董事会会议决议、监事会会议决议、财务会计报告，对公司的经营提出建议或者质询。"股东质询权与查阅权规定在一个法律条文之中，应当具有相同的法律性质，均属于股东知情权范畴。《公司法》第150条第1款规定："股东会或者股东大会要求董事、监事、高级管理人员列席会议的，董事、监事、高级管理人员应当列席并接受股东的质询。"据此，股东知情权的主体包括权利主体和义务主体。权利主体为股东，而且对股东再无其他限制，这意味着质询权为固有权、单独股东权。[①] 义务主体为公司还是董事、监事和高级管理人员呢？既然股东质询权与查阅权均由《公司法》第97条规范，则该等权利的义务主体亦应相同，均为公司。那么如何理解《公司法》第150条第1款关于董事、监事、高级管理人员接受质询的规定呢？也就是说，董事、监事、高级管理人员是否是股东质询权的义务主体？《公司法》规范公司内部关系，股东行使质询权当然是就公司经营事项询问公司管理层，因此股东质询权的义务主体应当为董事、监事和高级管理人员；而在公司内部，公司管理层事实上也代表着公司，股东询问管理层其实也是询问公司。为了与股东查阅权的义务主体相一致，将股东质询权的义务主体确定为公司更为妥当。至于股东如何行使质询权，法律并无明确规定。实践中，不少法院依据《公司法》第150条第1款认定，股东只能在股东会或者股东大会上行使质询权，而且以董事、监事和高级管理人员列席为条件。在冯如泉与山东天安化工股份有限公司股东知情权纠纷案中，一审法院和二审法院围绕《公司法》第97条和第150条作出了截然不同的解释：一审法院支持股东就拒不分红对公司提出质询，判决公司书面答复质询；二审法院则认为股东质询的对象是公司内部的董事、监事、高级管理人员，而非公司，公司没有书面答复股东质询的法定义务。[②] 该案一审判决书依法未予公开，

---

① 另有法院认为，依据《公司法》第150条之规定，有权要求公司董事、监事、高级管理人员列席股东(大)会并接受质询的主体是股东(大)会，股东并无此权利。参见其鲁与中信国安盟固利电源技术有限公司公司决议撤销纠纷案，北京市昌平区人民法院(2018)京0114民初131号民事判决书。

② 冯如泉与山东天安化工股份有限公司股东知情权纠纷案，山东省德州市中级人民法院(2019)鲁14民终3036号民事判决书。

因此无法了解一审法院支持股东对公司提出质询的具体理由。仅从保护股东知情权角度分析,应当支持股东就经营事项对公司进行质询。从股东知情权的立法目的出发,《公司法》规定股东质询权是为了保障股东充分获得公司的信息。既然股东质询权与查阅权规定在同一个法律条文之中,股东行使质询权应当与查阅权遵循相同的规则。至于《公司法》第150条第1款仅就股东会或者股东大会会议期间股东行使质询权作出了特别规定,但并不表明股东在股东会或者股东大会会议期间之外不得行使质询权。《公司法》第97条并未就质询权的行使方式作出明确规定,股东可以口头或者书面形式行使质询权,公司应当在合理的时间内予以答复。《公司法》第150条也未就质询权的行使方式作出明确规定,不过考虑到股东会或者股东大会会议的特点,原则上应当以口头形式询问和答复。同时,为了保证股东会或者股东大会会议的效率,质询事项应当限制在会议议题范围内。

综上所述,股东质询权的义务主体为公司,股东可以就经营事项对公司提出质询,公司应当在合理的时间内予以答复。公司拒不答复的,股东有权提起质询权诉讼。同时,在股东会或者股东大会会议期间,股东可以就与议题有关事项质询董事、监事和高级管理人员。本案中股东叶慧娟质询事项属于公司经营范围,应当予以支持。

四、股东如何主张利润分配请求权

利润分配请求权是指股东有权按照法定或者约定的比例请求分配公司利润的权利。是否分配和如何分配公司利润,原则上属于商业判断和公司自治的范畴,人民法院一般不应介入。《公司法》第166条第4款规定:“公司弥补亏损和提取公积金后所余税后利润,有限责任公司依照本法第三十四条的规定分配;股份有限公司按照股东持有的股份比例分配,但股份有限公司章程规定不按持股比例分配的除外。”根据《公司法》第37条和第99条的规定,批准利润分配方案属于股东会或者股东大会的职权。因此,公司分配利润必须依据股东会或者股东大会决议。为此,《公司法司法解释四》第14条规定:“股东提交载明具体分配方案的股东会或者股东大会的有效决议,请求公司分配利润,公司拒绝分配利润且其关于无法执行决议的抗辩理由不成立的,人民法院应当判决公司按照决议载明的具体分配方案向股东分配利润。”但公司大股东排挤小股东、损害小股东利润分配请求权的情形时有发生,严重破坏了公司自治,司法必须适当干预,以实现对公司自治失灵的矫正。《公司法司法解释四》第15条规定:“股东未提交载明具体分配方案的股东会或者股东大会决议,请求公司分配利润的,人民法院应当驳回其诉讼请求,但违反法律规定滥用股东权利导致公司不分配利润,给其他股东造成损失的除外。”

根据电达公司章程第68条、第69条的规定,电达公司税后利润的具体分配比例由董事会会议根据公司经营状况和发展需要拟定,并报股东大会审定,红利每年分配一次,在公司年终结算后进行,但董事会有特别决议的除外。电达公司在本案审理过程中尚未作出分配2017年度红利的股东大会决议。依据《公司法司法解释四》第14条、第15条之规定,股东请求公司分配利润的,应当提交载明具体分配方案的股东大会决议;未提交的,人民法院原则上应当不予支持。叶惠娟既未提交载明具体分配方案的股东大会决议,也未举证证明电达公司大股东滥用股东权利导致公司不分配利润给其造成损失,所以叶惠娟的该项诉讼请求不应得到支持。

案例17:股东知情权之诉前置程序中书面请求的送达问题

庄士中国文化发展有限公司与北京环球文苑资讯科技有限公司股东知情权纠纷案

[当事人]

原告:庄士中国文化发展有限公司(二审被上诉人)

被告:北京环球文苑资讯科技有限公司(二审上诉人)

[案情简介]

2000年5月8日,北京文采交流服务中心(以下简称文采交流中心)与庄士中国文化网络发展有限公司(以下简称庄士网络公司)签订《关于合作成立〈北京环球文苑资讯科技有限公司〉的合同》。2000年7月4日,文采交流中心和庄士网络公司共同出资设立北京环球文苑资讯科技有限公司(以下简称环球文苑公司)。注册资本为150万港元,全部由庄士网络公司出资。经营年限为20年(2000年7月4日至2020年7月3日)。经营范围为开发、生产计算机软、硬件,销售自产产品,自产产品的技术信息服务。

我国香港特别行政区公司注册处出具的《公司更改名称证明书》显示,2016年2月5日庄士网络公司更名为现有名称——庄士中国文化发展有限公司(CHUANG'S CHINACULTURE LIMITED,以下简称庄士文化公司)。2018年5月9日,庄士文化公司向环球文苑公司的工商注册地址“北京市朝阳区崔各庄乡崔各庄村256-9”及

《企业信用信息公示报告》显示的环球文苑公司的企业通讯地址“北京市朝阳区东土城路15号”以特快专递发送《查阅请求函》。请求函主要内容为:为了解环球文苑公司经营情况,请求查阅并复制环球文苑公司自成立以来的全部董事会会议决议及相应会议记录、财务会计报告、会计账簿,包括但不限于总账、明细账、日记账、原始凭证和记账凭证以及最新有效的章程。请求函同时向李小慧(环球文苑公司的法定代表人、董事长)寄送,寄送地址为“北京市朝阳区东土城路15号中华文学基金会”。庄士文化公司寄送的请求函中发送给环球文苑公司工商注册地址的快递邮件被退回,寄送至“北京市朝阳区东土城路15号”地址的两份快递邮件均被签收。就李小慧是否收到庄士文化公司邮寄的上述请求函,环球文苑公司提交了李小慧的退休证,证明2018年1月李小慧已从中华文学基金会退休,故其未收到该函件。但庄士文化公司提交了2018年5月至2019年7月李小慧参加社会活动的网络报道,证明向李小慧送达请求函时,李小慧仍在中华文学基金会担任职务并出席社会活动。根据中华文学基金会的资信证明及文采交流中心的企业法人营业执照,文采交流中心为中华文学基金会的下属企业。由于无法顺利达到查阅公司材料的目的,庄士文化公司遂向北京市第四中级人民法院提起诉讼。

本案一审审理过程中,环球文苑公司向庄士文化公司提交如下文件:1. 工商管理部门关于该公司的工商档案(共99页)。2. 2002年7月1日、2005年9月、2009年8月6日的三次董事会会议决议;2002年7月1日、2009年8月6日的章程修正案;2012年10月9日的公司章程。3. 环球文苑公司2001年至2016年审计报告,并形成一份于2019年1月7日双方当事人签字确认的清单。

一审法院经审理,判决如下:1. 环球文苑公司于判决生效后15日内将环球文苑公司自2000年7月4日起至2018年11月6日止的董事会会议决议(本案审理期间已提交的董事会会议决议除外)、2017年至2018年财务会计报告以及2012年10月9日之后的公司章程的原件备好供庄士文化公司查阅、复制。查阅、复制地点为庄士文化公司确定的北京市朝阳区的地点,庄士文化公司在确定地点后,应提前10日告知环球文苑公司。查阅、复制时间不得超过10个工作日。2. 环球文苑公司于判决生效后15日内将其2000年7月4日至2018年11月6日的会计账簿(包括总账、明细账、日记账和其他辅助性账簿)和会计凭证(原始凭证和记账凭证)备好供庄士文化公司查阅。查阅地点为庄士文化公司确定的北京市朝阳区的地点,庄士文化公司确定地点后提前10日告知环球文苑公司。查阅时间不得超过10个工作日。3.驳回庄士文化公司的其他诉讼请求。

环球文苑公司不服一审判决,提起上诉。二审期间,环球文苑公司实际履行了一审判决相关内容,二审法院支持了环球文苑公司的上诉请求,判决撤销北京市第四中级人民法院(2018)京04民初582号民事判决,驳回庄士文化公司的诉讼请求。

[案例分析]

本案的争议焦点有四个:一是涉港民商事案件的法律适用。二是股东知情权之诉前置程序中书面请求的送达问题。三是股东知情权的查阅范围是否应当包含会计凭证?四是二审期间当事人履行一审判决的法律后果。

一、涉港民商事案件的法律适用

本案中,庄士文化公司是在我国香港特别行政区注册的公司,本案属于涉香港特别行政区民商事纠纷案件。

(一)关于法律适用问题中的程序法律适用

《民事诉讼法》第4条规定:"凡在中华人民共和国领域内进行民事诉讼,必须遵守本法。"《民事诉讼法司法解释》第551条规定:"人民法院审理涉及香港、澳门特别行政区和台湾地区的民事诉讼案件,可以参照适用涉外民事诉讼程序的特别规定。"因此本案应当适用《民事诉讼法》第四编——涉外民事诉讼程序的特别规定。《民事诉讼法》第259条规定:"在中华人民共和国领域内进行涉外民事诉讼,适用本编规定。本编没有规定的,适用本法其他有关规定。"因此本案适用的程序法为《民事诉讼法》。《民事诉讼法》第26条规定:"因公司设立、确认股东资格、分配利润、解散等纠纷提起的诉讼,由公司住所地人民法院管辖。"同时,《民事诉讼法司法解释》第22条进一步细化了与公司有关纠纷的范围,"因股东名册记载、请求变更公司登记、股东知情权、公司决议、公司合并、公司分立、公司减资、公司增资等纠纷提起的诉讼,依照民事诉讼法第二十六条规定确定管辖。"本案为股东知情权纠纷,作为被告的环球文苑公司于2000年7月4日经北京市工商行政管理局朝阳分局核准予以登记设立,因此本案应当由北京市有管辖权的人民法院管辖。《民事诉讼法》第18条规定:"中级人民法院管辖下列第一审民事案件:(一)重大涉外案件;(二)在本辖区有重大影响的案件;(三)最高人民法院确定由中级人民法院管辖的案件。"《北京市四中院案件管辖规定》将北京法院涉外商事审判格局从"三级分散审理"调整为"两级集中审理",该规定第1条指出:"北京市第四中级人民法院(北京铁路运输中级法院)管辖下列案件:(一)……(二)应由本市人民法院管辖的标的额在2亿元以下的第一审涉外、涉香港特别行政区、涉澳门特别行政区、涉台湾地区商事案件……”因此，北京市第四中级人民法院为本案的一审法院。

（二）关于法律适用问题中的实体法律适用

《涉外民事关系法律适用法司法解释一》第17条规定：“涉及香港特别行政区、澳门特别行政区的民事关系的法律适用问题，参照适用本规定。”据此，本案可以参照适用《涉外民事关系法律适用法》。《涉外民事关系法律适用法》第2条规定：“涉外民事关系适用的法律，依照本法确定。其他法律对涉外民事关系法律适用另有特别规定的，依照其规定。本法和其他法律对涉外民事关系法律适用没有规定的，适用与该涉外民事关系有最密切联系的法律。”第14条规定：“法人及其分支机构的民事权利能力、民事行为能力、组织机构、股东权利义务等事项，适用登记地法律。法人的主营业地与登记地不一致的，可以适用主营业地法律。法人的经常居所地，为其主营业地。”本案为股东知情权纠纷，涉及股东权利义务的行使，依据《涉外民事关系法律适用法》第14条适用环球文苑公司登记地法律即我国实体法。一审法院依照《涉外民事关系法律适用法》第41条关于“当事人可以协议选择合同适用的法律。当事人没有选择的，适用履行义务最能体现该合同特征的一方当事人经常居所地法律或者其他与该合同有最密切联系的法律”确定本案准据法并不妥当，毕竟本案并非合同纠纷，而庄士文化公司以股东身份要求行使对环球文苑公司的知情权。按照我国法律规定，港澳台地区投资者在境内投资参照外商投资的有关规定执行。① 而中外合作企业依法注册为有限责任公司的，适用《公司法》以及其他民商事法律。《公司法》第217条规定：“外商投资的有限责任公司和股份有限公司适用本法；有关外商投资的法律另有规定的，适用其规定。”本案中，环球文苑公司为香港特别行政区投资者和内地投资者设立中外合作有限责任公司，应当适用《公司法》解决本案纠纷。

---

① 2019年12月26日颁布的《中华人民共和国外商投资法实施条例》保持了同一态度，该条例第48条规定：“香港特别行政区、澳门特别行政区投资者在内地投资，参照外商投资法和本条例执行；法律、行政法规或者国务院另有规定的，从其规定。台湾地区投资者在大陆投资，适用《中华人民共和国台湾同胞投资保护法》（以下简称台湾同胞投资保护法）及其实施细则的规定；台湾同胞投资保护法及其实施细则未规定的事项，参照外商投资法和本条例执行。定居在国外的中国公民在中国境内投资，参照外商投资法和本条例执行；法律、行政法规或者国务院另有规定的，从其规定。”《外商投资法》第31条规定：“外商投资企业的组织形式、组织机构及其活动准则，适用《中华人民共和国公司法》、《中华人民共和国合伙企业法》等法律的规定。”

二、股东知情权之诉前置程序中书面请求的送达问题

《公司法》第33条第2款规定："股东可以要求查阅公司会计账簿。股东要求查阅公司会计账簿的,应当向公司提出书面请求,说明目的。公司有合理根据认为股东查阅会计账簿有不正当目的,可能损害公司合法利益的,可以拒绝提供查询,并应当自股东提出书面请求之日起十五日内书面答复股东并说明理由。公司拒绝提供查询的,股东可以请求人民法院要求公司提供查询。"该条款就股东账簿查阅权的行使提出了前置程序的要求。只有在向公司提出说明查阅目的的书面请求而遭到拒绝时,股东才能提起知情权之诉。

本案中庄士文化公司以快递邮件方式向环球文苑公司寄送《查阅请求函》,双方当事人围绕庄士文化公司是否履行了股东知情权之诉的前置程序产生争议。核心问题就是对书面请求送达的理解。股东行使账簿查阅权的书面请求,属于意思表示,应当遵循民事立法关于意思表示的送达规则。

《民法总则》对意思表示的生效采取了到达主义模式,延续了《合同法》的做法,[①]《民法总则》第137条第2款规定:"以非对话方式作出的意思表示,到达相对人时生效。以非对话方式作出的采用数据电文形式的意思表示,相对人指定特定系统接收数据电文的,该数据电文进入该特定系统时生效;未指定特定系统的,相对人知道或者应当知道该数据电文进入其系统时生效。当事人对采用数据电文形式的意思表示的生效时间另有约定的,按照其约定。"《民法典》保持了《民法总则》之意思表示生效到达主义模式,《民法典》第137条第2款规定:"以非对话方式作出的意思表示,到达相对人时生效。以非对话方式作出的采用数据电文形式的意思表示,相对人指定特定系统接收数据电文的,该数据电文进入该特定系统时生效;未指定特定系统的,相对人知道或者应当知道该数据电文进入其系统时生效。

---

① 《合同法》关于要约和承诺之生效均采取了到达主义模式,第16条规定:"要约到达受要约人时生效。采用数据电文形式订立合同,收件人指定特定系统接收数据电文的,该数据电文进入该特定系统的时间,视为到达时间;未指定特定系统的,该数据电文进入收件人的任何系统的首次时间,视为到达时间。"第26条规定:"承诺通知到达要约人时生效。承诺不需要通知的,根据交易习惯或者要约的要求作出承诺的行为时生效。采用数据电文形式订立合同的,承诺到达的时间适用本法第十六条第二款的规定。"2021年1月1日《民法典》实施后,《合同法》《民法总则》已经废止,要约和承诺生效之到达主义模式已经被《民法典》第137条所继承和延续,演化为意思表示生效的到达主义模式。在涉及要约和承诺生效时间方面,《民法典》亦有规定,第474条规定:"要约生效的时间适用本法第一百三十七条的规定。"第484条规定:"以通知方式作出的承诺,生效的时间适用本法第一百三十七条的规定。承诺不需要通知的,根据交易习惯或者要约的要求作出承诺的行为时生效。"

当事人对采用数据电文形式的意思表示的生效时间另有约定的，按照其约定。”据此，我国《民法典》关于非对话方式作出意思表示的生效时间采取了到达主义。

所谓到达主义，是指意思表示进入了相对人的实际控制范围内，至于相对人对意思表示是否了解不影响意思表示的生效时间。该条款中的“到达”并不意味着相对人必须亲自收到，只要进入相对人通常的地址、住所或者能够控制的地方（如信箱）即可视为到达，意思表示被相对人的代理人收到也可以视为“到达”。[①] 我国法院在法律文书邮寄送达中也采取了达到主义。《最高人民法院关于以法院专递方式邮寄送达民事诉讼文书的若干规定》第 1 条规定：“人民法院直接送达诉讼文书有困难的，可以交由国家邮政机构以法院专递方式邮寄送达。”第 9 条规定：“有下列情形之一的，即为送达：（一）受送达人在邮件回执上签名、盖章或者捺印的；（二）受送达人是无民事行为能力的自然人，其法定代理人签收的；（三）受送达人是法人或者其他组织，其法人的法定代表人、该组织的主要负责人或者办公室、收发室、值班室的工作人员签收的；（四）受送达人的诉讼代理人签收的；（五）受送达人指定的代收人签收的；（六）受送达人的同住成年家属签收的。”第 11 条规定：“因受送达人自己提供或者确认的送达地址不准确、拒不提供送达地址、送达地址变更未及时告知人民法院、受送达人本人或者受送达人指定的代收人拒绝签收，导致诉讼文书未能被受送达人实际接收的，文书退回之日视为送达之日。受送达人能够证明自己在诉讼文书送达的过程中没有过错的，不适用前款规定。”

本案中，庄士文化公司寄往环球文苑公司工商注册地址“北京市朝阳区崔各庄乡崔各庄村 256 - 9”的快递邮件《查阅请求函》被退回，但寄送至“北京市朝阳区东土城路 15 号”地址的两份快递邮件《查阅请求函》均被签收。该地址既是环球文苑公司的企业通讯地址（为了方便收取邮件而设定的地址），也是李小慧（环球文苑公司法定代表人、董事长）的收件地址。虽然环球文苑公司提交李小慧的退休证证明其于 2018 年 1 月从中华文学基金会退休，但庄士文化公司提交了 2018 年 5 月至2019 年 7 月李小慧参加社会活动的网络报道，证明送达请求函时，李小慧仍在中华文学基金会担任职务并出席社会活动。请求函在《企业信用信息公示报告》显示的环球文苑公司的企业通讯地址被签收，应当视为请求函已经送达环球文苑公司。同时，请求函被李小慧所任职的企业签收，而李小慧又是环球文苑公司

① 参见黄薇主编：《中华人民共和国民法典释义》，法律出版社 2020 年版，第 272 ~ 273 页。

的法定代表人，也应当视为该请求函已送达环球文苑公司。进一步而言，即使上述快递邮件均被退回，也应视为请求函已经送达环球文苑公司。因为庄士文化公司将快递邮件《查阅请求函》寄往环球文苑公司工商注册地址“北京市朝阳区崔各庄乡崔各庄村256－9”，邮件到达该地址即进入了环球文苑公司实际控制范围，纵然被退回也不能改变邮件已经送达的事实。我国民商事立法虽未就此种情形作出明确规定，但这是到达主义立法的合理内涵，而且这一主张已经被《最高人民法院关于以法院专递方式邮寄送达民事诉讼文书的若干规定》第11条的规定所印证。因此，依据当时有效的《民法总则》第137条之规定，本案中庄士文化公司已经将《查阅请求函》送达环球文苑公司，履行了股东知情权之诉的前置程序。

值得注意的是，即使股东履行知情权前置程序的形式存在瑕疵，但公司明确在庭审中拒绝股东行使知情权的，为节省司法资源和保障股东权益，部分法院将法院送达诉讼材料副本视为股东书面请求的送达，无须股东另行再作书面请求。笔者认为，对此前置程序瑕疵的弥补应当采取谨慎态度。

三、股东知情权的查阅范围是否应当包含会计凭证

对于股东是否有权查阅、复制财务会计报告以及是否有权查阅会计账簿的问题，因现有法律已有明确规定，所以没有任何争议，但是对于股东是否有权查阅会计凭证仍存在争议。

《公司法司法解释四》第7条第1款规定：“股东依据公司法第三十三条、第九十七条或者公司章程的规定，起诉请求查阅或者复制公司特定文件材料的，人民法院应当依法予以受理。”该条文在起草时是涉及股东知情权范围是否应当包含会计凭证这一问题的，但在最终通过的条文中，删去了关于股东可以查阅会计凭证的规定。最高人民法院民二庭编著的《最高人民法院公司法司法解释(四)理解与适用》一书对于股东知情权客体范围是否应当包含会计凭证的问题，持肯定态度。其列举的股东知情权案例中，法院认为会计账簿的真实性和完整性，只有通过原始凭证才能反映出来，若不允许股东查阅公司的原始会计凭证，股东知情权并未实际获得落实。[①] 从保护股东固有权的角度出发，唯有查阅会计凭证，才能充分了解公司的相关信息。2018年发布的《山东省高级人民法院民二庭关于审理公司纠纷若干问

① 杜万华主编，最高人民法院民二庭编著：《最高人民法院公司法司法解释(四)理解与适用》，人民法院出版社2017年版，第170～183页。

题的解答》中明确了山东省高级人民法院对该问题的观点。“10. 股东查阅会计账簿时，是否可以一并查阅会计凭证？答：股东对公司经营状况享有知情权，股东查阅会计账簿时，可以一并查阅会计凭证。理由：股东知情权是股东了解公司经营状况、监督管理层的重要方式，是股东行使其他股东权的重要基础。根据《中华人民共和国公司法》第三十三条的规定，根据查阅内容的不同，股东享有的知情权亦有所区别。对于章程、股东会会议记录、董事会会议决议、监事会会议决议和财务会计报告，股东不仅有权查阅，还可要求复制，且行使该权利时不负有目的说明义务。但是，对于会计账簿，股东只能查阅，不能复制，且行使该权利时必须以书面方式说明查阅目的，如公司有合理根据证明股东存在不正当目的，可能损害公司合法权益的，还可拒绝提供查阅。股东查阅会计账簿时，可以一并查阅会计凭证。根据《中华人民共和国会计法》规定，会计账簿登记必须以经过审核的会计凭证为依据。因此，会计凭证可以视为会计账簿的附件。虽然《中华人民共和国公司法》第三十三条第二款在规定股东可以查阅公司会计账簿时，对于能否一并查阅原始会计凭证未予明确。但是，基于原始会计凭证才是公司经营情况最真实的反映，如果将小股东查阅权的范围仅限于会计账簿，将难以确保通过会计账簿了解公司的真实经营情况，在会计账簿虚假记载大量存在的情况下，造成股东知情权落空。”

除了法院的观点外，我国公司法理论学界亦存在两种观点：限定说和非限定说。持“限定说”观点的学者认为，股东查阅权客体不包括会计凭证，股东只对根据会计凭证审核作出的财务会计报表或者报告享有查阅权。理由在于：其一，查阅会计凭证将占用公司有限的资源，影响公司正常运营和管理秩序。其二，考虑到会计凭证所记载内容涉及商业秘密的特殊性，个别股东可能利用查阅权获取公司的商业秘密进行违法活动，存在损害公司和其他股东的合法利益的可能性。其三，原始会计凭证不属于公司财务会计报告的内容。《公司法》只规定了股东享有查阅财务会计报告的权利，并没有规定查阅原始会计凭证的权利。持“非限定说”观点的学者认为，会计凭证是公司制作会计账簿的依据，股东单纯通过会计报告无法了解公司实际经营情况。股东查阅权客体应该是能够反映公司财务与经营管理现状的一切凭证，因此查阅权的客体不仅限于财务会计报告或者财务报表，还应当包括会计凭证。首先，现行立法明确规定可以查阅的财务资料在制作中掺杂人为因素较多，容易受控股股东主导。如果要平衡控股股东与中小股东之间的利益，应当赋予股东了解公司实际经营情况的知情权，即查阅会计凭证的权利，否则不利于中小股东权益的保护。其次,我国公司财务管理制度尚不完善,有些公司为达成少缴税款的目的,存在虚构交易行为、制作虚假账目、隐瞒真实情况的现象。上述行为使财务报表和财务报告与实际经营存在差距,股东无法得知公司财务状况的确切信息。因此,持“非限定说”观点的学者认为,赋予股东对会计凭证的查阅权,有助于股东了解公司实际运营情况和真实财务信息,继而保护中小股东利益。对此,笔者原则上支持会计账簿包括会计凭证的观点和做法。但应根据案件的具体情况,慎重裁量是否支持股东查阅会计凭证的诉求。毕竟会计凭证的敏感度更高,纵有股东保密义务的限制,但稍有不慎即容易损害公司利益。

本案中,庄士文化公司请求查阅原始凭证及记账凭证即会计凭证。鉴于此前庄士文化公司行使账簿查阅权并未实现,且环球文苑公司不在公司登记的注册地址经营,应当支持庄士文化公司查阅环球文苑公司会计凭证的诉讼请求。本案一审、二审法院支持了庄士文化公司的该项请求,其法律依据与前述山东省高级人民法院的观点基本一致。

四、二审期间当事人履行一审判决的法律后果

(一)民事案件一审判决的效力

人民法院的判决必须赋予一定的法律效力,才能解决纷争进而实现当事人的合法权益,否则判决就没有实际意义。学术界关于民事判决效力的认识并不一致。笔者以大陆法系国家民事判决效力理论为基础,认为民事判决的效力包括拘束力、确定力、形成力和执行力。

民事判决的拘束力,是指民事判决宣告后产生的对作出该判决的法院的约束力,即判决一经宣告,作出判决的法院即受到拘束,不得擅自更改或撤销自己已经作出并宣告的判决。该种约束力的产生以判决宣告为条件,与判决内容无关,其拘束对象是法院。民事判决的确定力分为形式上的确定力和实质上的确定力。所谓形式上的确定力,是指民事判决确定(生效)就对当事人产生了拘束力,受该判决约束的当事人不得以上诉以外的方式要求人民法院将该项判决予以变更或撤销。实质上的确定力又称既判力,是指确定的民事判决所裁判的诉讼标的对双方当事人和法院具有的强制性通用力。民事判决的既判力主要体现在两方面:一是禁止当事人就同一案件重复诉讼;二是法院应以既判事项为基础来处理新诉,禁止法院作出与确定判决相异的认定。民事判决的形成力,是指依判决的宣告而引起法律关系发生、变更或者消灭的效力,又称判决的创设力。给付判决和确认判决无此效力。民事判决的执行力,是指确定判决所具有的强制执行的效力。在确定判决中,只有给付判决才具有执行力,据此,负有给付义务的一方当事人拒不按期自动履行给付义务时,权利人有权在法定期限内向人民法院申请强制执行。

根据以上分析可以看出,民事一审判决效力有两种状态,一是在上诉期内的一审判决以及进入二审程序的一审判决,此时判决效力并未确定,因而只有拘束力;二是上诉期满当事人未上诉的一审判决,此时判决效力确定,具有拘束力、确定力、形成力和执行力。

(二)民事案件二审期间当事人履行一审判决的法律后果

民事案件进入二审程序后,一审判决只具有拘束力,而上诉是一种对错误判决的救济途径。深入分析上诉制度的立法目的,有助于把握民事案件二审期间履行一审判决的法律后果。上诉是指当事人不服一审法院所作的尚未生效的裁判,在法定期限内申明不服,要求上级法院再次进行审理,撤销或者变更一审裁判的诉讼行为。由此可见,上诉是当事人发动的针对未生效的一审民事裁判的诉讼行为,其目的是请求上级法院审查下级法院的裁判,撤销或者变更该裁判。因此,上诉制度通常被看作上级法院对下级法院的监督和检查,旨在维护法院裁判的正确性、公平性和一致性。从民事诉讼法的立法目的和价值取向分析,上诉制度的立法目的主要体现为:(1)为一审遭受不利判决的当事人提供救济,确立裁判的正当性;(2)对一审法院进行审判监督,维护司法的公正;(3)通过上诉法院的裁判,统一法律的解释与适用。民事案件二审期间,当事人履行一审判决,意味着当事人确认了一审判决的正确性,其效果相当于当事人撤回上诉请求或者认可对方的上诉请求。当事人之间的争议已经得到解决,定分止争的诉讼目的已然达到,此时当事人之间实质上已经不存在争议,民事诉讼已经没有必要继续进行。现行立法并未就当事人二审期间履行一审判决如何处理作出规定。不过当事人撤回上诉的,《民事诉讼法》和《民事诉讼法司法解释》作出了不同的处理。《民事诉讼法》第173条规定:"第二审人民法院判决宣告前,上诉人申请撤回上诉的,是否准许,由第二审人民法院裁定。"《民事诉讼法司法解释》第338条规定:"在第二审程序中,原审原告申请撤回起诉,经其他当事人同意,且不损害国家利益、社会公共利益、他人合法权益的,人民法院可以准许。准许撤诉的,应当一并裁定撤销一审裁判。原审原告在第二审程序中撤回起诉后重复起诉的,人民法院不予受理。"第339条规定:"当事人在第二审程序中达成和解协议的,人民法院可以根据当事人的请求,对双方达成的和解协议进行审查并制作调解书送达当事人；因和解而申请撤诉，经审查符合撤诉条件的，人民法院应予准许。”虽然上述法律规范并未规定当事人履行一审判决应当如何处理，但结合上诉制度的立法目的，法院应当行使释明权，告知当事人可以申请撤回上诉。当事人申请撤回上诉的，法院应裁定结案；当事人拒不申请撤回上诉的，法院应当判决驳回上诉，维持原判。

本案中，因环球文苑公司提起上诉而进入了二审程序，一审判决还没有确定力和执行力。二审过程中，环球文苑公司主动提交了相关的会计账簿和会计凭证，庄士文化公司也已经查阅完毕，环球文苑公司已经实际履行了一审判决确定的义务。环球文苑公司主动履行一审判决的行为证明了一审裁判的正确性，也满足了民事上诉的目的——确认裁判本身的正确性，确保法律解释的统一性。本案二审法院认为，二审审理过程中因环球文苑公司的实际履行而使庄士文化公司的诉讼请求已缺乏事实依据，故予以驳回；并依据《民事诉讼法》第170条第1款第2项撤销一审判决。对此笔者认为需要斟酌。《民事诉讼法》第170条第1款第2项规定，第二审人民法院对上诉案件，经过审理认为原判决、裁定认定事实错误或者适用法律错误的，以判决、裁定方式依法改判、撤销或者变更。而本案中一审法院认定事实和适用法律均无错误，应当援引《民事诉讼法》第170条第1款第1项的规定，即第二审人民法院对上诉案件，经过审理认为原判决、裁定认定事实清楚，适用法律正确的，以判决、裁定方式驳回上诉，维持原判决、裁定。因此，本案有两种结案方式：一是环球文苑公司申请撤回上诉，法院裁定准许而结案；二是法院判决驳回上诉，维持原判而结案。无论采取哪种方式结案，均维持了一审判决的正确性。

第十章　股东知情权纠纷法律适用之实务问题

一、股东知情权纠纷法律适用实务问题概述

股东知情权纠纷的法律适用主要存在三方面问题：一是外商投资公司、涉港澳台地区公司的股东知情权保护的法律适用；二是非公司企业的投资人知情权保护的法律适用；三是非企业的举办者知情权保护的法律适用。

其中，外商投资公司、涉港澳台地区公司的股东知情权保护的法律适用，涉及程序法和准据法两方面。就程序法适用而言，《民事诉讼法》第4条规定："凡在中华人民共和国领域内进行民事诉讼，必须遵守本法。"第259条规定："在中华人民共和国领域内进行涉外民事诉讼，适用本编规定。本编没有规定的，适用本法其他有关规定。"据此，涉外民事纠纷适用的程序法为《民事诉讼法》。其中，当事人争议最多的问题就是案件的管辖法院。《民事诉讼法》第26条规定："因公司设立、确认股东资格、分配利润、解散等纠纷提起的诉讼，由公司住所地人民法院管辖。"同时，《民事诉讼法司法解释》第22条进一步细化了与公司有关纠纷的范围，"因股东名册记载、请求变更公司登记、股东知情权、公司决议、公司合并、公司分立、公司减资、公司增资等纠纷提起的诉讼，依照民事诉讼法第二十六条规定确定管辖。"《民事诉讼法》第18条规定："中级人民法院管辖下列第一审民事案件：(一)重大涉外案件；(二)在本辖区有重大影响的案件；(三)最高人民法院确定由中级人民法院管辖的案件。"因此，外商与外商投资公司股东知情权纠纷，应适用《民事诉讼法》，其管辖法院亦应按照《民事诉讼法》相关规则予以确定。港澳台地区股东与涉港澳台地区公司股东知情权纠纷之程序法亦应适用《民事诉讼法》。《民事诉讼法司法解释》第551条规定："人民法院审理涉及香港、澳门特别行政区和台湾地区的民事诉讼案件，可以参照适用涉外民事诉讼程序的特别规定。"就准据法而言，外商投资公司股东知情权保护应依据《涉外民事关系法律适用

法》确定。该法第 14 条第 1 款规定："法人及其分支机构的民事权利能力、民事行为能力、组织机构、股东权利义务等事项，适用登记地法律。"据此，外商投资公司股东知情权纠纷应当适用我国法律——《外商投资法》和《公司法》。对于涉港澳台地区公司、外商投资公司股东知情权保护的法律适用，我国立法已有明确规定，适用《公司法》当无异议。关于该部分的案例分析参见案例 1、案例 15 和案例 17。

关于非公司企业的投资人和非企业的举办者知情权保护能否参照适用《公司法》的相关规定，法理上持肯定态度，实践中需要详细阐明法理与法律依据。对于非公司企业的投资人而言，如相关立法缺乏关于投资人知情权保护的相关规范，可以参照适用《公司法》的相关规定。对于非企业的举办者而言，其知情权保护当然应当适用相关法律法规，如相关立法缺乏关于举办者知情权保护的相关规范，在合理考虑营利性与非营利性区分的基础上，可以参照适用《公司法》的相关规定。

二、股东知情权纠纷法律适用案例分析

案例 18：股份合作制企业股东知情权纠纷的法律适用问题

鲍俐倩与温州市瓯海中油慈湖加油站股东知情权纠纷案

［当事人］

原告：鲍俐倩（二审被上诉人、再审申请人）

被告：温州市瓯海中油慈湖加油站（二审上诉人、再审被申请人）

［案情简介］

1989 年 4 月 3 日，温州市瓯海中油慈湖加油站（以下简称慈湖加油站）注册成立，注册资本为 50 万元。慈湖加油站章程第 13 条规定，股东有权查阅股东会议、企业财务会计报表。2017 年 8 月 4 日，鲍俐倩因与张宪中、张宪平股权争议诉请法院确认其拥有慈湖加油站 50% 股权，法院判决支持其该项诉讼请求。2018 年 6 月 20 日，慈湖加油站的股东由张宪中、张宪平变更为鲍俐倩、张宪中、张宪平。2018 年 6 月 27 日，鲍俐倩向慈湖加油站邮寄《查阅申请书》，要求查阅、复制慈湖加油站自 2015 年 1 月 1 日起所有的会计账簿和会计凭证，并说明查阅的目的。该邮件于 2018 年 6 月 28 日被签收，经向快递公司查询，签收人为"他人（同事）"。

因行使知情权未果，鲍俐倩提起诉讼，要求慈湖加油站提供自 2015 年 1 月 1 日

起所有的会计账簿(含总账、明细账、日记账及其他辅助性账簿)和会计凭证(含记账凭证、所有原始凭证及作为原始凭证附件入账备查的有关资料)供其查阅。

一审法院认为,根据《公司法》第33条的规定,鲍俐倩作为慈湖加油站工商登记的股东,有权要求慈湖加油站提供相应的会计账簿以供查阅。慈湖加油站辩称其未收到鲍俐倩的《查阅申请书》未被支持,因鲍俐倩在诉讼中明确提出行使股东知情权的要求,并说明了查阅会计账簿、会计凭证的目的,而慈湖加油站又明确表示不予同意。关于鲍俐倩是否有权查阅、复制公司会计凭证问题,根据《会计法》的相关规定,会计凭证包括原始凭证和记账凭证,会计凭证是制作会计账簿的基础和依据。因此,股东只有在查阅会计凭证的前提下,才能确认其所查阅的会计账簿的真实性和完整性,才能获知真实的公司财务状况,从而在实质上保障股东知情权的行使。故鲍俐倩要求查阅、复制公司会计凭证,法院予以支持。一审法院判决:慈湖加油站应于判决生效之日起15日内提供慈湖加油站2015年1月1日至2018年5月31日的会计账簿(含总账、明细账、日记账及其他辅助性账簿)和会计凭证(含记账凭证、所有原始凭证及作为原始凭证附件入账备查的有关资料)供鲍俐倩查阅,查阅时间自查阅之日起不得超过15个工作日。

慈湖加油站不服一审判决,向浙江省温州市中级人民法院提起上诉,请求撤销原判,改判驳回鲍俐倩的诉讼请求。

二审法院认为,上诉人慈湖加油站工商登记的企业类型系股份合作制企业,属于非公司企业法人,在法律没有明确规定的情况下,对慈湖加油站股东知情权的争议可以参照适用《公司法》规定的股东知情权制度加以处理。根据《公司法》第33条的规定,被上诉人鲍俐倩作为慈湖加油站的工商登记股东,其要求查阅慈湖加油站2015年1月1日至2018年5月31日的会计账簿(含总账、明细账、日记账及其他辅助性账簿)于法有据,且慈湖加油站一审、二审中均未提供充分证据证明鲍俐倩查阅会计账簿有不正当目的,可能损害公司合法利益,故一审法院判令慈湖加油站提供2015年1月1日至2018年5月31日的会计账簿(含总账、明细账、日记账及其他辅助性账簿)供鲍俐倩查阅并无不当。慈湖加油站在一审诉讼过程中明确拒绝鲍俐倩查阅相关会计账簿,故慈湖加油站是否收到鲍俐倩的《查阅申请书》,均不影响鲍俐倩提起本案股东知情权纠纷。《公司法》第33条第2款有关股东知情权查阅对象的表述清晰、明确,即仅为"会计账簿"。《会计法》第14条第1款和第15条第1款分别规定:"会计凭证包括原始凭证和记账凭证""会计账簿登记,必须以经过审核的会计凭证为依据,并符合有关法律、行政法规和国家统一的会计制度规定。会计账簿包括总账、明细账、日记账和其他辅助性账簿。”由此可见,会计账簿是在原始凭证和记账凭证的基础上进行登记的独立账册,并不必然包括原始凭证、记账凭证及其附件。因此,鲍俐倩要求查阅慈湖加油站2015年1月1日至2018年5月31日的会计凭证(含记账凭证、所有原始凭证及作为原始凭证附件入账备查的有关资料)于法无据,不予支持。一审法院判令慈湖加油站提供2015年1月1日至2018年5月31日的会计凭证(含记账凭证、所有原始凭证及作为原始凭证附件入账备查的有关资料)供鲍俐倩查阅属于适用法律错误,应予纠正。慈湖加油站作为非企业法人,制作规范的会计账簿系其义务,现其提出2016年之前未经营,无法提供会计账簿的主张于法不符,不予支持。二审法院认为慈湖加油站的上诉请求部分成立,依据《民事诉讼法》第170条第1款第2项之规定判决:1.撤销一审判决;2.慈湖加油站应于本判决生效之日起15日内提供慈湖加油站2015年1月1日至2018年5月31日的会计账簿(含总账、明细账、日记账及其他辅助性账簿)供鲍俐倩查阅,查阅时间自查阅之日起不得超过15个工作日;3.驳回鲍俐倩的其他诉讼请求。

鲍俐倩以二审判决说理错误为由向浙江省高级人民法院申请再审。浙江省高级人民法院认为,由于目前法律、行政法规未明确规定股东可以查阅会计凭证,现实生活中股东要求查阅会计凭证的目的各异,公司拒绝股东查阅会计凭证的原因也不尽相同,法院可以根据个案实际情况,在股东知情权和公司利益之间进行平衡,从而决定股东是否可以查阅会计凭证。浙江省高级人民法院认为鲍俐倩的再审请求成立,判决撤销二审判决,维持一审判决。

[案例分析]

本案的争议焦点有三个:一是股份合作制企业股东知情权纠纷的法律适用问题;二是行使账簿查阅权书面请求的送达问题;三是股东知情权的查阅范围是否应当包含会计凭证?

一、股份合作制企业股东知情权纠纷的法律适用问题

本案中,慈湖加油站工商登记的企业类型系股份合作制企业,属于非公司企业法人。为了判断非公司企业法人能否参照适用《公司法》有关股东知情权的相关规定,首先需要明确股份合作制企业的法律性质,以及其与公司的区别和联系。

（一）股份合作制企业的法律属性[①]

股份合作制企业既不是股份制企业，也不是合伙企业，与一般的合作制企业也不同，是在实践中产生并不断发展完善的企业组织形式。对于股份合作制企业的法律属性，我国学术界历来存在分歧，主要有独立企业形态说和非独立企业形态说两种不同的观点。独立企业形态说认为，股份合作制企业是一种独立的企业形态或经济组织形式。它是吸取了股份制和合作制的各自优点、优势，克服其各自弱点、弊端而形成的一种独特的新型企业产权制度。因此，现实中的各种股份合作制，无论是用经典的股份制理论，还是用经典的合作制理论，都无法给出一个圆满的解释，它们既包含股份制的一些内涵，也包含合作制的一些内涵，是一种具有独立组织目标、组织功能和形态特点的经济组织形式。非独立企业形态说认为，股份合作制企业不是一种规范的企业制度，是走向规范的股份制或规范的合作制之前的一种过渡形式。从现实角度观察，股份合作制企业包含多种不同类型的企业，如合伙企业、合作制企业及有限责任公司，这些不同类型的企业在产权结构、组织结构和分配结构等方面均存在较大差异，因而股份合作制企业不是同一类型的企业。现有的股份合作制企业，一部分将来会逐步走向规范的合作经济组织，另一部分有可能走向规范的有限责任公司或股份有限公司。

虽然学者关于股份合作制企业是否为独立的企业形态存在分歧，但也存在共识，这就是股份合作制企业兼具合作制和股份制两种特征。股份合作制企业经济形式以股份制经济为主，合作制因素为辅，也有部分股份合作制企业以合作制为主，吸收了某些股份制因素，而上述两者都保留着集体经济所有制的因素，这种结构体现了我国计划经济时代的合作社向现代企业制度改革过渡的特征。股份合作制企业源于20世纪80年代中国广大农民的创造。1985年中央一号文件《中共中央、国务院关于进一步活跃农村经济的十项政策》中第八项政策“按照自愿互利原则和商品经济要求，积极发展和完善农村合作制”指出：“……有些合作经济采用了合股经营、股金分红的方法，资金可以入股，生产资料和投入基本建设的劳动也可以计价入股，经营所得利润的一部分按股分红。这种股份式合作，不改变入股者的财产所有权，避免了一讲合作就合

---

① 关于股份合作制企业的法律属性，笔者主要参考了李友根：《论股份合作企业的法律地位》，载《南京大学学报》（哲学·人文科学·社会科学）1998年第3期，第150～159页；主力军：《股份合作制企业的法律适用问题研究——从一则股份合作制企业的股份转让协议效力纠纷案切入》，载《政治与法律》2011年第12期，第68～75页。

并财产和平调劳力的弊病，却可以把分散的生产要素结合起来，较快地建立起新的经营规模，积累共有的财产。这种办法值得提倡，但必须坚持自愿互利，防止强制摊派……”随着股份合作制企业的不断发展，这一企业形式逐渐被运用于城市集体企业和国有企业改革。1997年5月，上海市人民政府颁布的《上海市股份合作制企业暂行办法》肯定了股份合作制企业的法人地位，该办法第3条规定：“本办法所称的股份合作制企业，是指以企业职工出资为主或者全部由企业职工出资构成企业法人财产，合作劳动，民主管理，按劳分配和按股分红相结合的企业法人。”在全国各地各行业试点的基础上，原国家经济体制改革委员会在1997年8月发布了《国家体改委关于发展城市股份合作制企业的指导意见》(以下简称《股份合作制企业指导意见》)，对股份合作制企业的规范作了统一的要求。指导意见强调了股份合作制是社会主义市场经济中集体经济的一种新的组织形式，强调了其劳动合作与资本合作有机结合的基本特征；规定了职工个人股、职工集体股、国家股、法人股的股权结构，取消了企业外自然人的个人股；规定了职工股东大会的地位是企业的权力机构，实行一人一票的表决方式；在税后利润的分配中，规定企业可以在可分配利润中提取一部分进行按劳分红用于奖励对企业有特殊贡献的职工，职工集体股的红利可用于按劳分红等用途。《股份合作制企业指导意见》第3条确立了股份合作制企业独立企业形态地位，“股份合作制企业既不是股份制企业，也不是合伙企业，与一般的合作制企业也不同，是在实践中产生并不断发展的新型的企业组织形式”。第4条则确立了股份合作制企业的法人地位，“股份合作制企业是独立法人，以企业全部资产承担民事责任，主要由本企业职工个人出资，出资人以出资额为限对企业的债务承担责任”。

(二)股份合作制企业的股东知情权纠纷可以参照适用《公司法》的相关规定

股份合作制企业是我国城市许多中小企业改制的重要形式，目前已经具有了相当的规模。除了《股份合作制企业指导意见》外，还有诸多部门规章、地方性法规、地方政府规章，但并无可以适用的法律和行政法规。一方面，《股份合作制企业指导意见》仅系部门规范性文件，而且规定得比较原则，缺乏可操作性和适用性。另一方面，虽然不少地方制定的地方性法规和地方政府规章，就股份合作制企业作出了详细规定，[①]但仅在辖区范围内具有法律效力。法院在解决涉及股

① 作为地方性法规的《广东省股份合作企业条例》、作为地方政府规章的《北京市城镇企业实行股份合作制办法》就围绕股份合作制企业设立、股份与股东、组织机构、财务管理和利润分配、变更与清算等作出了详细规定。

份合作制企业纠纷时难以寻找到合适的法律渊源。由于存在法律缺位的问题，法院在审理该类案件时，主要采取两种方式解决法律适用问题，一是将股份合作制企业视为与公司类似的企业以参照适用《公司法》，二是直接适用《股份合作制企业指导意见》、地方性法规、地方政府规章以及企业章程进行裁决。笔者认为，上述两种解决方式并非非此即彼的关系，而是应当优先按照第二种方式确定案件的法律适用，按照第二种方式仍无法解决案件法律适用问题的，则应当按照第一种方式确定案件的法律适用。民商事法律纠纷如何确定法律适用，《民法典》已经给出了明确的答案。《民法典》第 10 条规定："处理民事纠纷，应当依照法律；法律没有规定的，可以适用习惯，但是不得违背公序良俗。"第 11 条规定："其他法律对民事关系有特别规定的，依照其规定。"据此，处理民事纠纷的法律适用遵循以下顺序：一是特别法，二是习惯，三是一般法，四是类推适用。就有关股份合作制企业纠纷而言，首先，应当适用特别法，即《股份合作制企业指导意见》、地方性法规、地方政府规章以及企业章程。其次，如果特别法缺乏相关规定，应当适用与股份合作制企业相关之习惯。再次，如果不存在习惯，则应当适用一般法即《民法典》的相关规定。最后，如果一般法也缺乏相关规定，则比照最相类似的其他法律规范处理。股份合作制企业属于营利性法人，我国立法关于营利性法人较为完善的规范体现在《公司法》之中，可以比照《公司法》的相关规范处理该等纠纷。

本案中，慈湖加油站系股份合作制企业法人，其股东鲍俐倩主张查阅企业会计账簿，本案系股份合作制企业的股东知情权纠纷。依据上述法律适用规则，首先应当适用《股份合作制企业指导意见》、地方性法规、地方政府规章以及企业章程。如前所述，《股份合作制企业指导意见》较为原则，没有关于股东知情权的规定，且该省、市也没有关于股份合作制企业的地方性法规或地方政府规章。作为地方性法规的《广东省股份合作企业条例》、作为地方政府规章的《北京市城镇企业实行股份合作制办法》存在股东知情权规范，但极为简单，前者规定股东对股东大会会议记录、企业财务会计报告享有知情权，[①]后者规定股东对企业财务会计报

---

① 《广东省股份合作企业条例》第 24 条第 4 款规定："股东有权查阅股东大会的会议记录。"第 35 条规定："企业应当在每一会计年度终了时制作财务会计报告，并于召开股东大会的二十日前置备于企业，供股东查阅。"

告享有知情权。[①] 就本案而言,虽然该等规定不能作为法律依据,但可以用来说理,阐明股份合作制企业股东应当享有知情权。慈湖加油站章程第 13 条规定,股东有权查阅股东会议、企业财务会计报表,但并未规定股东能否查阅企业会计账簿。既然特别法缺少关于股东账簿查阅权的规定,也不存在关于股东行使账簿查阅权的习惯,则应当比照最相类似的法律规范处理。如前所述,股份合作制企业为企业法人,即营利性法人;公司也是营利性法人,而且是典型的营利性法人。从治理结构观察,股份合作制企业通常都建立了股东(大)会、董事会和监事会,该组织机构基本遵循了多数决原则进行民主决策,这与公司的运作机制基本一致。值得注意的是,股份合作制企业股东(大)会通常采取一人一票与一股一票相结合的表决方式,这与公司的运作机制存在不同,也是其合作制的体现。股份合作制企业的股权通常只能在企业内部转让或者取得其他股东的同意后转让,与此同时还赋予其他股东优先购买权,其股权转让机制明显带有人合性色彩,这一点也与有限责任公司极为相似。上述分析表明,虽然股份合作制企业与《公司法》所规定的公司形式有所区别,但是股份合作制企业毕竟具有股份制的内涵,具有有限责任公司的资合性和人合性特征,其市场运作方式也与公司具有一定的同质性。因此,在专门调整股份合作制企业的法律缺少股东知情权制度的前提下,本案可以参照适用《公司法》关于有限责任公司的相关规定,主要涉及《公司法》第 33 条及相关司法解释。

二、行使账簿查阅权书面请求的送达问题

《公司法》第 33 条第 2 款规定:"股东可以要求查阅公司会计账簿。股东要求查阅公司会计账簿的,应当向公司提出书面请求,说明目的。公司有合理根据认为股东查阅会计账簿有不正当目的,可能损害公司合法利益的,可以拒绝提供查阅,并应当自股东提出书面请求之日起十五日内书面答复股东并说明理由。公司拒绝提供查阅的,股东可以请求人民法院要求公司提供查阅。"2018 年 6 月 27 日,鲍俐倩向慈湖加油站邮寄《查阅申请书》,要求查阅、复制慈湖加油站自 2015 年 1 月 1 日起所有的会计账簿和会计凭证,并说明查阅的目的。该邮件于 2018 年 6 月 28 日被签收,经向快递公司查询,签收人为"他人(同事)"。本案诉讼过程中,双方当事人

---

① 《北京市城镇企业实行股份合作制办法》第 32 条规定:"企业应当依法建立健全财务、会计、统计制度,按期报送财务会计报表,并定期向股东报告财务收支状况,接受监督。依据企业会计准则,实行两则两制的企业,年度财务决算的报表,原则上应经中介机构审核,并附有注册会计师的审计报告。企业应当在每一会计年度终了时制作财务会计报告,并于召开股东和职工(代表)大会的 20 日以前置备于企业,供股东查阅。"

曾就该书面请求是否送达慈湖加油站发生争议。鲍俐倩向慈湖加油站提出书面查阅请求的行为属于意思表示,应当按照意思表示的生效规则进行判断该书面请求是否已经送达。当时有效的《民法总则》对意思表示的生效采取了到达主义模式,第137条第2款规定:"以非对话方式作出的意思表示,到达相对人时生效。以非对话方式作出的采用数据电文形式的意思表示,相对人指定特定系统接收数据电文的,该数据电文进入该特定系统时生效;未指定特定系统的,相对人知道或者应当知道该数据电文进入其系统时生效。当事人对采用数据电文形式的意思表示的生效时间另有约定的,按照其约定。"[①]该条款中的"到达"并不意味着相对人必须亲自收到,只要进入相对人通常的地址、住所或者能够控制的地方(如信箱、电子邮箱)即为到达,意思表示被相对人的代理人收到也属于"到达"。本案中,鲍俐倩向慈湖加油站邮寄《查阅申请书》,签收人虽非慈湖加油站法定代表人张宪中而是其同事,而该同事显然是慈湖加油站员工,其代签收行为应当视为张宪中签收。因此鲍俐倩已经履行了知情权之诉的前置程序。

三、股东知情权的查阅范围是否应当包含会计凭证

本案中,鲍俐倩的诉讼请求中要求慈湖加油站提供自2015年1月1日起所有的会计账簿(含总账、明细账、日记账及其他辅助性账簿)和会计凭证(含记账凭证、所有原始凭证及作为原始凭证附件入账备查的有关资料)供其查阅。但慈湖加油站对此辩称,《公司法》第33条第2款规定对股东知情权查阅对象表述得很清楚,仅为会计账簿。《会计法》第15条第1款规定,会计账簿包括总账、明细账、日记账和其他辅助性账簿。会计账簿并不必然包括会计凭证及记账凭证、附件。慈湖加油站章程第13条规定,股东有权查阅股东会议、企业财务会计报表。《公司法》第97条规定:"股东有权查阅公司章程、股东名册、公司债券存根、股东大会会议记录、董事会会议决议、监事会会议决议、财务会计报告,对公司的经营提出建议或者质询。"故鲍俐倩无权直接查阅会计凭证,其要求查阅慈湖加油站的会计凭证没有依据。

---

① 我国《民法典》肯定和延续了《民法总则》中关于意思表示的生效规则。该法第137条第2款规定:"以非对话方式作出的意思表示,到达相对人时生效。以非对话方式作出的采用数据电文形式的意思表示,相对人指定特定系统接收数据电文的,该数据电文进入该特定系统时生效;未指定特定系统的,相对人知道或者应当知道该数据电文进入其系统时生效。当事人对采用数据电文形式的意思表示的生效时间另有约定的,按照其约定。"

（一）法院关于会计账簿是否包括会计凭证的态度

《公司法司法解释四》（征求意见稿）第16条（查阅原始凭证）规定："有限责任公司的股东起诉请求查阅公司会计账簿及与会计账簿记载内容有关的记账凭证或者原始凭证等材料的，应当依法受理。公司提供证据证明股东查阅记账凭证或者原始凭证等有不正当目的，可能损害公司合法利益的，应当驳回诉讼请求。"①但在正式发布时该条被删除，未被写入正式文本。最高人民法院对此解释道："在起草该解释的过程中，关于股东查阅范围是否应当包括会计凭证，法院内部还存在较大的争议。因此，在最终公布的版本中，最高法删掉了股东可以查阅原始凭证这一明确的规定，而留待司法实务继续探索。"②因此，股东知情权查阅范围是否应当包含会计凭证，在立法上还存在模糊性。

在司法实践中，关于如何理解公司会计账簿，法院的意见不尽相同。有的法院主张应当严格遵循法定主义，认为公司会计账簿仅仅就是法条中所规定字面意义的会计账簿，不包括原始凭证。有的法院主张进行目的扩张解释，即《公司法》第33条规定的会计账簿应当包括原始凭证。在崔世荣与南通恒诚房地产评估咨询有限公司股东知情权纠纷案中，法院认为，会计凭证是会计账簿的原始依据，是一个公司经营情况的最真实反映，公司的具体经营过程只有通过查阅会计凭证才能知晓，如果股东查阅权的范围仅限于会计账簿，作为公司的股东特别是中小股东，将难以真实了解公司的经营情况，亦无法保障股东作为投资者享有收益权和管理权之权源的知情权；《公司法》第34条（2018年修正后《公司法》第33条。——笔者注）实际上是对公司股东知情权范围进行列举式的规定，尽管没有明确会计凭证是否可以查阅，但该条赋予股东查阅权的目的在于保障其知情权的充分行使，允许股东在必要时查阅会计凭证，符合保护公司中小股东知情权的价值取向。③ 我国2006～2016年度的200个股东知情权判例的统计结果表明，股东诉请查阅原始会计凭证

① 《最高人民法院关于适用〈中华人民共和国公司法〉若干问题的规定（四）》（征求意见稿），载《人民法院报》2016年4月13日专版。

② 参见龚倩倩、高凛：《有限公司股东会计账簿查阅权之查阅范围浅析》，载《山西省政法管理干部学报》2020年第4期，第35～38页。

③ 参见崔世荣与南通恒诚房地产评估咨询有限公司股东知情权纠纷案，江苏省南通市中级人民法院（2014）通中商终字第0105号民事判决书。

的有 106 个,占比 53%。其中 65.1% 的请求得到了法院支持,34.9% 的请求被驳回。[①] 同时,我国部分高级人民法院发布的公司纠纷审判指南亦允许股东查阅原始凭证。由此可以推断,法院倾向于支持股东查阅会计凭证。

(二)学界关于会计账簿是否包括会计凭证的争议

学者关于股东能够查阅会计凭证的争议,也是围绕会计账簿的理解展开的,主要有狭义说、广义说和折中说三种观点。

持狭义说的学者认为,股东查阅会计账簿的范围是有限的,不包括会计凭证。从会计法的角度看,会计账簿和会计凭证是两个完全不同的概念,对此作出扩张性解释是一种超越法律规定的行为。[②] 会计账簿以会计凭证为依据编制,公司的经营信息已经呈现在会计账簿中。我国《公司法》第 33 条以列举方式规定了股东知情权的查阅范围,应当坚持文义解释,司法实践不能超越立法而对其范围进行扩大。

持广义说的学者认为,为了保证股东获得充分、真实、全面的公司经营信息,应当尽量扩张账簿查阅权的对象范围,会计账簿应当包括会计凭证。也就是说,凡是能够反映公司财务与经营现状的会计账簿以及制作会计账簿所依据的各种会计资料即会计文件(含会计原始凭证、传票、合同书、纳税申报书、电传、书信、电话记录、电文等)都是账簿查阅权的对象。[③] 有学者建议,直接将《公司法》第 33 条第 2 款的会计账簿扩展至"会计凭证",这样既符合实践需要,又不会因立法体制的原因产生司法解释上的障碍。[④]

持折中说的学者认为,会计账簿应当包括会计凭证,不过查阅会计凭证应当设置更严格的条件。《会计法》与《公司法》规定的"会计账簿"应当是两个不同的概念。两法立法宗旨不同,《会计法》规定的"会计账簿"是为了规范会计人员的记账行为;《公司法》规定的"会计账簿"则是为了保障股东的查阅权利。会计凭证对公司经营状况的反映是最直接的,也是最真实的,其包括公司的经营秘密和经营信息,原始的会计凭证种类繁多,数量庞大。因此,股东有权查阅会计凭证,只不过应

---

① 参见龚倩倩、高凛:《有限公司股东会计账簿查阅权之查阅范围浅析》,载《山西省政法管理干部学报》2020 年第 4 期,第 35 ~ 38 页。

② 参见李美云:《有限责任公司股东会计账簿查阅权问题研究——兼对〈公司法司法解释四(征求意见稿)〉评析》,载《中国政法大学学报》2013 年第 4 期,第 105 ~ 115 页、第 160 页。

③ 参见刘俊海:《股份有限公司股东权的保护》(修订本),法律出版社 2004 年版,第 367 页。

④ 参见李建:《我国股东知情权制度检视与完善进路——以会计账簿查阅权为中心》,载《河南司法警官职业学院学报》2020 年第 6 期,第 76 ~ 82 页。

设定更严格的要求。①

上述三种观点各有利弊。狭义说以文义解释为手段严格遵守法定主义，却在一定程度上忽视了社会现实，难免有罔顾公司中小股东权益被压制乃至剥夺之嫌。法律必须服务于实践，适应不断发展变化的社会现实。广义说针对股东权利受压制的现状，强化股东知情权保护，但其将公司置于与股东对立的境地，过于轻视公司利益，有违现代公司专门管理的基本法理。而折中说则合理平衡了股东与公司利益，在充分保障股东知情权即允许股东查阅会计凭证的同时，设定股东正当目的和保密义务之要求。笔者赞成折中说，原则上应当允许股东查阅公司的会计凭证。

股东鲍俐倩与慈湖加油站股东、法定代表人张宪中之间围绕股东身份、股东权利等产生诸多争议，本案实际上是二者争议的一部分。从本案案情分析，鲍俐倩的股东权利没有得到充分保障。只有允许鲍俐倩查阅会计凭证，其才能真正了解慈湖加油站的经营状况，为其进一步行使股东权利提供支持。因此，笔者赞同一审法院和再审法院的裁判，支持鲍俐倩查阅慈湖加油站特定的会计凭证。

案例 19：民办学校举办者是否享有知情权

上海佳华企业发展有限公司与上海佳华教育进修学院股东知情权纠纷案

［当事人］

原告：上海佳华企业发展有限公司（二审上诉人）

被告：上海佳华教育进修学院（二审被上人）

［案情简介］

上海佳华企业发展有限公司（以下简称佳华公司）于 2010 年 3 月 25 日出资设立了上海佳华教育进修学院（以下简称佳华学院），佳华公司占 100% 的出资份额。2012 年 9 月，佳华公司与唐秀凤（佳华学院法定代表人、副院长）、赵明友、王文洪订立《资产、开办资金转让暨共同办学合同》，就设立上海佳华机动车驾驶培训基地、转让及交换出资股份等事宜达成协议，双方约定，佳华公司作为举办者享有“参与

① 参见高丽霞：《股东查阅权纠纷的司法裁量》，载《山西经济管理干部学院学报》2012 年第 1 期，第 84 ~ 86 页。

学院的办学和管理活动"的权利。2012 年 10 月 15 日，佳华学院董事会通过《董事会决议》，约定唐秀凤等人持有佳华学院 90% 的出资份额、佳华公司持有佳华学院 10% 的出资份额。后因唐秀凤等人擅自终止上海佳华机动车驾驶培训基地的申办等，双方发生纠纷，佳华公司遂向上海市浦东新区人民法院提起诉讼，后法院判决确认佳华公司持有佳华学院 50% 的出资份额。

2015 年 11 月中旬，佳华公司要求佳华学院提供财务报告、董事会会议决议、监事会会议决议等材料，但佳华学院并无回复，故佳华公司认为佳华学院侵犯了双方约定的举办方具有"参与学院的办学和管理活动"的权利，依据《民法通则》的规定及公司章程的约定向上海市奉贤区人民法院提起诉讼。

佳华公司要求判令：1. 佳华学院提供自 2010 年 4 月成立至今的章程（含章程修正案）、董事会会议决议、监事会会议决议和财务会计报告（包括但不限于资产负债表、损益表、财务状况变动表、财务状况说明表、利润分配表、纳税申报表）供佳华公司查阅、复制；2. 佳华学院提供自 2010 年 4 月成立至今的会计账簿（含总账、各自明细账、往来账、现金日记账、银行日记账、固定资产卡片明细表、原始凭证、银行对账单交易明细等）供佳华公司查阅。

被告佳华学院辩称，佳华公司的诉讼请求没有法律依据。佳华学院是根据《民办教育促进法》登记设立的民办非企业单位，是非营利性的社会组织，不属于《民法通则》规定的四种法人组织，因此佳华学院的组织、活动、管理均不受《公司法》调整。

上海市奉贤区人民法院认为，当事人对自己提出的主张有责任提供证据。被告佳华学院系法人型民办非企业单位，非《公司法》调整的范畴，且佳华学院章程也未约定举办者享有查阅、复制董事会会议决议、财务会计报告、会计账簿等权利。故原告佳华公司的诉讼请求没有相应的章程约定及法律依据，难以支持。据此，上海市奉贤区人民法院依照《民事诉讼法》第 64 条第 1 款的规定，于 2016 年 3 月 18 日作出判决，驳回原告佳华公司的诉讼请求。

佳华公司不服一审判决，向上海市第一中级人民法院提起上诉，称：1. 一审判决在认定事实上存在问题。一审未认定 2010 年 4 月 9 日被上诉人佳华学院章程第 17 条第 1 款第 2 项关于举办者享有"参与学院办学和管理活动"权利的事实，而知情权是举办者参与学院办学和管理活动的基础，否则根本无法行使参与办学和管理的权利。2. 一审认定佳华学院"系法人型民办非企业单位，非公司法调整的范畴”,该定性不当。虽然佳华学院“系法人型民办非企业单位”,但一审并未提出佳华公司作为举办者不能行使知情权的法律依据。《民办教育促进法》并无举办者不能行使知情权的禁止性规定。佳华公司作为举办者,在知情权方面理应享有相应的权利。故请求二审法院查明事实,依法撤销原判,改判支持佳华公司的一审全部诉讼请求。

被上诉人佳华学院辩称:佳华公司主张对佳华学院行使知情权没有法律依据,佳华学院仅受《民办教育促进法》及其实施条例的调整,不受《公司法》的调整,佳华公司对佳华学院不享有知情权。且2010年4月9日佳华学院章程已经失效,即使举办者享有“参与学院的办学和管理活动”的权利,也无法得出举办者享有查阅、复制董事会决议、监事会决议、财务会计报告、会计账簿等权利的结论。举办者对民办学校要求行使知情权必须有法律的明文规定,而《民办教育促进法》及其实施条例没有相关规定,举办者就没有权利主张行使知情权。一审判决认定事实清楚,适用法律正确,故请求二审法院依法驳回上诉,维持原判。上海市第一中级人民法院参照适用《公司法》之相关规定处理民办学校举办者所主张的权利行使,撤销了一审判决,支持了上诉人一审全部诉讼请求。

[案例分析]

本案争议焦点有两个:一是民办学校的举办者是否享有知情权?二是民办学校的举办者如何行使知情权?为此,紧密结合本案中原、被告双方的诉求和理由,结合相关立法规定,对争议焦点展开分析。

一、民办学校的举办者是否享有知情权

(一)调整民办学校的法律体系

为了妥善解决该问题,我们必须从调整民办学校的法律体系入手,寻找调整民办学校的所有法律规范。我国《民办教育促进法》《民办学校分类登记实施细则》等专门对民办学校进行了规范。《民办教育促进法》第1条明确规定:“……根据宪法和教育法制定本法。”因此,调整民办学校的法律包括宪法和教育法。同时,从民办学校的法律性质出发,其也应当适用《民法典》,当然就本案而言应为《民法通则》。为了加强本案对民办学校的指导价值,故本案依据《民法典》进行分析。

《宪法》第19条第4款规定:“国家鼓励集体经济组织、国家企业事业组织和其他社会力量依照法律规定举办各种教育事业。”《教育法》第2条规定:“在中华人民共和国境内的各级各类教育,适用本法。”上述法律规范表明国家鼓励举办民办教育事业。《民办教育促进法》第 19 条第 1 款规定:“民办学校的举办者可以自主选择设立非营利性或者营利性民办学校……”由此可知,民办学校分为营利性和非营利性两类。《民办学校分类登记实施细则》第 9 条规定:“正式批准设立的营利性民办学校,依据法律法规规定的管辖权限到工商行政管理部门办理登记。”所以,营利性的民办学校按照法律规定可以到工商部门登记为公司。《民办学校分类登记实施细则》第 7 条就非营利性的民办学校的登记事项作出原则规定,“正式批准设立的非营利性民办学校,符合《民办非企业单位登记管理暂行条例》等民办非企业单位登记管理有关规定的到民政部门登记为民办非企业单位,符合《事业单位登记管理暂行条例》等事业单位登记管理有关规定的到事业单位登记管理机关登记为事业单位。”因此,民办学校根据目的不同、办学经费来源不同,又可以登记为民办非企业单位或者事业单位。

若民办学校登记为公司,其成立依据当然为《公司法》,其营利性特征与公司一致,且同样有独立的法人人格、独立的法人财产,内部人员组成与公司结构也颇为类似,该情形当然可以适用《公司法》的相关规定。而非营利性学校的法律适用问题就需要仔细分析斟酌。本案中,佳华学院是在民政部门登记的民办非企业单位,因此此处重点分析民办非企业单位类型中民办学校知情权的法律适用问题。

虽然现行法律、法规没有对民办非企业单位的民事主体地位作出专门规定,但《民办非企业单位登记管理暂行条例》对民办非企业单位的法律地位予以规范,该条例第 12 条第 1 款规定:“准予登记的民办非企业单位,由登记管理机关登记民办非企业单位的名称、住所、宗旨和业务范围、法定代表人或者负责人、开办资金、业务主管单位,并根据其依法承担民事责任的不同方式,分别发给《民办非企业单位(法人)登记证书》、《民办非企业单位(合伙)登记证书》、《民办非企业单位(个体)登记证书》。”由此可见,民办非企业单位一经登记即取得民事主体地位,其具体类型包括法人、合伙和个体三类。民办非企业单位登记为法人的,依法具有民事权利能力和行为能力,依法独立享有民事权利和承担民事义务。民办非企业单位登记为合伙的,则不具有法人资格,由全体合伙人对其合伙债务承担无限连带责任。民办非企业单位登记为个体的,则不具有法人或其他组织资格,由举办者以自身财产对其债务承担无限责任。《教育法》第 32 条第 1 款、第 2 款规定:“学校及其他教育机构具备法人条件的,自批准设立或者登记注册之日起取得法人资格。学校及其他教育机构在民事活动中依法享有民事权利,承担民事责任。”至于学校的举办条件,《教育法》第27条规定:"设立学校及其他教育机构,必须具备下列基本条件:(一)有组织机构和章程;(二)有合格的教师;(三)有符合规定标准的教学场所及设施、设备等;(四)有必备的办学资金和稳定的经费来源。"本案中,佳华学院由佳华公司出资设立并依法登记为法人,当然能够以自己的名义享有民事权利、承担民事义务。

而《民办教育促进法》则明确了民法教育的公益属性,该法第3条规定:"民办教育事业属于公益性事业,是社会主义教育事业的组成部分。国家对民办教育实行积极鼓励、大力支持、正确引导、依法管理的方针。各级人民政府应当将民办教育事业纳入国民经济和社会发展规划。"据此,民办学校佳华学院从事的是公益性事业。《民法典》第87条第1款规定:"为公益目的或者其他非营利目的的成立,不向出资人、设立人或者会员分配所取得的利润的法人,为非营利法人。"佳华学院属于非营利法人。

综上所述,调整民办学校的法律体系可以分为四个层面:一是《宪法》;二是《教育法》和《民法典》,其中《教育法》属于教育领域的基本法,而《民法典》则为民事领域的基本法;三是《民办教育促进法》,这是规范民办学校的专门立法;四是民办教育相关行政法规、部门规章等。

(二)民办学校举办者的权利义务

依据调整民办学校的法律体系,民办学校举办者拥有何种权利义务呢?

关于民办学校举办者是否享有知情权的问题,应当认真分析民办学校举办者的权利与义务。首先法律会对民办学校举办者的权利义务进行规定,其次民办学校的章程也会对举办者的权利义务进行补充规定与说明。

《教育法》赋予了教育机构举办者管理权,该法第31条第1款规定:"学校及其他教育机构的举办者按照国家有关规定,确定其所举办的学校或者其他教育机构的管理体制。"《民办教育促进法》则较为全面地规定了民办学校举办者的权利义务,该法第13条规定:"申请筹设民办学校,举办者应当向审批机关提交下列材料:(一)申办报告,内容应当主要包括:举办者、培养目标、办学规模、办学层次、办学形式、办学条件、内部管理体制、经费筹措与管理使用等;(二)举办者的姓名、住址或者名称、地址;(三)资产来源、资金数额及有效证明文件,并载明产权;(四)属捐赠性质的校产须提交捐赠协议,载明捐赠人的姓名、所捐资产的数额、用途和管理方法及相关有效证明文件。"第15条规定:"申请正式设立民办学校的,举办者应当向审批机关提交下列材料:(一)筹设批准书;(二)筹设情况报告;(三)学校章程、首届学校理事会、董事会或者其他决策机构组成人员名单;(四)学校资产的有效证明文件;(五)校长、教师、财会人员的资格证明文件。”第19条规定:“民办学校的举办者可以自主选择设立非营利性或者营利性民办学校。但是,不得设立实施义务教育的营利性民办学校。非营利性民办学校的举办者不得取得办学收益,学校的办学结余全部用于办学。营利性民办学校的举办者可以取得办学收益,学校的办学结余依照公司法等有关法律、行政法规的规定处理。民办学校取得办学许可证后,进行法人登记,登记机关应当依法予以办理。”第20条规定:“民办学校应当设立学校理事会、董事会或者其他形式的决策机构并建立相应的监督机制。民办学校的举办者根据学校章程规定的权限和程序参与学校的办学和管理。”第21条规定:“学校理事会或者董事会由举办者或者其代表、校长、教职工代表等人员组成。其中三分之一以上的理事或者董事应当具有五年以上教育教学经验。学校理事会或者董事会由五人以上组成,设理事长或者董事长一人。理事长、理事或者董事长、董事名单报审批机关备案。”

上述法律对举办者的权利义务进行了规范,举办者拥有的权利包括:(1)设立民办学校的权利。举办者在筹设阶段整体规划和设计学校,确定学校管理体制,制定学校基本规章制度,拟定学校章程,组建学校首届董事会、理事会或者其他形式的决策机构,聘请学校首任校长和其他管理干部、招聘首批教师,决定学校选择营利性还是非营利性方向等。(2)参与学校管理的权利。在学校取得独立法人资格后,学校的运营阶段举办者可根据学校章程规定的权限和程序参与学校的办学和管理,成为学校决策机构的法定成员参与学校日常管理等。相应地,举办者还应当承担法定或者约定义务,包括:(1)筹措办学经费的义务。举办者在筹设阶段的出资或者筹资义务,参照国家同级、同类学校标准或者依据县级以上人民政府制定的有关规定,进行学校硬件建设和教育教学等软件投入。(2)不得获取办学收益。民办学校从事公益事业,因此举办者不得从民办学校所得中获取收益。(3)不得侵占民办学校的财产。在民办学校运营阶段,举办者应当保障学校的法人财产权,不得抽逃办学出资,不得侵占、挪用学校财产,严格遵守国家法律、法规和学校章程,依法办学,不得干预学校正常的教育教学活动等。除此之外,必须关注佳华学院章程,毕竟作为民事主体自治规则的章程属于私法渊源。佳华学院章程第17条第1款第2项规定,举办者享有“参与学院的办学和管理活动”的权利。虽然法律法规和佳华学院章程中并没有明确规定举办者是否享有知情权,但是我们可以根据举办者享有的这些权利义务的关系展开进一步分析。

(三)民办学校举办者的知情权

上述法律规范,并未明确规定民办学校举办者拥有知情权。那么,民办学校举办者是否拥有知情权呢?

佳华公司认为其享有知情权的理由主要有两个:其一,佳华学院章程第 17 条第 1 款第 2 项规定举办者享有“参与学院的办学和管理活动”的权利。而知情权是举办者参与学院的办学和管理活动的基础,否则根本无法行使参与办学和管理的权利。其二,《民办教育促进法》并无举办者不能行使知情权的禁止性规定,因此其作为举办者应当享有知情权。

佳华学院认为佳华公司不享有知情权的理由为:首先,佳华公司对佳华学院主张行使知情权没有法律依据,佳华学院作为教育单位仅受《民办教育促进法》及其实施条例的调整,不受《公司法》的调整。其次,佳华学院章程中也并无举办者享有知情权的明文规定,因此认为佳华公司不享有对其的知情权。

《民办教育促进法》中虽然没有明确规定举办者享有知情权,笔者认为可以从两个方面入手分析解决此问题。第一,保护举办者的知情权符合社会发展的需要。就私法领域而言,保护民事主体的知情权已成为共识。依据“法无禁止即可为”的法理,应当赋予民办学校举办者以知情权。即使在公法领域,我国也日益注重对公民知情权的保护。第二,《民办教育促进法》保护举办者的合法权益。该法第 5 条第 2 款规定:“国家保障民办学校举办者、校长、教职工和受教育者的合法权益。”所谓合法权益,是指符合法律规定的权利和利益。《民法典》列举了应当被保护的合法权益包括生命权、健康权、名誉权、荣誉权、肖像权、隐私权、婚姻自由权、监护权、所有权、用益物权等,且《公司法》规定了股东享有知情权、表决权、选举权等。民办教育发展时间较短,相关问题尚未充分研究,因此《民办教育促进法》尚未对各项合法权益作出较为细致的具体规定,从这种意义上说,《民办教育促进法》还不够完善。对举办者的权利保护可以从法理角度出发,借助类推适用实现。国家所保障的学校办学者的权益理应包括知情权,只有举办者拥有了知情权,在了解学校运作情况和管理情况的基础上才能更好地促进学校的发展,才能发挥举办者的监督作用。

《民办教育促进法》总则部分确立了国家对民办教育的基本方针,该法第 3 条第 2 款规定:“国家对民办教育实行积极鼓励、大力支持、正确引导、依法管理的方针。”基于此方针，对于法律漏洞的填补必定是要以促进国家社会教育事业发展为基准点，以保障民办教育企业正常运作为方向作出解释，对于《民办教育促进法》中没有规定的举办者的具体权利，应当作出有利于民办教育事业发展的解释。赋予民办学校举办者知情权相当于也赋予了举办者监督权，在举办者和学校共同努力和监督的环境中，民办学校才能更好地发展和运作。而且总则是概括性的表述，贯穿于整部法律的立法思想、价值取向、基本原则等一般性、原则性与抽象性内容，因此赋予举办者知情权以准许其了解民办学校的教育和管理活动、查阅财务会计报告或会计账簿，是鼓励举办者进入民办教育领域、促进民办教育健康发展的应有之义。

就本案而言，佳华公司作为佳华学院的举办者，理应参与学院的办学和管理活动之中。“举重以明轻”，佳华公司作为举办者，拥有管理权，当然也就应当享有对佳华学院办学管理活动的知情权。佳华公司在充分了解办学管理活动后才能对佳华学院提出办学管理的意见和建议，由此对佳华学院承担举办者的责任，促进佳华学院发展，降低佳华学院的办学风险。

二、民办学校的举办者如何行使知情权

既然以上分析确定了佳华公司作为佳华学院的举办者享有知情权，接下来的问题就是佳华公司如何行使知情权，以及如何确定佳华公司知情权的法律依据。

（一）寻找民办学校举办者知情权行使规则

如前所述，民办学校在性质上为非营利法人，进一步而言属于民事主体，当然应当按照民商事法律的适用原则确立民办学校举办者的知情权行使规则。

要确定如何适用知情权，就要找到相关法律依据。根据《立法法》的相关规定，法律适用的基本规则为上位法优于下位法，特别法优于一般法，新法优于旧法。我们需要通过上述规则寻找合适的法律规则予以适用。具体到民商法的适用，还有非常重要的一条规则就是当事人的意思自治优先。

1. 意思自治。在寻找法律适用之前，首先明确佳华公司与佳华学院二者均为民事主体，所以本案的法律关系为民事法律关系，意思自治原则是民事法律关系中应遵循的重要原则，在民事纠纷中，应当首先寻找双方真实的意思表示，本案中佳华公司和佳华学院是没有签订有关举办者相关权利义务的协议的，仅在佳华学院章程中提到了举办者享有“参与学院的办学和管理活动”的权利，那么佳华公司的知情权根据无法从双方的真实意思中找到证据。

2. 特别法。排除双方意思自治后，就要考虑特别法优于一般法的法律适用规则了。《民办教育促进法》是规定佳华公司与佳华学院双方民事关系最密切的法律，也是民办教育方面的专门立法，应当优先于《民法典》进行适用，双方的法律纠纷理应从该专门立法中找到法律规则进行适用。《民办教育促进法》作为较新法律，虽然对举办者的权利义务有一定的说明但并不完整，没有关于举办者知情权方面的规定。如前所述，《民办教育促进法》根据《宪法》和《教育法》制定，《教育法》第 2 条规定："在中华人民共和国境内的各级各类教育，适用本法。"因此，《教育法》作为其上位法也应当作为被优先适用的特别法，综观该法，基本都是关于公办学校的规定，并未提及民办教育，因此专门立法中，也无法找到可适用的法律规则。

3. 一般法。由于在特别法《民办教育促进法》中没有适合的法律规则，所以只能在其上位法《民法典》中继续寻找能够适用的法律规则。《民法典》第 10 条规定："处理民事纠纷，应当依照法律；法律没有规定的，可以适用习惯，但是不得违背公序良俗。"该条指出处理民事纠纷没有法律规定时可以适用习惯。民商事交易习惯能否成为本案的解决办法？在司法实践中，习惯、判例、道德等因素常常成为非正式法律渊源，作为裁判依据帮助法官解决纠纷。关于非营利性民办学校举办者知情权的相关习惯，需要从佳华学院日常经营管理出发，结合佳华学院向举办者提供办学管理活动的相关信息的实践，显然本案中缺乏当事人之间关于知情权的习惯。那么当地其他非营利性民办学校是否存在尊重举办者知情权的习惯，则需要依赖相关证据证明。从本案情况分析，似乎并无习惯可以适用。

在前三个基本法律适用步骤都无法解决本案中民办学校举办者如何行使知情权的情况下，作为裁判者，依然需要对本案作出裁判。《民法典》第 11 条提供了指引，"其他法律对民事关系有特别规定的，依照其规定。"但条文中的其他法律具体指哪些法律？在《民法典》颁布之前，我国以单行法构成民法体系，其他法律可能会指向《合同法》《继承法》《婚姻法》等单行法律，但《民法典》出台之后这个问题就比较清晰了，上述单行法分别作为分编编入了《民法典》中，因此"其他法律"指的只能是《民法典》之外继续以单行法的形式存在的民商法律，也称为"民商事特别法"，包括《票据法》《海商法》《证券法》《公司法》《企业破产法》等，所以在民事纠纷没有法律规定的情况下，我们可以根据民事纠纷涉及的法律关系，在其他法律中找到性质相似的法律关系，从而考虑类推适用其他法律。

4. 类推适用。类推适用作为私法领域解决纠纷的办法，只有在穷尽上述三种办法之后,才能用以解决民商事纠纷。学界对私法类推适用的研究主要集中于民法中的类推适用,其基本规则当然适用于整个私法领域。民法中的类推适用是指在个案中没有可以直接作为法律依据的法律条文时,选择民法的基本原则和最相似的规定,作出推理并予以适用的工作。既然类推适用的前提条件是法律上没有明文规定的案件,因此法官的自由裁量权是比较大的,对此类推适用必定是受到严格的限制的:(1)对于法律保留事项绝对禁止类推。法律保留事项本不属于法律漏洞,只能由法律规定,因此不能类推。(2)法官在类推适用时的过程和结果应当合法、合理。合法指的是类推适用使用的法律规范必须是现行有效的;合理指的是结果不超过一般民众预测的可能性,符合道德、习惯等标准。(3)类推适用要遵循民法的基本原则。法官在类推适用时要以民法基本原则为前提,必须遵循诚实信用、公序良俗等原则。

(二)民办学校举办者可以参照《公司法》行使知情权

既然处理民办学校举办者知情权纠纷需要类推适用,那么需要考虑两方面因素:一是民办学校与其他何种民事主体具有相似性;二是调整与民办学校具有相似性的其他民事主体的法律规范是否就类似情形作出了明确规定。

民办学校与公司具有相似性。无论是从法律层面还是从实践层面,营利性民办学校和非营利性民办学校具有极大的相似性。当法律对其中一类民办学校存在具体规定而对另一类民办学校无具体规定时,后者显然可以类推适用法律对前者的规定。《民办教育促进法》第 19 条第 2 款、第 3 款规定:“非营利性民办学校的举办者不得取得办学收益,学校的办学结余全部用于办学。营利性民办学校的举办者可以取得办学收益,学校的办学结余依照公司法等有关法律、行政法规的规定处理。”《民办教育促进法》将营利性民办学校的盈余分配指向了《公司法》,当《民办教育促进法》对营利性民办学校治理缺乏规定时,当然也可以参照适用《公司法》的相关规定。同理,《民办教育促进法》对非营利性民办学校的特定事项缺乏具体规范时,也可以类推适用《公司法》的相关规定。相较而言,本案中的佳华学院与有限责任公司的相似性更多,因此将《公司法》中关于有限责任公司的部分规定类推适用在民办非企业单位中并无不合理之处。《中华人民共和国民办教育促进法实施条例》第 10 条第 1 款规定:“举办民办学校,应当按时、足额履行出资义务。民办学校存续期间,举办者不得抽逃出资,不得挪用办学经费。”《公司法》第 28 条第 1 款规定:“股东应当按期足额缴纳公司章程中规定的各自所认缴的出资额。股东以货币出资的，应当将货币出资足额存入有限责任公司在银行开设的账户；以非货币财产出资的，应当依法办理其财产权的转移手续。”第35条规定：“公司成立后，股东不得抽逃出资。”从上述三个法条可以发现，《民办教育促进法》中要求举办者的义务和《公司法》中要求股东所承担的义务是相同的。“没有无义务的权利，也没有无权利的义务。”股东在履行其出资义务，让渡其财产所有权的同时应当享有对应的权利，如表决权、选举权、知情权等。由此来看，民办学校举办者既承担了义务，也让渡了其财产所有权，因此赋予其对应的知情权是既符合情理又符合法理的。

根据以上分析，民办学校和有限责任公司更为相似。首先民办学校为法人型非企业单位，二者都具有法人资格。民办非企业单位就是企业事业单位、社会团体和其他社会力量以及公民个人利用非国有资产举办的，从事非营利性社会服务活动的社会组织。有限责任公司是由股东出资设立，每个股东以其所认缴的出资额为限对公司承担有限责任，公司以其全部资产对其债务承担责任的营利性组织。二者都是当事人出资设立，最大的区别是民办非企业单位不以营利为目的，而有限公司则通过其经营活动获取最大的利益。民办非企业单位的宗旨是向社会提供公益服务，通过其自身的服务活动，促进社会的进步与发展。本案中，佳华学院是为弥补国家公办教育力量的不足，为促进教育事业的发展而创立的学校。从财务管理和财产分配体制上看，公司的盈利会分配给股东，而民办非企业单位的盈余大部分需要投入公益事业中。虽然如此，为了民办非企业单位的生存和发展，其也会收取一定的费用，因此非营利性仅限于不以营利为目的，而非不营利。由此笔者认为，该类型民办非企业单位和有限公司的差别除了经营宗旨不同外，其设立规则和运作方式极为相似。

《公司法》对股东知情权作出了相对明确的规定，其行使规则较为清晰。本案中，根据以上对《民法典》第11条的分析，我们可以考虑适用民商事特别法，民法商法中均注重平等原则，因此为了公平正义且正确地解决纠纷，类推适用商法中的规则是没有问题的。因此，《民办教育促进法》虽然对举办者知情权的行使未直接加以规定，但综上所述，民办学校具有法人资格，虽然说在创立依据和创立程序上有别于受《公司法》调整的通常意义上的公司，但在具有法人人格和具有营利性质这些实质方面二者并无不同，综合考量佳华学院的业务范围、组织机构、办学层次、办学形式及内部管理体制，援引与其性质类似的《公司法》相关规定并无不妥。

“相类似之案件，应为相同之处理”，秉承这一观念，在司法实践中，民办学校举办者出资份额的转让，参照适用《公司法》；法人型民办非企业单位的破产清算，参照适用《企业破产法》等规定。对此，我们可以用到法律中的推理方法“举轻以明重”，在处理出资份额、破产清算这类重要且复杂的法律关系时都能够类推适用《公司法》以及《企业破产法》，那么上诉人佳华公司作为被上诉人佳华学院的举办者，在知情权方面应当享有同公司股东同等或者类似的权利，应当参照《公司法》相关规定处理民办学校举办者所主张的知情权。本案中，佳华公司应当被允许查阅、复制公司章程、董事会会议决议、监事会会议决议和财务会计报告，并且可以查阅佳华学院的会计账簿。

参 考 文 献

[中文译著]

1.[德]卡尔·拉伦茨:《法学方法论》,陈爱娥译,商务印书馆 2003 年版。

2.[德]托马斯·莱塞尔、吕迪格·法伊尔:《德国资合公司法》,高旭军等译,法律出版社 2005 年版。

3.[法]伊夫·居荣:《法国商法》(第 1 卷),罗结珍、赵海峰译,法律出版社 2004 年版。

4.[韩]李哲松:《韩国公司法》,吴日焕译,中国政法大学出版社 2000 年版。

5.[加]布莱恩·R. 柴芬斯:《公司法:理论、结构和运作》,林华伟、魏旻译,法律出版社 2001 年版。

6.[美]E. 博登海默:《法理学:法律哲学与法律方法》,邓正来译,中国政法大学出版社 1999 年版。

7.[美]理查德·A. 波斯纳:《法理学问题》,苏力译,中国政法大学出版社 1994 年版。

8.[美]弗兰克·伊斯特布鲁克、丹尼尔·费希尔:《公司法的经济结构》,罗培新、张建伟译,北京大学出版社 2005 年版。

9.[美]理查德·A. 波斯纳:《法律的经济分析》,蒋兆康译,中国大百科全书出版社 1997 年版。

10.[美]罗伯特·C. 克拉克:《公司法则》,林长远等译,工商出版社 2000 年版。

11.[日]末永敏和:《现代日本公司法》,季洪玉译,人民法院出版社 2000 年版。

12.[日]前田庸:《公司法入门》(第 12 版),王作全译,北京大学出版社 2012 年版。

13.[日]志村治美:《现物出资研究》,于敏译,法律出版社 2000 年版。

14.[英]保罗·戴维斯:《英国公司法精要》,樊云慧译,法律出版社 2007 年版。

[中文专著]

1. 陈醇:《权利结构理论:以商法为例》,法律出版社 2013 年版。

2. 邓辉:《公司法政治学研究初论》,复旦大学出版社 2015 年版。

3. 杜万华主编,最高人民法院民二庭编著:《最高人民法院公司法司法解释(四)理解与适用》,人民法院出版社 2017 年版。

4. 范健、王建文:《证券法》(第三版),法律出版社 2020 年版。

5. 范健主编:《商法》(第三版),高等教育出版社 2007 年版。

6. 葛伟军编著:《案例公司法》,法律出版社 2018 年版。

7. 顾祝轩:《民法概念史·总则》,法律出版社 2014 年版。

8. 贺少锋:《公司法强制性规范研究》,厦门大学出版社 2010 年版。

9. 黄薇主编:《中华人民共和国民法典释义》,法律出版社 2020 年版。

10. 江平主编:《新编公司法教程》,法律出版社 1994 年版。

11. 蒋大兴:《公司法的观念与解释Ⅰ法律哲学 & 碎片思想》,法律出版社 2009 年版。

12. 蒋大兴:《公司法的观念与解释Ⅱ裁判思维 & 解释伦理》,法律出版社 2009 年版。

13. 蒋大兴:《公司法的观念与解释Ⅲ裁判逻辑 & 规则再造》,法律出版社 2009 年版。

14. 蒋大兴:《公司法的展开和评判——方法·判例·制度》,法律出版社 2001 年版。

15. 雷兴虎主编:《公司法新论》,中国法制出版社 2001 年版。

16. 李建伟:《股东知情权研究:理论体系与裁判经验》,法律出版社 2018 年版。

17. 李志刚:《公司股东大会决议问题研究——团体法的视角》,中国法制出版社 2012 年版。

18. 梁慧星:《民法总论》,法律出版社 2001 年版。

19. 林承铎:《有限责任公司股东退出机制研究》,中国政法大学出版社 2009 年版。

20. 林少伟:《英国现代公司法》,中国法制出版社 2015 年版。

21. 刘俊海:《现代公司法》,法律出版社 2015 年版。

22. 刘俊海:《股份有限公司股东权的保护》(修订本),法律出版社 2004 年版。

23. 刘俊海:《新公司法的制度创新:立法争点与解释难点》,法律出版社 2006 年版。

24. 刘连煜:《公司法制的新开展》,中国政法大学出版社 2008 年版。

25. 罗培新:《公司法的合同解释》,北京大学出版社 2004 年版。

26. 梅慎实:《现代公司治理结构规范运作论》(修订版),中国法制出版社 2002 年版。

27. 钱玉林:《股东大会决议瑕疵研究》,法律出版社 2005 年版。

28. 沈富强:《股东股权法律实务——股东资格与责任》,立信会计出版社 2006 年版。

29. 施天涛:《公司法论》(第 4 版),法律出版社 2018 年版。

30. 史际春、温烨、邓峰:《企业和公司法》,中国人民大学出版社 2001 年版。

31. 汤欣:《公司治理与上市公司收购》,中国人民大学出版社 2001 年版。

32. 王保树、崔勤之:《中国公司法原理》,社会科学文献出版社 2006 年版。

33. 王保树主编:《最新日本公司法》,于敏、杨东译,法律出版社 2006 年版。

34. 王利明:《民法总则研究》(第三版),中国人民大学出版社 2018 年版。

35. 王义松:《私人有限公司视野中的股东理论与实证分析》,中国检察出版社 2006 年版。

36. 吴高臣:《目标公司小股东的法律保护——以要约收购为背景》,中国海关出版社 2003 年版。

37. 吴高臣:《有限责任公司法论》(第 2 版),中国民主法制出版社 2019 年版。

38. 吴越主编:《私人有限公司的百年论战与世纪重构》,法律出版社 2005 年版。

39. 徐国栋:《民法基本原则解释》(增订本),中国政法大学出版社 2001 年版。

40. 徐国栋:《民法哲学》,中国法制出版社 2009 年版。

41. 杨代雄:《民法总论专题》,清华大学出版社 2012 年版。

42. 叶林:《公司法研究》,中国人民大学出版社 2008 年版。

43. 叶林主编:《公司法原理与案例教程》,中国人民大学出版社 2010 年版。

44. 叶林:《中国公司法》,中国审计出版社 1997 年版。

45. 张开平:《公司权利解构》,中国社会科学出版社 1999 年版。

46. 张凝:《日本股东大会制度的立法、理论与实践》,法律出版社 2009 年版。

47. 赵继明、吴高臣:《股东代表诉讼》,法律出版社 2007 年版。

48. 赵继明:《股东代表诉讼原理与律师实务》,法律出版社 2020 年版。

49. 赵旭东主编:《公司法学》(第四版),高等教育出版社 2015 年版。

50. 朱慈蕴:《公司法人格否认法理研究》,法律出版社 1998 年版。

51. 朱慈蕴:《公司法原论》,清华大学出版社 2011 年版。

[外文专著]

1. Frank H. Easterbrook and Daniel R. Fischel, The Economic Structure of Corporate Law, Harvard University Press, 1991.

2. K. R. Abbott, Company Law, 5th ed., London: DP Publications Ltd., 1993.

3. L. C. B. Gower, Gower's Principles of Modern Company Law, 5th edition, Sweet & Maxwell, 1992.

4. Lewis D. Solomon & Alan R. Palmiter, Corporations: Examples and Explanations, 3rd ed., Aspen Law & Business, 1999.

5. Paul L. Davis, Principles of Modern Company Law, 8th edition, Sweet & Maxwell, 2008.

6. Robert W. Hamilton, Cases and Materials on Corporations, Including Partnerships and Limited Partnerships, 3rd ed., West Publishing Company, 1990.

7. Stephen Griffin, Company Law Fundamental Principles, 2nd ed., London: Pitman Publishing, 1996.

附　　录

一、股东知情权纠纷案件简况表

序号	案件名称	案号	争议焦点
1	以色列莱克斯坦有限公司与北京长信乐纯环保科技有限责任公司股东知情权纠纷案	(2020)京民终184号	一是中外合资企业知情权纠纷的法律适用。二是出资瑕疵股东能否行使知情权？三是不正当目的之实质性竞争关系的认定。
2	益盟国际有限公司与福建省飞驰科技股份有限公司股东知情权纠纷案	(2019)闽民终1330号	一是如何认定股东行使股东知情权的前置程序？二是股东能否查询其入股前的公司资料？
3	汪宏卫与安徽大蔚置业有限公司股东知情权纠纷案	(2019)皖民终291号	一是公司进入破产程序后其股东是否仍然享有知情权？二是股东在破产清算期间应当如何行使知情权？
4	朱明华与南通创通纺织有限公司股东知情权纠纷案	(2016)苏民申4438号	一是《创通纺织承包协议合约》的法律性质,二是股东身份的认定依据是股东协议还是工商登记。
5	吕锦应与中山市泰隆环保节能建材发展有限公司股东知情权纠纷案	(2020)粤民终1150号	一是股东担任公司经理是否会影响其知情权的行使？二是股东行使知情权的范围,股东能否查阅、复制会计账簿？

续表

序号	案件名称	案号	争议焦点
6	陈国栋、蒋天凤与贵州万河房地产开发有限公司股东知情权纠纷案	(2020)黔民终90号	一是如何认定股东履行了知情权之诉的前置程序。二是二审法院以万河公司拒绝股东行使知情权的行为违反诚实信用原则为由维持原判是否合理?三是陈国栋、蒋天凤能否查询2008年至2012年(该期间内二者不具有股东身份)的会计账簿?
7	汪琪与上饶市日达新能源有限公司股东知情权纠纷案	(2018)赣民再258号	一是口头请求行使知情权是否符合前置程序的要求?二是股东向法院提起诉讼是否视为提出书面请求?三是诉讼期间股东提出书面申请是否可以补正前置程序的瑕疵?
8	黄万龙与张家口市万龙运动旅游有限公司股东知情权纠纷案	(2019)冀民终883号	一是股东查阅、复制公司章程、财务会计报告等是否受前置程序和公司内部规定的限制?二是股东委托律师向公司发出要求行使查阅权的律师函是否属于书面请求?三是股东可否查阅公司的会计凭证?
9	李淑君、吴湘、孙杰、王国兴与江苏佳德置业发展有限公司股东知情权纠纷案	《中华人民共和国最高人民法院公报》2011年第8期,第42~48页	一是股东提起知情权之诉是否符合法律规定的前置程序?二是股东可以查阅、复制公司资料的范围。三是股东行使知情权是否具有不正当目的?
10	蔡启龙与晋中市金源房地产开发有限公司股东知情权纠纷案	(2020)晋民再267号	一是股东之间、股东与公司之间的其他纠纷是否会影响股东正当目的的认定?二是鑫隆物业公司和金源房地产开发公司是否具有实质性竞争关系?
11	邹丽娜与南宁国祥装饰有限责任公司股东知情权纠纷案	(2018)桂民再76号	一是账簿查阅权之正当目的的举证责任分配;二是实质性竞争关系的认定。

续表

序号	案件名称	案号	争议焦点
12	富巴投资有限公司与海融博信国际融资租赁有限公司股东知情权纠纷案	(2019)京民终323号	一是本案的法律适用问题;二是富巴公司是否履行了提起股东知情权之诉的前置程序?三是股东行使账簿查阅权不正当目的之举证责任;四是股东行使知情权的地点;五是股东账簿查阅权的客体是否包括会计凭证?
13	宏亿隆投资管理有限公司与厦门海洋实业(集团)股份有限公司股东知情权纠纷案	(2017)闽民终795号	一是公司破产重整过程中出资人组会议是否为股东大会会议?二是股东在公司破产重整期间能否行使知情权?
14	互标有限公司与济宁鲁兴房地产开发有限公司股东知情权纠纷案	(2020)鲁民终548号	一是股东知情权客体范围是否包括会计凭证、公司银行账户交易记录等?二是股东是否可以摘抄公司会计账簿?三是股东知情权行使的时间和地点。
15	长益资源路桥有限公司与武汉华益路桥管理有限公司股东知情权纠纷案	(2019)鄂民终403号	一是涉港澳台地区民商事纠纷案件的法律适用。二是长益公司是否具有股东资格?三是长益公司要求查阅公司账簿是否必须遵守《华益公司章程》的规定要经公司董事会同意?四是长益公司查阅范围是否合法,查阅目的是否正当?
16	叶惠娟与深圳市电达实业股份有限公司股东知情权纠纷案	(2019)粤03民终1843号	一是股东是否有权要求公司履行置备法定文件的义务?二是公司在诉讼期间准备完毕公司相关资料应当如何处理?三是股东如何行使质询权?四是股东如何主张利润分配请求权?
17	庄士中国文化发展有限公司与北京环球文苑资讯科技有限公司股东知情权纠纷案	(2019)京民终1508号	一是涉港民商事案件的法律适用。二是股东知情权之诉前置程序中书面请求的送达问题。三是股东知情权的查阅范围是否包含会计凭证?四是二审期间当事人履行一审判决的法律后果。

续表

序号	案件名称	案号	争议焦点
18	鲍俐倩与温州市瓯海中油慈湖加油站股东知情权纠纷案	(2019)浙民再362号	一是股份合作制企业股东知情权纠纷的法律适用问题,二是行使账簿查阅权书面请求的送达问题,三是股东知情权的查阅范围是否应当包含会计凭证?
19	上海佳华企业发展有限公司与上海佳华教育进修学院股东知情权纠纷案	(2016)沪01民终4642号《中华人民共和国最高人民法院公报》2019年第2期	一是民办学校举办者是否享有知情权?二是民办学校的举办者如何行使知情权?

二、省、市高级人民法院公司纠纷审判指南(以发布时间为序)

江苏省高级人民法院《关于审理适用公司法案件若干问题的意见(试行)》

(2003年6月3日江苏省高级人民法院审判委员会第21次会议通过
苏高法审委〔2003〕2号 2003年6月13日发布)

为了正确适用法律,统一执法尺度,根据《中华人民共和国公司法》、《中华人民共和国民法通则》、《中华人民共和国合同法》等法律和最高人民法院《民事案件案由规定(试行)》等司法解释以及其他有关法规、规章的规定,结合司法实践,江苏省高级人民法院审判委员会对当前审理适用公司法案件中亟待解决的若干问题进行了讨论,现将讨论意见纪要如下:

一、关于审理适用公司法案件的一般规定

1.审理适用公司法案件应当坚持公司形态法定,有限责任,公司资本确定、维持、不变,股权平等,资本多数决定,公司自治等公司法原则。

2.审理适用公司法案件应当注重维护公司社团法律关系的稳定性;衡平各方主体的利益,优先保护善意第三人的利益;重视行政规章的参照适用。

二、关于公司诉讼案件类型和诉讼主体

(一)股东权纠纷

3.股东权确权纠纷。

股东与公司之间发生争议的,应列股东与公司为诉讼主体;股东之间、股东与公司以外的第三人之间发生争议的，应列争议双方为诉讼主体，必要时公司可以作为当事人参加诉讼。

4. 股票及出资证明书交付请求权纠纷。

公司成立后拒绝交付出资证明书或股票，股东可以公司为被告提起给付之诉。[《中华人民共和国公司法》(以下简称《公司法》)第三十条、第一百三十六条]

5. 股份转让侵权纠纷。

公司违反法律或公司章程规定限制股东转让股权的，或者以股东会决议或董事会决议强制转让股权或强行代转让方决定股权转让价格、付款时间或其他条件的，权利受侵犯的股东可以公司为被告提起侵权之诉。(《公司法》第三十五条)

股东以优先购买权被侵害提起诉讼的，应列股权转让方为被告，股权受让方为第三人。

6. 优先认购权纠纷。

股份有限公司以当年利润分派新股，以及股东大会对向原有股东发行新股的种类及数额作出决议，侵犯股东优先认购权的，股东可以公司为被告提起侵权之诉。(《公司法》第一百三十七条、第一百三十八条)

7. 办理股权转让手续请求权纠纷。

公司不及时变更股东名册和到工商行政管理部门进行变更登记的，股权转让方和受让方均可以公司为被告提起办理转让手续请求之诉。转让合同中约定转让方有协助义务而转让方不予协助的，受让方可以将转让方和公司作为共同被告。(《公司法》第三十六条、《中华人民共和国公司登记管理条例》第三十一条)

8. 股东会议表决权纠纷。

因表决权效力发生争议的，以公司为被告，其他利害关系人为第三人。

股东会议侵害股东表决权的，股东可以公司为被告提起侵权之诉。(《公司法》第四十一条)

9. 股东知情权纠纷。(《公司法》第三十二条、第一百一十条、第一百七十六条)

10. 公司盈余分配权纠纷。(《公司法》第四条、第一百七十七条)

11. 公司剩余财产分配纠纷。

公司清算过程中，股东提起剩余财产分配给付之诉的，应列清算组为被告。公司未解散或未清算的，股东以公司为被告提起公司剩余财产分配诉讼的，应当不予受理。(《公司法》第一百九十五条)

12. 公司决议侵害股东权纠纷。

因股东会决议、董事会决议受到侵害的公司股东请求确认股东会决议或董事会决议无效或撤销的,应列公司为被告。(《公司法》第一百一十一条)

13. 股东会召集权纠纷。

董事会未依照公司法以及公司章程规定召开股东会或不按时召开股东会,股东起诉要求董事会召集股东会的,应列公司为被告。(《公司法》第四十三条第二款、第一百零四条)

14. 公司解散请求权纠纷。

公司出现《公司法》第一百九十条规定的公司解散情形,股东起诉要求解散公司的,应以公司为被告。

(二)损害公司权益纠纷

15. 股东不履行对公司义务纠纷。

股东未缴纳或未足额缴纳所认缴的出资额,公司可以该股东为被告要求其补缴出资。(《公司法》第二十五条)

股东作为出资的实物、工业产权、非专利技术、土地使用权的实际价额显著低于公司章程所定价额的,公司可以该股东和公司成立时的其他股东为共同被告要求其承担连带责任。(《公司法》第二十八条)

公司起诉违法抽回出资或股本的股东返还出资或股本的,可列帮助抽逃出资的股东、董事、经理等共同侵权人为共同被告,要求其承担连带责任。(《公司法》第三十四条、第九十三条)

股东违反《中华人民共和国证券法》第四十一条、第四十二条的规定买卖股票的,公司可以该股东为被告要求其给付所得收益。

股份有限公司设立过程中,由于发起人的过错致使公司利益受到损害的,公司可以发起人为共同被告要求其承担连带责任。(《公司法》第九十七条)

股东、董事、经理及其他人侵占公司印鉴、财务账册的,公司可以侵占者为被告要求其返还,并赔偿因此给公司经营造成的损失。公司公章被侵占,公司以董事长签名的诉状起诉的,应当受理,但董事长已被股东大会罢免的除外。(《公司法》第五十九条)

16. 董事、监事、经理损害公司利益纠纷。

董事、经理违反竞业禁止义务的,公司可以董事、经理为被告要求其停止侵害、

给付因竞业禁止行为所获得的收益或赔偿损失。(《公司法》第六十一条)

17. 股东代表诉讼。

公司高级管理人员或控股股东等以不当行为侵害公司利益,公司在不当行为控制之下不能或怠于以自己名义主张权利,公司股东代表公司利益对不当行为人提起诉讼的,人民法院应予受理。提起诉讼的原告应是公司现任股东,被告应是作出不当行为的董事、监事、经理等高级管理人员、控股股东以及相关交易的相对人,公司应作为第三人参加诉讼。

(三)与公司有关的合同纠纷

18. 出资合同纠纷。

有限责任公司股东未按出资合同或章程的规定履行出资义务,公司成立后或设立失败的,其他已足额出资的股东可以以未履行出资义务的股东为被告提起诉讼,要求其承担违约责任。(《公司法》第二十五条第二款)

因公司实有资本不足,公司股东对外承担公司债务的,有权向未足额出资的股东追偿。

股份有限公司设立不成或募股批准被撤销的,已经缴纳出资的认股人可以以发起人为被告提起诉讼,要求其返还出资及利息。(《公司法》第八十六条、第九十一条、第九十七条)

19. 出资(股权)转让纠纷。

20. 债权转股权纠纷。

21. 公司合并纠纷。

22. 公司分立纠纷。

23. 上市公司收购纠纷。

24. 中外合资经营合同纠纷。

25. 中外合作经营合同纠纷。

三、关于有限责任公司股东的认定

26. 公司或其股东(包括挂名股东、隐名股东和实际股东)与公司以外的第三人就股东资格发生争议的,应根据工商登记文件的记载确定有关当事人的股东资格,但被冒名登记的除外。

27. 股东(包括挂名股东、隐名股东和实际股东)之间就股东资格发生争议时,除存在以下两种情形外,应根据工商登记文件的记载确定有关当事人的股东资格:

(1)当事人对股东资格有明确约定,且其他股东对隐名者的股东资格予以认可的;(2)根据公司章程的签署、实际出资。出资证明书的持有以及股东权利的实际行使等事实可以作出相反认定的。

实际出资并持有出资证明书,且能证明是由于办理注册登记的人的过错致使错误登记或者漏登的,应当认定该出资人有股东资格。

28. 股东(包括挂名股东、隐名股东和实际股东)与公司之间就股东资格发生争议,应根据公司章程、股东名册的记载作出认定,章程、名册未记载但已依约定实际出资并实际以股东身份行使股东权利的,应认定其具有股东资格,并责令当事人依法办理有关登记手续。

29. 认定工商登记文件记载的股东以外的人为股东的,不得违反法律和行政法规有关股东身份的禁止或限制性规定。

30. 股权转让人、受让人以及公司之间因股东资格发生争议的,应根据股东名册的变更登记认定股东资格。公司未办理股东名册变更登记前,受让人实际已参与公司经营管理,行使股东权利的,应认定受让人具有股东资格,并责令公司将受让人记载于股东名册。

股权转让合同约定办理完毕工商和(或)股东名册变更登记手续股权方发生转移的,未办理完毕工商和(或)股东名册变更登记手续之前,仍应认定转让人为公司股东。

31. 股东之间约定公司全部出资由一名股东投入,其他股东不出资,也不享有股东权利的,应认定该公司实为个人独资企业。公司内部的权利义务关系按股东之间的约定处理;公司对外债务应由出资人承担无限责任,其他挂名的股东在其认缴出资的范围内承担补充清偿责任。

32. 以根本不存在的人的名义或盗用他人的名义出资并登记为股东设立公司的,应认定实际出资人为股东;因此导致出现一人公司的,应当由冒名人对公司债务承担无限责任。

33. 公司实有资本未达到法定最低限额的,不具有法人资格,各出资人均不具有合法的股东资格,出资人之间为合伙关系。

四、关于设立中公司民事责任的承担

34. 设立中公司是指为履行公司设立必要行为而存在的组织,始于公司章程或设立协议签订之日,终于公司营业执照签发之日。

公司设立必要行为是指以公司设立为直接目的以及为创造公司法所规定的公司设立的必要条件而进行的法律上、经济上所必要的行为。

35. 公司发起人以设立中公司名义对外为公司设立必要行为的,其法律后果应当由成立后的公司直接承担,债权人可以公司为被告要求其承担民事责任。

36. 公司发起人以设立中公司名义对外为设立公司非必要的民事行为的,债权人只能要求公司发起人承担民事责任,但成立后的公司对该行为予以承认的,可以要求成立后的公司承担民事责任。

37. 公司发起人以自己名义为公司设立行为的,债权人可以直接以该发起人为被告起诉要求其承担相应的民事责任。公司追认发起人行为或该行为的利益归于公司的,债权人可以选择该发起人或成立后的公司为被告要求其承担民事责任,但债权人一经选定被告后,不得再行变更。

38. 公司正在设立中或公司设立失败的,发起人之间对内和对外应承担的民事责任适用有关合伙组织或合伙型联营的法律规定:

(1)公司发起人因设立公司的必要行为所产生的债务,应由全体发起人承担连带责任;发起人对外承担责任后,可以按协议要求其他发起人承担相应的民事责任。

(2)公司发起人以自己名义为设立公司必要行为所产生的债务,债权人有权选择由该发起人承担或要求全体发起人承担连带责任。

(3)公司发起人以设立中公司名义为设立公司非必要行为所产生的债务,其他发起人追认的,应当承担连带责任。发起人以自己名义为设立公司非必要行为所产生的债务,由该发起人自己承担相应的民事责任。

五、关于股东瑕疵出资及其民事责任的认定

(一)股东瑕疵出资的审查认定

39. 就股东是否存在出资瑕疵,在原告提供足以对股东出资存在瑕疵产生合理怀疑的证据后,由股东举证证明其已出资到位。

40. 股东以其对第三人享有的债权作为出资的,应当认定为无效。但以转让不受限制的非记名公司债券等债权性质的有价证券用作出资的,或用以出资的债权在一审庭审终结前已经实现的,应当认定为有效出资。

41. 股东以土地承包经营权、采矿权等用益物权出资的,应当承认其出资效力,但未履行法定手续的除外。

42. 股东以其在其他公司的股权作为出资的为有效出资,但未履行股权转让法定手续或损害其他股东优先购买权的除外。

43. 企业改制过程中,股东以其所有的、经过评估确认的企业净资产作为出资的,应认定其出资效力。

44. 以房屋、土地使用权、车辆、船舶等作价出资,已交给公司使用但未办理权属转让法定手续的,不应认定其出资效力。但在要求公司股东承担瑕疵出资责任的诉讼中,一审庭审终结前已办理有关权属转让法定手续的,可认定股东已履行出资义务;诉讼中未涉及股东瑕疵出资责任的,在权利人主张时已补办有关权属转让法定手续的,应认定股东已履行出资义务。

股东既未将上述财产交付公司使用,也未在诉讼前办理有关权属转让法定手续的,应认定股东未履行出资义务。

45. 股东以实物、工业产权、非专利技术、土地使用权等出资,未依法进行评估作价且出资人不能证明其作价与实际价额相符的,债权人主张股东出资不足的,人民法院应当在委托中介机构评估后,对股东是否足额出资作出认定。

46. 公司成立后股东补资的,一般应予准许。人民法院不应以未履行验资手续为由认定补资无效,但股东补资意思应当表示明确,且有合法的原始凭证入账,财务账册相关科目有合法记载。

47. 股东补资后公司短期内将该笔资金和财产用于清偿其关联企业等特定债权人的债务或转给其他与其无债权债务关系的单位或个人的,可以公司与股东恶意串通认定外资无效。

股东诉讼前补资或者补资前公司实有资本已达到法定最低限额的,应对前款中的特定债权人范围从严确定;股东在诉讼中补资或者补资前公司实有资本未达到法定最低限额的,应从宽确定。

48. 债权人应承担股东补资存在规避法律意图的初步举证责任,证明程度为根据举证对其资金流向和使用足以产生合理怀疑。然后由公司及其出资人就资金流向和使用承担举证责任。

49. 股东在公司成立前未实际足额出资或将其缴纳的出资款抽回的,应认定为虚假出资;股东在公司成立后抽回的,应认定为抽逃出资,但根据出资款的来源、抽逃的时间等足以证明其有虚假出资意图的视为虚假出资。

(二)关于瑕疵出资的股东应承担的民事责任

50. 股东虚假出资的,应当对公司承担补足出资的责任;其中对因股东作为出资的实物、工业产权、非专利技术、土地使用权的实际价额显著低于公司章程所定价额导致的出资不足部分，公司设立时的其他股东应与该股东对公司承担连带责任。

51. 股东虚假出资导致公司实有资本低于法定最低限额的，公司不具备独立的法人资格，公司财产不足以清偿债务的，股东之间按照合伙关系对公司债务承担连带清偿责任。

补资前公司实有资本未达法定最低限额的，对补资前形成的债务，在公司财产不足以清偿债务时，补资前的公司股东应当承担连带清偿责任。

52. 股东虚假出资导致公司实有资本虽然没有达到公司章程记载的数额但达到法定最低限额的，公司具备法人资格，公司财产不足以清偿债务的，出资不足的股东应当在出资不足的范围内对公司的债务承担补充清偿责任；其中对因股东作为出资的实物、工业产权、非专利技术、土地使用权的实际价额显著低于公司章程所定价额导致的出资不足部分，公司的债权人有权诉请公司设立时的其他股东承担连带责任。

已足额缴纳出资的股东在承担责任后可以以违反出资协议为由向未足额出资的股东行使追偿权，未足额出资的股东按其实际出资额与应出资额的差额的比例承担责任。股东之间有特别约定的从约定。

股东之间的追偿诉讼与债权人诉公司和股东的诉讼应分案处理。

53. 股东抽逃出资的，公司有权诉请其返还出资并赔偿损失，帮助该股东抽逃出资的其他股东、董事、经理等共同侵权人承担连带责任。

股东抽逃出资的，公司不能清偿债务时，公司债权人有权诉请其在所抽逃出资的范围内就公司债务承担清偿责任。

54. 公司法关于有限责任公司股东出资违约责任和差额填补责任的规定适用于股份有限公司发起人。

六、关于股权转让纠纷的审理

（一）股权转让合同效力的认定

55. 对股权转让合同的效力进行审查认定，应当依据《民法通则》、《合同法》、《公司法》以及其他法律、法规，并参照与《公司法》有关的行政规章的相关规定。

56. 订立股权转让合同的主体不合法或股权为法律禁止转让的，股权转让合同无效。

57. 当事人一方以欺诈、胁迫手段签订股权转让合同的,另一方可以依据《合同法》规定申请撤销合同,其中损害国家利益的,应认定股权转让合同无效。

58. 当事人仅以转让方未出资、出资不足或抽逃出资为由请求认定股权转让合同无效的,不予支持。

订立合同时转让方隐瞒未足额出资或抽逃出资的事实的,受让方可以请求撤销合同。

59. 股权转让导致有限责任公司股权全部归于一人,或导致股份有限公司股东人数少于 5 人,当事人以此主张股权转让合同无效的,不予支持,可告知其申请工商行政管理部门注销公司或变更企业形态。

60. 公司股东违反章程规定与他人签订股权转让合同的,应认定合同无效,但存在下列情形之一的除外:(1)章程的该规定与法律规定相抵触的;(2)章程的该规定禁止股权转让的;(3)经股东会三分之二以上有表决权的股东同意的。

61. 办理公司变更登记和工商变更登记是股权转让的法定程序,不是股权转让合同的生效要件。人民法院不应以当事人未办理有关变更登记手续而认定股权转让合同无效。但当事人不能以股权转让合同为由对抗工商部门就同一标的已完成的股东变更登记。

62. 有限责任公司股东向公司以外的人转让股权,未履行《公司法》第三十五条规定的股东同意手续的,应认定合同未生效。诉讼中,人民法院可以要求当事人在一定期限内征求其他股东的意见,期限届满后其他股东不作相反意思表示的,视为同意转让,可认定合同有效。该期限内有其他股东表示以同等条件购买股权的,应认定合同无效,受让人只能要求出让人赔偿损失。

经转让股权的股东单独书面征求意见,公司半数以上股东同意转让股权的,应视为已办理《公司法》第三十五条规定的股东同意手续,但章程有特别规定的除外。

其他股东不同意转让,又不购买的,应认定为同意股东转让股权。虽同意购买股权,但是所给予的购买条件劣于股东欲转让的第三人的,应视为不同意购买。

其他股东未能行使优先购买权的,可以申请撤销合同。但其他股东追认转让合同,或者所转让的股权已经登记到受让人名下且受让人已实际行使股东权利的,股权转让合同有效。

(二)股权转让合同无效的处理

63. 股权转让合同无效的情况下,应依据合同无效的一般原则处理。转让期间受让人已实际行使股东共益权的，一般不应否定其权利行使的效力。

七、关于股东权纠纷案件的审理

（一）公司盈余分配权纠纷案件

64. 原告要求公司给付利润应具备如下条件：

（1）原告具备股东资格。

（2）公司依法有可供分配的利润。

（3）公司的利润分配方案已得到股东（大）会的批准。

（4）公司拒绝支付股利或未按已获得批准的利润分配方案支付股利。

（二）股东知情权纠纷案件

65. 股东因知情权受到侵犯而起诉的，如股东的主张成立，可判决公司向股东提供有关报告或表格供股东查阅。

66. 股份有限公司股东有权查阅的范围包括股东大会会议记录、资产负债表、损益表、财务状况变动表、财务情况说明书、利润分配表、注册会计师对财务报告出具的审验报告及监事会的检查报告。

有限责任公司股东除有权查阅前款规定所列材料外，还可以查阅董事会决议、公司账簿及相关原始凭证。但股东出于损害公司利益的不正当目的的除外。

67. 遇有重大、紧急事由，股东向法院申请对公司的账簿采取财产保全措施的，法院应予准许。

68. 公司章程或股东之间关于股东不得查阅公司文件的约定无效。

69. 公司无上述第 10 条所列文件或文件严重短缺致使查阅已无意义的，裁定驳回起诉，将有关材料移送公安机关处理。

所列文件或文件严重短缺致使查阅已无意义的，裁定驳回起诉，将有关材料移送公安机关处理。

70. 未出资的股东行使知情权的，不予支持。

（三）股东（大）会召集权纠纷

71. 股东请求公司董事会召集定期股东会、股东大会年会或临时会议的，应当符合《公司法》第四十二条、第四十三条、第一百零四条或第一百零五条的规定。

72. 原告的诉讼请求成立的，人民法院应判决公司董事会在规定的期限内召集股东（大）会，公司董事会拒不召集的，由原告召集股东（大）会，主持人由原告推举的股东担任，召集费用由公司负担。

（四）股东代表诉讼

73. 代表公司提起诉讼的股东在公司注册资本中所占比例，有限责任公司股东的出资额不得低于公司注册资本总额的3%，股份有限公司股东的股份不得低于公司注册资本总额的1%、且持有股份时间不得少于六个月。股东对其成为公司股东之前的他人侵害公司的行为，不能提起股东代表诉讼。

提起代表诉讼的股东在诉讼中丧失股东资格的，法院应裁定终结诉讼。控制公司的董事或者其他人的原因恶意促使该起诉股东丧失股东资格的除外。

74. 股东代表公司利益提起诉讼前，应当将诉讼事项告知公司，并请求公司董事会和监事会代表公司提起诉讼。公司董事会和监事会拒绝或者在合理期限内不提起诉讼的，股东可以代表公司利益提起诉讼。

75. 对提请公司董事会和监事会代表公司提起诉讼可能超过诉讼时效的，股东可以直接代表公司利益向人民法院提起诉讼。

76. 股东代表诉讼的第一次开庭审理之前，如果有其他股东要求作为原告参加股东代表诉讼，应予准许。

77. 当事人在诉讼中提出调解的，若经查实该调解方案损害其他股东利益或公司利益的，人民法院应不予确认。

78. 人民法院支持股东代表诉讼请求的，应当将诉讼请求的利益判归公司，诉讼费用由被告方负担，因诉讼发生的其他合理费用如律师代理费、差旅费等由公司负担；人民法院不支持股东代表诉讼请求的，与诉讼相关费用均由提起诉讼的股东负担；部分支持的，按比例确定上述费用的负担。

八、关于公司董事、经理违反竞业禁止义务的民事责任

79. 公司董事、经理有下列行为之一的，应认定为违反竞业禁止义务：

（1）以自己的名义从事与公司业务相同的经营活动。

（2）为他人从事与公司业务相同的经营活动。

（3）担任与公司业务相同的其他企业的合伙人。

（4）侵占他人提供给公司的商业机会。

（5）利用公司为自己创造商业机会的。

（6）利用公司的商标权、专利权。著作权、专有技术、商业秘密为自己或者自己兼任董事、经理的企业谋取利益。

（7）其他违反竞业禁止义务的行为。

80. 对公司董事、经理从事竞业禁止行为所获得的收益,公司可以行使归入权。所获收益是指董事、经理已经取得或约定取得的收益。

81. 竞业禁止不适用于公司股东、监事。

九、关于公司清算及相关民事责任的承担

82. 公司解散的,应当成立清算组进行清算。未成立清算组的,有限责任公司的股东是清算主体;股份有限公司的董事是清算主体。

83. 公司清算期间,可以自己名义或清算组名义从事清算范围内的活动。

第三人与清算中的公司发生清算范围以外的民事行为无效,善意第三人除外。

84. 公司主动解散后未成立清算组的,债权人以公司为被告提起诉讼的,人民法院可将公司清算主体作为共同被告,并判令清算主体以清理所得偿还公司债务。

85. 公司在被吊销企业法人营业执照决定未生效期间所签订的合同仍然有效。

86. 公司被吊销营业执照后,债权人以公司为被告提起诉讼的,应将公司清算主体作为共同被告,并判令公司清算主体对公司资产进行清理并以清理所得清偿债务。

87. 公司清算主体未在判决确定的期限内履行清算责任,或者在公司解散后长期不履行清算义务,致使公司财产流失、贬值或无法清算的,应根据其过错对公司债权人承担相应的赔偿责任。

清算组成员因故意或者重大过失给公司或者债权人造成损失的,应当承担赔偿责任。

88. 公司清算主体不适当履行清算义务,致使公司债权人因无法申报债权而未能实现其债权的,应当对公司债权人承担相应的过错赔偿责任。

89. 清算主体未对公司债权债务进行清算,即以公司对外无债权债务等理由向公司登记机关申请办理公司注销登记的,或者公司清算主体在办理公司注销登记时向公司登记机关承诺公司债权债务已经清算完毕,有关公司未清算的债务均由其承担清偿责任的,应由该清算主体就公司债务向债权人承担清偿责任。

上海市高级人民法院《关于审理涉及公司诉讼案件若干问题的处理意见(一)》

(沪高法〔2003〕216号　2003年6月12日发布实施)

针对当前本市法院在审理公司诉讼案件中遇到的若干问题,经调查研究,形成如下处理意见：

一、处理股东权纠纷的相关问题

1. 当事人之间约定以一方名义出资（显名投资）、另一方实际出资（隐名投资）的，此约定对公司并不产生效力；实际出资人不得向公司主张行使股东权利，只能首先提起确权诉讼。有限责任公司半数以上其他股东明知实际出资人出资，并且公司一直认可其以实际股东的身份行使权利的，如无其他违背法律法规规定的情形，人民法院可以确认实际出资人对公司享有股权。

2. 股东起诉公司要求分配利润的，应视情况分别处理；对于已有分配方案的，可以根据股东出资的具体条件予以判决；对于是否分配及分配比例公司未作决议的，法院不宜直接裁判。

二、股东诉股东大会决议无效并要求承担赔偿责任的案件中诉讼主体应如何确定的问题

1. 股东大会决议是公司权力机关作出的代表公司意志的决策行为，其法律后果应由公司承担，因此，此类案件应以公司为被告。原告起诉被告主体不符的，法院应告知原告予以变更；原告不予变更的，应裁定驳回原告的起诉。

2. 对于股东起诉上市公司股东大会或董事会决议无效的案件暂不受理。

三、处理股权转让纠纷的相关问题

1. 股权转让合同的成立和效力应当依照《合同法》的相关规定认定。工商登记只是股权变更的公示方式，不作为股权转让合同成立和生效的要件。

2. 有限责任公司股东向他人转让股权的，根据《公司法》第 35 条的规定，应当征得公司半数以上其他股东同意；未经同意转让股权且合同签订后公司其他股东也不认可的，股权转让合同对公司不产生效力，转让人应当向受让人承担违约责任。受让人明知股权交易未经公司其他股东同意而仍与转让人签订股权转让合同，公司其他股东不认可的，转让人不承担违约责任。经其他股东同意签订的股权转让合同生效后，公司应当办理有关股东登记的变更手续，受让人得以以股东身份向公司行使权利；公司不办理相关手续的，受让人可以公司为被告提起确权诉讼，不得向转让人主张撤销合同。

3. 股东以优先购买权被侵害提起确认转让无效诉讼的，应列转让方为被告，受让方为第三人。

四、处理股东责任纠纷的相关问题

1. 公司债权人因公司股东存在滥用公司人格的失信行为导致公司不能履行或

不能完全履行偿债义务，而以公司股东为被告提起的诉讼，人民法院可以受理。

2. 审理时，应当根据下列具体情况确定股东责任：股东出资不足的（虚假出资），应在出资不足的范围内，对公司债务承担连带清偿责任；股东出资不足导致公司的注册资本低于公司法规定的最低标准使公司的法律人格未能合法产生的（公司法人人格否认），应对公司债务承担无限连带清偿责任；股东抽逃公司资产，导致公司履约能力不足的，应在抽逃公司资产的范围内对公司债务承担连带清偿责任；股东资产与公司资产混同、股东业务与公司业务混同的（关联交易），公司的人格即被股东所吸收而不再独立，股东应对公司债务承担无限连带清偿责任。

3. 在确定股东责任时，应慎重认定相关事实：股东的一般瑕疵行为不能成为其承担公司责任的根据。对于股东在公司成立时出资不足，但后来已经补足出资的；项目公司的股东，虽然初始出资不足，但在其后的项目运行中投入的资金超过了约定的注册资本的，均应该认定其已经出资到位。对于股东抽逃公司资产的行为，应以公司实际资产的不当减少为认定标准，股东将其股权转让于他人或以其股权投资于其他公司的行为，对公司的资产不产生影响。

即使股东没有办理股权过户手续，也不能将其对股权的处分认定为抽逃出资行为。对于在诉讼中否认公司法人人格，不是绝对地消灭公司法人人格，而只是在个案中相对否定公司法人人格。对于是否确定股东承担无限责任，应根据案件具体情况确定。

五、控股股东或高级管理人员侵害公司利益纠纷的相关问题

1. 公司股东代表公司对控股股东或高级管理人员侵害公司利益的不当行为提起诉讼的（股东派生诉讼），人民法院应予受理，不应以其为非本案直接利害关系人而认定其不具备原告资格。

2. 在审理时，应注意审查以下问题：第一，原告应是现任股东，被告应是作出不当行为的公司控股股东、高级管理人员以及相关交易的相对人。股东提起诉讼之后，法院应通知公司以第三人的身份参加诉讼。第二，应查明公司的利益是否受到实际损害；被告是否实施造成权利义务关系严重失衡的不当行为；公司利益受到的损害与被告的不当行为之间是否存在因果关系；有关交易的相对人被列为共同被告的，应审查其是否为非善意；公司是否因为不当行为人所控制而不能以自己的名义提起诉讼。第三，当事人在诉讼中提出和解的，若经查实该和解方案损害其他股东利益或公司利益的，则对该和解方案不予批准而应继续审理。第四，原告诉请成立的,可以判令撤销有关的交易行为,或判令不当行为人与有关交易的相对人对公司承担损害赔偿责任,并判令公司对原告予以适当补偿。

六、处理股东对公司清算义务的相关问题

1. 有限责任公司由于下列情形解散或被撤销的,股东应对公司进行清算:第一,公司章程规定的营业期限届满或者公司章程规定的其他解散事由出现时;第二,股东会决议解散;第三,公司违反法律、行政法规被依法责令关闭。股东未履行清算义务的,债权人不应直接向其主张对公司的债权,只能要求其履行公司法规定的清算义务。

2. 股东作为清算义务人在公司解散后不及时履行清算义务,致使公司财产流失、贬损的,或者以虚假清算报告或谎称已履行清算程序而将作为债务人的公司注销的,债权人有权向股东主张赔偿因此而产生的损失。

七、股东丧失民事行为能力或失踪、死亡后的公司清算问题

股东丧失民事行为能力、失踪或死亡,公司面临清算的,清算责任人按以下原则确定:股东丧失民事行为能力的,由其监护人作为法定代理人负责清算;没有确定监护人或者监护人互相推诿的,由法院指定监护人负责清算。股东失踪的,由其财产代管人负责清算;没有代管人或者代管人之间有争议的,由法院指定财产代管人负责清算。股东死亡的,由其继承人负责清算;没有继承人或继承人互相推诿的,由法院指定清算责任人。

上海市高级人民法院《关于审理涉及公司诉讼案件若干问题的处理意见(二)》

(沪高法民二〔2003〕15 号　2003 年 12 月 18 日发布实施)

针对近年来本市法院在审理公司诉讼案件中遇到的若干问题,为规范、统一执法,根据《公司法》、《合同法》、《民法通则》及《民事诉讼法》的有关规定,经调查研究形成如下处理意见:

一、处理公司设立中民事责任纠纷的相关问题

1. 因公司的出资人或发起人设立公司的行为所产生的对外债务纠纷,在公司成立之前的,比照合伙关系处理,由全体出资人或发起人连带承担责任;在公司成立之后的,则由公司承担。

设立公司的行为期限,应认定为始于设立协议或公司章程签订之日,终于公司营业执照颁发之日。

设立公司的债务范围，应认定为设立公司所产生的必要费用；对于非必要费用公司可不予承担。

2. 公司设立失败的，因设立公司的必要行为所产生的对外债务，应由全体出资人或发起人连带承担责任；对内则按照约定或者出资比例负担。

因部分出资人或发起人欠缴出资或者其他过错导致公司设立失败，其他已经履行了出资义务的股东提起诉讼，请求判令其承担已发生的设立费用以及违约责任的，人民法院应予支持。

3. 公司成立后，因部分股东出资不足或者出资存在瑕疵，公司提起诉讼，请求判令其补足出资或者补正瑕疵出资，以及支付相应利息的，人民法院应予支持。公司不予起诉，其他履行了出资义务的股东代位提起诉讼的，人民法院也应予以支持。

二、处理股权确认纠纷的相关问题

1. 有限责任公司出资人履行出资义务或者股权转让的受让人支付受让资金后，公司未向其签发出资证明书、未将其记载于公司股东名册或者未将其作为公司股东向公司登记机关申请登记的，出资人或者受让人提起诉讼，请求判令公司履行签发、记载或申请登记义务的，人民法院应予支持。

2. 双方约定一方实际出资，另一方以股东名义参加公司，且约定实际出资人为股东或者承担投资风险的，如实际出资人主张名义出资人转交股份财产利益，人民法院应予支持；但违背法律强制性规定的除外。

一方实际出资，另一方以股东名义参加公司，但双方未约定实际出资人为股东或者承担投资风险，且实际出资人亦未以股东身份参与公司管理或者未实际享受股东权利的，双方之间不应认定为隐名投资关系，可按债权债务关系处理。

在上述实际出资人与名义股东之间发生的纠纷中，可以列公司为第三人参加诉讼。

3. 债权人向工商登记文件中的公司名义股东主张其承担出资不实的赔偿责任的，人民法院应予支持。名义股东向公司债权人承担责任后，可按照约定向实际出资人追偿因此遭受的损失。

在上述纠纷中，公司债权人将实际出资人与名义股东列为共同被告的，人民法院可以根据案情判决双方承担连带责任。名义股东有充分证据证明自己系被他人冒名为股东的,不予承担责任。

三、处理股东权益纠纷的相关问题

1. 有限责任公司股东请求查阅公司章程、股东名册、管理人员名册、财务会计报告、股东会议和董事会会议记录的,人民法院可以判决公司限期提供。

股东请求查阅公司财务会计报告及相关账簿的,应当说明正当理由,包括查阅的原因和目的,否则人民法院不予支持。

2. 有限责任公司股东主张撤销股东会议决议或者认定股东会议决议无效的,应当自股东会议结束之日起 60 日内提起诉讼;逾期起诉的,人民法院不予受理。

3. 有限责任公司股东会就公司合并、分立或者修改公司章程等事项形成决议,并且在决议后股东所持股份难以转让的,在股东会决议表决时投反对票的股东有权请求公司收购其股份。

公司连续多年赢利,且符合《公司法》规定的股东盈余分配条件,而公司不予分配利润的,符合公司法规定的持股份额的股东有权请求公司召开股东会作出决议;在股东会决议表决时投反对票的股东有权请求公司收购其股份。

在上述纠纷中,异议股东应自股东会决议之日起 60 日内,与公司就收购股份进行协商;逾期协商不成的,异议股东才可向人民法院提起诉讼。

四、处理股权转让纠纷的相关问题

1. 有限责任公司股东对外转让股权的,应当向公司和其他股东告知拟受让人和拟转让价格条件,并征求其是否同意转让的意见。公司和其他股东应于 30 日内予以答复,逾期未答复者视为同意转让;公司和其他股东再起诉请求撤销该转让行为的,人民法院不予支持。

2. 有限责任公司股东未足额出资即转让股权,公司或者其他股东请求转让人将转让股权价款用于补足出资的,人民法院应予支持,并且可以追加受让人为第三人参与诉讼。

有限责任公司股东未足额出资即转让股权,受让人以转让标的存在瑕疵或者受到欺诈为由主张撤销合同的,人民法院不予支持,有法律规定的特殊情形除外。

3. 名义股东未经实际出资人同意而将股权转让的,实际出资人按照约定请求名义股东赔偿其因股权被转让而遭受的损失的,人民法院应予支持。

在上述诉讼中,实际出资人以其为实际权利人为由主张转让行为无效,如其不能提供证据证明受让人系明知转让人为名义股东的,人民法院不予支持。

五、处理股东滥用公司人格纠纷的相关问题

1. 公司债权人有充分证据证明控制股东滥用公司人格损害其利益，并要求控制股东承担民事责任的，人民法院可以依照诚实信用原则和权利不得滥用原则予以支持。

在上述诉讼中，控制股东是指实际参与公司的经营管理，并能对公司的主要决策活动施加影响的股东；控制股东可以是持多数股的股东，但不限于持多数股的股东。

2. 对于名为有限责任公司实为个人的独资企业，人民法院应认定企业主对公司的债务承担无限责任。

3. 因下列情形致使公司与其股东之间难以区分，导致公司无力对外清偿债务的，公司的债权人可以要求控制股东对公司的债务承担连带责任：

（一）公司的盈利与股东的收益不加区分，致使双方财务账目严重不清的；

（二）公司与股东的资金混同，并持续地使用同一银行账户的；

（三）公司与股东之间的业务持续地混同，公司的交易行为、交易方式、交易价格等均由控制股东支配的。

4. 控制公司滥用从属公司人格的，控制公司对从属公司的债权不享有抵销权，其欠从属公司的债务必须依法清偿；从属公司的其他债权人以从属公司怠于行使其到期债权为由提起代位诉讼的，人民法院应予支持。

北京市高级人民法院《关于审理公司纠纷案件若干问题的指导意见（试行）》

（2004 年 2 月 9 日北京市高级人民法院审判委员会第 116 次会议通过
2004 年 2 月 24 日发布实施）

一、诉讼主体问题

1. 有限责任公司设立中的筹备组是否具备诉讼主体资格？

有限责任公司设立中的筹备组没有独立的财产，不能独立地承担民事责任，因此不具备诉讼主体资格。因公司筹备组行为发生的民事诉讼，公司依法成立的，以公司为当事人；公司未成立的，以负责成立、组织筹备组的创办人或发起人为当事人。

2. 职工持股会是否具备诉讼主体资格？

凡经过核准登记，取得社团法人资格的职工持股会即具有诉讼主体资格；未经登记而以职工持股会名义进行集资入股活动的，以负责组织、发起人为诉讼主体。

3. 涉及股东会议、董事会议的诉讼如何确定被告？

涉及因股东会议、董事会议而提起的诉讼包括要求召开股东会议、董事会议，请求确认股东会议、董事会议决议效力，请求撤销股东会议决议、董事会议决议案件。股东会是公司的权力机构，代表公司行使法定的和公司章程所规定的职权；董事会对股东会负责，是公司的执行机构。股东会议、董事会议的召开及决议均属于公司法人行为，此类诉讼，应当以公司为被告。

根据无效的股东会议、董事会议决议取得财产利益的当事人可以列为共同被告或第三人。

4. 涉及有限责任公司股权转让、变更登记纠纷提起的诉讼如何确定当事人？

因有限责任公司股权转让合同纠纷提起的诉讼，应当以股权转让合同的签订人，即股权的转让人与受让人作为原告或被告，如涉及办理有关股权变更登记纠纷，可以将公司列为第三人。

股权转让合同生效后，因办理有关股权变更登记而产生的纠纷，应当以依据股权转让协议取得股东资格的股权受让人为原告，有义务办理公司登记变更的公司为被告，如涉及股权转让事宜，可以将股权转让人列为第三人。

5. 股东的签名被他人冒用，导致其股权被转让并丧失股东身份提起的诉讼如何确定被告？

实践中该类诉讼分为两种情形：

(1)股东以其签名被他人冒用为由，主张股权转让协议无效，应当以股权转让协议中的股权受让人为被告，确认股权转让协议效力；

(2)股东以股东大会对其股权予以转让所作决议无效为由提起诉讼，应当以公司为被告，确认股东大会决议效力。

冒用他人名义的责任人在第(1)种情形下可以作为共同被告，在第(2)种情形下可以作为无独立请求权的第三人参加诉讼。

6. 因公司与股东以外的第三人签订出资协议纠纷而提起的诉讼如何确定当事人？

公司与股东以外的第三人签订出资协议，由股东以外的第三人向公司投资，公司承诺给其股东身份，属于公司增资扩股行为。由此提起的诉讼，应当以公司和增资扩股协议的签订人为双方当事人。

公司股东对增资扩股协议有异议的,可以作为原告提起诉讼,以公司和增资扩股协议的签订人为共同被告。

7. 涉及股东知情权纠纷提起的诉讼如何确定被告?

股东行使知情权的义务主体是公司,涉及股东知情权纠纷提起的诉讼应当以公司为被告。

8. 股东以公司利益受到股东或公司管理人员不当行为的侵害提起的诉讼如何确定当事人?

该类诉讼属于股东代表公司利益提起的诉讼,公司股东可以作为原告,被告为作出不当行为的股东或公司管理人员以及相关交易的相对人,公司应当作为第三人参加诉讼。

9. 有限责任公司被吊销营业执照后,股东能否直接提起要求清算的诉讼?

有限责任公司被吊销营业执照后依法应当进入清算程序,股东在其他股东不履行清算义务时可以作为原告提起要求公司清算的诉讼。公司是被清算的客体,股东是法定的清算义务人,不履行清算义务的股东应当作为该类诉讼的被告。

10. 有限责任公司已经成立了清算组进行清算,因掌握与公司清算有关的公司档案文件、财务账簿以及印章等的股东或公司管理人员不向清算组交付上述物品导致清算组不能清算而提起的诉讼,如何确定当事人?

有限责任公司成为清算法人后,依法成立的清算组具有独立的诉讼主体资格。依法清算是清算组的权利和义务,该权利不能行使时,清算组有权作为原告提起诉讼;不执行股东大会决议,为清算组工作制造障碍的股东或公司管理人员应当作为被告。

二、股东资格与股东出资问题

11. 如何确认有限责任公司股东资格?

股东资格是投资人取得和行使股东权利并承担股东义务的基础。依据《公司法》的相关规定,有限责任公司股东资格的确认,涉及实际出资数额、股权转让合同、公司章程、股东名册、出资证明书、工商登记等。确认股东资格应当综合考虑多种因素,在具体案件中对事实证据的审查认定,应当根据当事人具体实施民事行为的真实意思表示,选择确认股东资格的标准。

12. 有限责任公司自然人股东死亡,其继承人能否直接主张继承股东资格?

有限责任公司作为具有人合性质的法人团体,股东资格的取得必须得到其他股东作为一个整体即公司的承认或认可。有限责任公司的自然人股东死亡后,其继承人依法可以继承的是与该股东所拥有的股权相对应的财产权益。如果公司章程规定或股东会议决议同意该股东的继承人可以直接继受死亡股东的股东资格,在不违反相关法律规定的前提下,法院应当判决确认其股东资格,否则应当裁定驳回其起诉。

13. 国有企业划拨土地使用权能否直接作为股东出资?

依照我国有关法律规定,国有企业划拨土地使用权必须经过国家土地管理部门按照法律规定进行审查、评估,由申请人向国家土地管理部门交纳土地使用权出让金,将其出让土地使用权的价值折成股本金后方能作为股东的出资。

以国有企业划拨土地使用权作为股东出资,应当以是否办理土地使用权变更登记手续作为认定出资的标准。

14. 有限责任公司中持股职工能否退股?

依据我国现行相关政策的规定,持股职工具有实质意义上的股东地位,持股职工与职工持股会、股东代表、工会之间建立信托合同关系,通过股东代表、职工持股会、工会间接行使股东权利。持股职工向公司要求退回股金,本质上产生与股东退股同样的法律后果。按照《公司法》一般原则,股东在公司登记后,不得抽回出资,持股职工应当通过转让出资或公司回购的形式将股本金收回。

15. 股权转让款已经实际交付,公司尚未办理股权转让确认或变更登记即被吊销企业法人营业执照,股权受让人能否向股权转让人主张撤销或解除股权转让合同?

股权转让协议生效后,股权受让人已经支付了股权转让款,公司尚未办理转让后的股权确认或变更登记即被吊销企业法人营业执照,致使股权受让人对公司的收益权无法实现,股权受让人只有在《合同法》第五十四条、第九十四条规定的情形下,才有权请求撤销或解除股权转让合同。该类诉讼,应当由股权受让人承担举证责任。

三、诉讼时效问题

16. 有限责任公司股东未履行或未完全履行出资义务,其他股东或公司要求其补足出资,如何计算诉讼时效期间?

有限责任公司股东履行出资义务是依据公司章程履行合同义务,未履行或未完全履行出资义务属于违约行为,其他股东有权对其提起要求补足出资的诉讼。

诉讼时效期间应当依据公司章程规定的出资时间起计算。

有限责任公司股东不履行出资义务是对公司的侵权行为，公司有权对其提起要求补足出资的诉讼，诉讼时效期间的计算适用《民法通则》第一百三十七条之规定。股东因此提起代表诉讼的，亦适用该规定。

17. 有限责任公司股东要求确认其股东资格，如何计算诉讼时效期间？

有限责任公司股东要求确认其股东资格，诉讼时效期间的计算适用《民法通则》第一百三十七条之规定。

18. 有限责任公司股权受让人依据股权转让合同已经取得公司对其股东身份的确认，股权转让人要求股权受让人给付股权转让款，如何计算诉讼时效期间？

有限责任公司股权转让人依据股权转让合同要求股权受让人给付股权转让款，诉讼时效期间应当依据股权转让合同约定的给付股权转让款时间起计算。

四、法律适用问题

19. 涉及股份合作制企业纠纷的法律适用。

股份合作制企业既不同于有限责任公司，也不是合伙企业，审理该类案件的主要依据是企业章程，并参照国家体改委《关于发展城市股份合作制企业的指导意见》(1997 年 8 月 6 日发布)。

20. 涉及企业改制而发生的公司纠纷的法律适用。

涉及企业改制而发生的公司纠纷分为与企业改制相关的民事纠纷和基于改制后公司法律关系发生的民事纠纷。与企业改制相关的民事纠纷包括企业改制过程中发生的民事纠纷和因企业改制涉及他人民事权益而引发的民事纠纷，该类纠纷应当适用最高人民法院《关于审理与企业改制相关的民事纠纷案件若干问题的规定》；企业完成公司制改造后成立的有限责任公司、股份有限责任公司、国有独资公司基于公司法律关系发生的民事纠纷应当适用《公司法》。

21. 中外合资、合作企业、外资企业纠纷如何适用《公司法》？

《公司法》第十八条规定："外商投资的有限责任公司适用本法，有关中外合资经营企业、中外合作经营企业、外资企业的法律另有规定的，适用其规定。"据此，中外合资、合作企业、外资企业纠纷应当首先适用《中外合资经营企业法》、《中外合资经营企业法实施条例》、《中外合作经营企业法》、《中外合作经营企业法实施细则》、《外资企业法》、《外资企业法实施细则》。上述法律没有规定的，应当适用《公司法》。

22. 公司章程与《公司法》条款规定不一致时的法律适用原则。

公司章程是股东之间的协议,是公司的组织准则与行为准则,只要不违反法律、行政法规的强制性规定,公司章程即具有法定约束力。公司章程与《公司法》条款规定不一致时,应当结合具体案件判定所涉法条的性质是否属于强制性规定,凡所涉法条不属于强制性规定的,即不影响公司章程的效力。

五、其他问题

23. 已经被法院判决限期清算,并成立了清算组进行清算的公司,对于清算组已经确认但拒绝清偿的债务纠纷,如何确定管辖及审理原则?

清理债权债务是清算的内容之一,属于法院判决清算的执行内容。对于清算组已经确认的债务,清算组对债务清偿无异议,但不履行清偿义务,债权人可以直接向判决限期清算的法院申请强制执行;清算组对债务的清偿提出异议的,债权人有权对清算组提起诉讼,由法院进行实体审理。

为保障各债权人对于公司清算后的财产平等受偿的权利,便于法院对案件的审理和判决的执行,该类案件应当由判决限期清算的法院一并管辖。

24. 附则。

本"指导意见"自下发之日起施行。

下发之日起尚未审结的一、二审案件适用本"指导意见";下发之日起已经终审,当事人申请再审或者按审判监督程序提起再审的案件,不适用本"指导意见"。

如本"指导意见"中的具体意见与新颁布的法律、法规或司法解释不一致的,以法律、法规或司法解释为准。

山东省高级人民法院《关于审理公司纠纷案件若干问题的意见(试行)》

(2006年12月26日山东省高级人民法院第68次会议讨论通过
鲁高法发〔2007〕3号　2007年1月15日发布实施)

为统一全省法院的审判尺度和标准,正确审理公司纠纷案件,根据《中华人民共和国公司法》(以下简称《公司法》)、《中华人民共和国民法通则》(以下简称《民法通则》)、《中华人民共和国合同法》(以下简称《合同法》)、《中华人民共和国公司登记管理条例》等法律法规及最高人民法院有关司法解释的规定,结合我省审判实际,制订本意见。

一、设立公司行为产生纠纷的处理

1. 设立中的公司不具有民事主体和诉讼主体资格。设立公司过程中,发起人以“公司”或“公司筹备组”名义从事民事行为所产生的债务纠纷，根据案件具体情况，以发起人或成立后的公司为诉讼当事人。

设立公司过程中，发起人以“公司”或“公司筹备组”名义从事民事行为的，人民法院不得因设立中的公司不具有民事主体资格而认定民事行为无效。

2. 发起人为设立公司以自己的名义与他人签订合同的，由该发起人承担责任。但公司成立后对上述合同进行确认，或者已经实际享有合同权利的，合同相对人在知道该事实后有权选择公司或该发起人主张权利，但一经选定不得变更。

3. 发起人在公司设立过程中，以“公司”或“公司筹备组”等设立中公司的名义与他人签订合同的，公司在成立后应当承继合同的权利义务，合同相对人向发起人主张权利的，人民法院不予支持；公司未能成立的，合同相对人要求全体发起人承担连带责任的，人民法院应予支持。

公司或其他发起人有证据证明发起人冒用设立中公司的名义，为自己的利益与他人签订合同，向公司转嫁债务，公司或其他发起人请求不承担责任的，人民法院应予支持，但合同相对人为善意的除外。

4. 发起人之间在设立公司过程中产生的纠纷按照发起人协议或投资协议处理，未订立发起人协议或投资协议的，按照公司章程处理。发起人协议或投资协议被确认无效的，按照有关法律规定处理。

公司成立后，发起人协议或投资协议与公司章程规定不一致的，以公司章程规定为准。但发起人之间有特殊约定的除外。

5. 公司依法成立后，发起人仅以发起人协议或投资协议被确认无效、撤销、解除为由主张公司设立无效、申请解散公司或要求收回出资的，人民法院不予支持。

6. 本意见所称发起人是指公司设立阶段从事公司设立活动并对公司设立承担法定责任的自然人、法人或其他组织。

有限责任公司成立时的全体股东视为公司设立阶段的发起人。

二、股东出资纠纷的处理

7. 股东不得以劳务、信用、自然人姓名、商誉、特许经营权或者设定担保的财产作价出资。

8. 集体土地使用权不得作为出资。但符合《中华人民共和国土地管理法》第六十条规定情形的除外。

9. 股东以其享有的划拨土地使用权出资，在一审法庭辩论终结前依法补办土地使用权出让手续并缴纳土地出让金的，人民法院可以认定股东履行了出资义务。

10. 股东以房屋、土地使用权、船舶、车辆、知识产权等财产作价出资，未依有关法律规定办理权属转让手续的，应认定股东未履行出资义务。但在一审法庭辩论终结前补办有关权属转让手续的除外。

上述财产补办了权属转让手续，且在此之前财产已经交付公司实际使用的，人民法院可以认定实际交付的时间为履行出资义务的时间。

股东以上述财产作价出资，拒不办理权属转让手续的，公司可以请求人民法院判令股东限期办理权属转让手续或承担同等价值的给付。

11. 本意见所称瑕疵出资包括虚假出资和抽逃出资。股东未按期足额缴纳出资、在公司成立前非法将其缴纳的出资款全部或部分抽回，或者作为出资的非货币财产的实际价额显著低于公司章程所定价额的，构成虚假出资；股东在公司成立后非法将其缴纳的出资全部或部分抽回的，构成抽逃出资，但根据出资款的来源、抽逃的时间等足以证明股东有虚假出资意图的视为虚假出资。

公司违反《公司法》第一百六十七条第一款、第二款规定分配利润，或者制作虚假财务会计报表虚增利润进行分配的，违法分配的利润视为抽逃出资。

12. 公司或公司债权人主张股东瑕疵出资，并举出对瑕疵出资行为产生合理怀疑的初步证据或有关线索的，应由该股东对不存在瑕疵出资承担举证责任。

股东出资或补充出资后，未经依法设立的验资机构验资并出具证明的，由该股东对出资或补充出资是否到位承担举证责任。

股东以非货币财产出资或补充出资时未经评估作价的，公司或公司债权人主张财产实际价额显著低于公司章程所定价额，并申请评估鉴定的，人民法院应予准许。但该股东有充分证据证明财产实际价额与公司章程所定价额相符的除外。

13. 股东瑕疵出资的，公司有权要求其补缴出资，并赔偿损失。

公司怠于行使上述权利的，公司其他股东可根据《公司法》第一百五十二条之规定提起诉讼。

14. 公司设立时，发起人虚假出资的，其他发起人承担连带补缴责任。该责任不因其他发起人转让股权而免除。

股东抽逃出资的，帮助抽逃出资的股东、董事、经理、其他高级管理人员承担连带责任。

公司新增资本时，股东虚假出资的，负有责任的董事、经理、其他高级管理人员承担连带责任。

以上三款规定的责任人承担责任后,可向瑕疵出资的发起人或股东追偿,也可以要求其他连带责任人清偿其应当分担的份额。

15. 股东瑕疵出资的,公司不能清偿债务时,公司债权人有权要求该股东在瑕疵出资范围内对公司债务承担补充赔偿责任。

前款所称“不能清偿”是指对公司的存款、现金、有价证券、成品、半成品、原材料、交通工具、房屋、土地使用权等可以方便执行的财产执行完毕后,债务仍未得到清偿的状态。

16. 本意见第十三条、十四条、十五条规定的责任人已经承担了与其责任范围相符的公司债务的,其对公司或公司债权人不再承担责任。

17. 瑕疵出资股东可以补充出资。但在公司债权人要求瑕疵出资股东对公司债务承担责任的诉讼中,股东向公司补充出资的,不产生对抗该债权人的法律效力。

18. 瑕疵出资股东对公司享有到期债权的,该股东或公司可以依据《合同法》第九十九条、一百条之规定以该债权抵销相应的瑕疵出资。但下列情形除外:

(1)公司已经进入破产程序的;

(2)公司债权人已经提起要求瑕疵出资股东对公司债务承担责任的诉讼的。

19. 公司股东会、股东大会形成利润分配决议且利润分配符合法定条件的,对于瑕疵出资股东依法所应分取的利润,该股东或公司可主张以其抵销相应的瑕疵出资。

公司股东会、股东大会未形成利润分配决议或决议不分配利润的,瑕疵出资股东仅以公司有可分配利润为由主张已经补缴出资的,人民法院不予支持。

20. 公司章程规定股东分期缴纳出资的,出资期限届满前,公司或公司债权人向该股东主张权利的,人民法院不予支持。

公司进入破产或清算程序的,股东未到期的出资义务视为到期。

21. 公司未按照《公司法》第一百七十八条之规定通知债权人,或者未按照债权人的要求清偿债务或提供相应的担保即减少注册资本的,公司债权人可以要求股东在各自收回出资的范围内对减资前的公司债务连带承担补充赔偿责任。

22. 股东虚假出资导致公司的实收资本低于《公司法》规定的最低注册资本限额的,股东应对公司债务承担无限清偿责任。公司设立时的其他发起人承担连带责任。

23. 公司追究股东瑕疵出资民事责任的,不受《民法通则》第一百三十五条诉讼时效的限制。

公司债权人要求股东在瑕疵出资范围内对公司债务承担补充赔偿责任的,诉讼时效自债权人知道或应当知道股东瑕疵出资之日起算。公司债权人在债务履行期届满前知道或应当知道股东瑕疵出资的,诉讼时效自债务履行期届满之次日起算。

三、有限责任公司股东资格确认纠纷的处理

24. 请求确认股东资格的案件,应当以公司为被告,与案件争议股权有利害关系的人可以作为第三人参加诉讼。

25. 当事人就股东资格发生争议提起诉讼的,案由应确定为股东资格确认纠纷。

26. 当事人对股东资格发生争议时,人民法院应结合公司章程、股东名册、工商登记、出资情况、出资证明书、是否实际行使股东权利等因素,充分考虑当事人实施民事行为的真实意思表示,综合对股东资格作出认定。

27. 股东名册记载之股东,人民法院应认定其具有股东资格。但有其他证据证明股东名册记载错误的除外。

28. 公司未置备股东名册,或股东名册未予记载,但在公司章程上签名并为公司章程记载为股东的,人民法院应认定其具有股东资格。

股东仅以未被股东名册记载为由主张收回出资或拒绝承担补缴出资义务的,人民法院不予支持。

29. 出资人虽未签署公司章程,但已经按照发起人协议或投资协议实际出资,并被工商登记记载为股东,出资人主张不具有股东资格,要求收回出资的,人民法院不予支持。

30. 出资人按照发起人协议或投资协议向公司出资后,未签署公司章程,其出资额亦未构成公司注册资本的组成部分,出资人要求确认股东资格的,人民法院不予支持。

上述情形,出资人向公司要求收回出资并支付相应利息的,人民法院应予支持。但出资人已经实际行使股东权利的,公司可以要求该出资人退还行使股东权利期间所取得的财产利益。

31. 股东与第三人约定该第三人无须出资,但可享受公司利润,第三人要求确认股东资格或要求公司支付利润的，人民法院不予支持。

32. 当事人仅以股东瑕疵出资为由主张其不具备股东资格的，人民法院不予支持。

33. 公司经股东会决议增资，并与第三人签订增资协议收取股款后，拒不办理股东名册和工商登记变更手续的，该第三人申请解除增资协议，要求收回出资并支付相应利息的，人民法院应予支持。但第三人已经实际行使股东权利的，公司可以要求该第三人退还行使股东权利期间所取得的财产利益。

34. 公司未经股东会决议与第三人签订增资协议收取股款，并办理股东名册、工商登记变更手续的，该第三人请求确认股东资格的，人民法院不予支持。但股东会事后决议追认，或者享有公司三分之二以上表决权的股东实际认可该第三人享有并行使股东权利的除外。

35. 股权转让合同生效后，受让人的股东资格自转让人或受让人将股权转让事实通知公司之日取得。但股权转让合同对股权的转让有特殊约定，或者股权转让合同无效、被撤销或解除的除外。

股东将同一股权多次转让的，人民法院应认定取得工商变更登记的受让人具有股东资格。

股东将同一股权多次转让，且均未办理工商登记变更手续的，股权转让通知先到达公司的受让人取得股东资格。

36. 实际出资人与他人约定以该他人名义出资自己享有股东权利、承担投资风险的，该约定不得对抗公司。但实际出资人已经以股东身份直接享有并行使股东权利，其请求否定名义出资人股东资格，并确认自己股东资格的，如无违反法律、行政法规禁止性规定的情形，人民法院应予支持。

实际出资人以他人名义出资，双方未约定股权归属、投资风险承担，且无法确认实际出资人具有股东资格的，实际出资人与名义出资人之间按借贷关系处理。

37. 职工持股会已经办理社团法人登记的，可以代表职工作为投资主体行使股东权利。职工请求确认股东资格，或者向公司请求收回出资的，人民法院不予支持。

38. 盗用他人名义出资的，被盗名者不具有股东资格。

盗用他人名义或以根本不存在的人的名义出资的，由实际出资人或直接责任人承担相应民事责任。

39. 股东资格未被工商登记所记载的，不具有对抗第三人的法律效力。

工商登记所记载之股东不得以其实际不具备股东资格为由对抗第三人,但被冒名登记的除外。

公司债权人依照有关法律规定向被工商登记记载为股东的名义出资人主张权利的,人民法院应予支持。实际出资人直接享有并行使股东权利的,债权人有权要求实际出资人和名义出资人承担连带责任。

40. 人民法院依法对股权采取冻结保全措施的,股东的表决权、知情权等共益权以及新股认购权、优先购买权等不受影响。

41. 股东请求公司签发出资证明书、记载于股东名册和公司章程、办理工商登记变更手续,公司拒绝办理,股东起诉请求公司履行义务的,人民法院应予支持。

42. 人民法院的生效裁判文书已对股东资格或股权变动予以确认,第三人以未办理工商登记变更手续为由进行抗辩的,人民法院不予支持。但未办理工商登记变更手续前,生效裁判文书所确认的股东不得对股权进行处分。

43. 当事人请求人民法院确认股东资格的,不受《民法通则》第一百三十五条诉讼时效的限制。

四、有限责任公司股权转让纠纷的处理

44. 当事人以未办理股东名册或工商登记变更手续为由主张股权转让合同无效或不生效的,人民法院不予支持。但股权转让合同对合同生效条件有特殊约定的除外。

转让已被人民法院采取冻结措施的股权的,股权转让合同无效。

45. 股东未按照《公司法》第七十二条第一款的规定征得其他股东过半数同意而向非股东转让股权的,其他股东可以申请人民法院撤销股权转让合同。

46. 公司半数以上其他股东不同意向非股东转让股权的,拟转让股权的股东可以要求异议股东在不少于三十日的期限内购买拟转让的股权。异议股东在上述期限内未作购买的意思表示的,视为同意向非股东转让股权。

拟转让股权的股东与异议股东就价格条件不能协商一致时,当事人主张以评估方式确定股权转让价格的,人民法院应予支持。

异议股东为两人以上且相互之间对于购买比例不能协商一致的,按照异议股东之间的出资比例购买。

47. 股东经其他股东过半数同意转让股权,但未向其他股东告知转让价格等内容而与非股东订立股权转让合同,或者股权实际转让价格低于告知其他股东的价格的，其他股东可以申请人民法院撤销股权转让合同。

人民法院撤销股权转让合同的，申请撤销的其他股东应当承继股权转让合同的权利义务。未申请撤销的其他股东也主张购买该股权的，按照《公司法》第七十二条第三款处理。

48. 股东告知其他股东转让价格等主要条件，并要求其他股东在限定期限内予以答复，其他股东未予答复的，视为放弃优先购买权。限定答复的期限不得少于三十日。

49. 股东向非股东转让股权时，其他股东主张优先购买部分股权的，视为放弃优先购买权。但转让人同意其他股东部分购买，且受让人同意继续购买剩余股权的除外。

50. 瑕疵出资股东转让股权的，人民法院不得以出资存在瑕疵为由认定股权转让合同无效。

股东转让股权时隐瞒瑕疵出资事实的，受让人可以受欺诈为由请求撤销股权转让合同。

51. 瑕疵出资股东转让股权后，瑕疵出资的民事责任由转让人与受让人连带承担。

转让人或受让人不得以内部关于责任承担的约定对抗公司和公司债权人。

52. 名义出资人未经实际出资人同意处分股权，实际出资人由此主张股权处分行为无效的，人民法院不予支持。

53. 公司章程规定股东因退休、解聘、调动等原因离开公司时应将股权转让给其他股东，但未规定具体受让人，且当事人无法协商一致的，股东会确定的股东有权受让该股权。公司章程对股权转让价格未作规定，且当事人不能协商一致时，一方请求以评估方式确定股权转让价格的，人民法院应予支持。

54. 股权转让后，公司拒不办理工商登记变更手续的，转让人或受让人有权提起诉讼，要求公司办理工商登记变更手续。

55. 股东以股权转让未征得其同意或侵害其优先购买权为由申请撤销股权转让合同的，应列转让人为被告，受让人为第三人。

五、侵害公司及股东权益纠纷的处理

（一）股东会、股东大会、董事会决议无效或撤销纠纷

56. 股东、董事、监事申请确认股东会、股东大会、董事会决议无效，或者股东申

请撤销股东会、股东大会、董事会决议的,应以公司为被告。

公司法定代表人对公司股东会、股东大会或董事会决议申请确认无效或撤销的,由公司推荐认可上述决议效力的其他股东、董事或者监事代表公司参加诉讼。

57. 股东超过《公司法》第二十二条第二款规定期限申请人民法院撤销股东会、股东大会、董事会决议的,人民法院不予受理。

58. 当事人对股东会、股东大会、董事会决议申请确认无效或撤销,人民法院驳回其诉讼请求的,他人以相同的事实和理由再次起诉的,人民法院不予受理。

59. 股东丧失股东资格后对股东会、股东大会、董事会决议申请撤销的,人民法院不予受理。但剥夺其股东资格的决议除外。

60. 公司召集股东会或股东大会,未按照《公司法》第四十二条、第一百零三条之规定履行通知义务,但未被通知的股东已经实际参加会议并表决的,其以未被通知为由申请撤销决议的,人民法院不予支持。

61. 公司拒不按照股东会、股东大会或董事会决议办理工商登记变更手续的,股东、董事、监事等利害关系人有权提起诉讼,要求公司办理工商登记变更手续。

(二)股东知情权纠纷

62. 股东要求公司提供《公司法》第三十四条第一款、第九十八条规定之文件材料供其查阅或复制,公司予以拒绝的,股东可以请求人民法院要求公司提供查阅或复制。公司以股东有不正当目的为由进行抗辩的,人民法院不予支持。

63. 有限责任公司股东起诉要求查阅公司会计账簿的,应具备以下条件,否则人民法院不予受理:

(1)股东向公司提出书面查阅请求,公司拒绝提供查阅或在收到书面请求之日起十五日内未作答复;

(2)有明确具体的查阅事项。

股东有权查阅的会计账簿包括记账凭证和原始凭证。

64. 股东转让股权后要求查阅任股东期间的会计账簿的,人民法院不予受理。

65. 公司章程关于股东不得查阅公司文件的规定无效。

66. 人民法院审查认为原告诉讼请求成立的,应依法作出判决。判决主文表述为:××公司于本判决生效之日起十日内将××文件提供给××股东查阅(复制)。

(三)利润分配纠纷

67. 有限责任公司全体股东约定不按照出资比例分配利润的,该约定有效。该约定对于形成约定后新加入的股东没有约束力，但新加入的股东明确表示认可的除外。

68. 公司股东会、股东大会形成利润分配决议，但未向股东实际支付的，股东有权提起诉讼要求公司履行支付义务。

公司股东会、股东大会未形成利润分配决议，股东提起诉讼要求分配利润的，人民法院不予支持。

69. 股东以公司可分配利润大于股东会、股东大会所确认的数额为由提起诉讼，要求按照实际数额分配利润的，人民法院不予支持。

70. 股东以股东会、股东大会确认的利润分配比例错误为由提起诉讼，要求按照其他比例分配利润的，人民法院不予支持。

71. 股权转让前，公司股东会、股东大会已经形成利润分配决议的，转让人在转让股权后有权向公司要求给付相应利润。

转让人因股权转让丧失股权后，股东会、股东大会就转让前的公司利润形成分配决议，转让人要求公司给付相应利润的，人民法院不予支持。

转让人或受让人不得以其相互之间的约定对抗公司。

72. 股东瑕疵出资的，公司或者其他股东可以主张按实缴出资数额向该股东分配公司利润。

（四）股东代表诉讼纠纷

73. 股东依照《公司法》第一百五十二条之规定提起诉讼的，案由应确定为股东代表诉讼纠纷。

74. 股东代表诉讼纠纷由公司住所地人民法院管辖。

75. 有限责任公司股东可以作为原告提起股东代表诉讼。股份有限公司股东提起诉讼时，已经连续一百八十日以上持股，并单独或合计持股在公司股份百分之一以上的，人民法院应认定其具有原告资格。

诉讼中，原告丧失股东资格的，人民法院应裁定驳回起诉。

76. 股东提起代表诉讼，未将公司列为诉讼当事人的，人民法院应当通知公司作为第三人参加诉讼。

股东提起代表诉讼后，公司就同一事实和理由另行提起诉讼的，人民法院不予受理。但股东代表诉讼被人民法院裁定不予受理或驳回起诉的除外。

77. 股东未按照《公司法》第一百五十二条第一款、第二款规定向监事会、不设监事会的有限责任公司监事,或者董事会、不设董事会的有限责任公司的执行董事提出书面请求而直接向人民法院起诉的,人民法院不予受理。但情况紧急、不立即提起诉讼将会使公司利益受到难以弥补的损害的除外。

股东依据《公司法》第一百五十二条第三款规定起诉的,应事先向董事会或者不设董事会的有限责任公司的执行董事提出书面请求,否则人民法院不予受理。但情况紧急、不立即提起诉讼将会使公司利益受到难以弥补的损害的除外。

78. 股东代表诉讼中,人民法院支持原告诉讼请求的,应将诉讼请求的利益判归公司。

上述情形,股东因为诉讼所支出的合理费用,除判令由被告承担的外,可以向公司主张承担。

79. 股东提起代表诉讼,人民法院驳回其诉讼请求的,其他股东以相同的事实和理由再次起诉的,人民法院不予受理。

80. 股东代表诉讼中,当事人达成和解协议并经公司股东会或股东大会决议通过,原告申请撤诉或者当事人申请人民法院出具调解书的,人民法院可以裁定撤诉或者出具调解书。

(五)有限责任公司股权回购纠纷

81. 具有《公司法》第七十五条第一款第(一)项之情形,如果公司连续五年未召开股东会对分配利润进行决议的,持有公司不足十分之一表决权的股东可以请求公司按照合理的价格收购其股权。

82. 股东超过《公司法》第七十五条第二款规定期限提起诉讼的,人民法院不予受理。

83. 股东依照《公司法》第七十五条之规定要求公司收购股权,但就股权收购价格不能协商一致的,股东主张以评估方式确定股权收购价格的,人民法院应予支持。

(六)其他纠纷

84. 公司董事会、监事会未依照《公司法》和公司章程有关规定按时召集股东会或股东大会的,股东提起诉讼要求召开股东会或股东大会的,人民法院不予受理。

85. 股东、董事、经理及他人侵占公司印鉴,公司起诉要求其返还印鉴并赔偿损失的,人民法院应予支持。

前款之诉讼,以及印鉴被侵占期间公司需要参加的其他诉讼,公司以法定代表人签署之文件起诉或应诉的,人民法院应予准许。公司法定代表人变更但未办理工商登记变更手续的,新法定代表人可以持有关变更决议证明其法定代表人身份。

86.公司股东会、股东大会或董事会根据公司章程规定决议变更法定代表人的,自决议生效之日,新法定代表人取得代表资格。但未变更工商登记的,不得对抗第三人。

诉讼中,公司法定代表人变更的,由新法定代表人继续进行诉讼。但原法定代表人已经进行的诉讼行为有效。

当事人因法定代表人变更产生争议并形成诉讼的,新法定代表人代表公司起诉或应诉的其他案件应中止审理。

六、司法解散公司纠纷的处理

87.股东依照《公司法》第一百八十三条规定请求解散公司的,由公司住所地人民法院管辖。

88.股东请求解散公司的,应以公司为被告,公司的其他有关股东为第三人。

89.代表公司百分之十以上表决权的股东,可以请求人民法院解散公司。股东的该项诉权不受出资瑕疵的影响。

诉讼中,原告丧失股东资格或实际享有的表决权达不到百分之十的,人民法院应裁定驳回起诉。

90.公司章程规定股东不得请求解散公司,或对解散条件作出较《公司法》第一百八十三条规定更严格的限制的,该规定无效。

91.具有下列情形之一的,人民法院可以认定出现了《公司法》第一百八十三条规定的"公司经营管理发生严重困难":

(1)公司在经营过程中遇到重大困难,继续经营将造成公司难以挽回的损失的;

(2)股东之间发生严重分歧,长期无法形成有效决议的;

(3)公司出现其他难以存续的事由的。

92.人民法院审查认为公司符合解散条件的,应依法作出解散公司的判决。判决主文表述为:××公司于本判决生效之日解散。

93.人民法院不得在判令解散公司同时指令和组织清算组进行清算。当事人申请指令清算组进行清算的,依照本意见第九十五条、九十八条、九十九条规定处理。

94. 人民法院审理司法解散公司案件时,应注重做好调解工作,鼓励当事人达成和解。

七、公司清算纠纷的处理

95. 股东或债权人依据《公司法》第一百八十四条规定申请人民法院指定清算组进行清算的,由公司住所地人民法院管辖。公司为县、县级市或者区工商行政管理机关核准登记的,由公司住所地基层人民法院管辖。公司为地区、地级市(含本级)以上的工商行政管理机关核准登记的,由公司住所地中级人民法院管辖。

96. 清算期间,公司具有民事权利能力和行为能力,但不得开展与清算无关的经营活动。

清算期间,公司仍应以自己的名义参加诉讼活动。依法成立清算组的,由清算组长代表公司参加诉讼。未成立清算组的,由清算义务人或清算义务人共同委托的负责人代表公司参加诉讼。

清算期间,是指公司解散事由出现之日,至公司清算完毕办理注销登记之前的期间。

97. 清算期间,公司从事的与清算无关的民事行为无效。行为相对人明知或应知公司已经进入清算期间的,对于民事行为无效所造成的损失由公司与行为相对人根据各自过错程度分担。行为相对人不知公司已经进入清算期间的,对于民事行为无效而给自己造成的损失,由公司赔偿。

98. 公司解散事由出现之日起十五日内,清算义务人应成立清算组进行清算。

清算义务人是指出现解散事由时有限责任公司的股东,股份有限公司的董事。

99. 清算义务人逾期不成立清算组的,公司股东或债权人可以根据《公司法》第一百八十四条规定申请人民法院指定清算组进行清算。

上述案件,应列提出申请的股东或债权人为申请人,清算义务人为被申请人,案由确定为申请人民法院指定清算组案,案号为(××××)×清字第××号。该类案件不适用《中华人民共和国民事诉讼法》有关案件审理期限的规定。

人民法院经审查申请成立的,应裁定指定有关清算义务人组成清算组,并限令其在十五日内进行清算。清算义务人下落不明或者不适合担任清算组成员的,人民法院可以指定有关中介机构进行清算。裁定主文表述为:一、指定××为××公司清算组成员(列明清算组长);二、限令清算组于本裁定生效后十五日内对××公司组织清算。该裁定当事人不得上诉。

100. 人民法院依照《公司法》第一百八十四条规定组织清算组进行清算的，有关清算事务由清算组负责。但人民法院应对清算过程进行监督，有权撤换不称职的清算组成员并对违反清算程序的行为进行纠正。公司清算结束后，人民法院应对清算组制作的清算报告审查确认后裁定终结清算程序。

清算中所涉及的民事权利义务纠纷按照普通民事诉讼程序由有管辖权的人民法院进行审理。

101. 清算期间，公司债权人提起诉讼，要求清算义务人履行清算义务的，人民法院不予受理。但应告知其按照《公司法》第一百八十四条规定申请人民法院指定清算组。

清算期间，公司债权人以公司和清算义务人为共同被告提起诉讼，在诉请公司清偿债务同时，要求清算义务人履行清算义务的，人民法院应告知其按照《公司法》第一百八十四条之规定另案提出申请，对其要求清算义务人承担清算义务的诉讼请求不予支持。

102. 清算义务人未在公司出现解散事由后 15 日内及时成立清算组进行清算，或者拒绝、怠于向清算组移交财务账册等与清算有关的资料和文件，造成公司财产贬值、流失或灭失等情形，导致公司债权人的债权无法实现的，有过错的清算义务人应当对债权人的损失承担赔偿责任。

诉讼中，债权人应举证证明清算义务人不履行清算义务以及债权无法实现的事实，然后由清算义务人对其应当履行清算义务时公司的财产状况进行举证。清算义务人无法证明公司财产状况的，应对债权人的全部损失承担赔偿责任。

103. 清算组成员因故意或过失不履行或不适当履行清算义务，给公司或公司债权人造成损失的，应依法承担赔偿责任。

104. 清算义务人未完成清算义务，以欺诈手段骗取工商行政管理机关办理公司注销登记的，清算义务人应对公司债务承担赔偿责任。

105. 清算义务人未履行清算义务，但作出对公司债务承担偿还、保证责任等承诺，或承诺对债权债务进行处理，从而在工商行政管理机关办理公司注销登记的，清算义务人应对公司债务承担赔偿责任。

八、附则

106. 本意见由山东省高级人民法院负责解释，自下发之日起施行。

107. 本意见施行前已经审理终结的案件不得依据本意见提起再审。

108. 本意见施行后，出现新的法律、行政法规和司法解释与本意见不一致时，按照法律、行政法规和司法解释执行。

江西省高级人民法院《关于审理公司纠纷案件若干问题的指导意见》

（2007年12月6日江西省高级人民法院审判委员会第34次会议通过
赣高法〔2008〕4号　2007年12月6日公布实施）

为统一全省法院的审判尺度和标准，正确审理公司纠纷案件，根据《中华人民共和国公司法》（以下简称《公司法》）、《中华人民共和国民法通则》（以下简称《民法通则》）、《中华人民共和国合同法》（以下简称《合同法》）、《中华人民共和国民事诉讼法》、《中华人民共和国公司登记管理条例》等法律法规及最高人民法院有关司法解释的规定，结合我省审判实际，制定本意见。

一、设立公司行为产生纠纷的问题

1. 设立中公司是指为履行公司设立必要行为而存在的组织，始于设立协议或公司章程签订之日，终于公司营业执照签发或公司未能成立之日。设立中公司不具有民事主体和诉讼主体资格。设立公司过程中，发起人以“公司”或“公司筹备组”名义从事民事行为所产生的民事纠纷，根据案件具体情况，以发起人或成立后的公司为诉讼当事人。如发起人拟定的公司名称与工商行政部门核定的名称不一致的，不影响以设立后的公司为诉讼当事人。

设立公司过程中，发起人以“公司”或“公司筹备组”名义从事民事行为的，人民法院不得因设立中的公司不具有民事主体资格而认定民事行为无效。

2. 发起人为设立公司以自己的名义与他人签订合同的，由该发起人承担责任。但公司成立后对上述合同进行确认，或者已实际享有合同权利的，合同相对人可以请求人民法院判令公司和发起人共同承担责任。

3. 发起人在公司设立过程中，以“公司”或“公司筹备组”等设立中公司的名义与他人签订合同的，公司在成立后应当承继合同的权利义务，合同相对人向发起人主张权利的，人民法院不予支持；公司未能成立的，合同相对人要求全体发起人承担连带责任的，人民法院应予支持。

公司或其他发起人有证据证明发起人冒用设立中公司的名义，为自己的利益与他人签订合同，向公司转嫁债务，公司或其他发起人请求不承担责任的，人民法院应予支持，但合同相对人为善意的除外。

4. 发起人之间在设立公司过程中产生的纠纷按照发起人协议或投资协议处理，未订立发起人协议或投资协议的，按照公司章程处理。发起人协议或投资协议被确认无效的，按照有关法律、法规规定处理。

公司成立后，发起人协议或投资协议与公司章程规定不一致的，以公司章程规定为准。但发起人之间有特殊约定的除外。

5. 公司依法成立后，发起人仅以发起人协议或投资协议被确认无效、撤销、解除为由主张公司设立无效、申请解散公司或要求收回出资的，人民法院不予支持。

6. 发起人出资不足或因其他过错导致公司设立失败的，其他发起人请求有过错的发起人承担已发生的设立费用或赔偿其他损失的，人民法院应予支持。

7. 本意见所称发起人是指公司设立阶段从事公司设立活动，制定公司章程，向公司出资或认购公司股份并对公司设立行为承担法定责任的自然人、法人或其他组织。

有限责任公司成立时的全体股东视为公司设立阶段的发起人。

二、股东出资纠纷的问题

8. 股东以房屋、土地使用权、船舶、车辆、知识产权等财产作价出资，未依有关法律规定办理权属转让手续，应认定股东未履行出资义务。但在一审法庭辩论终结前补办有关权属转让手续的除外。股东内部另有约定的，股东可依据约定追究相关股东的责任，但不得以内部约定对抗外部第三人。

上述财产补办了权属转让手续，且在此之前财产已经交付公司实际使用的，人民法院可以实际交付的时间为履行出资义务的时间。

股东以上述财产作价出资，拒不办理权属转让手续的，公司可以请求人民法院判令股东限期办理权属转让手续或承担同等价值的给付。

9. 本意见所称瑕疵出资包括虚假出资和抽逃出资。股东未按期足额缴纳出资、在公司成立前非法将其缴纳的出资款全部或部分抽回，或者作为出资的非货币财产未经评估作价且实际价额显著低于公司章程所定价额的，构成虚假出资；股东在公司成立后非法将其缴纳的出资全部或者部分抽回的，构成抽逃出资，但根据出资款的来源、抽逃的时间等足以证明股东有虚假出资意图的视为虚假出资。

公司违反《公司法》第一百六十七条第一款、第二款规定分配利润，或者制作虚假财务会计报表虚增利润进行分配的，违法分配的利润视为抽逃出资。

10. 公司债权人主张股东瑕疵出资，并举出对瑕疵出资行为产生合理怀疑的初步证据或有关线索的,应由该股东对不存在瑕疵出资承担举证责任。

股东出资或补充出资后,未经依法设立的验资机构出具证明的,由该股东对出资或补充出资是否到位承担举证责任。股东以非货币财产出资或补充出资未经评估作价的,公司或公司债权人主张财产实际价额显著低于公司章程所定价额,并申请评估鉴定的,人民法院应予准许。但该股东有充分证据证明财产实际价额与公司章程所定价额相符的除外。

11. 股东瑕疵出资的,公司有权要求其补缴出资,并赔偿损失。

公司怠于行使上述权利的,公司其他股东可根据《公司法》第一百五十二条之规定提起诉讼。

12. 公司设立时,发起人虚假出资的,其他发起人承担连带补缴责任。该责任不因其他发起人转让股权而免除。

股东抽逃出资的,帮助抽逃出资的股东、董事、经理、其他高级管理人员承担连带责任。

公司新增资本时,股东虚假出资的,负有责任的股东、董事、经理、其他高级管理人员承担连带责任。

以上三款规定的责任人承担责任后,可向瑕疵出资的发起人或股东追偿,也可以向其他连带责任人要求清偿其应当分担的份额。

13. 股东瑕疵出资的,公司不能清偿债务时,公司债权人有权要求该股东在瑕疵出资范围内对公司债务承担补充赔偿责任。

前款所称“不能清偿”是指对公司的存款、现金、有价证券、成品、半成品、原材料、交通工具、房屋、土地使用权等可以执行的财产执行完毕后,债务仍未能得到清偿的状态。

14. 本意见第 11 条、第 12 条、第 13 条规定的责任人已经承担了与其责任范围相符的公司债务的,其对公司或公司债权人不再承担责任。

15. 瑕疵出资股东可以补充出资。但在公司债权人要求瑕疵出资股东对公司债务承担责任的诉讼中,股东向公司补充出资的,不产生对抗债权人的法律效力。

16. 公司股东会、股东大会形成利润分配决议且利润分配符合法定条件的,对于瑕疵出资股东依法所应分取的利润,该股东或公司可主张以其抵销相应的瑕疵出资。

公司股东会、股东大会未形成利润分配决议或决议不分配利润的,瑕疵出资股东仅以公司有可分配利润为由主张已经补缴出资的,人民法院不予支持。

17. 公司章程依法规定股东分配缴纳出资的,出资期限届满前,公司或公司债权人向该股东主张权利的,人民法院不予支持。

公司进入破产或清算程序的,股东未到期的出资义务视为到期。

18. 公司未按照《公司法》第一百七十八条之规定通知债权人,或者未按照债权人的要求清偿债务或提供相应的担保即减少注册资本的,公司债权人可以要求股东在各自收回出资的范围内对减资前的公司债务连带承担补充赔偿责任。

19. 股东虚假出资导致公司的实收资本低于《公司法》规定的最低注册资本限额,公司不具备独立的法人资格,股东应对公司债务承担无限清偿责任。公司设立时其他发起人承担连带责任。

20. 公司追究股东瑕疵出资民事责任的,诉讼时效期间的计算适用《民法通则》第一百三十七条之规定。

公司债权人要求股东在瑕疵出资范围内对公司债务承担补充赔偿责任的,诉讼时效自债权人知道或应当知道股东瑕疵出资之日起算。公司债权人在债务履行期限届满前知道或应当知道股东瑕疵出资的,诉讼时效自债务履行期限届满之次日起算。

三、有限责任公司股东资格确认纠纷的问题

21. 请求确认股东资格的案件,应当以公司为被告,与案件争议股权有利害关系的人可以作为第三人参加诉讼。

22. 当事人就股东资格发生争议提起诉讼的,案由应确定为股东资格确认纠纷。

23. 当事人对股东资格发生争议时,人民法院应结合公司章程、股东名册、工商登记、出资情况、出资证明书、是否实际行使股东权利、履行股东义务等因素,充分考虑当事人实施民事行为的真实意思表示,综合对股东资格作为认定。

24. 公司内部或股东之间要求确认股东资格的,对股东名册记载之股东,人民法院应当认定其具有股东资格。但有其他证据证明股东名册记载不当的除外。

25. 公司未置备股东名册,或股东名册未予记载,但在公司章程上签名并为公司章程记载为股东的,人民法院应认定其具有股东资格。

股东仅以未被股东名册记载为由主张收回出资或拒绝承担补缴出资义务的,人民法院不予支持。

26. 出资人虽未签署公司章程,但已经按照发起人协议或投资协议实际出资的，并被工商登记记载为股东或被记载于公司股东名册，出资人主张不具有股东资格，要求收回出资的，人民法院不予支持。

27. 出资人未签署公司章程，虽按照发起人协议或投资协议向公司实际出资，但未被工商登记记载为股东或被记载于公司股东名册，且出资额亦未构成公司注册资本的组成部分，出资人要求确认股东资格的，人民法院不予支持。

上述情形，出资人向公司要求收回出资并支付相应利息的，人民法院应予支持。但出资人已经实际行使股东权利的，公司可以要求该出资人退还行使股东权利期间所取得的财产利益。

28. 股东与第三人约定该第三人无须出资，但可享受公司利润，第三人要求确认股东资格或要求公司支付利润的，人民法院不予支持。

29. 当事人仅以股东瑕疵出资为由主张其不具备股东资格的，人民法院不予支持。

30. 实际出资人与他人约定以他人名义出资自己享有股东权利、承担投资风险的，该约定不得对抗公司。但实际出资人已经以股东身份直接享有并行使股东权利，其请求否定名义出资人股东资格，并确认自己股东资格的，如无违反法律、行政法规禁止性规定的情形，人民法院应予支持。

实际出资人以他人名义出资，双方未约定股权归属、投资风险承担，且无法确认实际出资人具有股东资格的，实际出资人与名义出资人之间按债权债务关系处理。

31. 职工持股会已经办理社团法人登记的，可以代表职工作为投资主体行使股东权利。职工请求确认股东资格，或者向公司请求收回出资的，人民法院不予支持。

32. 盗用他人名义或以不存在的人的名义出资的，被盗名者或实际出资人均不具有股东资格，由实际出资人或直接责任人承担相应民事责任。

33. 股东资格未被工商登记所记载的，不具有对抗第三人的法律效力。

工商登记所记载之股东不得以其实际不具备股东资格为由对抗第三人，但被冒名登记的除外。

公司债权人依照有关法律规定向被工商登记记载为股东的名义出资人主张权利的，人民法院应予支持。实际出资人直接享有并行使股东权利的，债权人有权要求实际出资人和名义出资人承担连带责任。

34. 依法受让股权或已实际出资的股东请求公司签发发资证明书、记载于股东名册和公司章程、办理工商登记变更手续，公司拒绝办理的，股东起诉请示公司履行义务的，人民法院应予支持。

35. 当事人请示人民法院确认股东资格的，不受《民法通则》第一百三十五条诉讼时效的限制。

四、有限责任公司股东转让纠纷的问题

36. 股东未按照《公司法》第七十二条第二款的规定征得其他股东过半数同意而向非股东转让股权的，公司或其他股东可以申请人民法院撤销股权转让合同。公司章程对此另有规定的，从其规定。

37. 股东经其他股东过半数同意转让股权，但未向其他股东告知转让价格等主要内容而非股东订立股权转让合同，或者股权实际转让价格低于告知其他股东的价格的，其他股东可以申请人民法院撤销股权转让合同。

人民法院撤销股权转让合同的，申请撤销的其他股东应当承继股权转让合同的权利和义务。未申请撤销的其他股东也主张购买该股权的，按照《公司法》第七十二条第三款处理。

38. 股东告知其他股东转让价格等主要条件，主要求其他股东在限定期限内予以答复，其他股东未予答复的，视为放弃优先购买权。限定答复的期限不得少于三十日，公司章程对此日期有明确规定的，从其规定。

39. 股东向非股东转让股权时，其他股东主张优先购买部分股权的，视为放弃优先购买权。但转让人同意其股权可部分转让的，其他股东应享有该部分的优先购买权。

40. 瑕疵出资股东转让股权的，人民法院不得以出资存在瑕疵为由认定股权转让合同无效。

股东转让股权时隐瞒瑕疵出资事实的，受让人可以受欺诈为由请求撤销股权转让合同。

41. 瑕疵出资股东转让股权后，瑕疵出资的民事责任由转让人与受让人连带承担。转让人或受让人不得以内部关于责任承担的约定对抗公司或公司债权人。

42. 名义出资人未经实际出资人同意处分股权，实际出资人由此主张股权处分行为无效的，人民法院不予支持；但由此给实际出资人造成损失的，实际出资人要求赔偿损失的，人民法院应予支持。

43. 公司章程规定股权转让的条件，限制股东转让股权，如果该规定不违反法律、行政法规强制性规定的，人民法院应当认定其效力。

44. 公司章程规定股东因退休、解聘、调动等原因离开公司时应将股东转让给其他股东，但未规定具体受让人，且当事人无法协商一致的，股东有权受让该股权，但须股东会表决通过。公司章程对股权转让价格未作规定，且当事人不能协商一致时，一方请求以评估方式确定股权转让价格的，人民法院应予支持。

45. 股权转让后，公司拒不办理工商登记变更手续的，转让人或受让人有权提起诉讼，要求公司办理工商登记变更手续。

46. 股东以股权转让未征得其同意或侵害其优先购买权为由申请撤销股权转让合同的，应列转让人为被告，受让人为第三人。

五、侵害公司及股东权益纠纷的问题

（一）股东会、股东大会、董事会决议无效或撤销纠纷

47. 股东、董事、监事申请确认股东会、股东大会、董事会决议无效，或者股东申请撤销股东会、股东大会、董事会决议的，应列公司为被告，与股东会、股东大会、董事会决议有利害关系的人可列为第三人。

公司法定代表人以股东身份对公司股东会、股东大会或董事会决议申请确认无效或撤销的，由董事会推荐认可上述决议效力的其他股东、董事或者监事代表公司参加诉讼。

48. 股东超过《公司法》第二十二条第二款规定期限申请人民法院撤销股东会、股东大会、董事会决议的，人民法院不予受理。

49. 当事人对股东会、股东大会、董事会决议申请确认无并行或撤销，人民法院驳回其诉讼请求的，他人以相同的事实和理由再次起诉的，人民法院不予受理。

50. 股东丧失股东资格后对股东会、股东大会、董事会决议申请撤销的，人民法院不予受理。但剥夺其股东资格的决议除外。

51. 公司拒不按照股东会、股东大会或董事会决议办理工商登记变更手续的，股东、董事、监事等利害关系人有权提起诉讼，要求公司办理工商登记变更手续。

（二）股东知情权纠纷

52. 股东要求公司提供《公司法》第三十四条第一款、第九十八条规定之文件材料供其查阅或复制，公司予以拒绝的，股东可以请求人民法院要求公司提供查询或复制，股东应当说明查询的正当理由，包括查阅的原因和目的，否则人民法院不予支持。公司仅以股东有不正当目的为由进行抗辩的，人民法院不予支持。

53. 有限责任公司股东起诉要求查询公司会计账簿的，应具备以下条件，否则

人民法院不予受理：

(1)股东向公司提出书面查询要求,公司拒绝提供查询或在收到书面请求之日起十五日内未作答复；

(2)有明确具体的查询事项。

股东有权查询的会计账簿包括会计报表、记账凭证、原始凭证、审计报告、评估报告等。

54. 公司章程关于股东不得查阅公司文件的规定无效。

55. 人民法院审查认为原告诉讼请求成立的,应依法作出判决。判决主文表述为"××公司于本判决生效之日起十日内将××文件提供给××股东查阅(复制)"。

(三)利润分配纠纷

56. 有限责任公司全体股东在公司章程外以协议方式约定不按照出资比例分配利润的,该约定有效。该约定对于形成约定后的新加入的股东没有约束力,但新加入的股东明确表示认可的除外。章程中约定不按出资比例分配利润的,视为新加入的股东认可该约定。

57. 公司股东会、股东大会、董事会形成利润分配决议,但未向股东实际支付的,股东有权提起诉讼请求公司履行支付义务。

公司股东会、股东大会未形成利润分配决议,股东提起诉讼要求分配利润的,人民法院不予支持。

58. 股权转让前,公司股东会、股东大会已经形成利润分配决议的,转让人在转让股权后有权向公司要求给付相应利润。

转让人因股权转让丧失股权后,股东会、股东大会就转让前的公司利润形成分配决议,转让人要求公司给付相应利润的,人民法院不予支持。

转让人或受让人不得以其相互之间转移利润分配请求权的约定对抗公司已经完成的利润分配行为。

59. 股东瑕疵出资的,公司或者其他股东可以主张按实缴出资数额向该股东分配利润。

(四)股东代表诉讼纠纷

60. 股东代表诉讼纠纷由公司住所地人民法院管辖。

61. 有限责任公司股东可以作为原告提起股东代表诉讼。股份有限公司股东提起诉讼时,已经连续一百八十日以上持股,并单独或合计持股占公司股份百分之一以上的,人民法院应认定其具有原告资格。

诉讼中,原告丧失股东资格的,人民法院应裁定驳回起诉。

62. 股东提起代表诉讼,未将公司列为诉讼当事人的,人民法院应当通知公司作为第三人参加诉讼。公司法定代表人为被告时,由公司监事会主席或监事代表公司参加诉讼。

股东提起代表诉讼后,公司就同一事实和理由另行提起诉讼的,人民法院不予受理。但股东代表诉讼被人民法院裁定不予受理或驳回起诉的除外。

63. 股东代表诉讼中,人民法院支持原告诉讼请求的,应将诉讼请求的利益判归公司,股东因为诉讼所支出的合理费用,除判令由被告承担的外,可以向公司主张承担。人民法院不支持原告诉讼请求的,与诉讼相关费用均由提起诉讼的股东负担;部分支持的,按比例确定上述费用的负担。

64. 股东提起代表诉讼,人民法院驳回其诉讼请求的,其他股东以相同的事实和理由再次起诉的,人民法院不予受理。

65. 股东代表诉讼中,当事人达成和解协议并经公司股东会或股东大会决议通过,原告申请撤诉或者当事人申请人民法院出具调解书的,人民法院应裁定撤诉或者出具调解书。

(五)有限责任公司股权回购纠纷

66. 具有《公司法》第七十五条第一款第(一)项之情形,如果公司连续五年未召开股东会对分配利润进行决议的,持有公司不足十分之一表决权的股东可以请求公司按照合理的价格收购其股权。

67. 股东超过《公司法》第七十五条第二款规定期限提起诉讼的,人民法院不予受理。

68. 股东依照《公司法》第七十五条之规定要求公司收购股权,但就股权收购价格不能协商一致的,股东主张以评估方式确定股权收购价格的,人民法院应予支持。

(六)其他纠纷

69. 公司董事会、监事会未依照《公司法》和公司章程有关规定按时召集股东会或股东大会的,股东提起诉讼要求召开股东会或股东大会的,人民法院不予受理。

70. 法定代表人、股东、董事、经理及他人侵占公司印鉴、证照的,属于损害公司权益纠纷,公司起诉要求其返还印鉴、证照并赔偿损失的,人民法院应予支持。

前款之诉讼，以及印鉴、证照被侵占期间公司需要参加的其他诉讼，公司以法定代表人签署文件起诉或应诉的，人民法院应予准许。公司法定代表人变更但未办理工商登记变更手续的，新法定代表人可以持有关变更决议证明其法定代表人身份。

71. 公司股东会、股东大会或董事会根据公司章程规定决议变更法定代表人的，自决议生效之日，新法定代表人取得代表资格。但未变更工商登记的，不得对抗第三人。

诉讼中，公司法定代表人变更的，由新法定代表人继续进行诉讼。但原法定代表人已经进行的诉讼行为有效。

当事人因法定代表人变更产生争议并形成诉讼的，新法定代表人代表公司起诉或应诉的其他案件应中止审理。

六、司法解散公司纠纷的问题

72. 股东依照《公司法》第一百八十三条规定请求解散公司的，由公司住所地人民法院管辖。

73. 股东请求解散公司诉讼案件，应按照被解散公司的注册资本数额，计收案件受理费。

74. 股东请求解散公司的，应以发生冲突的股东为被告，公司及未介入冲突的其他股东为第三人。

75. 代表公司百分之十以上表决权的股东，可以请求人民法院解散公司，股东的该项诉权不受出资瑕疵的影响。

诉讼中，原告丧失股东资格或实际享有的表决权达不到百分之十的，人民法院应裁定驳回起诉。

76. 公司章程规定股东不得请求解散公司，或对解散条件作出较《公司法》第一百八十三条规定更严格的限制的，该规定无效。

77. 人民法院经审查认为公司符合解散条件的，应依法作出解散公司的判决，判决主文表述为：××公司于本判决生效之日解散；经审查认为公司不符合解散条件的，应依法作出不予解散公司的判决，判决主文表述为：驳回原告××请求解散××公司的诉讼请求。

78. 人民法院不得在判令解散公司同时指令和组织清算组进行清算。当事人申请指令清算组进行清算的，依照本意见第 81 条、第 85 条、第 86 条、第 87 条规定处理。

79. 人民法院经审理认为，股东请求解散公司的诉请不符合法律规定，判决驳回该股东诉请。判决生效后如果没有新的事实，其他股东又再次以相同理由和事实提起解散公司诉讼的，人民法院不予受理。

80. 人民法院审理司法解散公司案件时，应当组织原告和公司其他股东进行调解。

七、公司清算纠纷的问题

81. 股东或债权人依据《公司法》第一百八十四条规定申请人民法院指定清算组进行清算的，由公司住所地人民法院管辖。公司为县、县级市或者区工商行政管理机关核准登记的，由公司住所地基层人民法院管辖。公司为地区、地级市（含本级）以上的工商行政管理机关核准登记的，由公司住所地中级人民法院管辖。

82. 清算期间，公司具有民事权利能力和行为能力，但不能开展与清算无关的经营活动。

清算期间，公司仍应以自己的名义参加诉讼活动。依法成立清算组的，由清算组组长代表公司参加诉讼。未成立清算组的，由清算义务人或清算义务人共同委托的负责人代表公司参加诉讼。

清算期间，是指公司解散事由出现之日，至公司清算完毕办理注销登记之前的期间。

83. 清算期间，公司从事的与清算无关的民事行为无效。行为相对人明知或应知公司已经进入清算期间的，对于民事行为无效所造成的损失由公司与行为相对人根据各自过错程度分担。行为相对人不知公司已经进入清算期间的，对于民事行为无效而给自己造成的损失，由公司赔偿。

84. 公司解散事由出现之日起十五日内，清算义务人应成立清算组进行清算。

清算义务人是指出现解散事由时有限责任公司的股东，股份有限公司的董事或者股东大会确定的人员。

85. 清算义务人逾期不成立清算组的，公司股东或债权人可以根据《公司法》第一百八十四条规定申请人民法院指定清算组进行清算。

上述案件，应列提出申请的股东或债权人为申请人，清算义务人为被申请人，案由确定为申请人民法院指定清算组案，案号为（××××）×清字第××号。

人民法院经审查申请成立，应裁定指定有关清算义务人成立清算组，并限定其在十五日内开始清算。清算义务人下落不明或者不适合担任清算组成员的，人民法院可以指定有关中介机构进行清算，裁定主文表述为：一、指定××为××公司清算组成员（列明清算组长）；二、限令清算组于本裁定生效后十五日内对××公司组织清算。该裁定当事人不得上诉。

86. 申请人民法院指定清算组案适用特别程序审理，该类案件不适用《中华人民共和国民事诉讼法》有关案件审理期限的规定。该类案件按照被清算公司的注册资本计收案件受理费，但按照财产案件受理费标准减半交纳。

87. 人民法院依照《公司法》第一百八十四条规定组织算组进行清算，有关清算事务由清算组负责。但人民法院应对清算过程进行监督，有权撤换不称职的清算组成员，并对违反清算程序的行为进行纠正。公司清算结束后，人民法院应对清算组制作的清算报告审查确认后裁定终结清算程序。

清算中所涉及的民事权利义务纠纷按照普通民事诉讼程序由有管辖权的人民法院进行审理。

88. 清算期间，公司债权人提起诉讼，要求清算义务人履行清算义务的，人民法院不予受理。但应告知其按照《公司法》第一百八十四条规定申请人民法院指定清算组。

清算期间，公司债权人以公司和清算义务人为共同被告提起诉讼，在诉请公司清偿债务的同时，要求清算义务人履行清算义务的，人民法院应告知其按照《公司法》第一百八十四条之规定另案提出申请，对其要求清算义务人承担清算义务的诉讼请求不予支持。

89. 清算义务人未在公司出现解散事由后十五日内及时成立清算组进行清算，或者拒绝、怠于向清算组移交财务账册等与清算有关的资料和文件，造成公司财产贬值、流失或灭失等情形，导致公司债权人债权无法实现的，有过错的清算义务人应当对债权人的损失承担赔偿责任。

诉讼中，债权人应提供证据证明清算义务人不履行清算义务以及债权无法实现的事实，然后由清算义务人对其应当履行清算义务时公司的财产状况进行举证。清算义务人无法证明公司财产状况的，应对债权人的全部损失承担赔偿责任。

90. 清算组成员因故意或者过失不履行或不适当履行清算义务，给公司或公司债权人造成损失的，应依法承担赔偿责任。

91. 清算义务人未完成清算义务，以欺诈手段骗取工商行政管理机关办理公司注销登记的,清算义务人应对公司债务承担赔偿责任。

92. 清算义务人未履行清算义务,但作出对公司债务承担偿还、保证责任等承诺,或承诺对债权债务进行处理,从而在工商行政管理机关办理公司注销登记的,清算义务人应对公司债务承担赔偿责任。

八、附则

93. 本意见由江西省高级人民法院负责解释,自下发之日起施行。

94. 本意见施行前,已经审理终结的案件不得依据本意见提起再审。

95. 本意见施行后,出现新的法律、行政法规和司法解释与本意见不一致时,按照法律、行政法规和司法解释执行。

北京市高级人民法院《关于审理公司纠纷案件若干问题的指导意见》

(2008 年 4 月 21 日公布实施)

一、关于股东出资

第一条 出资人或者发起人以房屋、土地使用权、船舶、车辆、知识产权等非货币财产出资,未依有关法律规定办理权属转移手续的,应认定股东未履行出资义务。但在一审法庭辩论终结前补办有关权属转移手续的除外。

上述财产补办了权属转移手续,且在此之前财产已经交付公司实际使用的,人民法院应当认定实际交付的时间为履行出资义务的时间。

第二条 有限责任公司股东未履行或未完全履行出资义务,公司请求其补足出资,或者公司债权人请求其在瑕疵出资范围内对公司债务承担连带清偿责任,人民法院应予支持;出资义务人以诉讼时效抗辩的,不予支持。

二、关于股东资格

第三条 当事人在民事诉讼中直接请求确认有关行政机关关于股权登记或者审批行为无效,或者请求撤销该具体行政行为的,人民法院应告知其通过行政诉讼解决,裁定驳回民事诉讼。

第四条 公司内部关系中股东之间、股东与公司之间的诉讼,当事人请求确认公司工商登记的股东不具有股东资格、判令公司办理变更股权工商登记的,法院应根据公司法的相关规定、公司股东应当具备的各项条件对相关主体是否具有股东资格进行判断,并作出实体认定和判决,不能以案件属于行政诉讼受案范围、不属于民事诉讼范畴为由裁定驳回起诉。

三、关于股权转让

第五条 股权受让人知道或者应当知道有限责任公司设立时的股东瑕疵出资但仍然受让其股权的,公司债权人主张设立时股东与受让股东对公司债务在瑕疵出资范围内共同承担补充赔偿责任的,人民法院应当支持。

四、关于公司担保

第六条 公司提供担保未履行《公司法》第十六条规定的公司内部决议程序,或者违反公司章程规定的,应认定担保合同未生效,由公司承担缔约过失责任。担保权人不能证明其尽到充分注意义务的,应承担相应的缔约过错责任。

五、关于股东会、董事会的召集及决议

第七条 股东请求判令公司召开股东会或股东大会的,人民法院不予受理。

第八条 董事长未经董事会决议而召集股东会会议,股东以该股东会召集程序违法为由,请求撤销该会议决议的,人民法院应予支持。

第九条 公司召开股东会会议未依法定或章程规定的通知期限通知股东,但全体股东均出席了会议并参加了表决,则相应的股东会视为依法召开。股东以会议通知程序违法或违反章程规定为由请求撤销决议的,人民法院不予支持。

第十条 股东仅请求确认股东会决议、董事会决议有效的,人民法院应裁定不予受理。

第十一条 股东会、董事会决议存在撤销原因,而当事人请求确认无效时,人民法院应审查原告是否在决议作出之日起60日内提起诉讼,如已超过此期限,则判决驳回诉讼请求;如在此期限内,则告知原告变更诉讼请求,原告同意变更的,按撤销之诉审理;原告不同意变更的,判决驳回其诉讼请求。

第十二条 有限责任公司非经全体股东一致同意,不得变更《公司法》第三十五条、第四十三条规定的或者公司章程规定的利润分配方式、新股认缴方式和表决权行使方式。股东以相关股东会决议或者章程修改未经股东一致同意为由,请求人民法院确认无效的,应予支持。

六、关于股东知情权

第十三条 有限责任公司股东未履行《公司法》第三十四条第二款规定的公司内部救济程序,直接向人民法院起诉要求行使会计账簿查阅权的,人民法院不予受理。

第十四条 股东知情权案件中,被告公司以原告股东出资瑕疵为由抗辩的,人民法院不予支持。

第十五条 已退出公司的股东对其任股东期间的公司经营、财务情况提起知情权诉讼的,因其已不具备股东身份,人民法院应裁定不予受理。

第十六条 公司的实际出资人在其股东身份未显名化之前,不具有股东知情权诉讼的原告主体资格,其已诉至法院的,应裁定驳回起诉。

第十七条 有限责任公司股东可以委托律师、注册会计师代为行使公司会计账簿查阅权。

第十八条 有限责任公司的股东就查阅公司会计账簿提起诉讼的,应当说明查阅会计账簿的具体目的、所查阅的内容与该目的具有何种直接关系。被告公司认为原告股东有不正当目的拒绝查阅的,应承担相应的举证责任。

第十九条 有限责任公司股东有权查阅的公司会计账簿包括记账凭证和原始凭证。

第二十条 股东在知情权诉讼中要求对公司账目进行审计的,人民法院不予支持。但公司章程规定了公司年度审计义务的除外。

七、关于股东利润分配请求权

第二十一条 公司未就是否利润分配作出有关决议,股东起诉请求分配利润的,人民法院应裁定不予受理。

八、附则

第二十二条 本“指导意见”自下发之日起施行。

下发之日起,尚未审结的一、二审案件适用本“指导意见”;下发之日起,当事人申请再审或者按审判监督程序提起再审的案件,不适用本“指导意见”。